Erster Weltkrieg (1914–1918)

1917 „Epochenjahr": Kriegseintritt der USA
März 1917 „Februarrevolution" in Russland
November 1917 „Oktoberrevolution" in Russland
1918 Friede von Brest-Litowsk der Sowjetunion mit den Mittelmächten
1918 Novemberrevolution in Deutschland; Ausrufung der Republik
1918–1921 Bürgerkrieg in Russland

Die Zwischenkriegszeit (1919–1939)

1919 Pariser Friedenskonferenz zur Neuordnung Europas und Gründung des Völkerbundes
1919 Unterzeichnung des Versailler Vertrages
1919–1933 Weimarer Republik in Deutschland
1920 Völkerbund tritt erstmalig zusammen
1922 Deutsch-sowjetischer Vertrag von Rapallo
1922 Machtübernahme Mussolinis in Italien
1923 Krisenjahr der Weimarer Republik mit Ruhrbesetzung, Inflation und Hitler-Putsch
1924 Tod Lenins, Aufstieg Stalins
1925 Vertrag von Locarno: Ausgleich Deutschlands mit ehemaligen Kriegsgegnern
1926 Beitritt Deutschlands zum Völkerbund
seit 1928 Zwangskollektivierung in der Sowjetunion
1929 Beginn der Weltwirtschaftskrise
30. 1. 1933 Hitler wird deutscher Reichskanzler („Machtergreifung")
1933 Beginn des New Deal in den USA
1934 Austritt Deutschlands aus dem Völkerbund
1935 Nürnberger Gesetze
1935–1938 Schauprozesse in der Sowjetunion
1936 Vierjahresplan zur Wiederaufrüstung
1936–1939 Spanischer Bürgerkrieg
1938 Eingliederung Österreichs in Deutschland
1938 Münchener Konferenz
9. 11. 1938 Novemberpogrom gegen die jüdische Bevölkerung in Deutschland
1939 Deutsche Besetzung der Tschechoslowakei
1939 Deutsch-sowjetischer Nichtangriffsvertrag

Zweiter Weltkrieg (1939–1945)

1. 9. 1939 Deutscher Überfall auf Polen: Beginn des Zweiten Weltkriegs
1940 Deutsche Besetzung Dänemarks, Norwegens, Belgiens, der Niederlande und Frankreichs
1941 Deutscher Überfall auf die Sowjetunion
7. 12. 1941 Japanischer Überfall auf Pearl Harbor eröffnet Zweiten Weltkrieg im Pazifik
1942 NS-Regierung beschließt Massenmord an der jüdischen Bevölkerung in Europa
1943 Deutsche Niederlage von Stalingrad leitet Wende des Krieges ein
20. 7. 1944 Gescheitertes Attentat auf Hitler
8. 5. 1945 Bedingungslose deutsche Kapitulation
6./9. 8. 1945 Amerikanische Atombomben auf Hiroshima und Nagasaki, Kapitulation Japans

Nachkriegsjahre

1945 Gründung der UNO
1945 Potsdamer Konferenz
1944–1947 Flucht und Vertreibung der deutschen Bevölkerung aus den deutschen Ostgebieten
1945–1952 Errichtung von Volksdemokratien in den osteuropäischen Staaten
1947 Truman-Doktrin und Marshallplan)
1947 Unabhängigkeit Indiens
1948 Gründung Israels, Beginn des 1. arabisch-israelischen Krieges (Palästina-Krieg)
1948 Währungsreform in den westdeutschen Zonen
1948–1949 Blockade Berlins
1949 Gründung der NATO und des RWG
1949 Gründung des Rates für gegenseitige Wirtschaftshilfe
1949 Gründung der Bundesrepublik Deutschland und der DDR
1950–1953 Koreakrieg
17. 6. 1953 Volksaufstand in der DDR
1955 Gründung des „Warschauer Paktes"
1956 Volksaufstand in Ungarn und Polen
1957 Gründung der Europäischen Gemeinschaften in Rom
1961 Bau der Berliner Mauer
1963 Deutsch-Französischer Freundschaftsvertrag

Forum Geschichte

Ausgabe Bayern

Band 4:
Vom Ende der Weimarer Republik bis in die 1960er Jahre

Herausgegeben
von Franz Hofmeier
und Hans-Otto Regenhardt

Cornelsen

Forum Geschichte

Band 4: Vom Ende der Weimarer Republik bis in die 1960er Jahre

Band 4 wurde erarbeitet von
Franz Hofmeier, Hans-Otto Regenhardt,
Arnulf Siebeneicker, Claudia Tatsch, Ursula Winberger

Verlagsredaktion: Birgit Hackfeld
Graphiken: Peter Herlitze, Berlin
Karten: Carlos Borrell, Berlin
Layout und technische Umsetzung: Arnold & Domnick Verlagsproduktion, Leipzig

www.cornelsen.de

1. Auflage, 2. Druck 2007

Alle Drucke dieser Auflage sind inhaltlich unverändert und können im Unterricht nebeneinander verwendet werden.

Druck: CS-Druck CornelsenStürtz, Berlin

ISBN 978-3-464-64434-8

Inhalt gedruckt auf säurefreiem Papier aus nachhaltiger Forstwirtschaft.

Inhaltsverzeichnis

✗ = **Vertiefung laut Lehrplan**

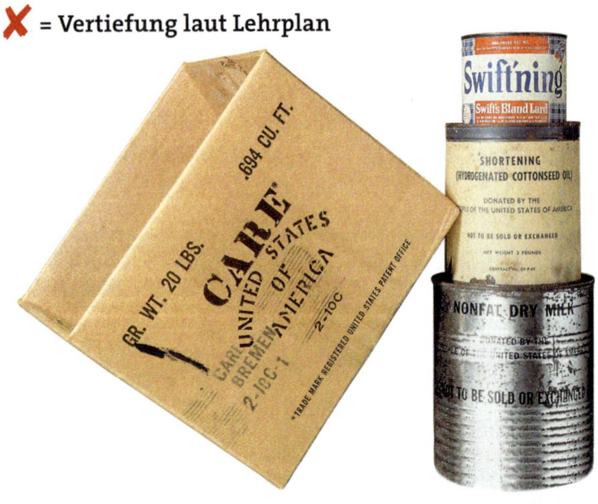

4. Europa und die Welt in der Zeit des Ost-West-Konflikts 138–183

So kannst du dein Wissen überprüfen

Liebe Schülerin, lieber Schüler!

Vor dir liegt der vierte Band von **Forum Geschichte**, mit dem du in diesem Schuljahr arbeiten wirst. Die Verfasserinnen und Verfasser des Buches haben für dich viele Quellen und Informationen zusammengestellt. Sie geben Auskunft darüber, was Menschen vor langer Zeit bewegt hat und womit sie sich heute noch beschäftigen.

Auftaktseiten

Jedes Kapitel beginnt mit einer Auftaktdoppelseite. Bilder und ein kurzer Text geben dir eine erste Vorstellung von den Themen und Fragen, um die es in den folgenden Geschichtsstunden gehen wird.

Themenseiten

Nach den Auftaktseiten folgen in jedem Kapitel die Themenseiten. Sie bilden den Kern des Kapitels. Zwei bis sechs Seiten sind jeweils zu einer Themeneinheit zusammengefasst. In den Themeneinheiten kannst du immer ein wichtiges Problem aus der Geschichte erarbeiten. Dazu findest du **Materialien** wie schriftliche Quellen, Bilder, Karten, Schaubilder und Tabellen, die du mithilfe von Arbeitsaufträgen befragst und auswertest. Der **Darstellungstext** am Beginn der Themeneinheit vermittelt dir einen Überblick über das Thema. Er gibt dir einen roten Faden in die Hand, der dich durch die Arbeit mit den Materialien leitet.

M1 Alle **Materialien** haben einen blauen Punkt. **Textquellen** und Texte aus der Geschichtsforschung sind in blauer Schrift gedruckt und gelb unterlegt.

1
2
Die **Arbeitsaufträge** erkennst du an einer blauen Zahl. Wie die Materialien sind sie innerhalb einer Themeneinheit durchnummeriert.

Grundwissen

1.9.1939 Beginn des Zweiten Weltkriegs
Mit dem Überfall auf Polen begann der Zweite Weltkrieg. Großbritannien und Frankreich hielten sich an die gegenüber Polen abgegebenen Garantien und erklärten Deutschland den Krieg, der sich rasch zu einem Weltkrieg ausweitete.

In Kästen mit der Überschrift **Grundwissen** werden wichtige Begriffe erklärt. Eine Übersicht über die Begriffe findest du jeweils auf der Zusammenfassungsseite eines Kapitels.

Die **Kästen**, die mit einem aufgeschlagenen Buch gekennzeichnet sind, informieren dich über wichtige Personen, Begriffe oder Ereignisse.

In **Aktivitätskästen** schlagen dir die Verfasserinnen und Verfasser vor, wie du dich einmal auf ganz andere, abwechslungsreiche Weise mit einem geschichtlichen Thema beschäftigen kannst. Einen Aktivitätskasten erkennst du an dem roten Punkt mit der kleinen Figur.

Zu vielen Themen findest du einen **Internet-Tipp** oder einen **Hinweis auf ein Buch**. Achte auf den blauen Punkt mit dem Bücherstapel.

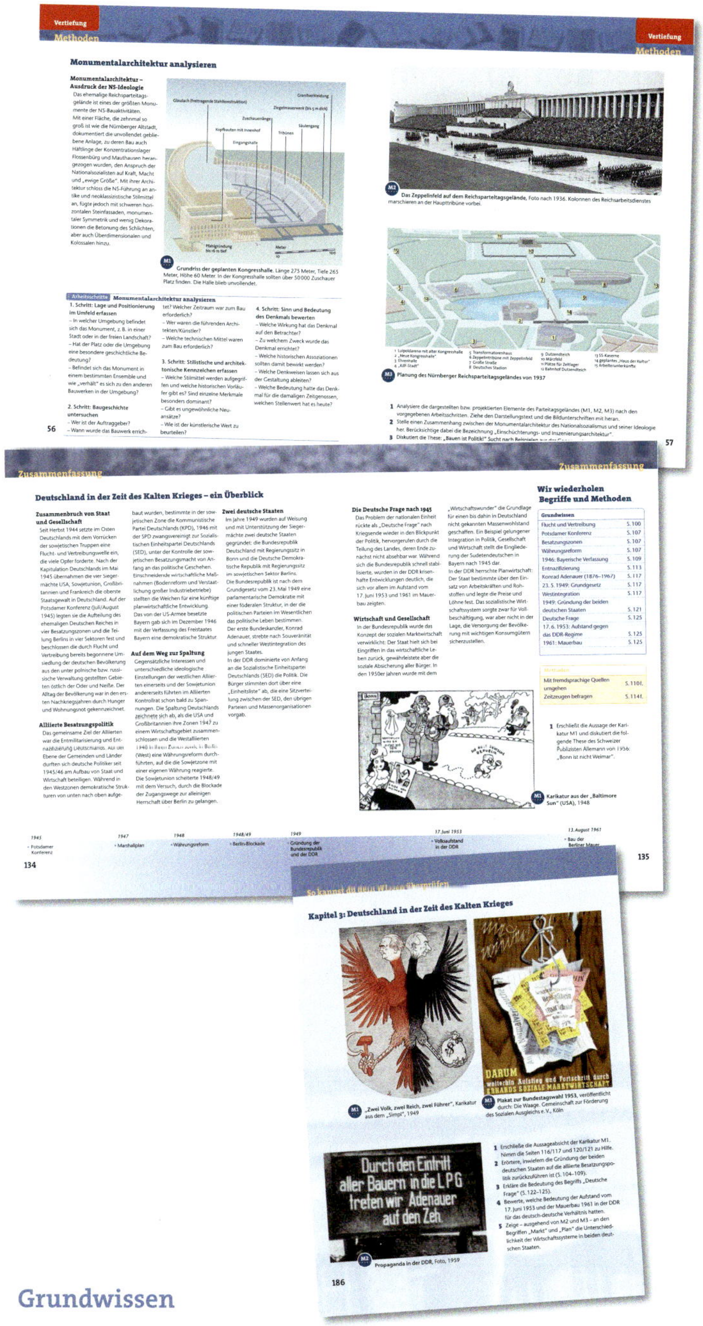

Werkstatt- und Methodenseiten

In den Kapiteln findest du Methoden- und Werkstattseiten. Auf den **Methodenseiten** kannst du lernen, mit welchem „Handwerkszeug" du aus den Materialien Erkenntnisse und Urteile gewinnst. Du findest hier Arbeitsschritte, mit deren Hilfe du zum Beispiel ein Bild, eine Karte oder eine schriftliche Quelle auswertest.

Auf den **Werkstattseiten** kannst du immer etwas selbst machen.

Zusammenfassungen

Jedes Kapitel hat am Schluss eine Zusammenfassung. Ein kurzer **Text** fasst noch einmal das Wichtigste aus dem Kapitel zusammen. Auf den Karteikarten stehen die Begriffe und Methoden, die du dir unbedingt merken solltest. Vielleicht hast du dir bereits eine **Geschichtskartei** angelegt. Diese kannst du nun fortführen.

Immer findest du eine Aufgabe, mit der du testen kannst, wie viel dir aus dem Kapitel in Erinnerung geblieben ist. Außerdem kannst du dich mithilfe von **Zeitleisten** über den zeitlichen Ablauf der wichtigsten Entwicklungen und Ereignisse orientieren.

„Im Blickpunkt"-Seiten

Die Blickpunktseiten sollen dir ermöglichen, Zusammenhänge zwischen Entwicklungen in der Vergangenheit und heutigen Fragen zu untersuchen.

So kannst du dein Wissen überprüfen

Auf den ersten Seiten des Anhangs kannst du dein Wissen überprüfen: Zu jedem Kapitel findest du eine Seite, auf der du deine Kenntnisse wiederholen kannst.

Anhang

Grundwissen

Das Grundwissen der Bände 1 bis 4 ist im Anhang noch einmal zusammengefasst.

Methodenübersicht

In der Methodenübersicht kannst du die Arbeitsschritte noch einmal nachschlagen, die du auf den Methodenseiten in Band 1 bis 4 von Forum Geschichte kennen gelernt hast.

Lexikon

Auf den Themenseiten sind manche Wörter mit einem* gekennzeichnet. Diese Begriffe werden im Lexikon erklärt.

Register

Das alphabetische Register am Ende des Buches hilft dir, Informationen über Personen, Ereignisse und wichtige Begriffe im Buch schnell zu finden.

Zwischen Krieg und Frieden – Ideologie und Realität im Spiegel von Kunst und Literatur

Die Welt zwischen Demokratie und Diktatur

Der Erste Weltkrieg (1914–1918) hatte den Menschen die tiefe Krise der Staatenwelt als Folge von Nationalismus und Imperialismus vor Augen geführt. Die Suche nach neuen „Gesellschaftsentwürfen" stärkte jedoch nicht die demokratischen Gesellschaften, wie sie in Großbritannien, Frankreich und den USA bestanden, sondern führte in Europa zur Errichtung von Diktaturen, die auf der kommunistischen (Russland), faschistischen (Italien) bzw. nationalsozialistischen Ideologie (Deutschland) beruhten. Diese „Weltanschauungen" gaben vor, absolut gültige Lösungen der Weltprobleme zu besitzen. Dieser unrealistische Anspruch führte – verbunden mit aggressiver Expansionspolitik – zur nächsten, noch größeren Katastrophe – dem Zweiten Weltkrieg (1939 bis 1945). „Demokratie oder Diktatur" lautet die von Historikern häufig formulierte Alternative, vor der viele Staaten der Welt auch nach 1945 standen.
Wie sich in Kunst und Literatur Ideologie und Realität in der Zeit vor und nach dem Zweiten Weltkrieg widerspiegeln, kannst du auf den Seiten 8 bis 11 erarbeiten.

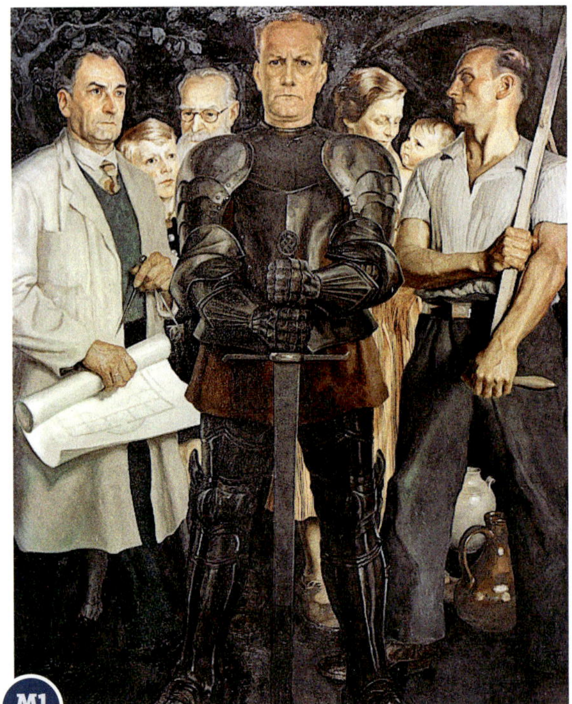

M1 **Deutsche Symphonie,** Ölgemälde von Hans Toepper (1885–1956), um 1938, 137,2 x 94,6 cm

M2 **„Arbeiter und Kolchosbäuerin".** Das von der Bildhauerin Vera Muchina für die Pariser Weltausstellung 1937 geschaffene Kunstwerk aus Stahl ist 25 Meter hoch und wiegt 75 Tonnen.

Vorschlag für eine Gruppenarbeit:
Teilt die Klasse in sechs Gruppen. Jede Gruppe bearbeitet jeweils eine der Aufgaben 1 bis 6. Lösungsmöglichkeiten zu Aufgabe 7 erörtert ihr am besten in der Klasse.

M3 **„Jahrhundertschritt"**, Bronzeskulptur bemalt, von Wolfgang Mattheuer (1927–2004), 1984, 250 x 150 x 230 cm, Schloss Moritzburg

M4 Führerkult

Herbert Böhme (1907–1971), nationalsozialistischer Schriftsteller und Publizist, nach 1945 rechtsextremer Kulturfunktionär, schrieb das folgende 1938 veröffentlichte Gedicht „Der Führer":

Eine Trommel geht in Deutschland um,
Und der sie schlägt, der führt,
Und die ihm folgen, folgen stumm,
Sie sind von ihm gekürt.

Sie schwören ihm den Fahnenschwur,
Gefolgschaft und Gericht,
Er wirbelt ihres Schicksals Spur
Mit ehernem Gesicht.

Er schreitet hart der Sonne zu
mit angespannter Kraft.
Seine Trommel, Deutschland, das bist du!
Volk, werde Leidenschaft!

Zit. nach Texte und Methoden 13, hg. von Hermann Stadler, Berlin (Cornelsen) 1994, S. 205.

M5 Die Partei

Louis Fürnberg (1909–1957), kommunistischer Schriftsteller, Dichter und Musiker, dichtete 1949/50 das Lied „Die Partei":

Sie hat uns alles gegeben,
Sonne und Wind, und sie geizte nie
und wo sie war, war das Leben,
und was wir sind, sind wir durch sie.

Sie hat uns niemals verlassen,
wenn die Welt fast erfror,
war uns warm.
Uns führte die Mutter der Massen,
es trug uns ihr mächtiger Arm.

Die Partei,
die Partei,
die hat immer recht,
Genossen, es bleibt dabei!
Denn wer
für das Recht kämpft,
hat immer recht
gegen Lüge und Heuchelei!

Wer das Leben beleidigt,
ist immer schlecht.
Wer die Menschheit verteidigt,
hat immer recht,
denn aus Leninschem Geist
wächst von Stalin geschweißt
die Partei,
die Partei,
die Partei!

Zit. nach Jürgen Weber u. a., Vom Zweiten Weltkrieg bis zur Gegenwart, Bamberg (Buchners Verlag) 1995, S. 227.

1 Erarbeite anhand von M1 und M2, welche „Botschaften" die Darstellungen jeweils vermitteln. Ziehe zur politischen Einordnung den Darstellungstext heran.

2 Interpretiere M4 und M5 und beantworte die Frage nach der „Botschaft". Beurteile jeweils Inhalt und Sprache.

3 Deute M3. Ziehe den Darstellungstext heran und informiere dich über den Künstler.

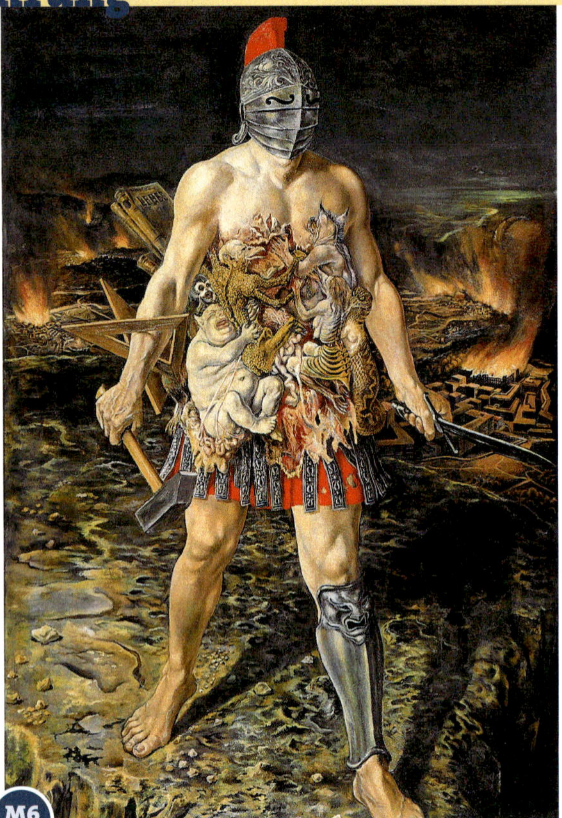

M6 **Blinde Macht,** Ölgemälde von Rudolf Schlichter (1890–1955), 1937

M7 **Jude am Fenster,** Ölgemälde von Felix Nussbaum (1904–1944), 1943, 104 x 60 cm

M8 **Frau in Ruinen,** Gemälde von Karl Hofer (1878–1955), 1945, 100 x 65 cm

M9 Schuld

Der Schriftsteller Albrecht Haushofer (1903–1945), von der Gestapo wegen Verbindung zum Widerstand erschossen, schrieb vor seiner Ermordung das folgende Gedicht:

Ich trage leicht an dem, was das Gericht[1]
mir Schuld benennen wird: an Plan und Sorgen.
Verbrecher wär' ich, hätt ich für das Morgen
des Volkes nicht geplant aus eigner Pflicht.
Doch schuldig bin ich anders als ihr denkt,
ich musste früher meine Pflicht erkennen,
ich musste schärfer Unheil Unheil nennen –
mein Urteil hab ich viel zu lang gelenkt …

Ich klage mich in meinem Herzen an:
Ich habe mein Gewissen lang betrogen,
ich hab mich selbst und andere belogen –

ich kannte früh des Jammers ganze Bahn –
ich hab gewarnt – nicht hart genug und klar!
Und heute weiß ich, was ich schuldig war.

Zit. nach Texte und Methoden, hg. von Hermann Stadler, Berlin (Cornelsen) 1994, S. 210.

1 „Volksgerichtshof"; von den Nationalsozialisten 1934 eingerichtetes Sondergericht, das unter Bruch rechtsstaatlicher Grundsätze angeblichen Hoch- und Landesverrat verfolgte.

M10 **„Krieg und Frieden"**, Fresko von Otto Dix (1891–1969) im Rathaus von Singen, 1960, 500 x 1200 cm

M11 Lied einer deutschen Mutter

Bertolt Brecht (1898–1956), der von 1933 bis 1947 im Exil war, schrieb während des Zweiten Weltkriegs das folgende Gedicht:

Mein Sohn, ich hab dir die Stiefel
Und dies braune Hemd geschenkt:
Hätt ich gewusst, was ich heut weiß,
Hätt ich lieber mich aufgehängt.
...
Mein Sohn, ich höre dich reden
Von einem Heldengeschlecht
Wusste nicht, ahnte nicht, sah nicht:
Du warst ihr Folterknecht.

Mein Sohn, und ich sah dich marschieren
Hinter dem Hitler her
Wusste nicht, dass, wer mit ihm auszieht
Zurückkehrt nimmermehr.
...
Sah das braune Hemd dich tragen
Hab mich nicht dagegen gestemmt
Denn ich wusste nicht, was ich heute weiß:
Es war dein Totenhemd.

Bertolt Brecht, Gesammelte Gedichte, Bd. 3, 4. Aufl., Frankfurt a. M. (Suhrkamp) 1988, S. 854.

M12 Inventur

Der Schriftsteller Günter Eich (1907–1972) schrieb 1947 das folgende Gedicht:

Dies ist meine Mütze,
dies ist mein Mantel,
hier ist mein Rasierzeug
im Beutel aus Leinen.

Konservenbüchse:
Mein Teller, mein Becher,
ich hab in das Weißblech
den Namen geritzt.

Geritzt hier mit diesem
kostbaren Nagel,
den vor begehrlichen
Augen ich berge.

Im Brotbeutel sind
ein Paar wollene Socken
und einiges, was ich
niemand verrate,

so dient er als Kissen
nachts meinem Kopf.
Die Pappe hier liegt
zwischen mir
und der Erde.

Die Bleistiftmine
lieb ich am meisten:
Tags schreibt sie mir
Verse,
die nachts ich erdacht.

Dies ist mein Notizbuch,
dies meine Zeltbahn,
dies ist mein Handtuch,
dies ist mein Zwirn.

Zit. nach Deutsch Oberstufe, hg. von Theodor Pelster/Klaus Krebs, München (bsv) 1992, S. 332.

4 Analysiere M6. Informiere dich dazu über den Begriff „Surrealismus" (Lexikon, Internet).
5 Erarbeite die Aussageabsicht von M7, M8 und M10.
6 Interpretiere M9, M11 und M12. Halte fest, welche Erkenntnisse das lyrische „Ich" aus den eigenen Erfahrungen gewinnt.
7 Setze die Bezeichnung „Ideologie und Realität" aus der Überschrift S. 8 in einen Bezug zu den Materialien auf diesen beiden Doppelseiten.

1. Totalitäre Herrschaftssysteme nach dem Ersten Weltkrieg

Im Ersten Weltkrieg wurden nicht nur Millionen Menschen entwurzelt, traumatisiert, verstümmelt oder getötet. Die Wirtschaft aller europäischen Kriegsparteien war zerrüttet, und weite Landstriche waren zerstört. Das Kriegsende öffnete zugleich die Tore für radikale gesellschaftliche und politische Umwälzungen. In Russland setzte die bolschewistische Revolution der Zarenherrschaft ein Ende, in Deutschland musste der Kaiser abdanken, um den Weg für die „Weimarer Republik" freizumachen. Doch die Versuche, das Volk zum Träger politischer Entscheidungen zu machen, scheiterten weitgehend. Innerhalb weniger Jahre, wenn nicht sogar Monate, setzten sich autoritäre Systeme durch, übten eine „totalitäre Herrschaft" aus und regierten diktatorisch. Im sowjetischen Russland geschah dies schon vor dem Kriegsende durch die kommunistische Partei unter Lenins Führung, in Italien durch die faschistische Partei mit ihrem „Duce" („Führer") Mussolini.
In der Geschichtsforschung werden die im ersten Drittel des 20. Jahrhunderts entstandenen Regime als „totalitäre Herrschaftssysteme" bezeichnet. Ihre Merkmale sind vor allem: Durchsetzung einer allein gültigen umfassenden Weltanschauung, Verhinderung einer freien Parteienbildung, freier Wahlen und der Gewaltenteilung, Missachtung der Menschenrechte und die Überwachung der öffentlichen und privaten Sphäre.
Am Beispiel von Russland bzw. der Sowjetunion und ihres Diktators Stalin sowie am Beispiel des faschistischen Italien und seines „Duce" kannst du erarbeiten,

– wie sich die Umwälzungen vollzogen,
– welche Ursachen ihnen zugeschrieben werden,
– wie die Diktatoren, die aus ihnen hervorgingen, ihre „totalitäre Herrschaft" sicherten.

1 Beschreibt anhand der Abbildungen, wie Mussolini und Stalin dargestellt werden. Überlegt, welche „Bilder" von den Diktatoren dadurch vermittelt werden.

2 Vergleicht dies mit den Textaussagen über die beiden Machthaber.

Bild links: **„La prima ondata" (Die erste Welle)**, Gemälde von Primo Conti (1929/30)
Bild rechts: **„Unter der Führung des großen Stalin vorwärts zum Kommunismus"**, Lithographie von Boris F. Berezovskij und Michail Solovjov (1951)

Der Historiker Wolfgang Wippermann urteilte 1986 über die Macht des italienischen Diktators Mussolini:

Mussolinis Stellung hing wesentlich davon ab, ob es ihm gelang, die Unterstützung der aus sehr unterschiedlichen Kräften und Personen bestehenden faschistischen Partei und die ... Zustimmung großer Teile der Bevölkerung zu erhalten und zu stärken. Das war mit ausschließlich repressiven Maßnahmen ... nicht zu erreichen. Bestand und Zusammenhalt des faschistischen Regimes konnten nur dann aufrechterhalten werden, wenn Mussolini Erfolge im Bereich der Wirtschafts- und Außenpolitik erzielte. Das war zunächst der Fall.

Der Journalist Werner Birkenmeier schrieb zum 50. Todestag des sowjetischen Diktators Josef Stalin:

Seinen Aufstieg ... hatte er Lenin zu verdanken, der aber Stalins Machthunger misstraute und ihn auch nicht als Nachfolger empfahl. Als Stalin von Lenins Tod erfuhr, soll er vor Freude außer sich gewesen sein. Er, ein Meister im Machtkampf, schaltete seine Gegner nach und nach aus und hatte 1928 eine Mehrheit im Politbüro hinter sich ... Hitler hatte in Stalin die Bestie erkannt, „aber eine Bestie von großem Format". Umgekehrt rühmte Stalin am deutschen Diktator: „Was für ein Kerl! Der weiß, wie man mit politischen Gegnern fertig wird."

Die sozialistische Idee wird sowjetische Wirklichkeit

Die ersten Maßnahmen der Bolschewiki

„Land, Brot und Frieden" war die Losung der Bolschewiki vor der Oktoberrevolution in Russland. Das „Dekret über Grund und Boden" (26.10.1917) war das Programm für umfangreiche Enteignungen: Land, Bodenschätze und Güter sollten in Staats- oder Gemeindebesitz überführt und in regelmäßigen Abständen nach Bedarf neu zugeteilt werden. Im Frühjahr 1918 waren tatsächlich bereits mehr als 160 Millionen Hektar Land aus dem Besitz des Zaren, des Adels und der Kirche verteilt worden – 80 Prozent davon an Einzelbauern. Die zweite politische Kraft, die durch die Umwälzungen der Oktoberrevolution Vorteile erfahren hat, war die Arbeiterschaft. Arbeiter sollten Zugang zu höherer Bildung haben und Chancen auf führende Positionen in Wirtschaft, Wissenschaft und Kultur. Mit der Einrichtung von Kinderkrippen und Kantinen sollte die Emanzipation der Frauen gefördert werden. Erreicht wurde dieses Ziel jedoch nicht und in den 1920er Jahren wegen wirtschaftlicher Probleme wieder aufgegeben.

Bürgerkrieg und Kriegskommunismus

Gegen die Machtübernahme der Bolschewiki bildete sich eine breite politische Opposition. Ihr schlossen sich enteignete Großgrundbesitzer, die ehemaligen Besitzer der jetzt verstaatlichten Betriebe und ausländische Investoren an. Der Konflikt entwickelte sich schnell zu einer militärischen Auseinandersetzung. Nichtrussische Völker nutzten die Situation, um ihre Unabhängigkeit von Russland zu erkämpfen. Die westeuropäischen Verbündeten des Zaren, aber auch die USA und Japan unterstützten die von zaristischen Militärs geführten Truppen („die Weißen"). Gegen sie bauten die Bolschewiki die „Rote Armee" auf. Sie verstaatlichten angesichts der militärischen Bedrohung alle Betriebe, zwangen Bauern, fast die ganze Ernte abzuliefern und übertrugen die Verteilung der knapp werdenden Lebensmittel und Brennstoffe staatlichen Stellen. Die Folgen des so genannten Kriegskommunismus waren katastrophal: Millionen Menschen verhungerten, viele flohen ins Ausland.

M1 „Wissen sprengt die Ketten der Sklaverei", Plakat von A. Radakow, um 1920

M2 Energie der Zukunft

Lenin sagte am 22. Dezember 1920 vor dem VIII. Sowjetkongress, auf dem der erste langfristige Gesamtwirtschaftsplan vorgelegt wurde:

Kommunismus – das ist Sowjetmacht plus Elektrifizierung des ganzen Landes. Sonst wird das Land ein kleinbäuerliches Land bleiben ... Erst dann, wenn das Land elektrifiziert ist, wenn die Industrie, die Landwirtschaft und das Verkehrswesen eine moderne großindustrielle technische Grundlage erhalten, erst dann werden wir endgültig gesiegt haben ... Man muss jedoch wissen und darf nicht vergessen, dass die Elektrifizierung nicht mit Analphabeten durchzuführen ist ... Wir brauchen Menschen, die nicht nur des Lesens und Schreibens kundig sind, sondern kulturell hochstehende, politisch bewusste, gebildete Werktätige ...
Wenn Russland sich mit einem dichten Netz von elektrischen Kraftwerken und mächtigen technischen Anlagen bedeckt haben wird, dann wird unser kommunistischer Wirtschaftsaufbau zum Vorbild für das kommende sozialistische Europa und Asien werden.

Wladimir I. Lenin, Werke, Bd. 31, Berlin (Dietz) 1979, S. 513 ff.

M3 **Bewaffnete Arbeiter** werden aufs Land geschickt, um die staatlich festgesetzten Getreidemengen einzuziehen, Foto, 1919

M4 Verraten die Bolschewiki die Revolution?

Am 28. Februar 1921 revoltierten die Kronstädter Matrosen, die wesentlich zum Sieg der Oktoberrevolution beigetragen hatten. In ihrem Programm vom 1. März erklärten sie die Gründe ihres Aufstands, der von den Bolschewiki blutig niedergeschlagen wurde:

Als die Arbeiterklasse die Oktoberrevolution machte, hoffte sie, ihre Befreiung zu erlangen. Das Resultat war aber eine noch größere Versklavung der menschlichen Persönlichkeit … Nach langen Jahren des Kampfes und der Leiden erhielten die Arbeiter Sowjetrusslands nur freche Befehle, Bajonettstiche und Kugeln der Tscheka-Kosaken[1] … Es … wird jetzt offensichtlich, dass die Kommunistische Partei nicht, wie sie vorgab, die Werktätigen verteidigt. Die Interessen der Arbeiterklasse sind ihr fremd. Nachdem sie die Macht ergriffen hat, kennt sie nur eine Sorge: sie wieder zu verlieren …
Hier in Kronstadt wurde der Grundstein zur dritten Revolution gelegt, die die letzten Ketten des Arbeiters zerbrechen und ihm den neuen und breiten Weg des sozialistischen Aufbaus eröffnen wird.

Zit. nach Hans-Joachim Lieber/Karl-Heinz Ruffmann (Hg.), Der Sowjetkommunismus. Dokumente, Bd. 1, Köln (Kiepenheuer & Witsch) 1963, S. 160 ff.

1 Im Dezember 1917 gegründete bolschewistische Geheimpolizei zur Bekämpfung der Konterrevolution

M5 Hinter den Fassaden des Sozialismus

Die russische Jüdin Emma Goldman war 1886 in die USA emigriert und wurde dort zur Anarchistin*. Wegen ihrer politischen Einstellung wurde sie 1917 nach Russland abgeschoben, wo sie zunächst die Bolschewiki unterstützte. 1922 veröffentlichte sie in Deutschland ihre Eindrücke von der Russischen Revolution:

Es war in Russland nicht genug Nahrung und Kleidung vorhanden, um alle Kinder damit genügend zu versorgen. Die Bolschewiki hielten es aber für notwendig, in jeder Stadt einige Ausstellungsschulen zu errichten, die für … Delegationen und Reporter als Aushängeschild dienen mussten. Diese Schulen erhielten das Beste von allem. Was übrig blieb, bekamen die anderen Schulen, die natürlich die große Mehrheit bildeten …
Das System der Ausstellungsschule … [war] von zersetzender und demoralisierender Wirkung und entwickelte besondere Vorrechte … Hauptsächlich aber war es die staatliche Zentralisierung mit ihrem daraus entstehenden verwickelten Mechanismus eines bürokratischen Beamtentums, welche die besten Versuche der Bolschewiki … wirkungslos machten … Eine Menge von verschiedenen Papieren, gezeichnet und gegengezeichnet von ganzen Armeen von Tschinowniki [Beamten] ist nötig, damit eine gegebene Institution sich mit allem versehen kann, was sie notwendig hat. Die Tschinowniki aber verzögern systematisch jede Bestellung, wenn sie nicht ein Geschenk erhalten.

Emma Goldman, Niedergang der Russischen Revolution (1922), 3. Aufl., Berlin (Karin Kramer) 1987, S. 60 f.

1 Untersuche, welche Zielsetzungen M1 und M2 vermitteln und beurteile den Realisierungsanspruch. Ziehe dazu M3 und M5 heran.

2 Erarbeite aus M4 die Kritikpunkte und stelle sie in einen Bezug zu M3 und zum Darstellungstext.

Der Weg in die Diktatur

Sozialismus durch Zwang?

Der Bürgerkrieg in Russland hinterließ ein wirtschaftlich ruiniertes Land und eine durch Gewaltaktionen der „Weißen“ und „Roten“ traumatisierte Bevölkerung. Bauernaufstände und Arbeiterstreiks waren die Folge. Auch in der Kommunistischen Partei – so nannten sich die Bolschewiki seit 1918 – wurde Kritik laut. Die Sowjetregierung reagierte mit äußerster Härte: Wer Kritik äußerte, wurde von der Ende 1917 gegründeten Geheimpolizei (Tscheka) verfolgt. Oppositionelle Gruppierungen wie die Menschewiki und Sozialrevolutionäre wurden verboten.

Nach dem Tode Lenins (1924) baute Josef W. Stalin systematisch seine Stellung als Generalsekretär der Partei zur Alleinherrschaft aus: Bis 1928/29 hatte er erreicht, dass in den Entscheidungsgremien von Partei, Wirtschaft und Staat nur Personen saßen, die ihm ergeben waren. Kritiker aus den eigenen Reihen wurden verfolgt, ebenso wie „alte“ Bolschewiki, die nach der Revolution Führungspositionen bekleidet hatten. Auch Ingenieure, die für den Aufbau der Industrie verantwortlich waren, fielen in der Zeit des Stalinismus so genannten Säuberungen zum Opfer. Millionen von Menschen wurden seit Mitte der 1930er Jahre durch die Geheimpolizei verhaftet, in Arbeitslager verschleppt oder ermordet. Soziale Gruppen wie die Kulaken (Mittel- und Großbauern), die in Stalins Aufbauprogramm „störten“, wurden als „konterrevolutionäre Klassenfeinde“ angeprangert, viele von ihnen nach Sibirien deportiert oder hingerichtet.

Fortschritt durch zentrale Planung?

Um die wirtschaftliche Rückständigkeit des Landes zu beseitigen, beschloss die KPdSU (Kommunistische Partei der Sowjetunion) tiefgreifende Maßnahmen im Bereich der Landwirtschaft und der Industrie: Seit dem Parteitag von 1927 wurden selbstständige landwirtschaftliche Betriebe umworben und bei Widerstand, der die Regel war, gezwungen, den Besitz in landwirtschaftliche Kollektive zu überführen: entweder in große landwirtschaftliche Spezialbetriebe wie z. B. Getreidefabriken (Sowchosen*) oder in Kolchosen*, bei denen Boden, Vieh und Gerät Gemeineigentum waren und der einzelne Bauer nur ein kleines Stück Land und wenig Vieh zur eigenen Bewirtschaftung behielt.

In der Industrie wurde unter dem Motto „Maschinisierung, Motorisierung, Elektrifizierung“ 1928 der erste Fünfjahresplan umgesetzt. Das ehrgeizige Ziel, die Industrieproduktion um ein Vielfaches innerhalb weniger Jahre zu steigern, erforderte vom Staat hohe Investitionskosten und von der Bevölkerung enorme Arbeitsleistungen. Um diese zu erreichen, wurde ein System von Gewalt (z. B. Zwangsarbeit von Gefangenen), Druck und Anreizen (Auszeichnungen wie z. B. „Held der Arbeit“) entwickelt und propagandistisch umgesetzt. Doch trotz der enormen Anstrengungen blieb die wirtschaftliche Gesamtleistung der Sowjetunion bereits unter Stalin, vor allem aber in der zweiten Hälfte des 20. Jahrhunderts, hinter den Zielen und Vorgaben der Fünfjahrespläne weit zurück.

M1 Die Bedingungen der Industrialisierung

In einer Rede am 19. November 1928 äußerte sich Stalin zu den Bedingungen der Industrialisierung:

Wir sind in einem Lande zur Macht gelangt, dessen Technik furchtbar rückständig ist … Wir haben die fortgeschrittenen kapitalistischen Länder hinsichtlich der Errichtung einer neuen politischen Ordnung, der Sowjetordnung, eingeholt und überholt. Das ist gut. Aber das genügt nicht. Um den endgültigen Sieg des Sozialismus in unserem Lande zu erringen, müssen wir diese Länder auch in technisch-ökonomischer Hinsicht einholen und überholen. Entweder erreichen wir das oder wir werden zermalmt …

Es wäre töricht, wollten wir uns damit trösten, dass wir, da die Rückständigkeit des Landes nicht von uns erfunden ist, nicht für sie verantwortlich gemacht werden können … Da wir einmal zur Macht gelangt sind und die Aufgabe auf uns genommen haben, das Land auf der Grundlage des Sozialismus umzugestalten, tragen wir für alles die Verantwortung … Und gerade weil wir die Verantwortung tragen, müssen wir unsere technisch-ökonomische Rückständigkeit liquidieren. … Vollbringen können dies nur wir, die Bolschewiki. Und gerade um diese Aufgabe zu bewältigen, müssen wir unsere Industrie systematisch in schnellem Tempo entwickeln.

Zit. nach Hans-Joachim Lieber/Karl-Heinz Ruffmann (Hg.), Der Sowjetkommunismus. Dokumente, Bd. 1, Köln (Kiepenheuer & Witsch) 1963, S. 259 ff.

M2 Gewalt als politisches Instrument?

Auf dem XX. Parteitag der KPdSU in Moskau (1956) leitete Nikita Chruschtschow, der aus dem Kampf um die Nachfolge Stalins als Sieger hervorgegangen war, mit der folgenden Rede die so genannte „Entstalinisierung" ein:

Zu Lenins Lebzeiten war das Zentralkomitee der Partei der echte Ausdruck der kollektiven Führung der Partei und der Nation. Als aktivistischer, revolutionärer Marxist, der in Prinzipienfragen allzeit unbeugsam blieb, drängte Lenin seinen Mitarbeitern doch niemals gewaltsam seine Ansichten auf. Er versuchte vielmehr, sie zu überzeugen …
Stalin hielt sich nicht damit auf, die Menschen zu überzeugen, aufzuklären und geduldig mit ihnen zusammenzuarbeiten, sondern er zwang anderen seine Ansichten auf und verlangte absolute Unterwerfung unter seine Meinung … Er vertauschte die Methode des ideologischen Kampfes mit der der … Gewaltanwendung, der Massenunterdrückung und des Terrors. Er stützte sich bei seinen Aktionen in zunehmendem Maße und mit wachsendem Starrsinn auf die Straforgane und verletzte dabei häufig alle bestehenden Normen der Moral und des sowjetischen Rechts … Unsere Partei kämpfte für die Verwirklichung der Pläne Lenins, für den Aufbau des Sozialismus. Das war ein ideologischer Kampf … Außergewöhnliche Maßnahmen hätte man dann nur gegen jene ergriffen, die wirklich verbrecherische Handlungen gegen das Sowjetsystem begangen hatten … Stalin dagegen griff zu radikalen Methoden und zu Massenunterdrückung in einer Zeit, als die Revolution schon siegreich und der Sowjetstaat gefestigt war … Es ist klar, dass Stalin sich hier in einer ganzen Anzahl von Fällen als intolerant und brutal erwies und dass er seine Macht missbrauchte … Es hat sich erwiesen, dass viele Aktivisten der Partei, der Sowjets und der Wirtschaft, die in den Jahren 1937 bis 1938 zu „Volksfeinden" gestempelt worden waren, in Wirklichkeit niemals Feinde, Spione, Schädlinge und so weiter waren, sondern immer nur aufrechte Kommunisten … Sie wurden nur als Feinde gebrandmarkt und bezichtigten sich oft selbst, weil sie die barbarischen Folterungen nicht mehr länger ertragen konnten …, aller möglichen Verbrechen.

Zit. nach Reden, die die Welt bewegten, 10. Aufl., Stuttgart (Mundus) 1989, S. 510–518.

M3 **„Der Morgen unseres Landes"**, Gemälde von Fjodor Schurpin, 1946–1948

M4 Die sowjetische Produktion – tatsächliche Produktion und Planziel 1932 (– = keine Angaben)

	1913	*1928*	*1932*	*1940*	*Planziel 1932*
Elektroenergie (Mrd. kWh)	2,0	5,0	13,5	48,3	22,0
Stahl (Mio. t)	4,3	4,3	–	–	18,3
Erdöl (Mio. t)	10,3	11,6	21,4	31,1	22,0
Kohle (Mio. t)	29,2	35,5	64,4	166,0	75,0
Mineraldünger (Mio. t)	0,09	0,14	–	3,2	–
Traktoren (1000 Stück)	–	1,3	48,9	–	53,0
Kraftfahrzeuge (1000 Stück)	–	0,8	23,9	–	100,0
Getreide (Mio. t)	–	73,3	69,9	–	105,8
Vieh (Pferde, Rinder, Schweine; Mio. Stück)	–	114,2	70,9	–	153,7
Produktionsmittel (Index 1913)	100	128	450	1554	–
Konsumgüter (Index 1913)	100	102	196	497	–

1. Erarbeite aus M1, wie Stalin sich den „Aufbau des Sozialismus" vorstellt und wie er dies begründet. Vergleiche mit M2, S. 14.
2. Liste die Vorwürfe Chruschtschows gegen Stalin auf (M2) und überlege, welche Absicht mit der Rede verbunden sein könnte.
3. Untersuche anhand von M4, wie weit das Planziel 1932 erreicht wurde.
4. Analysiere M3 mithilfe der Arbeitsschritte „Bildquellen entschlüsseln" (siehe Anhang). Setze den Anspruch des Künstlers in einen Bezug zur realen Politik Stalins. Beachte den Bildtitel.
5. Beantworte die Fragen in den Überschriften der beiden Darstellungstexte.

Fotos analysieren

Original, Fälschung, Bearbeitung? – Wenn Bilder lügen

Ein Foto kann zeigen, was zum Zeitpunkt der Aufnahme vorhanden war. Aber wie etwas aufgenommen wurde, wann und unter welchen Umständen es entstand, was nicht auf dem Bild zu sehen ist, und vor allem, ob es möglicherweise verändert (retuschiert, manipuliert) wurde, das kann besonders wichtig sein, wenn eine Fotografie als historische Quelle verwendet werden soll. So kann ein Foto Abbild für ein vergangenes Geschehen sein, aber auch Abbild dafür, wie Menschen (z. B. der Fotograf) ihre Zeit gesehen haben. Zu einem „Schlüsselbild" kann ein Foto werden, wenn es eine allgemeine Erinnerung und Sinnbildung ausdrückt.

Nicht erst seit es möglich ist, Bilder digital zu bearbeiten, werden auf Fotos festgehaltene Szenen verändert. Personen, die politisch in Ungnade gefallen waren, „verschwanden" von öffentlich verbreiteten Aufnahmen, wie z. B. Lew Trotzki (siehe M1), der in der Frage der Verbreitung der Revolution anders als Stalin die Meinung vertrat, zuerst die „Weltrevolution" anzustreben und nicht den „Aufbau des Sozialismus in einem Land". Verbreitet werden durfte dann nur noch die Fälschung (M2).

Stalin schuf und pflegte bis in die frühen 1930er Jahre einen Personenkult um Lenin, den er dann durch seinen eigenen ersetzte. Dagegen sollten andere bekannte Persönlichkeiten, die diese Legendenbildung störten, aus dem „öffentlichen Gedächtnis" verschwinden.

M1 **Originalaufnahme**, Foto, 1920. Die Aufnahme des Fotografen G. P. Goldstein entstand am 5. Mai 1920 in Moskau, als Lew Trotzki, Lew Kamenew (beide auf der Holztreppe) und Lenin Soldaten der Roten Armee verabschiedeten, die in den Bürgerkrieg zogen.

M2 **Fälschung**, retuschiertes Foto, nach 1927. Ein unbekannter Fotograf machte wenige Sekunden später eine Aufnahme der gleichen Szene wie in M1.

Arbeitsschritte **Fotos analysieren**

1. Schritt: Fragen zum Fotografen klären
- Lässt sich der Entstehungszeitpunkt bzw. der Entstehungszusammenhang des Fotos feststellen?
- Wer hat das Foto angefertigt?
- Lässt sich ein bestimmter Anlass, ein Motiv für die Aufnahme feststellen?
- In wessen Auftrag wurde fotografiert?

2. Schritt: Fragen zum Foto
- Was ist auf dem Bild dargestellt?
- Welche Details (Lupe!) könnten wichtig sein?
- Lässt sich ein bestimmtes „Thema" erkennen?
- Gibt die Bildunterschrift Hilfen?
- Welche Bildtechnik ist zu erkennen (Figuren, Gegenstände, Perspektive, Brennweite, Komposition, Entfernung, Ausschnitt)?
- Wurde das Bild bearbeitet (Montage, Beschnitt, Retusche)?
- Welche zusätzlichen Informationen sind zur weiteren Analyse notwendig?

3. Schritt: Aussage und Deutung
- Wie ist der erste Eindruck?
- Welche Gesamtaussage (Deutung) lässt sich formulieren?
- Welche Fragen bleiben offen?

M3 **„In Stalins Armen"**, Foto, 1936. Das berühmt gewordene Foto zeigt Stalin mit der Tochter eines burjatisch-mongolischen Kommunisten, eines leitenden Parteifunktionärs, auf dem Arm. Es wurde noch verbreitet, nachdem Stalin den Vater des Mädchens als „Volksfeind" hatte erschießen lassen. Von der Propaganda wurde das Foto begeistert aufgegriffen – als Unterstützung des Mythos vom „guten Väterchen Stalin". Es fand sich millionenfach verbreitet in Geschäften, Krankenhäusern und Büros.

1 Untersuche die Materialien M1 und M2 mithilfe der Arbeitsschritte.

2 Vergleiche jeweils Original und Fälschung hinsichtlich ihrer Aussage.

3 Analysiere M3 mithilfe der Arbeitsschritte und erörtere, ob hier die Bezeichnung „Wenn Bilder lügen" passt.

4 Prüfe mithilfe der Arbeitsschritte deine Ergebnisse zur Bildanalyse von M3, S. 17.

5 Diskutiert, ob Wirkungen wie die des Fotos M3 in unserer Gegenwart auch noch erzielt werden könnten.

Faschismus in Italien

„Wir sind gegen das bequeme Leben!"

Mit diesem Satz beschrieb Benito Mussolini (1883 bis 1945) seine Auffassung des Faschismus. Benito Mussolini („Duce"), bis 1914 Sozialist und Redakteur des sozialistischen „Avanti", hatte schon während des Ersten Weltkriegs politische Gesinnungsgenossen um sich geschart. Nach Kriegsende schlossen sich ihnen junge Offiziere und Soldaten an, denen es schwerfiel, ins Zivilleben zurückzukehren. Diese rechtsradikalen „fasci di combattimento" (Kampfbünde) organisierten sich militärisch und gaben sich auch durch ihre schwarzen Hemden den Anschein einer Militärtruppe. Sie erhielten Zulauf von Schülern und Studenten, vor allem aber von Handwerkern, Bauern, Angestellten und Beamten, also von Angehörigen der Mittelschicht, die sich vor einer sozialistischen Revolution fürchteten.

M1 **Mussolini vor dem Kolosseum in Rom,** Plakat, 1936

Krise in Staat und Gesellschaft

Tatsächlich befand sich das Italien der Nachkriegszeit in einer tiefen Krise. Viele Italiener hatten mit dem Versailler Vertrag 1919 vergeblich auf Landgewinne gehofft. Vor allem Angehörige des Bürgertums und Adels deuteten den „verstümmelten Sieg" als Beweis für die Schwäche der linksliberalen Regierung. Sie sahen den ganzen Staat in eine Krise geraten, weil es der Regierung nicht gelang, Streiks und Fabrikbesetzungen zu verhindern, mit denen die Industriearbeiter vor allem Lohnerhöhungen erreichen wollten.
Gleichzeitig nahmen die Auseinandersetzungen zwischen Großgrundbesitzern, Landarbeitern und Kleinbauern zu, die eine Landreform forderten. Auch hier blieb die Regierung passiv. Dafür wurden die Stoßtrupps der militanten Faschisten aktiv. Justiz, Polizei, Militär ließen sie gewähren, Industrielle und Großgrundbesitzer unterstützten sie finanziell. Bald gewannen die „Schwarzhemden" bei den bürgerkriegsähnlichen Auseinandersetzungen in ganz Italien die Oberhand.

„Marsch auf Rom" und Machtübernahme

Im Herbst 1922 inszenierte Mussolini mit 40000 Faschisten den „Marsch auf Rom", mit dem er dem Regierungsanspruch seiner 1921 gegründeten Faschistischen Nationalpartei (PNF) Nachdruck verleihen wollte. Sein Plan ging auf: Der regierende Ministerpräsident trat zurück, und Ende Oktober ernannte der italienische König Mussolini zu dessen Nachfolger.

In den folgenden drei Jahren bauten die Faschisten ihre Position aus: durch Propaganda, Terror, aber auch durch gesetzliche Maßnahmen.
Von 1922 bis 1943 bestand die faschistische Diktatur in Italien. Dort beanspruchten Kirche, Königshaus, Militär, aber auch einflussreiche Kreise der Wirtschaft und Verwaltung weiterhin, in politischen Fragen mitzubestimmen. Durch Mussolinis aufwändiges „Inszenieren" seiner Führerrolle („Duce") und der „kämpferischen Kraft" der Bewegung wurde der Faschismus zum Vorbild ähnlich totalitärer und militaristischer Strömungen in anderen Ländern. Deshalb wird der Begriff „Faschismus" auch auf den deutschen Nationalsozialismus und Francos Herrschaftssystem in Spanien angewandt.
Auch wenn die faschistischen Bewegungen sich in den einzelnen Ländern unterschiedlich entfalteten und ihre Ziele umsetzen konnten, lassen sich im Rückblick Gemeinsamkeiten feststellen: Sie waren antidemokratisch, antikommunistisch, nationalistisch und militaristisch orientiert. Sie strebten nach autoritären, nach diktatorischen Herrschaftsformen und zögerten nicht, Gewalt und Terror einzusetzen – gegen politische Gegner, aber auch gegen Unbeteiligte. Sie waren geprägt von rassistischem Gedankengut – allerdings keine so stark wie der deutsche Nationalsozialismus.

M2 „Tatsachen" des Faschismus

Am 20. September 1922 hielt Mussolini in Udine eine Rede, die später als „Jungfernrede des Faschismus" galt:

Ich bin für straffeste Disziplin, und zwar müssen wir in erster Linie und in aller Strenge uns selbst disziplinieren, sonst haben wir kein Recht, die Nation in Zucht und Ordnung zu halten. Nur Manneszucht in der Nation verschafft Italien Gehör bei den Regierungen anderer Länder … Wir verwerfen die demokratische Lehre, wonach man immer nur mit Predigten und Unterweisungen in mehr oder minder milder Weise vorgehen soll. Zu gegebener Zeit muss Disziplin in Form eines Befehls oder eines Gewaltaktes an den Tag treten … Das Recht zu befehlen kann einzig und allein durch Gehorsam erworben werden, durch den demütigen und geheiligten Stolz auf den eigenen Gehorsam … Gewalt ist nicht unmoralisch, sie ist im Gegenteil manchmal moralisch … Ende Juli und im August haben wir nach systematischer Anwendung von Gewalt binnen achtundvierzig Stunden erreicht, was wir mit Predigten und Unterweisungen nicht in achtundvierzig Jahren erreicht hätten … Ihr wisst, ich bin kein Verehrer dieser neuen Gottheit, der Masse. Sie ist eine Schöpfung der Demokraten und der Sozialisten. Nur weil sie zahlreich sind, sollen sie Recht haben. Das ist falsch … Jedenfalls haben wir geschichtliche Beweise dafür, dass tief eindringende Veränderungen in der menschlichen Gesellschaft stets zuerst von Minderheiten, einer Handvoll Menschen, herbeigeführt worden sind.

Reden, die die Welt bewegten, 10. Aufl., Stuttgart (Mundus) 1989, S. 287 ff.

M3 Plakat zum Treffen der faschistischen Studenten in Rom, 1929

M4 Gemeinsam für die richtige Verteilung des Reichtums sorgen

Am 6. Oktober 1934 sagte Mussolini zu Industrie- und Landarbeitern in Mailand:

Der Faschismus erklärt die wahrhaftige und grundlegende Gleichheit aller Individuen gegenüber der Arbeit und gegenüber der Nation. Der Unterschied liegt nur in der Höhe und dem Umfang der einzelnen Verantwortlichkeiten …
Was bedeutet diese höhere soziale Gerechtigkeit? Sie bedeutet gesicherte Arbeit, gerechten Lohn, würdige Wohnung, sie bedeutet die Möglichkeit, sich unaufhörlich zu entwickeln und zu verbessern …
Wenn das vergangene Jahrhundert das Jahrhundert der Macht des Kapitals war, so ist dieses 20. Jahrhundert das der Macht und des Ruhmes der Arbeit. Ich sage euch, dass es der modernen Wissenschaft gelungen ist, die Möglichkeiten des Reichtums zu vervielfachen; die Wissenschaft muss, vom Willen des Staates überwacht und angestachelt, das andere Problem lösen: das Problem der Verteilung des Reichtums, sodass die unlogische, paradoxe und gleichzeitig grausame Erscheinung des Elends mitten im Überfluss nicht mehr vorkomme. Für dieses große Werk ist alle Energie und aller Wille notwendig.

Zit. nach Benito Mussolini, Reden und Gesetze, hg. von Erwin von Beckenrath u. a., Stuttgart (Deutsche Verlags-Anstalt) 1936, S. 153 ff.

1 Erstelle anhand der Informationen dieser Doppelseite einen chronologischen Überblick über den Faschismus in Italien und fasse seine wichtigsten Merkmale zusammen.

2 Erarbeite M2 nach der Methode „Eine politische Rede untersuchen" im Anhang.

3 Versetze dich an die Stelle einer Zuhörerin/eines Zuhörers Mussolinis. Welche Botschaften teilt er in M4 offen mit, welche „versteckt"?

4 Analysiere M3 mithilfe der Methode „Politische Plakate untersuchen" im Anhang und erörtere, ob sich Merkmale des Faschismus in dieser Darstellung erkennen lassen.

Faschismus in Europa

Während sich in den USA die Demokratie behauptete und in Russland durch die Revolution die Kommunisten die Macht übernahmen, entstanden in vielen europäischen Ländern faschistische Bewegungen, die sich an Mussolinis Beispiel in Italien orientierten.
Nicht alle erreichten ihr Ziel, die Regierungsmacht zu übernehmen. In Deutschland kamen 1933 Adolf Hitler und die Nationalsozialisten an die Regierung; mit deutscher Unterstützung übernahmen während des Zweiten Weltkriegs auch in Ungarn, Rumänien und Jugoslawien Faschisten die Macht. In anderen Ländern blieben faschistische Gruppen jedoch politisch weitgehend wirkungslos.
In Spanien kam es 1936 unter Führung des Generals Francisco Franco zu einem Putsch gegen die linksrepublikanische Regierung. An dem nachfolgenden Bürgerkrieg (1936–1939) beteiligten sich die faschistischen Mächte Deutschland und Italien und verhalfen den Putschisten zum Sieg. Franco führte bis 1975, gestützt auf Armee und die „Falange"-Partei, ein streng autoritäres Regime, das viele Wissenschaftler als faschistisch bewerten.
Warum breitete sich der Faschismus gerade nach dem Ersten Weltkrieg in Europa aus? Damit haben sich viele Wissenschaftler auseinandergesetzt. Zwei Antworten werden auf S. 23 vorgestellt. Sie helfen auch zu klären, ob der Faschismus ein einmaliges Phänomen ist, das aufgrund besonderer historischer Bedingungen entstanden ist oder sich – in ähnlicher Form – wiederholen kann.

M2 **General Franco** in Burgos, der Hauptstadt der „nationalspanischen" Gegenregierung, Foto, 1936

M1 **Die „Eiserne Garde" in Rumänien**, Foto, Oktober 1940

1 Beschreibe mithilfe der Karte auf S. 70 das Vordringen von faschistischen Diktaturen in Europa.
2 Überprüfe, ob sich in M1 und M2 Kennzeichen faschistischer Bewegungen zeigen.
3 Berarbeitet M3A und M3B in Gruppen nach der Methode „Textquellen analysieren" im Anhang.

M3 Ursachen für den Faschismus nach dem Ersten Weltkrieg

Der Politikwissenschaftler Reinhard Kühnl schrieb 1998:

3A [Der Erste Weltkrieg] war im Vergleich zu früheren Kriegen nicht nur mit qualitativ weiterentwickelten Waffensystemen, sondern auch mit dem Einsatz aller Kräfte der gesamten Gesellschaft … geführt worden. Deshalb war nicht nur die Vernichtungstendenz dieses … Krieges … weitaus größer, sondern auch seine Prägekraft gegenüber der Generation, die diesen Krieg erlebt hatte. So nahm einerseits die Antikriegsbewegung, getragen insbesondere von der Arbeiterbewegung, nach 1918 einen gewaltigen Aufschwung … Andererseits hatte das Erlebnis des Krieges, der „Schicksalsgemeinschaft" der Frontsoldaten … bei Millionen von Menschen … eine allgemeine Brutalisierung ihrer Gefühls- und Vorstellungswelt … und die Wut gegen diejenigen [bewirkt], die … das Kriegserlebnis „in den Schmutz zogen" …
Sie organisierten sich also in Soldatenverbänden und Bürgerwehren, bekämpften die Arbeiterbewegung als ihren Hauptfeind, verachteten die Demokratie als schlappe und handlungsunfähige Staatsform und sahen in Führertum und Diktatur den einzigen Ausweg …
Der Weltkrieg hatte … durch die gewaltigen Opfer, die der Bevölkerung auferlegt wurden …, dem Protest gegen die bestehende Gesellschaftsordnung enormen Auftrieb gegeben … Diese Entwicklung war für die besitzenden Schichten umso bedrohlicher, als in Russland … der revolutionäre Umsturz gelungen war …
Die 1929 einsetzende Wirtschaftskrise führte in allen kapitalistischen Ländern zu Millionenmassen von Arbeitslosen … Große Bevölkerungsmassen wurden von Angst und Verzweiflung ergriffen …, verloren das Vertrauen zu den politischen Kräften und Repräsentanten, denen sie bisher vertraut hatten … So gewannen in den meisten Ländern faschistische Bewegungen an Boden, die als Ausweg proklamierten: die Abschaffung der Demokratie; … die Errichtung eines starken, handlungsfähigen, autoritären Staates, der mit inneren und äußeren Feinden fertigwerden könnte; die Ausschaltung der Arbeiterbewegung … und schließlich die Ausschaltung „volksfremder Elemente", die im Verdacht standen, die biologische Grundlage der nationalen Einheit und Handlungsfähigkeit zu zerstören.

Reinhard Kühnl, Faschismus, 4., überarb. Aufl., Heilbronn (Distel) 1998, S. 97–103.

Der amerikanische Historiker Stanley Payne schrieb 1995:

3B Der Erste Weltkrieg … kostete zehn Millionen Soldaten das Leben. Er fegte alle bedeutenden Regierungen und Dynastien Mittel- und Osteuropas hinweg … Der lang anhaltende Trend zu liberaler Demokratie und einer repräsentativen Regierungsform wurde infrage gestellt und verkehrte sich in einigen Gebieten in sein Gegenteil. Das führte zu einer Brutalisierung des politischen Lebens, die politische Gewalt natürlich, ja normal erscheinen ließ … Die Tendenz zu Optimismus und Fortschrittsglauben, die für die vorangegangenen anderthalb Jahrhunderte charakteristisch gewesen war, [wurde] zunehmend bezweifelt und häufig verworfen …
Der Krieg setzte die politischen Systeme aller Beteiligten erheblichen Belastungen aus. Während die stabilen westeuropäischen demokratischen Ordnungen mit verschiedenen Formen der Koalitionsregierungen der „nationalen Einheit" reagieren konnten, verschlechterte sich die Situation in Mittel-, Süd- und Osteuropa weiter. Das zaristische Regime Russlands … zerbarst unter den neuen Erschwernissen. 1917 brach es völlig zusammen …
In den neutralen Ländern Spanien und Portugal destabilisierten Spannungen, die auf den Krieg zurückzuführen waren, schon bald die Regierungen … In Griechenland stürzte man sowohl die Regierung als auch den König …
Die neue Situation leistete größeren Übeln und wachsenden Zerstörungstendenzen Vorschub. Dies wurde durch eine unzulängliche Friedensvereinbarung verschärft … Der Erste Weltkrieg hat jedoch nicht einfach den Faschismus „verursacht", denn die meisten Konzepte, aus denen der Faschismus hervorging, existierten bereits. Es lief darüber hinaus kein … Prozess ab, der die Herrschaft des Faschismus in einem erheblichen Teil Europas zwingend herbeigeführt hätte. Entsprechende Entwicklungen waren Folgen der Nachkriegspolitik … Gleichwohl brachte der Krieg eine neue Brutalisierung des öffentlichen Lebens … sowie eine Verstärkung nationalistischer Konflikte … mit sich, ohne die der Faschismus in der folgenden Generation nicht hätte triumphieren können.

Stanley Payne, Geschichte des Faschismus (1995), dt. Ausgabe, Berlin (Propyläen) 2001, S. 100–110.

Totalitäre Herrschaftssysteme nach dem Ersten Weltkrieg – ein Überblick

„Alle Macht den Räten!" – Was blieb davon in der Sowjetunion?

Das Jahr 1917 bedeutet für Russland bzw. seine Geschichte einen tiefen Einschnitt: Die jahrhundertelange Zarenherrschaft wurde im März 1917 beendet, die nur wenige Monate dauernde Doppelherrschaft der Provisorischen Regierung auf der einen Seite und der Sowjets auf der anderen Seite wurde durch die „Oktoberrevolution" unter der Führung der Bolschewiken beseitigt.

Zu den wichtigsten Ursachen der revolutionären Bewegungen im Jahre 1917 gehörten die ungelöste Kriegsfrage, die gewaltigen Versorgungsprobleme und die ungleichen Eigentumsverhältnisse im Land. Die Bolschewiki, an ihrer Spitze Lenin, machten sich dies zu Nutze: „Alle Macht den Räten!", forderten sie und brachten mit ihrer Losung „Frieden, Land und Brot" diejenigen hinter sich, die das Ende von Krieg und Hunger erhofften. Diese Versprechen sollten durch die ersten Maßnahmen des „Rats der Volkskommissare" nach der Oktoberrevolution eingelöst werden (Friede von Brest-Litowsk, Dekret über Grund und Boden). Kritik und Widerstand gegen die sozialistische Umgestaltung des Staates und den Aufbau der Sowjetmacht ließen die Bolschewiki nicht zu: Davon zeugen nicht nur die Maßnahmen des Kriegskommunismus und die unzähligen Opfer während des Bürgerkriegs, sondern vor allem der Ausbau der Parteidiktatur bis hin zur Diktatur Stalins. Stalin forcierte die wirtschaftliche Entwicklung des Landes durch Kollektivierung der Landwirtschaft und zentral geplante Industrialisierung. Drastischer als Lenin ging er gegen Kritiker vor: Unzählige wurden in Arbeits- und Straflager geschickt, verbannt, hingerichtet oder ermordet. Millionen Menschen kamen durch die stalinistische Terrorpolitik zu Tode. Die genaue Zahl der Opfer ist bis heute umstritten.

Der Faschismus – Folge des Ersten Weltkriegs?

In Italien und anderen europäischen Staaten hatte der Erste Weltkrieg viele Menschen enttäuscht oder sogar ihrer Existenz beraubt. Vor allem sie waren es, die sich den Faschisten, der Bewegung um Benito Mussolini, anschlossen. Waren ihre Motive auch ganz unterschiedlich, so stimmten sie alle den programmatischen Elementen des Faschismus zu: Beseitigung von Demokratie und Wirtschaftsliberalismus, Abwehr des Kommunismus, Aufbau einer diktatorischen Herrschaft, Verherrlichung von Militarismus und Nationalismus, Ablehnung von „Fremdem" bis hin zu radikalen Formen des Rassismus.

Um ihre Ziele zu erreichen, schreckten die Faschisten vor Gewalt und Terror nicht zurück. Daneben setzten sie propagandistische Mittel ein wie Inszenierungen (z. B. „Marsch auf Rom", Personenkult des „Duce") und Massenveranstaltungen. Sie verfügten über eigene Medien (Presse, Rundfunk usw.) und beauftragten Künstler (Architekten, Bildhauer, Maler, Fotografen) mit der propagandistischen Gestaltung ihrer Ideologie.

Totalitarismus

Die Frage nach Übereinstimmungen – trotz vieler Unterschiede – zwischen der kommunistischen und der faschistischen bzw. nationalsozialistischen Ideologie wird in der Geschichtsforschung unter den Begriffen „totalitär" bzw. „Totalitarismus" zu beantworten versucht. Gemeinsam ist beiden politischen Ideologien vor allem die Ablehnung der (Parteien-)Demokratie, liberaler Wirtschaftsformen und der Grund- und Menschenrechte; übereinstimmend aber auch die Überwachung aller öffentlichen und privaten Lebensbereiche, die Beherrschung und Nutzung der Medien und der Personenkult ihrer Führer.

März 1917
- „Februarrevolution" in Russland

November 1917
- „Oktoberrevolution" in Russland

1918–1921 Bürgerkrieg in Russland

1921
- Lenin führt die NEP ein

28.Oktober 1922
- Mussolinis „Marsch auf Rom"

1922–1943 Faschistische Diktatur in Italien (Mussolini)

M1 **Stalin im Kreml,** Foto, 1932

Wir wiederholen Begriffe und Methoden

Methoden	
Fotos analysieren	S. 18 f.

M2 **Mussolini bei einer Versammlung der faschistischen Schwarzhemden in Rom,** Foto, 1935

1 Vergleiche, wo und wie sich die beiden Staatsführer in M1 und M2 fotografieren ließen. Stelle einen Bezug zu M1, S. 20, her.

2 Diskutiert, welche Aussage die Fotos enthielten und welche Wirkung sie auf den Betrachter haben sollten. Beachtet besonders die geschichtlichen Bezüge auf den Fotos.

Dezember 1922
Gründung der Sowjetunion

1929
- Industrialisierung und Kollektivierung in der UdSSR

1929–1953 Kommunistische Diktatur in der UdSSR (Stalin)

1933–1945 Nationalsozialistische Diktatur in Deutschland (Hitler)

1936–1975 Faschistische Diktatur in Spanien (Franco)

2. Nationalsozialismus und Zweiter Weltkrieg

Abfahrt Hitlers nach einer Jugendkundgebung im Berliner Lustgarten, Foto, 1. Mai 1934

Die Zeit nach dem Ersten Weltkrieg war eine Zeit des raschen Wandels, der nicht nur den Alltag vieler Menschen betraf. War es Friedrich Ebert (Reichspräsident 1919–1925) noch gelungen, die gemäßigte Arbeiterschaft mit dem Bürgertum zusammenzuführen und damit der Republik eine tragfähige Grundlage zu geben, so wurde am Ende der zwanziger Jahre die Kluft zwischen den verschiedenen gesellschaftlichen Gruppen immer größer. Nationalistische und antisemitische Strömungen sowie antidemokratische und radikale Kräfte machten sich immer deutlicher bemerkbar. Sie bestimmten mehr und mehr die politische „Kultur" in Deutschland.
Wie in der Sowjetunion oder in Italien scheiterte auch in Deutschland ein politisches System, das auf die Mitwirkung des Einzelnen setzte. Die Weimarer Republik ist oft als „Republik ohne Republikaner" bezeichnet worden, womit zum Ausdruck gebracht wird, dass es den Menschen an demokratischem Bewusstsein fehlte.
Die Ursachen für den Zusammenbruch der Republik sind vielfältig. Letztlich hängt das Scheitern der ersten Demokratie auf deutschem Boden eng mit der nationalsozialistischen Bewegung zusammen, die einen Systemwechsel wollte und dazu unterschiedliche Mittel einsetzte und auch vor Gewalt nicht zurückschreckte.

Im Mittelpunkt dieses Kapitels steht der Nationalsozialismus. Zentrale Fragen sind:
– Welche Ursachen bedingten den Untergang der Weimarer Republik?
– Wie konnte in so kurzer Zeit eine Parteidiktatur in Deutschland errichtet werden?
– Welche Folgen hatten Ideologie und Politik der Nationalsozialisten für die Menschen in Deutschland?
– Inwiefern war der Zweite Weltkrieg eine Konsequenz dieses Systems?

1 Beschreibt die Abbildungen und setzt sie in Beziehung zu den beiden Redeausschnitten.
2 Stellt Überlegungen an, welche Rolle der Einzelne in einer Demokratie und in einer Diktatur spielt.
3 Überlegt, was Hitler unter „Einzelpersönlichkeit" verstanden haben könnte.

„Hitler führt alle in den Abgrund“,
französische Karikatur, 1938

Adolf Hitler, Reichskanzler seit dem 30. Januar 1933, sagte in einer Rede am 6. Juli 1933:

Die politischen Parteien sind jetzt endgültig beseitigt. Dies ist ein geschichtlicher Vorgang, dessen Bedeutung und Tragweite man sich vielfach noch gar nicht bewusst ist. Wir müssen jetzt die letzten Überreste der Demokratie beseitigen, insbesondere auch die Methoden der Abstimmung und der Mehrheitsbeschlüsse, … und die Verantwortung der Einzelpersönlichkeit überall zur Geltung bringen … Die Partei ist jetzt der Staat geworden. Alle Macht liegt bei der Reichsgewalt.

Rede von Generaloberst Jodl, Chef des Wehrmachtführungsstabes, vor den Reichs- und Gauleitern in München am 7.11.1943:

Ich möchte in dieser Stunde nicht mit dem Munde, sondern aus tiefstem Herzen bekennen, dass unser Vertrauen und unser Glaube an den Führer ein grenzenloser ist, dass es für uns kein höheres Gesetz gibt und keine heiligere Pflicht, als bis zum letzten Atemzug für die Freiheit unseres Volkes zu kämpfen, dass wir alles Weiche und Pflichtvergessene abstoßen wollen, dass uns alle Drohungen unserer Gegner nur noch härter und entschlossener machen werden, dass wir uns keiner feigen Hoffnung hingeben, als könnten uns andere vor dem Bolschewismus retten, der alles hinwegfegen wird, wenn Deutschland fällt, … dass wir siegen werden, weil wir siegen müssen, denn sonst hätte die Weltgeschichte ihren Sinn verloren.

Das Ende der Weimarer Republik 1929–1933

Die Weltwirtschaftskrise und ihre sozialen Folgen

Arbeitslosigkeit und Konsumrückgang

Die wirtschaftliche Stabilisierung, die seit Mitte der 1920er Jahre in Europa eingetreten war, erwies sich bald als brüchig. Schon 1928 zeigten sich deutliche Krisenanzeichen: Der Massenkonsum ging zurück; die Überproduktion in vielen Gewerbebereichen führte zu Entlassungen. Der „Börsenkrach" (Sturz der Börsenkurse) in New York am „Schwarzen Freitag" (25. Oktober 1929) war der sichtbare Beginn einer Krise, die ihren Ursprung in den USA hatte und die gesamte Weltwirtschaft erschütterte.

Die Wirtschaftsstatistiken aus der Schlussphase der Weimarer Republik dokumentieren den wirtschaftlichen Niedergang, der die sozialen Verhältnisse erheblich veränderte. Die Zahl der Arbeitslosen überstieg im Jahr 1932 die Sechs-Millionen-Grenze. Diese Entwicklung und die sinkenden Einkommen von Arbeitern, Angestellten und Beamten führten zu einem Rückgang des privaten Verbrauchs. Betroffen waren zahlreiche Berufssparten, von Möbelhändlern bis zu Bauunternehmern und von Kinobesitzern bis zu Zeitungsverlegern. Vor allem der gewerbliche Mittelstand musste erhebliche Einkommenseinbußen hinnehmen. Besonders kritisch wurde die Lage für die Landwirte, denn schon vor dem Börsenkrach war es durch eine Überproduktion zu einer Agrarkrise gekommen. Der Preisverfall für Agrarprodukte nahm jetzt ein Ausmaß an, das die Landwirte nicht mehr auffangen konnten und viele in die Verschuldung trieb. So kam es zwischen 1930 und 1932 allein in der Landwirtschaft zur Versteigerung von 4700 Betrieben. Die Krise zeigte sich auch in der Zunahme von Konkursen in der Industrie und in der Erhöhung der Staatsschulden. Auch in Großbritannien ließ die Wirtschaftskrise die Quote der Arbeitslosen sprunghaft anwachsen. Eine zusätzliche Schwierigkeit stellte für Großbritannien die Schutzzollpolitik des europäischen Festlandes dar, denn ohne Exporte in diese Länder fehlten der Industrie wichtige Einnahmen. Durch die Intensivierung des Handels mit den von England ursprünglich abhängigen Commonwealth-Staaten konnten die Defizite nicht vollkommen ausgeglichen werden. Frankreich traf die Wirtschaftskrise weniger heftig als die anderen Industriestaaten. Dies lag auch daran, dass die Regierung dort nach dem Ersten Weltkrieg zukunftsweisende Industrien, z. B. die chemische Industrie, gefördert hatte.

M1 Werbeplakat zur „Deutschen Woche" in München, 1931. Mit Schutzzöllen und Werbekampagnen sollte der Absatz inländischer Produkte gestärkt werden.

M2 Welthandel 1930–1932 in Mrd. Reichsmark

	Einfuhr		Ausfuhr	
	1930	*1932*	*1930*	*1932*
Deutsches Reich	10,4	4,7	12,0	5,7
Frankreich	8,6	4,9	7,0	3,3
Großbritannien	21,3	10,4	11,6	5,4
USA	12,8	5,6	16,1	6,8
Welthandel insg.	120,0	57,8	108,7	52,0

Zusammengestellt nach Statistisches Jahrbuch für das Deutsche Reich, Bd. 52, Berlin, 1933, S. 107 ff.

M3 Arbeitslosigkeit 1929–1933

	1929	*1930*	*1931*	*1932*	*1933*
Abhängige Erwerbspersonen (in 1000)	22418	21916	20616	18711	18540
Arbeitslose (in 1000)	1899	3076	4520	5603	4804
% der Arbeitslosen	8,5	14,0	21,9	29,9	25,9

Zusammengestellt nach Wolfgang Michalka/Gottfried Niedhart (Hg.), Die ungeliebte Republik. Dokumente zu Innen- und Außenpolitik Weimars 1918–1933, München (dtv) 1980, S. 412.

M4 Not durch Arbeitslosigkeit

In dem Gedicht „Das Riesenspielzeug" von 1932 thematisierte der Schriftsteller Erich Kästner (1899–1974) die Jugendarbeitslosigkeit:

Eins habt ihr leider nicht bedacht:
dass Kinderhaben auch verpflichtet.
Ihr wart auf uns nicht eingerichtet,
ihr habt uns nur zur Welt gebracht.

Ihr habt uns mancherlei gelehrt,
Latein und Griechisch bestenfalles,
nun sind wir groß, doch das ist alles.
Und was ihr lehrtet, ist nichts wert.

Ihr habt uns in die Welt gesetzt.
Wer hatte euch dazu ermächtigt?
Wir sind nicht existenzberechtigt
und fragen euch: Und was wird jetzt?

Schon sind wir eine Million!
Wir waren fleißig und gelehrig.
Und ihr? Ihr schickt uns, minderjährig
fürs ganze Leben in Pension.

Wir leben wie im Krankenhaus
und lassen uns von euch verwalten.
Und werden von euch ausgehalten
und halten das nicht länger aus!

Sind wir denn da, um nichts zu tun?
Wir, die gebornen Arbeitslosen,
verlangen Arbeit statt Almosen.
Und fragen euch: Und was wird nun?

Die Weltbühne, 27. Jg., 1932, S. 791.

M5 Die „Tragödie" einer Lokomotivfabrik

Aus einem Artikel des „Süddeutschen Sonntagsanzeigers" vom 6. Dezember 1930 über die 1838 gegründete Münchner Lokomotivfabrik Maffei:

Es ist eine schlimme Sache, wenn die weltberühmte alte Firma eines Tages ihre Tore schließen muss ... Eine Fabrik, die mit der bayerischen Industrie verwurzelt war wie ein alter starker Baum mit der Erde ... Leider sind derartige Entwicklungen bei den derzeitigen wirtschaftlichen Verhältnissen keine allzu große Seltenheit. Aber es geht hier nicht nur um eine Fabrik, nicht nur um einen ehrwürdigen Namen – es geht um viel mehr: Es handelt sich um die Existenz von zweieinhalbtausend Menschen, denen dieses Ende ihre Stellung kostet. Wenn man die Dinge von diesem Standpunkt aus betrachtet, so kann man die Umstellung der Firma Maffei wohl als eine Katastrophe bezeichnen, wie sie München noch nicht erlebt hat. Wo einmal 3600 Menschen an Maschinen standen und in Werkstätten arbeiteten, da sind heute noch ein paar hundert, und auch diese erwarten alle Tage den schicksalsschweren blauen Brief, der ihnen mitteilt, dass man sie nicht mehr braucht ... Werkmeister Ziegler hat sich umgebracht. Sich und seine Familie. Vor Monaten. Das war der Anfang. Einer der ersten blauen Briefe. Wir haben über die grausige Familientragödie an dieser Stelle damals ausführlich berichtet. Ein Mann, der ein halbes Menschenleben bei Maffei war ... „Wo ich mich vorstelle", erzählt ein Werkmeister, „dieselbe Antwort: Sie sind zu alt! Es ist trostlos, wenn wir uns morgens auf dem Arbeitsamt treffen. Das ganze Leben ist sinnlos geworden."

Süddeutscher Sonntagsanzeiger vom 6. Dezember 1930.

Grundwissen

1929: Weltwirtschaftskrise

Am „Schwarzen Freitag" (Börsenkrach am 25. Oktober 1929 in New York) wurde offenkundig, dass sich die Weltwirtschaft in einer tiefen Krise befand. In einer Art Spekulationsrausch wollten viele mit Aktien das große Geld machen, obwohl sich der konjunkturelle Einbruch durch Überproduktion und Absatzschwierigkeiten abgezeichnet hatte. Die Folgen waren Konkurse und ein ungeahnter Anstieg der Arbeitslosigkeit, der viele Staaten in eine soziale und politische Krise stürzte.

1. Setze M2 und M3 in Beziehung zu M1. Welche Entwicklungen werden dokumentiert? Welche Reaktionen sollten der Krisenbewältigung dienen?
2. Vergleiche die Haltungen, die in M4 und M5 zum Ausdruck gebracht werden. Arbeite Gemeinsamkeiten und Unterschiede heraus. Beachte die Textarten.
3. Erarbeite anhand des Darstellungstextes Wirkungen der Weltwirtschaftskrise in Europa.
4. Diskutiert, inwiefern Arbeitslosigkeit für den Einzelnen unerträglich und für den Staat zu einer massiven Gefährdung werden kann.

Die Präsidialkabinette 1930–1933

Wegbereiter der Diktatur

Auf die Wirtschaftskrise folgte eine politische Krise. Die Sozialversicherung verfügte nicht mehr über ausreichende Geldmittel, sodass die ständig steigende Zahl der Arbeitslosen nicht mehr versorgt werden konnte. Unter den demokratischen Parteien entstand ein Streit: Die SPD lehnte eine Erhöhung der Beiträge zur Arbeitslosenversicherung um 0,5 Prozent auf 4,0 Prozent ab, wovon Arbeitgeber und Arbeitnehmer jeweils die Hälfte hätten aufbringen müssen. Das Zentrum und andere bürgerliche Parteien wollten eine Kürzung des Arbeitslosengeldes durchsetzen. Dieser Dissens führte zum Bruch der Koalition der Mitte von SPD, Zentrum, BVP, DDP und DVP. Reichskanzler Müller (SPD) prognostizierte bei seinem Rücktritt (1930): „Wir gehen schweren Zeiten entgegen!" Damit brachte er zum Ausdruck, dass das gesamte parlamentarische System eine Niederlage erlitten hatte.

Schon die Ergebnisse der Reichstagswahlen vom September 1930 zeigten eine eindeutige Reaktion der Öffentlichkeit: Gewinner waren die extremistischen Kräfte, die demokratische Mehrheiten im Reichstag verhinderten. Die folgenden Regierungen wurden deshalb mehr und mehr von der Unterstützung des Reichspräsidenten Hindenburg abhängig. Dieser berief sich auf Artikel 48 der Verfassung, wonach er mit Notverordnungen ohne die Beteiligung des Parlaments regieren konnte, und auf Artikel 25, der das Recht zur Auflösung des Reichstags durch den Präsidenten enthielt. Eine Regierung, die das Vertrauen des Reichspräsidenten verspielte, hatte keine Zukunft. So scheiterte z. B. Reichskanzler Brüning mit einem umfassenden Sanierungsprogramm: Die Erhöhung der Steuersätze bei gleichzeitiger Kürzung der Sozialleistungen sowie das Verbot der nationalsozialistischen Organisationen SA und SS* waren im Reichstag nicht konsensfähig und in der Öffentlichkeit nicht vermittelbar. Die Folge war eine Auflösung des zerstrittenen Reichstags durch den Reichspräsidenten. Die Neuwahlen im Juli 1932 brachten den Kommunisten und Nationalsozialisten erneut erhebliche Gewinne. Eine Regierungsbildung durch demokratische Kräfte wurde dadurch unmöglich gemacht. Damit war auch das Präsidialsystem in eine Sackgasse geraten.

Die Stunde der Kampfverbände

Zu einem großen Gefahrenherd waren inzwischen die Kampfverbände der Nationalsozialisten geworden, die SA und die SS. Diese rechtsradikalen Organisationen wandten sich gleichermaßen gegen die Republik wie gegen die monarchischen Kräfte.

Im Oktober 1931 schlossen sich die nationalen Kampfverbände der DNVP, der NSDAP und der Bund Stahlhelm bei einem Treffen in Bad Harzburg zur „Harzburger Front" zusammen. Den Führungsanspruch dieser Vereinigung erhoben die Nationalsozialisten. Einig war sich diese „Front" nur in dem einen Ziel, die Politik der Regierung gewaltsam zu bekämpfen.

Den rechtsradikalen Wehrverbänden stellten sich das republikanische Reichsbanner und der kommunistische Rotfrontkämpferbund entgegen. In blutigen Straßenkämpfen verloren nicht nur zahlreiche Mitglieder dieser Kampfverbände, sondern zahlreiche Polizisten und unbeteiligte Passanten ihr Leben. Eine Folge der Straßenkämpfe war die Verunsicherung der Bevölkerung und deren schwindendes Vertrauen in die Autorität und Gestaltungskraft des Staates. Dies entsprach der Strategie der Radikalen, die sich von einem allgemeinen politischen Chaos größere Erfolge versprachen.

M1 **„Der Reichstag wird eingesargt"**, Montage von John Heartfield, 1932

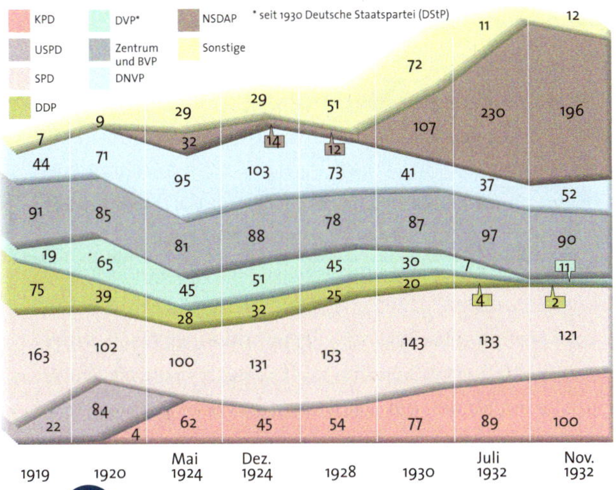

M2 Sitzverteilung in der Nationalversammlung 1919 und im Deutschen Reichstag 1920–1932

Die Politik der Präsidialkabinette

Reichskanzler Heinrich Brüning (Zentrum), April 1930 bis Mai 1932:
Vom Reichspräsidenten eingesetzte Regierung mit einer Parlamentsmehrheit nur bei Tolerierung durch die SPD. Sparmaßnahmen in den öffentlichen Haushalten, Senkung der Beamtengehälter, Erhöhung von Steuern; Hinnahme einer Verschärfung der Wirtschaftskrise. Sturz durch Hindenburg nach politischen Intrigen von Interessenverbänden (ostelbische Grundbesitzer, Spitzen der Reichswehr).

Reichskanzler Franz von Papen (Zentrum), Juni bis November 1932:
„Kabinett der Barone" (so genannt wegen zahlreicher adeliger Minister); Aufhebung des SA-Verbots; dadurch Zunahme blutiger Straßenkämpfe; 20. Juli 1932: Sturz der von der SPD geführten Koalitionsregierung in Preußen, einer starken Stütze der parlamentarischen Demokratie, durch Verordnung des Reichspräsidenten (Staatsstreich); Ernennung von Papens zum Reichskommissar für Preußen; Scheitern der Politik mit Notverordnungen; Entlassung Papens durch Hindenburg.

Reichskanzler General Kurt von Schleicher (parteilos), Dezember 1932 bis Januar 1933:
Ziel: Spaltung der NSDAP und Herstellung einer parlamentarischen Mehrheit durch die bürgerlichen Parteien und die SPD. Rücktritt nach Scheitern seiner Pläne. Hindenburg ernennt am 30. Januar 1933 Adolf Hitler zum Reichskanzler.

M3 „Erbitterungswahlen" im Jahr 1930

Kommentar eines Redakteurs der „Frankfurter Zeitung" zur Reichstagswahl 1930:

Erbitterungswahlen also, in denen eine aus vielen Quellen gespeiste Stimmung, durch eine wilde Verhetzung aufgewühlt, sich in radikalen Stimmzetteln entlud. Kein positiver Wille, auch nicht der zu einem wirklichen Umsturz des heutigen Staates, nicht einmal der zu dem gewaltsamen Versuch eines Umsturzes unserer heutigen politischen Grundlagen, steht hinter einem großen Teil dieser radikal-negierenden Stimmen. Ein solcher Umsturzwille ist, wir dürfen uns wahrhaftig nicht in Illusionen wiegen, bei einem Teil sicherlich vorhanden. Der andere Teil hat lediglich Protest gewollt. Protest … gegen die Methoden des Regierens oder Nichtregierens, des entschlusslosen Parlamentierens der letztvergangenen Jahre … Protest gegen die wirtschaftliche Not, die furchtbar ist, und die viele, zum Teil aus ehrlicher Verzweiflung, zum anderen bloß aus Ärger über diese oder jene Einzelmaßnahme, einfach in die Stimmung treibt: Die Partei, für die sie bisher gestimmt hatten, habe ihnen nicht geholfen, also versuchte man es nun einmal mit einer anderen Tonart. Hitler verspricht ja Macht, Glanz und Wohlstand.

Zit. nach Ernst Deuerlein, Der Aufstieg der NSDAP in Augenzeugenberichten, Düsseldorf (Rauch) 1968, S. 318.

1 Erkläre mithilfe des Darstellungstextes und des Faktenkastens den Unterschied zwischen einer parlamentarischen Demokratie und einem Präsidialsystem.
2 Erschließe die Aussagen der Montage M1.
3 Fasse mithilfe von M2 zusammen, welche parteipolitischen Verschiebungen sich gegen Ende der Weimarer Republik ergeben haben. Analysiere dabei genau die Wahlergebnisse zwischen 1930 und 1932 und setze die Veränderungen in Beziehung zu den Ergebnissen in den Vorjahren.
4 Ermittle aus M3, warum immer mehr Menschen radikale Parteien wählten.
5 Diskutiert die Frage, welche Verantwortung dem Einzelnen in einer Demokratie zukommt.
6 Fasse zusammen: Ursachen für das Scheitern der Weimarer Republik. Ziehe S. 28/29 mit heran.

„Machtergreifung“ und „Gleichschaltung“

Adolf Hitler wird Reichskanzler

Der Ernennung Adolf Hitlers zum Reichskanzler durch den Reichspräsidenten Hindenburg waren Beratungen der Reichsspitze mit führenden konservativen Politikern, aber auch Industriellen, Bankiers und Angehörigen der Reichswehr vorausgegangen. Sie wollten den Staat, der mit der desolaten Wirtschaftslage und den Präsidialkabinetten seit 1930 in eine tiefe Krise geraten war, mit aller Macht stärken. Als Hindenburg am 30. Januar 1933 dem Führer der stärksten Partei im Reichstag, der Nationalsozialistischen Deutschen Arbeiterpartei (NSDAP), die Macht übertrug, hieß das aber nicht, dass die parlamentarische Demokratie gestärkt werden sollte. Im Gegenteil: Viele Kräfte hofften, dass diese Regierung nun Maßnahmen ergreifen würde, um in Zukunft nicht mehr von den politischen Mehrheitsverhältnissen, insbesondere dem Verhalten der SPD, abhängig zu sein. Im Kabinett Hitlers saßen Deutschnationale und Nationalsozialisten. Die NSDAP befand sich in der Minderheit, denn ihr gehörten außer Hitler nur noch Wilhelm Frick (1877 bis 1946) als Reichsinnenminister und Hermann Göring (1893–1946) als Reichsminister ohne Geschäftsbereich an; Joseph Goebbels (1897–1945) wurde erst im März 1933 Reichsminister für Volksaufklärung und Propaganda. Am 31. Januar 1933 beschloss das Kabinett Neuwahlen zum Reichstag für den März. Wie gingen die Anhänger und die Gegner der neuen Regierung mit der veränderten politischen Lage um?

Stationen der Machterlangung

Am Abend des 27. Februar 1933 brannte das Gebäude des Reichstags. Hitler und Göring nutzten den Brand als Vorwand, um gegen politische Gegner vorzugehen. Sie brachten am nächsten Tag im Kabinett eine „Verordnung zur Abwehr kommunistischer staatsgefährdender Gewaltakte“ durch, mit der wichtige Grundrechte wie Meinungsäußerung, Versammlungsfreiheit oder das Postgeheimnis außer Kraft gesetzt wurden. Zahlreiche Anhänger der Kommunistischen Partei wurden verhaftet.

In der Atmosphäre von Willkür und Terror fanden am 5. März 1933 die Reichstagswahlen statt. Das Ergebnis erfüllte nicht die Erwartungen der NSDAP. Sie erhielt 43,9 Prozent der Stimmen. Mit einer Mischung aus staatlicher Gewaltanwendung, Drohungen und Versprechungen gelang es ihm am 23. März 1933, mit Zustimmung der bürgerlichen Fraktionen, das so genannte Gesetz zur Behebung der Not von Volk und Reich („Ermächtigungsgesetz*“) durchzusetzen. Die Mandate der kommunistischen Abgeordneten waren für ungültig erklärt worden, die SPD-Fraktion stimmte dagegen. Das Gesetz ermöglichte es der Regierung, vier Jahre lang ohne Zustimmung des Reichstags Gesetze zu erlassen. Nach dem Tod Hindenburgs (2. August 1934) übernahm Hitler auch das Amt des Reichspräsidenten und stieg damit zum unumschränkten Führer auf.

M1 Der Fackelzug der Nationalsozialisten am Abend des 30. Januar 1933 in Berlin, Foto, 1936. Der abgebildete Fackelzug wurde für einen Propagandafilm nachgestellt, da es keine brauchbaren authentischen Fotos gab. Mehr als fünf Stunden lang paradierten am 30. Januar 15 000 SA- und SS-Angehörige durch die Berliner Innenstadt bis zur Wilhelmstraße, dem Regierungssitz. Auch in anderen deutschen Städten gab es ähnliche Feiern. Gegendemonstrationen waren verboten worden.

M2 Das Ermächtigungsgesetz im Deutschen Reichstag

Aus der Regierungserklärung Hitlers vom 23. März 1933, die er anlässlich der Abstimmung über das „Gesetz zur Behebung der Not von Volk und Reich“ abgab:

2A Männer und Frauen des Deutschen Reichstags! … Im November 1918 rissen marxistische Organisationen durch eine Revolution die vollziehende Gewalt an sich. Die „Errungenschaften der Revolution“ waren im Gesamten genommen nur für kleinste Teile unseres Volkes angenehm … Die nationalsozialistische Bewegung … hat im Verein mit den anderen nationalen Verbänden nunmehr innerhalb weniger Wochen die seit dem November 1918 herrschenden Mächte beseitigt … Ihr [Reichsregierung] Ziel muss die Konstruktion einer Verfassung sein, die den Willen des Volkes mit der Autorität einer wirklichen Führung verbindet … [Die Regierung] bietet den Parteien des Reichstags die Möglichkeit einer ruhigen deutschen Entwicklung und einer sich daraus in der Zukunft anbahnenden Verständigung; sie ist aber ebenso entschlossen und bereit, die Bekundung der Ablehnung und damit die Ansage des Widerstands entgegenzunehmen. Mögen Sie, meine Herren, nunmehr selbst die Entscheidung treffen über Frieden oder Krieg.

M2A: Verhandlungen des Reichstags. VIII. Wahlperiode. Berlin, 1934, S. 25–32. Zit. nach Erhard Klöss (Hg.), Reden des Führers, München (dtv) 1967, S. 93 ff.
M2B: Zit. nach Wolfgang Michalka (Hg.), Das Dritte Reich, Bd. 1, München (dtv) 1985, S. 33 ff.

Aus der Reichstagsrede des Abgeordneten Otto Wels (SPD) zum Ermächtigungsgesetz, 23. März 1933:

2B Nach den Verfolgungen, die die Sozialdemokratische Partei in der letzten Zeit erfahren hat, wird billigerweise niemand von ihr verlangen oder erwarten können, dass sie für das hier eingebrachte Ermächtigungsgesetz stimmt … Noch niemals, seit es einen Deutschen Reichstag gibt, ist die Kontrolle der öffentlichen Angelegenheiten durch die gewählten Vertreter des Volkes in solchem Maße ausgeschaltet worden, wie es jetzt geschieht und wie es durch das neue Ermächtigungsgesetz noch mehr geschehen soll … Wir haben gleiches Recht für alle und ein soziales Arbeitsrecht geschaffen. Wir haben geholfen, ein Deutschland zu schaffen, in dem nicht nur Fürsten und Baronen, sondern auch Männern aus der Arbeiterklasse der Weg zur Führung des Staates offensteht … Wir stehen zu den Grundsätzen des Rechtsstaates, der Gleichberechtigung, des sozialen Rechts … Wir deutschen Sozialdemokraten bekennen uns in dieser geschichtlichen Stunde feierlich zu den Grundsätzen der Menschlichkeit und der Gerechtigkeit, der Freiheit und des Sozialismus. Kein Ermächtigungsgesetz gibt Ihnen die Macht, Ideen, die ewig und unzerstörbar sind, zu vernichten. Wir grüßen die Verfolgten und Bedrängten. Wir grüßen unsere Freunde im Reich. Ihre Standhaftigkeit und Treue verdienen Bewunderung.

M3 Reichskanzler Hitler und Reichspräsident von Hindenburg, Foto, 21. März 1933. Am „Tag von Potsdam“ trat der neu gewählte Reichstag in der Potsdamer Garnisonskirche zusammen, in der sich die Gräber preußischer Könige befinden und Kaiser Wilhelm I. 1871 den ersten deutschen Reichstag eröffnet hatte.

1 Beschreibe mithilfe der Darstellungstexte die Regierungsphase des Kabinetts Hitler zwischen Januar und März 1933 und zeige im Einzelnen das taktische Vorgehen.

2 Analysiere M2A und M2B mithilfe der Methode „Quellenanalyse“ im Anhang. Vergleiche und beurteile die politischen Grundeinstellungen.

M4 „Wie lange werde ich noch im Amt sein?“

Victor Klemperer (1881–1960), Professor für Romanistik an der Technischen Hochschule Dresden – 1935 wegen seiner jüdischen Herkunft entlassen –, notierte am 10. März 1933 in sein Tagebuch:

30. Januar: Hitler Kanzler. Was ich bis zum Wahlsonntag, 5. 3., Terror nannte, war mildes Prélude[1] … Acht Tage vor der Wahl die plumpe Sache des Reichstagsbrandes – ich kann mir nicht denken, dass irgendjemand wirklich [gesperrt gedr.] an kommunistische Täter glaubt statt an bezahlte [Hakenkreuz-]Arbeit. Dann die wilden Verbote und Gewaltsamkeiten. Und dazu durch Straße, Radio etc. die grenzenlose Propaganda. Am Sonnabend, 4., hörte ich ein Stück der Hitlerrede aus Königsberg. Eine Hotelfront am Bahnhof, erleuchtet, Fackelzug davor, Fackelträger und Hakenkreuz-Fahnenträger auf den Balkons und Lautsprecher. Ich verstand nur einzelne Worte. Aber der Ton! Das salbungsvolle Gebrüll … Am Sonntag wählte ich den Demokraten, Eva[2] Zentrum … Dann der ungeheure Wahlsieg der Nationalsozialisten … Und alle Gegenkräfte wie vom Erdboden verschwunden … Wie lange werde ich noch im Amt sein?

Victor Klemperer, Tagebücher 1933–1934, hg. von Walter Nowojski, Berlin (Aufbau TB) 1999, S. 8 f.

1 Vorspiel 2 Klemperers Ehefrau

M5 SA und SS: Kampfinstrumente der NSDAP

Aus dem „Almanach der nationalsozialistischen Revolution“, einer Informationsschrift der NSDAP (1934):

SA. bedeutet Sturmabteilung …: Sturmtrupp der nationalsozialistischen Bewegung zu sein, jeden sich ihr in den Weg stellenden Widerstand zu brechen, in rücksichtslosem Vorwärtsdrang der Idee den Weg zu bahnen – immer die Nächsten am Feind bis zum endgültigen Sieg!
SS. heißt Schutzstaffel. Im kleinen, engen Sinne gesehen zum Schutz der politischen Propaganda bestimmt. Weiter greifend: die Vertrauenstruppe des Führers für besondere Aufgaben – Hüter und Wächter des nationalsozialistischen Ideengutes und der Geschlossenheit der Bewegung. Einzelkämpfer, von denen der Führer besonders stark ausgeprägtes Verantwortungsgefühl und blinden Gehorsam fordert … Ohne diese edelste, härteste Waffe des politischen Kampfes in Deutschland gäbe es keine nationale Erhebung und erst recht keine nationalsozialistische Revolution. Die aus dem Weltkrieg geborene nationalsozialistische Idee ist soldatisch durch und durch.

Zit. nach Wilhelm Kube, Almanach der nationalsozialistischen Revolution, Berlin (Brunnen) 1934.

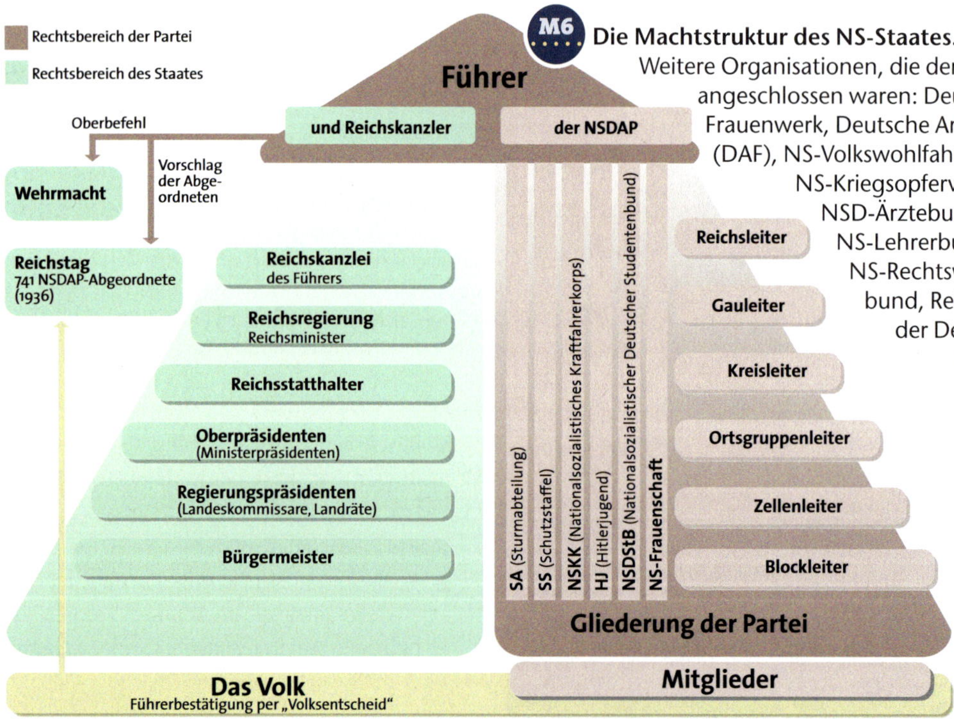

M6 Die Machtstruktur des NS-Staates. Weitere Organisationen, die der Partei angeschlossen waren: Deutsches Frauenwerk, Deutsche Arbeitsfront (DAF), NS-Volkswohlfahrt, NS-Kriegsopferversorgung, NSD-Ärztebund, NS-Lehrerbund, NS-Rechtswahrerbund, Reichsbund der Deutschen Beamten.

Grundwissen

30.1.1933: Hitler wird Reichskanzler

Aus den Wahlen des Jahres 1932 ging die NSDAP als stärkste Partei hervor. Da die bisherigen Präsidialkabinette gescheitert waren, wollten der Reichspräsident und seine Berater Adolf Hitler für ihre politischen Ziele einspannen. Deshalb wurde er zum Reichskanzler ernannt. In Hitlers Regierung waren die NSDAP-Mitglieder zwar in der Minderheit, doch hatte Hitler jetzt auf scheinbar legalem Weg eine Position erreicht, die es ihm ermöglichte, seine Ziele zu verfolgen.

„Machtergreifung"

Der sowohl von den Nationalsozialisten als auch von Beobachtern verwendete Begriff beschreibt die politischen Veränderungen seit 1933, an deren Ende 1934 die Festigung der nationalsozialistischen Herrschaft stand. Erste Stationen der „Machtergreifung" waren die Ernennung Hitlers zum Reichskanzler (30. Januar 1933), die „Reichstagsbrandverordnung" (28. Februar 1933), das „Ermächtigungsgesetz" (23. März 1933) und die Gleichschaltungsgesetze (Frühjahr 1933). Sie alle setzten grundlegende Bestimmungen der Weimarer Verfassung außer Kraft. In der Geschichtswissenschaft werden auch die Bezeichnungen „Machtübertragung" und „Machtübergabe" verwendet.

1933: „Ermächtigungsgesetz"

Das „Gesetz zur Behebung der Not von Volk und Reich" („Ermächtigungsgesetz") vom 23. März 1933 hob die Gewaltenteilung auf. Der Regierung wurde damit unumschränkte Gesetzgebungsvollmacht eingeräumt. Eine Bindung der Regierung an Parlamentsbeschlüsse gab es jetzt nicht mehr, was ein willkürliches Handeln des Staatsapparats ermöglichte und die Gewaltenteilung aufhob.

„Gleichschaltung"

Politisches Schlagwort aus der Zeit der nationalsozialistischen „Machtergreifung". Ziel der Nationalsozialisten war es, die gesamte Bevölkerung in ihrem Denken und Handeln auf die Ziele der NSDAP einzuschwören. Um eine Vereinheitlichung des politischen, wirtschaftlichen, sozialen und kulturellen Lebens zu erreichen, wurden 1933/34 zahlreiche Institutionen und Organisationen verboten (z. B. andere Parteien, Gewerkschaften) oder in bestehende oder neu gegründete NS-Organisationen eingegliedert. Grundlegendes Ziel: die Aufhebung des Pluralismus in Staat und Gesellschaft zugunsten des Bewusstseins einer einheitlichen „Volksgemeinschaft".

Die Machtsicherung der NSDAP

28. Februar Reichstagsbrandverordnung

März Errichtung des ersten Konzentrationslagers in Dachau

23. März Das „Ermächtigungsgesetz" tritt in Kraft. Das Gesetz blieb nach mehrmaliger Verlängerung bis zum Ende des NS-Staates wirksam.

31. März/7. April Gesetze zur Gleichschaltung der Länder mit dem Reich

7. April „Gesetz zur Wiederherstellung des Berufsbeamtentums": „Nichtarier" und politisch andersdenkende Beamte werden entlassen.

2. Mai Auflösung der Gewerkschaften; Gründung der „Deutschen Arbeitsfront" (DAF) als Zwangsorganisation aller Arbeitnehmer und Arbeitgeber.

Juni/Juli Verbot der SPD, Selbstauflösung der „bürgerlichen" Parteien

14. Juli „Gesetz gegen die Neubildung von Parteien". Die NSDAP wird einzige zugelassene Partei.

2. August 1934 Hitler übernimmt nach Hindenburgs Tod die Aufgaben des Reichspräsidenten. Er lässt sich jetzt offiziell Führer und Reichskanzler nennen. Die Soldaten der Reichswehr werden auf Hitler vereidigt.

3 Erarbeite, wie sich die politische Lage im März 1933 in M4 widerspiegelt.

4 Erörtere anhand von M1 und M3 die These von den „zwei Gesichtern" der Nationalsozialisten.

5 Stelle Überlegungen an, inwieweit der Begriff „Machtergreifung" die Vorgänge des Jahres 1933 zutreffend umschreibt. Setze diesen Begriff auch in Beziehung zum Begriff „Revolution" (siehe M2A).

6 Beschreibe die Machtstruktur des NS-Staates (M5, M6). Überlege, wie die Menschen in ihrem alltäglichen Leben davon betroffen sein konnten.

7 Erörtert die Bedeutung des Ausdrucks „Gleichschaltung" (Begriffskasten, M5).

„Machtergreifung" in Augsburg: ein regionalgeschichtliches Beispiel

Die Wirtschafts- und Sozialstruktur Augsburgs

Nach München und Nürnberg war Augsburg 1933 mit etwa 176000 Einwohnern die drittgrößte bayerische Stadt. Ein lebhafter Handel und rührige Gewerbetreibende hatten den enormen Reichtum der Bürgerstadt begründet. Im Laufe des Industrialisierungsprozesses wurde Augsburg zu einer Metropole der industriellen Großproduktion und damit auch zum Zentrum einer gewerkschaftlich orientierten Arbeiterbewegung: 56 Prozent der Stadtbevölkerung gehörten der Arbeiterschaft an; das waren im Verhältnis mehr als in Nürnberg (51 Prozent) oder München (41 Prozent).

Nach der Finanz- und Wirtschaftskrise von 1923 blieb das Beschäftigungsniveau auch in den folgenden Jahren hinter dem der Vorkriegsjahre zurück. Rationalisierungsprogramme der Unternehmen führten zu Massenentlassungen; im Spätherbst 1929 schnellte die Arbeitslosenquote insbesondere in der Metallindustrie, aber auch in der Baubranche in die Höhe. Diejenigen, die im Arbeitsprozess bleiben konnten, mussten spürbare Lohnverluste hinnehmen. Viele Arbeiterfamilien gerieten in der Schlussphase der Weimarer Republik in eine bedrückende Notlage.

Die Anfänge der NS-Bewegung in Augsburg

Am 12. Januar 1921 hatte Hitler erstmals auf Einladung einer völkischen Vereinigung in Augsburg gesprochen. Dennoch gelang der Aufbau einer Ortsgruppe nur zögerlich. Im November 1923 zählte der NSDAP-Ortsverband gerade einmal 200 Mitglieder.

Bei den Kommunalwahlen von 1929 erreichte die NSDAP drei von insgesamt 50 Stadtratsmandaten. Damit waren die Nationalsozialisten noch nicht in der Lage, die politischen Vorgänge in der Stadt maßgeblich zu beeinflussen. In den Jahren von 1930 bis 1933 wuchs die Mitgliederzahl von 600 auf 1900 an. Die „Schwäbische Volkszeitung" bezeichnete noch am 12. Juli 1932 die NSDAP-Mitglieder als „verblendete schwäbische Bauernsöhne, einige verhetzte Proletarier, hysterische Weiber und einige hundert rabiat gewordene Spießer". Im Sommer 1932 kam es während des Reichstagswahlkampfes zu gewaltsamen Zusammenstößen von Nationalsozialisten und kommunistischen Trupps.

Die „Machtergreifung" und die Folgen

Als Adolf Hitler am 30. Januar 1933 in Berlin zum Reichskanzler ernannt wurde (siehe S. 32), bedeutete das noch keinesfalls, dass damit im ganzen Land eine Alleinherrschaft der Nationalsozialisten eingerichtet war. So hatte die NSDAP im Augsburger Stadtrat nur eine schwache Position (siehe S. 37). Allerdings wurden mit der „Machtergreifung" auf Reichsebene Voraussetzungen geschaffen, die es den Anhängern Hitlers ermöglichten, auf lokaler Ebene machtbewusst und fordernd aufzutreten, um die bisherigen Machtverhältnisse zu ihren Gunsten zu ändern.

Im Laufe des Jahres 1933 übernahmen Mitglieder der NSDAP sämtliche Mandate im Augsburger Stadtrat und stellten mit Dr. Edmund Stöckle – und ab 1934 mit Josef Mayr – den Bürgermeister der Stadt. Während manche Teile der Bevölkerung der „Neuen Bewegung" begeistert anhingen, gab es aber auch von Anfang an Zurückhaltung und massiven Widerspruch.

M1 **Anhänger des „Völkischen Blocks" vor einem Augsburger Wahllokal anlässlich der Kommunalwahlen im Dezember,** Foto, 1924

M2 **Rückgang der Stundenlöhne**

Augsburger Baumwollindustrie von 1930 bis 1933 (in Prozent):

Spinner / Spinnerinnen	16,4 % / 18,8 %
Weber / Weberinnen	18,6 % / 20,1 %
Hilfsarbeiter / Hilfsarbeiterinnen	17,8 % / 18,0 %

M3 Wahlergebnisse in Augsburg (1928–1933)

Stimmanteile bei den Reichstagswahlen in Prozent

Wahl	*NSDAP*	*DNVP*	*DDP*	*BVP*	*SPD*	*KPD*	*Sonst.*
20.5.1928	7,0	7,2	3,2	29,7	37,1	5,7	10,4
14.9.1930	12,6	4,0	3,5	32,3	27,0	11,6	9,0
31.7.1932	23,1	4,2	0,5	30,3	26,6	12,9	2,4
6.11.1932	23,0	6,3	0,5	28,3	25,0	14,6	2,3
5.3.1933	32,2	5,6	0,5	27,1	23,0	10,2	1,3

M4 Wahlergebnisse Augsburg (1933)

Reichstagswahl März 1933; Stimmanteile in Prozent, gemessen am jeweiligen Anteil der Arbeiterschaft

Bezirk	*Anteil an Arbeitern*	*NSDAP*	*BVP*	*SPD*	*KPD*
Lechhausen (Ost)	70%	15,7	36,9	29,6	14,7
Firnhaberau	90%	9,3	10,9	56,8	20,5
Bismarck, -von der Tann-, Werderstr. (Südend)	14%	53,6 (DNVP: 13,0)	24,3	6,9	1,5
Spickel	16%	52,3	21,1	14,5	4,1

Anm. zu M3, M4: Die Wahlen vom März 1933 waren im Vorfeld überschattet von propagandistischer Einschüchterung und Gewaltakten der Nationalsozialisten, sodass nicht von einer freien Wahl gesprochen werden kann.

M5 Wer war dabei?

Der Historiker Gerhard Hetzer schrieb 1981 über die soziale Zusammensetzung von NSDAP und SA in Augsburg:

Tatsächlich waren unter den Arbeitern, die bis 1932 der NSDAP oder der SA beitraten, neben jugendlichen Schwärmern oder Draufgängern durchaus Männer zu finden, die nach Herkunft, Erfahrung und Mentalität der sozialdemokratischen Arbeiterschaft nicht so fernstanden, Familienväter, die in gleich nüchternen, soliden und engen Kategorien über ein Leben in Anstand und Ordnung dachten, aber aus Verbitterung über die Krise andere politische Schlüsse ableiteten. Beruflich ehrgeizige Werkmeister und Vorarbeiter, die den Vorsprung zu ihren Untergebenen zu vergrößern trachteten, standen neben jungen Leuten, die sich noch nicht auf eine Zukunft als Arbeiter festlegen wollten, und am Rande der Kriminalität stehenden Außenseitern, die hier wie in kommunistischen Gruppen persönliche Rehabilitierung oder Kanäle für ihre Energien suchten. Erfüllt von Ressentiments wegen der Lage der Arbeiterschaft und enttäuscht von Parteien und Gewerkschaften, bildeten diese Arbeiter in der lärmend rechthaberischen und jugendlich bedenkenlosen „Glaubensgemeinschaft" der NSDAP ein seltsam blasses, fast subsidiäres[1] Füllelement, dem es auch nach der Machtergreifung nicht gelang, in der Arbeiterstadt Augsburg auch nur einen Ortsgruppenleiter[2] zu stellen.

Gerhard Hetzer, Die Industriestadt Augsburg. In: Bayern in der NS-Zeit, hg. von Martin Broszat, Elke Fröhlich, Anton Großmann, Bd. III, München/Wien (Oldenbourg) 1981, S. 68.

1 lediglich unterstützendes 2 Parteiführer auf unterer Ebene

1 Stelle einen Bezug zwischen der im Darstellungstext beschriebenen wirtschaftlichen und sozialen Struktur Augsburgs und der Entwicklung der NS-Bewegung in der Stadt her. Ziehe M1 mit heran.

2 Erschließe Folgen der wirtschaftlichen Entwicklung nach 1930 für die Arbeiterschaft.

3 Fasse die Ergebnisse, die sich aus M3 und M4 ableiten lassen, in Thesen zusammen.

4 Setze die Aussagen von M5 in Beziehung zu den Erkenntnissen, die du aus der Analyse der Wahlergebnisse gewonnen hast.

5 Fasse anhand der Informationen auf dieser Doppelseite zusammen, in welchen gesellschaftlichen Gruppen die NS-Bewegung den stärksten Rückhalt fand.

6 Vergleiche die Regierungspolitik auf Reichsebene mit den Vorgängen in Augsburg (S. 36 f.).

M6 Die Hakenkreuzfahne über Augsburg

Bericht des städtischen Presseamtes, 9. März 1933:

Heute Morgen um 4 Uhr wurde auf dem Perlachturm eine Hakenkreuzfahne gehisst, gegen 8.30 Uhr eine solche am Rathaus. Eine Stunde später wurde am Rathaus eine zweite Hakenkreuzfahne gehisst und dazu eine schwarz-weiß-rote und eine weiß-blaue Flagge. Nachdem Versuche gescheitert waren, auf gütlichem Wege die SA zur Einziehung der Flaggen zu veranlassen, wurde der Ältesten-Ausschuss des Stadtrats zusammengerufen, um zu dieser Angelegenheit Stellung zu nehmen. Der Ältesten-Ausschuss beschloss mit überwiegender Mehrheit, gegen die Beflaggung des Rathauses und des Perlachturmes, zu der eine Genehmigung städtischer Stellen weder nachgesucht noch erteilt war, Protest zu erheben, im Übrigen aber jedoch die weitere Entwicklung der politischen Verhältnisse abzuwarten.

M8 SPD-Stadträte verhaftet!

Bericht in der „Neuen National-Zeitung", 12. März 1933:

Durch den bekannt günstigen Zufall hat unsere nationalsozialistische Stadtratsfraktion erfahren, dass die frühere Stadtratsfraktion der SPD bei der Stadtsparkasse Augsburg ein Konto unterhielt. Die Nachforschungen haben ergeben, dass durch den Kassenwart der SPD-Fraktion … am 8. März 1933 ein Betrag von 8000 RM, am 10. März zwei Beträge in Höhe von 1500 RM und 57 RM abgehoben worden waren. Da die Gefahr besteht, dass es sich bei diesen Beträgen um unrechtmäßig angeeignete Arbeiterspargroschen aus Gewerkschaftskassen handelt, wurde auf Veranlassung unserer nat.-soz. Stadtratsfraktion der frühere SPD-Stadtrat Sch. verhaftet und polizeilich vorgeführt … Um eine weitere Verdunkelung dieser merkwürdigen Angelegenheit zu vermeiden, wurde die sofortige Verhaftung von SPD-Stadtrat S. und einigen anderen SPD-Stadträten veranlasst.

Augsburger Perlachturm und Rathaus, Foto, 1. Mai 1941. Zum ersten Mal wurden die Hakenkreuzfahnen auf dem Perlachturm und am Rathaus am 9. März 1933 gehisst.

M7

M9 Ausschluss der SPD-Fraktion

Aus dem Stadtratsprotokoll vom 12. Mai 1933:

Die Fraktion der NSDAP hat heute vor Beginn der Sitzung der sozialdemokratischen Stadtratsfraktion ein Schreiben mit folgendem Wortlaut übermittelt: „Die nationalsozialistische Stadtratsfraktion fordert die SPD-Fraktion auf, ab sofort freiwillig den Sitzungssaal und auch alle übrigen Räume des Rathauses zu verlassen … andernfalls die national-sozialistische Fraktion eine Teilnahme an den Sitzungen und Handlungen des Stadtrats mit anderen Maßnahmen verhindern wird. … Wir sind zu dieser Maßnahme aus Reinlichkeitsgründen gezwungen."

M6, M8, M9: Zit. nach Reinhold Haggenmüller u. a., Nationalsozialismus in bayerischen Städten. Augsburg-Bayreuth. München (Manz Verlag) 1985, S. 24 f.

M10 „Regierung der Blutsauger …"

Der Augsburger KPD-Funktionär Josef Wagner entwarf 1933 folgendes Flugblatt:

Arbeiter, werktätige Frauen – Angestellte – Mittelständler und werktätige Bauern!

Drei Arbeiter im Konzentrationslager Dachau auf der Flucht erschossen! So meldet die bürgerliche Pressemeute. Ein Jubel geht durch das führende Hakenkreuzgesindel. Wer kennt nicht dieses auf der Flucht erschossen! Wir kennen dieses nach Arbeiterblut lechzende Mordbanditentum. Mit Blut und Zuchthaus soll die Arbeiterbewegung erdrosselt werden … Keinem Kapitalisten, den wirklich Schuldigen an dem großen Elend der breiten Masse, wird ein Haar gekrümmt werden. Die Hitler-Hugenberg-Regierung ist die Regierung der Blutsauger am werktätigen Volk … Wer dem arbeitenden Volk etwas geben will, muss den Kapitalisten etwas nehmen. Bis heute hat die Hitlerregierung noch keinen Kriegs- und Inflationsgewinnler enteignet oder eingesperrt, wie Hitler dies in seinem Sofortprogramm vor den Wahlen agitatorisch angekündigt hatte …

Die 3500 Millionäre in Deutschland bestimmen nach wie vor die Politik in diesem Land, und diese Politik heißt Lüge, Gemeinheit und Betrug, das unwissende Volk verdummen, die Arbeiterbewegung im Blut ersticken. … Arbeiter der SPD, der Bayernwacht und der übrigen Arbeiterorganisationen! Wartet nicht, bis Hitler abgewirtschaftet hat. Hitler wird nicht von selbst gehen, er muss verjagt werden.

M10, M11: Zit. nach Gerhard Hetzer, Die Industriestadt Augsburg. In: Bayern in der NS-Zeit, Martin Broszat, Elke Fröhlich, Anton Großmann (Hg.), Bd. III, München/Wien (Oldenbourg) 1981, S. 142, 155.

M11 „Reaktionäre, Spießer und Schwarze …"

Nach dem Tode Hindenburgs sollte die Vereinigung der Ämter des Reichskanzlers und Reichspräsidenten mit einer Volksabstimmung bestätigt werden. In der besten Wohngegend Augsburgs gingen damals rund 20 Prozent nicht zur Abstimmung und 15 Prozent stimmten mit „Nein".

11A Die „Neue Nationalzeitung" schrieb am 20. August 1934:

Kann man diese immer noch irregeleiteten Volksgenossen draußen in den Spinnereivierteln noch einigermaßen verstehen, so bringt man gar kein Verständnis auf für die Herrschaften, die da drinnen in der Stadt sitzen, in sagenhaften Wohnungen. Sie haben natürlich vom Dritten Reich erwartet, dass es den Anfang von einem neuen Feudalstaat bedeute. Das sind die Ewig-Gestrigen und Reaktionäre, die von irgendwelchen monarchischen Ideen träumen und nun gesehen haben, dass der Nationalsozialismus nichts will, als die große Volksgemeinschaft herbeiführen … Sieht man von diesen Irregeleiteten und Reaktionären und Spießern ab und selbstverständlich von den … Schwarzen, die jeden Nationalsozialisten hassen wie der Teufel das Weihwasser, so beweist auch in unserer Stadt das Ergebnis, … dass in Deutschland nur ein Führer und ein Wille vorhanden ist.

11B Aus dem Lagebericht der Polizeidirektion Augsburg am 1. September 1934:

Es unterliegt keinem Zweifel, dass der Nationalsozialismus in Augsburg seit dem vergangenen Jahre an Boden verloren hat … Insbesondere die hohen Einkommen der Fabrikdirektoren usw. …, der sicher nicht immer notwendige Aufwand mancher Unterführer und deren mitunter mangelndes psychologisches Verständnis, vor allem aber die Ausschreitungen eines kleinen Kreises hiesiger SS-Angehöriger haben die Stimmung negativ beeinflusst.

Die „Machtergreifung" im eigenen Wohnort erforschen

In örtlichen und regionalen Bibliotheken und Archiven könnt ihr recherchieren, ob es Quellen und Materialien zur „Machtergreifung" in eurem Wohnort gibt (siehe auch Methode „Bibliotheksrecherche" im Anhang). Erste Zugänge zu Quellenmaterial sind das Stadtmuseum und das Stadtarchiv. Wichtige Quellenarten sind Zeitungen, Akten der Stadtverwaltung und zeitgenössische Erinnerungen. Arbeitet in Gruppen.

7 Erschließe, welche Bedeutung dem Hissen der Fahnen zukam (M6).

8 Untersuche M8 und M9 hinsichtlich der Fragestellung, welche Methoden die Nationalsozialisten einsetzten, um ihre Machtansprüche durchzusetzen.

9 Analysiere die Quellen M10 und M11.

10 Diskutiert die Frage, welche Möglichkeiten des Widerstandes es gegen die nationalsozialistische „Machtergreifung" gab.

München – „Hauptstadt der Bewegung“

Bayern – das Ende des Freistaates

Als Hitler nach der Ernennung zum Reichskanzler in Berlin die Regierungsgewalt übernommen hatte, änderten sich auch in Bayern die politischen Verhältnisse. Zwar kämpfte der bayerische Ministerpräsident Heinrich Held (1868–1938) – Mitglied der Bayerischen Volkspartei – bis zuletzt tapfer um die Reste der Eigenstaatlichkeit, die schon durch die Weimarer Verfassung erheblich eingeengt wurde, doch blieb sein Bemühen erfolglos. Am 9. März 1933 wurde der ehemalige Freikorpsführer und Nationalsozialist Franz Ritter von Epp (1868–1946) zum Reichsstatthalter in Bayern ernannt. Das erste Ziel der NSDAP war – wie in den anderen Ländern auch – die Übernahme der Polizeigewalt. Der Vorstoß Helds, die Landespolizei zur Sicherung seiner Regierung zu gewinnen, blieb wirkungslos. Gewaltsam gingen die Nationalsozialisten gegen die Mitglieder der demokratisch gewählten Regierung vor.

München – Ausgangspunkt der NS-Bewegung

Neben Nürnberg, der „Stadt der Reichsparteitage“ (siehe S. 54 f.), spielte München in der politischen Propaganda der Nationalsozialisten eine besondere Rolle. Am 2. August 1935 verlieh Adolf Hitler der Stadt offiziell den Ehrentitel „Hauptstadt der Bewegung“, womit die spezielle Verflechtung der bayerischen Landeshauptstadt mit der politischen „Bewegung“ des Nationalsozialismus zum Ausdruck gebracht werden sollte.

In München hatte Hitler seine politische Karriere nach dem Ersten Weltkrieg begonnen, hier wurde auch die NSDAP gegründet. Während der revolutionären Wirren 1918/19, der Räterepublik und der wirtschaftlichen Krise in den Anfangsjahren der Republik fand Hitler in München ein günstiges Agitationsfeld vor. Die Stadt, die sich während der Weimarer Republik immer mehr als ein Anti-Berlin verstand, wurde von den Nationalsozialisten zu einem Zentrum der „nationalen Bewegung“ stilisiert. In München versuchte Adolf Hitler am 9. November des Krisenjahres 1923, mit einem Putsch einen Umsturz herbeizuführen, der jedoch scheiterte. Das hielt die Nationalsozialisten später nicht davon ab, am 9. November jeden Jahres mit einem pathetischen Ritual der Opfer des Putsches zu gedenken. In der Feldherrnhalle, dem Ort des Totenkults, wurden seit 1935 die Sarkophage mit den Toten des Putsches aufgebahrt.

München – „Hauptstadt der Deutschen Kunst“

Das architektonische Programm zum Ausbau der „Hauptstadt der Bewegung“ sah für München nicht nur das „Haus der Kunst“ vor, sondern auch mehrere Repräsentations- und Verwaltungsbauten der NSDAP. Tatsächlich verlagerte sich der politische Schwerpunkt seit 1933 aber eindeutig nach Berlin, was zu einem Bedeutungsverlust für München führte. Die Zuerkennung des Titels „Hauptstadt der Deutschen Kunst“ sollte diesen Verlust erträglicher machen.

Im Oktober 1933 vollzog Adolf Hitler mit einem symbolischen Hammerschlag die Grundsteinlegung zum Haus der Deutschen Kunst in München. Im Juli 1937 fand die feierliche Eröffnung statt. Parallel zur „Großen Deutschen Kunstausstellung“ 1937 war von den Nationalsozialisten die Wanderausstellung „Entartete Kunst“ organisiert worden, mit dem Untertitel „Ausstellung von ‚Kulturdokumenten‘ des Bolschewismus und jüdischer Zersetzungsarbeit.“ In einer bewusst chaotischen Präsentation wurden berühmte Kunstwerke der Moderne, wie z. B. von Barlach, Beckmann, Corinth, Kandinsky, Klee und Nolde, als „Schandschau“ der „gesunden Kunst des deutschen Volkes“ gegenübergestellt. Das große Interesse an der Ausstellung mit mehr als zwei Millionen Besuchern bis Ende November 1937 verkehrte die Absicht der Nationalsozialisten, der modernen Kunst den „Todesstoß“ zu versetzen, in ihr Gegenteil.

M1 **Entwurf eines Wappens für die „Hauptstadt der Bewegung“ von Richard Klein,** 1936

M2 „Bayern, besinnt Euch!“

Flugblatt des Münchner „Harnier-Zott-Kreises“, 1933:

Kameraden! Bayern!

Bayerns Geschichte ist über 1000 Jahre alt. Es kann stolz auf seine Vergangenheit sein. Unser Land ist eines der schönsten in Deutschlands Gauen. Blühende Städte und Märkte, saubere Dörfer, herrliche Burgen, grünende Wälder, Wiesen und Felder, brausende Flüsse, klare Seen und schneebedeckte Berge sind unsere Heimat.

Hier wächst nahrhaftes Brot, es gedeiht ein prächtiger Wein und ergiebiger Hopfen, Obst usw.

Der Bayerische Menschenschlag ist ehrlich, fromm, gesund und naturverbunden. Bayerisch Land und Bayerische Treue waren seit uralten Zeiten ein fester Begriff … Bayerns Farben sind weiß und blau und nie werden sie vergessen sein! Nur wankelmütige Kreaturen sind unbeständig. Der Bayer aber ist seiner Fahne stets treu!

Kurfürst Max Emanuel stürmte mit Weiß Blau Belgrad, 1870/71 eilten bayerische Truppen von Sieg zu Sieg und im Weltkrieg wurden bayerische Soldaten immer dort eingesetzt, wo es am heißesten herging. Unsere heilige Pflicht ist es, genau so wie unsere Väter die bayerische Fahne alle Zeit zu achten und sie gegen jeden Angriff zu verteidigen.

Bayern, besinnt Euch!

Wo sind heute unsere weiß-blauen Fahnen? Was ist aus unserem Heimatland geworden? …

Warum konnte das alles geschehen? Sollen unsere Rechte für immer verloren sein? Müssen wir uns es bieten lassen, dass bayerisch Land aufgehört hat zu sein? Wollen wir unsere bayerische Heimat, unsere weiß-blauen Fahnen verraten? Nein!

Ihr bayerischen Männer und ihr bayerischen Frauen, wir dürfen nicht ehrlos werden. Treu wollen wir unserer bayerischen Heimat sein und niemand kann uns das Recht streitig machen als Bayern, die bayerischen Farben zu tragen.

Kameraden, die Ihr das Herz noch am rechten Fleck habt, macht Euch von Vorurteilen frei! Tretet ein in unsere Reihen zum Schutz und Trutz mit Gott für unser Vaterland!

Der Schmied von Kochel.

Zit. nach München – Hauptstadt der Bewegung, hg. vom Münchner Stadtmuseum, Wolfratshausen (Edition Minerva) 2002, S. 434.

M3 Plakat der „Großen Deutschen Kunstausstellung“, 1937

1 Beschreibe und vergleiche die Abbildungen M1 und M3. Welche Motive werden verwendet, welchen Eindruck erwecken die Darstellungen? Informiere dich über das heutige Stadtwappen Münchens.

2 Klärt in einem fächerübergreifendem Projekt (zusammen mit dem Fach Kunsterziehung),
- welche Motive in der „Deutschen Kunst“ der Nazizeit in den Mittelpunkt rückten,
- welche Künstler und Werke als „entartet“ diffamiert wurden (Darstellungstext, Methodenseite „Plakate untersuchen“ im Anhang).

3 Bearbeitet in Partnerarbeit das Flugblatt M2 unter folgenden Fragestellungen:
- Welches „Bild“ von Bayern vermitteln die Verfasser des Harnier-Zott-Kreises?
- Welche historischen Bezugspunkte nehmen sie auf?
- Von welchen Vorstellungen waren sie geprägt?
- Wie lässt sich die Absicht des Flugblattes im Zusammenhang mit der politischen Situation des Jahres 1933 beurteilen? Lest auf den Seiten 26 bis 39 nach.

Das Konzentrationslager Dachau

Errichtung des KZ und erste Häftlinge

Im März 1933 entstand das erste Konzentrationslager (KZ) in der Nähe von Dachau bei München. Der Münchener Polizeikommandeur Heinrich Himmler, der spätere „Reichsführer SS", hielt diese Einrichtung für notwendig, weil die Kapazität der vorhandenen Gefängnisse nicht ausreichte, um die nach der Machtübernahme Inhaftierten aufzunehmen. Das Lager bei Dachau wurde das Modell für die zahlreichen Konzentrationslager, die zunächst im Reich selbst und später in den besetzten Gebieten entstanden. Der Zweck des Dachauer KZ lag zunächst darin, die politischen Gegner des Regimes wie Kommunisten, Sozialdemokraten, Gewerkschafter, aber auch kritische liberale und konservative Politiker auszuschalten. In der NS-Sprache hieß das, sie in „Schutzhaft" zu nehmen. In der Folgezeit wurden weitere Gruppen nach Dachau verschleppt, Juden, Sinti und Roma, Homosexuelle, Zeugen Jehovas und opponierende Geistliche, später auch Gegner des Nationalsozialismus aus Österreich, dem Sudetenland, aus Polen, Norwegen, Belgien, den Niederlanden und aus Frankreich. Insgesamt waren über 200 000 Häftlinge aus mehr als 30 Staaten im KZ Dachau inhaftiert, mehr als 42 000 kamen ums Leben.

Nach der Disziplinar- und Strafordnung für das Gefangenenlager lag die vollziehende Strafgewalt in den Händen des Lagerkommandanten. Ein ordentliches Gerichtsverfahren war nicht vorgesehen. Die Leitung des KZ übernahmen SS-Totenkopfverbände, die mit unmenschlichen Strafen ein grausames Terrorsystem aufbauten.

Grundwissen

Konzentrations- und Vernichtungslager

Konzentrationslager (KZ) waren Massenlager, in denen Menschen, die den rassistischen, ideologischen und politischen, aber auch vorgeblich sozialen Vorstellungen der Nationalsozialisten nicht entsprachen, in Haft genommen, misshandelt und ermordet wurden. Ab 1938 wurden Häftlinge zur Zwangsarbeit für SS und Rüstungsindustrie eingesetzt.

Seit 1941 wurden in den besetzten Gebieten im Osten Vernichtungslager eingerichtet, in denen bis zum Frühjahr 1945 zwischen 5 und 6 Millionen Juden und eine halbe Million weiterer Personen – größtenteils in Gaskammern – umgebracht wurden.

Sklavenarbeit, Leiden und Sterben

Vor Kriegsbeginn (1939) mussten die Häftlinge in verschiedenen SS-eigenen Betrieben, in Kiesgruben, Steinbrüchen, im Straßenbau und in der Moorkultivierung arbeiten. Nach Kriegsbeginn wurden die Häftlinge vorwiegend in der deutschen Rüstungsindustrie beschäftigt. In einem Netz von Außenlagern und Außenkommandos waren ab 1942 mehr als 30 000 Gefangene in sklavenartiger Abhängigkeit in der Waffen-, Flugzeug- und Raketenproduktion eingesetzt. Neben der „Vernichtung durch Arbeit" wurde das KZ Dachau im Laufe des Krieges zunehmend zu einer Stätte des Massenmordes, z. B. für mehrere tausend sowjetische Kriegsgefangene, die 1941 in dieses KZ gebracht und erschossen wurden.

Eine große Anzahl von Häftlingen wurde im KZ Dachau von SS-Ärzten für medizinische Experimente missbraucht, z. B. bei Unterkühlungs- und Unterdruckversuchen oder bei Experimenten mit Krankheitserregern wie Malaria. Die genaue Zahl der Häftlinge, die dabei einen qualvollen Tod starben, ist nicht bekannt.

Mit dem siegreichen Vorrücken der alliierten Truppen am Ende des Krieges wurden die Außenlager und -kommandos evakuiert. Ungezählte Gefangene kamen auf den „Todesmärschen" ums Leben. Am 29. April 1945 wurde das KZ Dachau von Einheiten der US-Armee befreit. Im Hauptlager befanden sich damals noch 67 000 Häftlinge.

Vorschlag für eine Gruppenarbeit

Gruppe A: Erarbeitet, welche Funktionen das KZ Dachau erfüllen sollte (Darstellungstext).

Gruppe B: Klärt die Frage, inwieweit sich aus dem Lageplan (M1) Aussagen über das Lagerleben ableiten lassen. Zieht den Darstellungstext heran.

Gruppe C: Ermittelt die Hauptzielsetzung der Lagerordnung (M2) und nehmt dazu Stellung.

Gruppe D: Erörtert anhand von M3 die Versuche an Menschen und leitet daraus Überlegungen zum „Menschenbild" der Nationalsozialisten ab.

Präsentiert die Ergebnisse und tragt zusammen, welche weiteren Fragen sich aus den gewonnenen Erkenntnissen ergeben. Arbeitet in Gruppen weiter und überlegt, wie ihr zu einer Klärung der aufgetauchten Fragen kommen könnt.

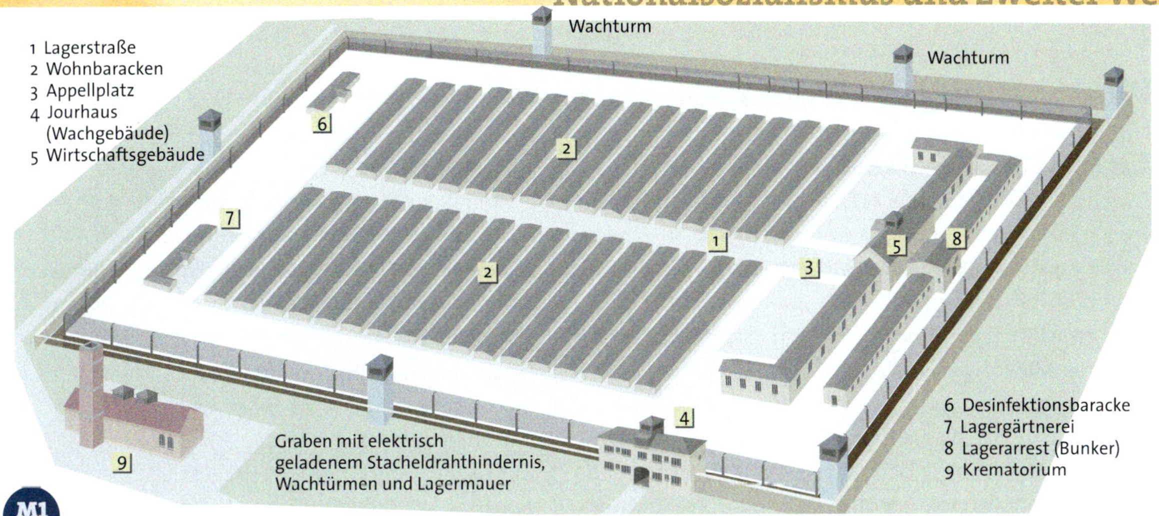

M1 Lageplan des Konzentrationslagers Dachau

M2 Auszüge aus der Lagerordnung von 1933

Sonderbestimmungen für die im Lager untergebrachten Personen:

§ 1 Über das Sammellager Dachau wird das Standrecht verhängt und es gelten mit sofortiger Wirkung folgende Bestimmungen:

§ 2 Bei Fluchtversuchen von Gefangenen darf die Wach- und Begleitgruppe ohne Anruf von der Schusswaffe Gebrauch machen.

Als Strafen können über die Gefangenen verhängt werden:

1. Arrest, 2. Strafversetzung innerhalb der bestehende Gefangenenklassen, 3. Todesstrafe …

§ 4 Die Gefangenen müssen jedem Angehörigen der Lagerkommandantur wie denen der Wachtruppe Achtung und Gehorsam erweisen …

Mit Arrest oder Strafversetzung wird bestraft, … wer einem Angehörigen der Lagerkommandantur oder der Wachtruppe gegenüber wissentlich die Unwahrheit sagt …., wer einen ihm gegebenen Befehl nicht oder nicht richtig ausführt, wer gegen die Haus- oder Lagerordnung verstößt …

Mit dem Tode wird bestraft, … wer sich einem Angehörigen der Lagerkommandantur oder der Wachgruppe tätlich widersetzt oder tätlich zu werden versucht, wer einen anderen Gefangenen dazu verleitet oder zu verleiten versucht, den Gehorsam gegenüber den Angehörigen der Lagerkommandantur oder der Wachgruppen zu verweigern.

Zit. nach Stanislav Zámecník, Das war Dachau, Luxemburg (Comité International de Dachau) 2002, S. 402 ff. Übers. v. Peter Heumos und Gitta Grossmann.

M3 Unterkühlungsversuche im KZ Dachau

Bericht eines überlebenden Häftlings:

Die ausgewählten Häftlinge wurden in Fliegeruniform und Schwimmweste in ein Blechbassin getaucht. Das Wasser darin hatte eine Temperatur von 2° bis 12° Celsius. Mithilfe medizinischer Geräte wurden die physiologischen Veränderungen verfolgt. Bei Erreichen eines bestimmten Unterkühlungsgrades leitete man verschiedene Rettungsmaßnahmen ein. Einige Häftlinge wurden auch bis zu ihrem klinischen Tod im Wasser gelassen. Neff[1] zufolge wurden innerhalb von sieben Wochen 50 bis 60 Menschen benutzt, von denen 15 bis 18 umkamen. Der umfangreiche Abschlussbericht vom 10. Oktober 1942 enthält vor allem folgende Erkenntnisse:

Bereits nach 5 bis 10 Minuten kommt es zur Erstarrung der Muskulatur, was auch das Atmen erschwert. Bis zu 35° fällt die Körpertemperatur langsam, dann aber auffallend schnell. Bis 31° kommt es zur Bewusstseinstrübung … Bei Absinken der Temperatur auf 25,7° bis 24,2° tritt der Tod ein … Die durchschnittliche Lebensdauer im kalten Wasser betrug etwa 70 Minuten, die sich durch Schutzkleidung gegen Kälte im Wasser auf das Doppelte verlängern konnte.

Zit. nach Stanislav Zámecník, Das war Dachau, Luxemburg (Comité International de Dachau) 2002, S. 278 f. Übers. v. Peter Heumos und Gitta Grossmann.

1 Nazifunktionär, der über Leben und Tod der Häftlinge entschied

Die Weltanschauung der Nationalsozialisten

Ideen und Ziele des Nationalsozialismus

Nach 1945 wurde immer wieder die Frage gestellt, warum die Nationalsozialisten in Deutschland so erfolgreich waren und am Ende nur durch das Eingreifen anderer Staaten niedergekämpft werden konnten.

Die neueren Forschungen ergeben ein immer deutlicheres Bild von den Ideen und Zielen der nationalsozialistischen Bewegung. Dabei ist erkennbar geworden, dass die Grundelemente ihrer Ideologie in Deutschland, aber auch in Europa seinerzeit weit verbreitet waren und sich an Vorstellungen orientierten, die im 19. Jahrhundert wurzelten. Für die Entwicklung des Rassismus waren der französische Graf Arthur de Gobineau und der englische Schriftsteller Housten Stewart Chamberlain von großer Bedeutung, auf deren Theorien die Nationalsozialisten zurückgriffen.

Die Anschauungen Adolf Hitlers (1889–1945), die er bereits zwischen 1919 und 1924 niedergeschrieben hatte, erhielten mit dem Aufbau der NSDAP seit Mitte der 1920er Jahre ein immer stärkeres politisches Gewicht.

Welche Gedanken Hitlers bildeten das Zentrum der nationalsozialistischen Ideologie? Welcher Zusammenhang besteht zwischen Hitlers Gedankenwelt und der Verfolgung der jüdischen Bevölkerung seit 1933?

Adolf Hitler

Hitler wurde am 20. April 1889 als Kind einer Zollbeamtenfamilie in Braunau/Inn geboren. Er verließ die Realschule ohne Abschluss und führte zwischen 1905 und 1914 in Linz und Wien ein ungeregeltes Leben. Nachdem er nicht in die Kunstakademie aufgenommen wurde, hielt er sich mit Gelegenheitsarbeiten als Kunstmaler über Wasser. 1914 meldete er sich als Kriegsfreiwilliger, wurde als Meldegänger eingesetzt und erhielt einen Tapferkeitsorden. 1919 trat er in München in die Deutsche Arbeiterpartei (DAP) ein, die auf seinen Vorschlag 1920 in „Nationalsozialistische Deutsche Arbeiterpartei" (NSDAP) umbenannt wurde. Nach dem Putsch 1923 und kurzem Gefängnisaufenthalt baute er ab 1925 die NSDAP auf. Die NSDAP erreichte den politischen Durchbruch in den Reichstagswahlen 1930 mit einer Steigerung von 3 auf 18 Prozent. 1933 wurde Hitler zum Reichskanzler ernannt. Unter seiner Führung wurde in Deutschland und während des Zweiten Weltkriegs in fast ganz Europa ein beispielloses Terrorsystem aufgebaut. Kurz vor der Kapitulation Deutschlands 1945 beging Hitler Selbstmord (30. April).

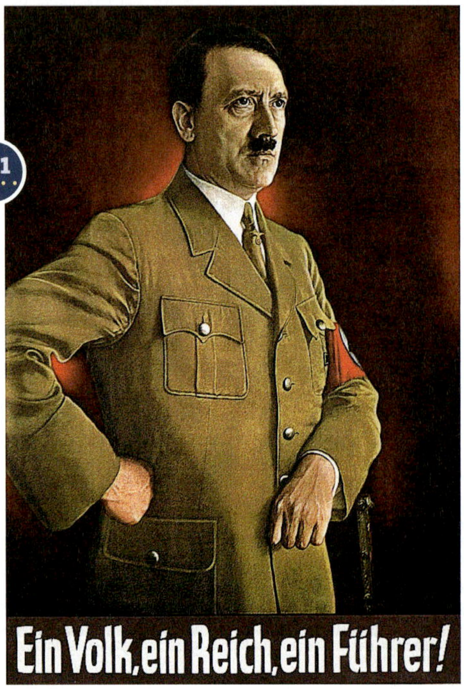

M1 **„Ein Volk, ein Reich, ein Führer"**, Plakat für deutsche Behörden- und Schulräume seit 1938/39

M2 Die Weltanschauung Hitlers

In seinem 1925 erschienenen Buch „Mein Kampf" schrieb Adolf Hitler:

2A „Volk und Rasse"

Demgegenüber erkennt die völkische Weltanschauung die Bedeutung der Menschheit in deren rassischen Urelementen ... Sie glaubt somit keineswegs an eine Gleichheit der Rassen, sondern erkennt mit ihrer Verschiedenheit auch ihren höheren oder minderen Wert und fühlt sich durch diese Erkenntnis verpflichtet, ... den Sieg des Besseren, Stärkeren zu fördern, die Unterordnung des Schlechteren und Schwächeren zu verlangen ... Sie sieht nicht nur den verschiedenen Wert der Rassen, sondern auch den verschiedenen Wert der Einzelmenschen ... Menschliche Kultur und Zivilisation sind auf diesem Erdteil unzertrennlich gebunden an das Vorhandensein des Ariers[1]. Sein Aussterben oder Untergehen wird auf diesen Erdball wieder die dunklen Schleier einer kulturlosen Zeit senken.

2B „Der Jude"
Wo immer wir in der Welt Angriffe gegen Deutschland lesen, sind Juden ihre Fabrikanten, gleich wie ja auch im Frieden und während des Krieges die jüdische Börsen- und Marxistenpresse den Hass gegen Deutschland planmäßig schürte … Die Gedankengänge des Judentums dabei sind klar. Die Bolschewisierung Deutschlands, d. h. die Ausrottung der nationalen völkischen Intelligenz und die dadurch ermöglichte Auspressung der deutschen Arbeitskraft im Joch der jüdischen Weltfinanz, ist nur als Vorspiel gedacht für die Weiterverbreitung dieser jüdischen Welteroberungstendenz.

2C „Lebensraum im Osten"
Nur ein genügend großer Raum auf dieser Erde sichert einem Volk die Freiheit des Daseins … Damit ziehen wir Nationalsozialisten bewusst einen Strich unter die außenpolitische Richtung unserer Vorkriegszeit. Wir setzen dort an, wo man vor sechs Jahrhunderten endete. Wir stoppen den ewigen Germanenzug nach dem Süden und Westen Europas und weisen den Blick nach dem Land im Osten. Wir schließen endlich ab die Kolonial- und Handelspolitik der Vorkriegszeit und gehen über zur Bodenpolitik der Zukunft. Wenn wir aber heute in Europa von Grund und Boden reden, können wir in erster Linie nur an Russland und die ihm untertanen Randstaaten denken.

2D „Führerprinzip"
Die junge Bewegung ist ihrem Wesen und ihrer inneren Organisation nach antiparlamentarisch, d. h. sie lehnt im Allgemeinen wie in ihrem eigenen inneren Aufbau ein Prinzip der Majoritätsbestimmung[2] ab, in dem der Führer nur zum Vollstrecker des Willens und der Meinung anderer degradiert wird. Die Bewegung vertritt im Kleinsten wie im Größten den Grundsatz der unbedingten Führerautorität, gepaart mit höchster Verantwortung … Der völkische Staat hat … keinen Vertretungskörper …, sondern nur Beratungskörper, die dem jeweilig gewählten Führer zur Seite stehen.

M2A und M2C: Zit. nach Walther Hofer (Hg.), Der Nationalsozialismus, Frankfurt a. M. (Fischer) 1957, S. 31 f., 175. M2B und M2D: Zit. nach Adolf Hitler, Mein Kampf, 11. Aufl., München (Franz Eher Nachfolger) 1932, S. 702 f., 378, 501 f.

1 Nach NS-Vorstellungen Völker der indoeuropäischen Sprachfamilie 2 Mehrheitsprinzip

M3 „Der ewige Jude", Plakat von H. Stalüter zur gleichnamigen Ausstellung, 1937

M4 Warum ich Nationalsozialist bin

Anhänger der Nationalsozialisten schilderten Anfang der 1930er Jahre die Gründe ihrer politischen Orientierung:

4A *Eine Hamburger Lehrerin (1932):* Wie viele sehen zu ihm [Hitler] auf in ergreifender Gläubigkeit als dem Helfer, Erretter, als dem Erlöser aus übergroßer Not. – Zu ihm, der den preußischen Prinzen, den Gelehrten, den Geistlichen, den Bauern, den Arbeiter, den Erwerbslosen aus der Partei rettet ins Volk hinein.

4B *Ein SA-Scharführer (1934):* Unsere Gegner irrten sich daher grundsätzlich, wenn sie uns als Partei der Wirtschaftspartei, den Demokraten oder den marxistischen Parteien gleichsetzten. Alle diese Parteien waren nur Interessenverbände, ihnen fehlte die Seele, das geistige Band. Adolf Hitler kam mit einer neuen politischen Religion. Diese Religion ist geboren aus der Erhebung des deutschen Volkes am 4. August 1914 und dem großen Ringen unsres Volkes von 1914 bis 1918.

Zit. nach Michael Burleigh, Die Zeit des Nationalsozialismus, Frankfurt/M. (Fischer) 2000, S. 143 f.

1 Erarbeite die Aussageabsicht von M1 und M3.
2 Analysiere Hitlers Weltanschauung (M2) und zeige die Rücksichtslosigkeit in seinem Denken.
3 Untersuche, wie sich Hitlers Ideologie in den Äußerungen seiner Zeitgenossen (M4) widerspiegelte.

Jüdische Bürgerinnen und Bürger werden systematisch ausgegrenzt

Wer die Äußerungen Hitlers und seiner Parteigenossen schon vor 1933 kannte, musste sich große Sorgen über den Umgang der Nationalsozialisten mit der jüdischen Bevölkerung nach der Machtübernahme machen. Zu Beginn des Regierungsantritts Hitlers bekannte sich von den etwas über 66 Millionen Einwohnern Deutschlands eine halbe Million, das waren 0,76 Prozent der Gesamtbevölkerung, zum Judentum. Trotz der teilweise verdeckten Judenfeindschaft, die auch im übrigen Europa zu finden war, erwiesen sich die Jahre der Weimarer Republik als vergleichsweise sicher – abgesehen davon, dass jüdische Bürgerinnen und Bürger von antisemitischer Propaganda und Aktionen nationalistischer und völkischer Gruppen immer wieder herabgewürdigt wurden. Dass das antisemitische Parteiprogramm der NSDAP zur staatlichen Politik erhoben werden konnte, vermochten sich Anfang 1933 selbst jüdische Organisationen noch nicht recht vorzustellen.

Schneller als erwartet gingen die Nationalsozialisten gegen die jüdische Bevölkerung vor. Auf den Boykott jüdischer Geschäfte (April 1933) folgten weitere Schikanen. Mit den Nürnberger Gesetzen (1935) wurden den jüdischen Mitbürgern erhebliche Beschränkungen auferlegt, die auf eine soziale Ausgrenzung zielten.

M5 **Öffentliche Diskriminierung eines Paares in Cuxhaven,** Foto, 1933

M6 **Aufruf zum Boykott jüdischer Geschäfte in Essen,** Foto, 1. April 1933

M7 Schulerfahrungen unter dem Hakenkreuz

Marta Appel, deren Kinder in den 1930er Jahren in Dortmund die Schule besuchten, berichtete in ihren Memoiren:

7A Fast jede Unterrichtsstunde wurde für die jüdischen Kinder zu einer Quälerei. Es gab eigentlich kein Thema mehr, bei dem der Lehrer nicht über die „Judenfrage" gesprochen hätte … Zum Muttertag hatten die Schüler im Chor Lieder eingeübt … Am Tag vor dem Fest mussten meine Töchter zur Musiklehrerin kommen. „Ihr müsst am Schulfest teilnehmen, aber mitsingen dürft ihr natürlich nicht, da ihr nicht arisch seid." … „Wieso können wir nicht mitsingen? Wir wollen doch auch für unsere Mutter singen!" … „Ich weiß, dass ihr auch eine Mutter habt, aber sie ist ja nur eine jüdische Mutter."

Ruth Wertheim berichtete über ihre Schulzeit bis 1934:

7B Ich hatte immer gute Freundinnen, nahm bis zuletzt an Wandertagen teil, obwohl ich mich erinnere, dass ich mich bei einem der letzten Ausflüge zur Ludwigsburg sehr schlecht fühlte, weil ich wusste, dass ich als Jüdin dort unerwünscht war … Rassenkunde wurde bei uns noch nicht so unterrichtet, dass es mir unangenehm war. Es war mehr biologisch aufgebaut. Auch im Deutschunterricht gab die Lehrerin uns immer auch ein allgemeines Thema, über das auch ich schreiben konnte. … Meine Klasse war anständig bis zuletzt … Ich verließ die Schule ohne Druck, aber weil ich wusste, dass man mich doch nicht zum Abitur zulassen würde.

Zit. nach Wolfgang Benz (Hg.), Die Juden in Deutschland 1933–1945, 4. Aufl., München (Beck) 1996, S. 334 f.

M8 **Unterrichtsszene,** Foto, um 1937. Auf der Tafel steht: „Der Jude ist unser größter Feind! Hütet euch vor den Juden!" Stärker als die berufstätige jüdische Bevölkerung traf die Diskriminierung die jüdischen Jugendlichen. Ihnen wurden bereits ab Frühjahr 1933 viele schulische und berufliche Ausbildungsmöglichkeiten genommen – vor allem den Schülerinnen und Schülern höherer Schulen.

M9 Die Nürnberger Gesetze (1935)

Im September 1935 wurde neben dem „Reichsbürgergesetz", das die Juden zu Bürgern zweiter Klasse machte, das „Gesetz zum Schutz des deutschen Blutes und der deutschen Ehre" erlassen:

Durchdrungen von der Erkenntnis, dass die Reinheit des deutschen Blutes die Voraussetzung für den Fortbestand des deutschen Volkes ist, und beseelt von dem unbeugsamen Willen, die deutsche Nation für alle Zukunft zu sichern, hat der Reichstag einstimmig das folgende Gesetz beschlossen, das hiermit verkündet wird.

§ 1 Eheschließungen zwischen Juden und Staatsangehörigen deutschen und artverwandten Blutes sind verboten. Trotzdem geschlossene Ehen sind nichtig, auch wenn sie zur Umgehung dieses Gesetzes im Ausland geschlossen sind …

§ 2 Außerehelicher Geschlechtsverkehr zwischen Juden und Staatsangehörigen deutschen oder artverwandten Blutes ist verboten.

§ 3 Juden dürfen weibliche Staatsangehörige deutschen oder artverwandten Blutes unter 45 Jahren nicht in ihrem Haushalt beschäftigen …

§ 5 1. Wer dem Verbot des § 1 zuwiderhandelt, wird mit Zuchthaus bestraft.

2. Der Mann, der dem Verbot des § 2 zuwiderhandelt, wird mit Gefängnis oder Zuchthaus bestraft.

Zit. nach Der Nationalsozialismus, Bd. 2, Friedenspropaganda und Kriegsvorbereitung, hg. von der Bayerischen Landeszentrale für politische Bildungsarbeit, München, 1993, S. 165.

Grundwissen

Nationalsozialismus
Rechtsradikale politische Bewegung und Ideologie, die 1933 zum Aufbau einer Diktatur und zum Verlust der demokratischen Freiheiten in Deutschland führte. Ein extremer Nationalismus, Rassismus, Antisemitismus und Expansionismus sind grundlegende Elemente des Nationalsozialismus.

„Drittes Reich"
Selbstbezeichnung des NS-Staats. Mit diesem Begriff wurde eine Beziehung zum Heiligen Römischen Reich Deutscher Nation (962–1806) und zum Deutschen Kaiserreich (1871–1918) hergestellt und gleichzeitig eine Vollendung der deutschen Geschichte durch den Nationalsozialismus propagiert.

4 Zeige an M5 und M6 die Situation der jüdischen Bevölkerung und stelle einen Bezug zu den Grund- und Menschenrechten her.

5 Beschreibe anhand von M7 und M8 die Erfahrungen der jüdischen Schülerinnen und Schüler und erörtere mögliche Handlungsspielräume aller Beteiligten.

6 Zeige auf, inwieweit sich in den „Nürnberger Gesetzen" (M9) die Rassenideologie und der Unterdrückungsstaat ergänzten.

Der Novemberpogrom 1938

Am 7. November schoss der 17-jährige Jude Herschel Grynszpan, dessen Eltern während der so genannten „Polenaktion" 1938 aus Deutschland ausgewiesen wurden, auf einen Angehörigen der deutschen Botschaft in Paris und verletzte ihn lebensgefährlich. Nach diesem Attentat eines Einzeltäters sahen die Nationalsozialisten eine Gelegenheit, ein antijüdisches Pogrom im ganzen Reich zu inszenieren. Am Abend des 9. November war die NS-Führung wegen der Gedenkfeier zum Hitlerputsch von 1923 in München versammelt. Als die Nachricht vom Tod des Botschaftsangehörigen in München eintraf, gaben nach kurzen Beratungen die Parteispitzen an ihre Unterführer im ganzen Land die Weisung, jetzt gegen die Juden loszuschlagen. Dabei sollten die Mitglieder der Kampfverbände SA und SS nicht in ihren Uniformen auftreten, denn es sollte der Eindruck erweckt werden, es handle sich bei diesem Pogrom um den Ausbruch eines Volkszorns. In der Nacht vom 9. auf den 10. November wurden unzählige jüdische Geschäfts- und Wohnhäuser geplündert oder zerstört, zahlreiche Synagogen gingen in Flammen auf; etwa 100 jüdische Bürger wurden ermordet, über 26 000 männliche Juden in Konzentrationslager verschleppt. Die angerichteten Schäden mussten die Juden selber bezahlen – zusätzlich zu einer „Sühneleistung" von einer Milliarde Reichsmark.

Die Nationalsozialisten ordneten unter anderem an, kulturelle Veranstaltungen für Juden zu verbieten, die Juden aus dem Wirtschaftsleben auszuschließen, ihre Bewegungs- und Wohnfreiheit einzuschränken und ihnen ihr Vermögen wegzunehmen.

M10 Der Innenraum der Synagoge in Nürnberg am Morgen des 10. November, Foto, 1938

M11 Ein Wendepunkt der Geschichte?

Der Historiker Wolfgang Benz schrieb 1988:

Der Novemberpogrom, als „Reichskristallnacht" im Umgangston verniedlicht, bedeutete den Rückfall in die Barbarei; in einer Nacht wurden die Errungenschaften der Aufklärung, der Emanzipation, der Gedanke des Rechtsstaats und die Idee von der Freiheit des Individuums zuschanden. Seit dem 15. Jahrhundert hatte es in Mitteleuropa solche Judenverfolgung nicht mehr gegeben, aber nicht nur dies, denn die mittelalterlichen Pogrome fanden statt als unkontrollierte Aggressionen zusammengelaufener Volkshaufen, in denen sich soziale und wirtschaftliche Spannungen auf dem Hintergrund religiös motivierter Judenfeindschaft entluden. Regelrecht programmiert und in Szene gesetzt von staatlichen Instanzen war vor dem 9. November 1938 kein einziger solcher antisemitischer Aufruhr gewesen.

Wolfgang Benz (Hg.), Die Juden in Deutschland 1933–1945, 4. Aufl., München (Beck) 1996, S. 499.

M12 Auswanderung oder Flucht?

Die Historikerin Juliane Wetzel schrieb 1996:

Die antisemitische Politik des NS-Staates wandte sich zuallererst gegen die jüdische Intelligenz. Bücherverbrennung, Schreib- und Lehrverbot führten schon bald nach der Ernennung Hitlers zum Reichskanzler zu einem Exodus aus Deutschland, dem sich ... bedeutende Wissenschaftler ... anschlossen ... „Es war nie Auswanderung, immer nur Flucht." So beurteilte die jüdische Schriftstellerin Adrienne Thomas ... die Reaktion der deutschen Juden auf die NS-Verfolgung. Die jüdischen Emigranten aus Deutschland können nicht mit den freiwilligen Auswanderern früherer Zeiten verglichen werden ... Die Regierung eines Landes, das sie als Heimat betrachtet und geliebt haben, schob sie mit Schimpf und Schande ab ... Die besondere Tragik für die deutschen Juden lag darin, dass die nationalsozialistische Machtübernahme gerade in eine Zeit fiel, in der die Auswanderungsmöglichkeiten wegen der Weltwirtschaftskrise so gering waren wie niemals zuvor.

Juliane Wetzel, Auswanderung aus Deutschland. In: Wolfgang Benz (Hg.), Die Juden in Deutschland 1933–1945, 4. Aufl., München (Beck) 1996, S. 413 ff.

Chronik judenfeindlicher Maßnahmen (Auswahl)

1933

1. April Aufruf zum allgemeinen Boykott jüdischer Geschäfte.

7. April Gesetz zur „Wiederherstellung des Berufsbeamtentums" (Entlassung jüdischer Beamter).

22. September Reichskulturkammergesetz: Berufsverbot für jüdische Schriftsteller und Künstler.

4. Oktober Schriftleitergesetz: Ausschaltung jüdischer Redakteure und Schriftleiter.

1935

Ab Sommer An Ortseingängen, Geschäften und Restaurants häufen sich Schilder mit der Aufschrift „Juden unerwünscht!".

15. September „Nürnberger Gesetze"

14. November Verordnung zum „Reichsbürgergesetz": Aberkennung des Wahlrechts und der öffentlichen Ämter für Juden; Entlassung aller jüdischen Beamten (einschl. ehemaliger Frontkämpfer).

1938

17. August Einführung der Zwangsvornamen „Israel" und „Sara" für jüdische Bürger.

9./10. Novemver Pogromnacht

15. November Jüdische Kinder und Jugendliche dürfen keine öffentlichen Schulen mehr besuchen.

Grundwissen

Antisemitismus

Antijüdische Bewegung seit der zweiten Hälfte des 19. Jahrhunderts. Der Antisemitismus knüpfte an die religiös begründete antike und mittelalterliche Judenfeindschaft an, bekam aber durch die völkisch-rassische Komponente eine neue „Qualität". Nach diesem rassisch begründeten Antisemitismus, der Bestandteil der NS-Ideologie war, galten die Juden als „minderwertig".

„Nürnberger Gesetze"

Die Ausgrenzung und Entrechtung der Juden vollzog sich mit vielen diffamierenden und schikanösen Maßnahmen. Den markantesten Punkt der Entrechtung stellen die „Nürnberger Gesetze" (1935) dar, wonach eheliche Verbindungen und geschlechtliche Beziehungen zwischen Juden und so genannten Ariern unter Strafe gestellt wurden.

9./10.11.1938: Pogromnacht

Dass auf die Entrechtung die Verfolgung folgen würden, musste die jüdische Bevölkerung im November 1938 schmerzlich erfahren. Neben der materiellen Schädigung, die vielen Juden die wirtschaftliche Existenz kostete, bedeuteten die Brandanschläge auf die Synagogen einen massiven Angriff auf die religiöse Identität der Juden.

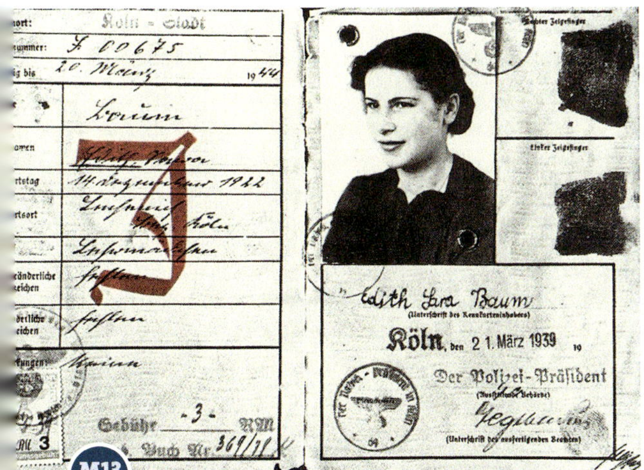

M13 **Ausweis einer jüdischen Bürgerin**, 1938. Seit Oktober 1938 wurden die Pässe deutscher Juden mit einem roten Stempelaufdruck „J" für „Jude" versehen.

7 Beschreibe mithilfe von M10, M11 und des Darstellungstextes den Pogrom vom 9./10. November 1938 und dessen Folgen.

8 Nimm Stellung zu der These, der Pogrom sei ein Wendepunkt in der Judenverfolgung gewesen. Ziehe M11 heran.

9 Erläutere anhand der Abfolge judenfeindlicher Maßnahmen (Darstellungstext, Kasten) die persönlichen, gesellschaftlichen, wirtschaftlichen und politischen Folgen für die Betroffenen. Beachte M13.

10 Begründe, warum der NS-Staat sich zuerst vor allem gegen die „jüdische Intelligenz" wandte, und untersuche, worin deutsche Juden die besondere Tragik ihrer Situation sahen (M12).

Propagandistisches Film-, Bild- und Tonmaterial analysieren

Manipulation der Massen

In der Nachkriegszeit wurde immer wieder die Frage gestellt, wie es während der NS-Zeit zu den grausamen Verbrechen kommen konnte. Ein wesentliches Mittel zur Verblendung der Massen und der Senkung von Hemmschwellen war die nationalsozialistische Propaganda. Ein Grund für deren hohen Wirkungsgrad liegt darin, dass die Partei von Anfang an die neuen medialen Möglichkeiten nutzte, die mit Rundfunk und Film gegeben waren.
Zwar blieb es nach wie vor ein Ziel, auf Massenkundgebungen möglichst viele Menschen direkt zu erreichen, doch sollte darüber hinaus die Propaganda über Rundfunk und Film die Beeinflussung aller Mitglieder der „Volksgemeinschaft" gewährleisten. Der Volksempfänger, ein einfaches Rundfunkgerät, wurde in Großserie hergestellt, um den Kauf für jedermann erschwinglich zu machen. Der Frequenzbereich blieb jedoch eingeschränkt; damit wurde das Abhören ausländischer Sender erschwert. Dafür kam die Stimme Adolf Hitlers täglich ins Haus, alle wichtigen Reden wurden übertragen; in Betrieben war ein Gemeinschaftsempfang nicht ungewöhnlich. Allen Kinobesitzern wurde 1934 vorgeschrieben, im Vorprogramm die „Wochenschau" zu zeigen. Die Filmberichterstattung, die dabei geboten wurde, sollte der Volksbildung dienen, musste aber gleichzeitig den Vorgaben der Reichskulturkammer entsprechen.
In Kriegszeiten kam es immer mehr darauf an, Nachweise für militärische Erfolge an der Front zu bieten, um die Stimmung zu Hause zu verbessern. Unter dem Deckmantel von „Dokumentationen" wurden Propagandafilme besonders gefördert. Während „Dokumentarfilme" über die Reichsparteitage oder der von Leni Riefenstahl gedrehte Film über die Olympiade 1936 die erwünschte Größe des Reiches vor Augen führen sollten, dienten Hetzfilme wie „Jud Süß" oder „Der Ewige Jude" dazu, der Bevölkerung einen aggressiven Antisemitismus zu vermitteln.

M1 **Propaganda für den Volksempfänger,** Plakat zur Rundfunkausstellung in Berlin 1936

Arbeitsschritte: Film-, Bild- und Tondokumente analysieren

1. Schritt: Historischen Kontext klären
– In welcher Zeit ist das Dokument entstanden?
– Nimmt es Bezug auf ein ganz konkretes historisches Ereignis oder behandelt es ein allgemeines Thema?
– In welchem Bezug stehen die Entstehungszeit des Dokuments und das dargestellte Geschehen?

2. Schritt: Gattung festlegen und Funktion klären
– Handelt es sich z. B. um eine Rundfunkansprache, einen Nachrichtenbeitrag, Dokumentar-, Propaganda- oder Werbefilm?
– Welche Adressaten sollen erreicht werden?
– Welche Wirkung wird mit der Gattung generell angestrebt?

3. Schritt: Propagandistische Mittel untersuchen
Textanalyse:
– Wortwahl (z. B. Leerformeln, Schlagwörter; Superlative)
– Rhetorische Figuren (einschließlich Wirkung)
– Argumentationsstruktur (Behauptungen; Beweise/Begründungen)
Bildanalyse:
– Personendarstellungen (z. B. Auftreten; Gestus)
– Filmtechnische Mittel (Farbgebung, Kameraführung, Ton)

4. Schritt: Folgen von Propaganda bewerten
– Positive Selbstdarstellung (Überbewertung der eigenen Leistung)
– Abwertung anderer (Aufbau und Verfestigung von Feindbildern)
– Mobilisierung von Massen

Projekt: Analyse einer propagandistischen Ton- und Bildquelle

In den meisten Universitätsstädten des Reiches fanden am späten Abend des 10. Mai 1933 Bücherverbrennungen statt. Bei der Verbrennung in Berlin hielt Propagandaminister Joseph Goebbels eine flammende Rede. Die Ereignisse sind in Ton- und Bilddokumenten überliefert.

1. Vorbereitung
– Sammelt Grundlageninformationen zum Thema.
– Lest die Textquelle M2 und beschreibt die Bildquelle M4.
– Beschafft eine Tondokumentation und hört sie euch an (siehe Literaturangabe M2).
2. Analysiert die Rundfunkübertragung nach den Arbeitschritten 1 bis 4.

M2 Rundfunkübertragung zur Bücherverbrennung

Auszug vom 10. Mai 1933 in Berlin:

Hier ist der Deutschlandsender … Wir befinden uns auf dem Opernplatz Unter den Linden Berlins. Die deutsche Studentenschaft verbrennt zur Stunde auf einem riesigen Scheiterhaufen anlässlich der Aktion des Kampfausschusses „Wider den undeutschen Geist“ Schriften und Bücher der Unmoral und Zersetzung. Sie hören Feuersprüche der Studenten Berlins:

– Gegen Klassenkampf und Materialismus, für Volksgemeinschaft und idealistische Lebenshaltung! Ich übergebe dem Feuer die Schriften von Marx und Kautsky.

– Gegen Dekadenz und moralischen Verfall, für Zucht und Sitte in Familie und Staat! Ich übergebe dem Feuer die Schriften von Heinrich Mann, Ernst Glaeser, Erich Kästner.

– Gegen Gesinnungslumperei und politischen Verrat, für Hingabe an Volk und Staat! Ich übergebe dem Feuer die Schriften von Friedrich Wilhelm Foerster.

– Gegen seelenzersetzende Überschätzung des Trieblebens, für den Adel der menschlichen Seele! Ich übergebe dem Feuer die Schriften der Schule Sigmund Freud.

– Gegen Verfälschung unserer Geschichte und Herabwürdigung ihrer großen Gestalten, für Ehrfurcht vor unserer Vergangenheit. Ich übergebe dem Feuer die Schriften von Emil Ludwig Kohn.

– Gegen volksfremden Journalismus demokratisch-jüdischer Prägung, für verantwortungsvolle Mitarbeit am Werk des nationalen Aufbaus! Ich übergebe dem Feuer die Schriften von Theodor Wolff und Georg Bernhard.

– Gegen literarischen Verrat am Soldaten des Weltkriegs, für Erziehung des Volkes am Geist der Wehrhaftigkeit! Ich übergebe dem Feuer die Schriften des Erich Maria Remarque.

– Gegen dünkelhafte Verhunzung der deutschen Sprache, für Pflege des kostbarsten Gutes unseres Volkes! Ich übergebe dem Feuer die Schriften von Alfred Kerr.

– Gegen Frechheit und Anmaßung, für Achtung und Ehrfurcht vor dem unsterblichen deutschen Volksgeist! Verschlinge, Flamme, auch die Schriften der Tucholsky und Ossietzky!

Zit. nach Der Nationalsozialismus, Bd. 1, 1933–35, Tondokumente, München (Bayerische Landeszentrale für politische Bildungsarbeit) o. J., Dokument I/2, Nr. 15.

M3 Propaganda

Adolf Hitler schrieb 1924 in „Mein Kampf“ zum Begriff Propaganda:

Die Aufnahmefähigkeit der großen Masse ist nur sehr beschränkt, das Verständnis klein, dafür jedoch die Vergesslichkeit groß. Aus diesen Tatsachen heraus hat sich jede wirkungsvolle Propaganda auf nur sehr wenige Punkte zu beschränken und diese schlagwortartig so lange zu verwerten, bis auch bestimmt der Letzte unter einem solchen Worte das Gewollte sich vorzustellen vermag.

Adolf Hitler, Mein Kampf, Volksausgabe, o. O., o. J., S. 198.

M4 **Bücherverbrennung** auf dem Berliner Opernplatz, 10. Mai 1933

Eugenik und „Euthanasie"

Behinderte werden ermordet

Bereits Jahrzehnte vor der Zeit des Nationalsozialismus hatten sich Wissenschaftler in vielen Ländern mit der Frage beschäftigt, wie sich die industrielle Gesellschaft fortentwickeln würde. Ihre Aufmerksamkeit richteten sie besonders auf die „Volksgesundheit" und auf die Vererbungs- und Rassenlehre (Eugenik). Die Erkenntnisse der Eugeniker benutzten die Nationalsozialisten für ihre bevölkerungspolitischen Maßnahmen, die mit Wissenschaft nichts mehr zu tun hatten: die Tötung von „lebensunwertem" Leben („Euthanasie"). Wie begründeten die Täter ihr Handeln? Zu welchen Konsequenzen führte das Euthanasie-Programm?

M1 Vorstellungen zur Eugenik

Alfred Ploetz (1860–1940), Vertreter der „Rassenhygiene" in Deutschland, schrieb 1895:

Nach Beendigung der Erziehung … wird eine Prüfung der einzelnen Jünglinge und Mädchen vorgenommen, die sich besonders auf die intellectuellen und moralischen Qualitäten bezieht … Die Censuren dieser Prüfung lauten nicht bloß gut, genügend, ungenügend etc., sondern auch: darf keine, eins, zwei, drei oder mehr Kinder zeugen in der Ehe, die eventuell eingegangen wird … Stellt es sich … heraus, dass das Neugeborene ein schwächliches oder missgestaltetes Kind ist, so wird ihm von dem Ärzte-Collegium, das über den Bürgerbrief der Gesellschaft entscheidet, ein sanfter Tod bereitet, sagen wir durch eine kleine Dosis Morphium … „humane Gefühlsduseleien", wie Pflege der Kranken, der Blinden, Taubstummen, überhaupt aller Schwachen, hindern oder verzögern nur die Wirksamkeit der natürlichen Zuchtwahl.

Zit. nach Jürgen Reyer, Alte Eugenik und Wohlfahrtspflege, Freiburg i. B. (Lambertus) 1991, S. 52f.

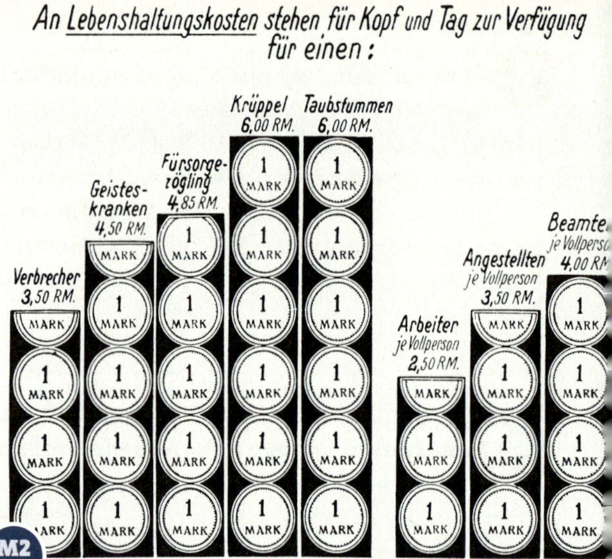

M2 **NS-Tabelle zu den Lebenshaltungskosten,** um 1938, verwendet im Rahmen einer Kampagne gegen „lebensunwertes Leben".

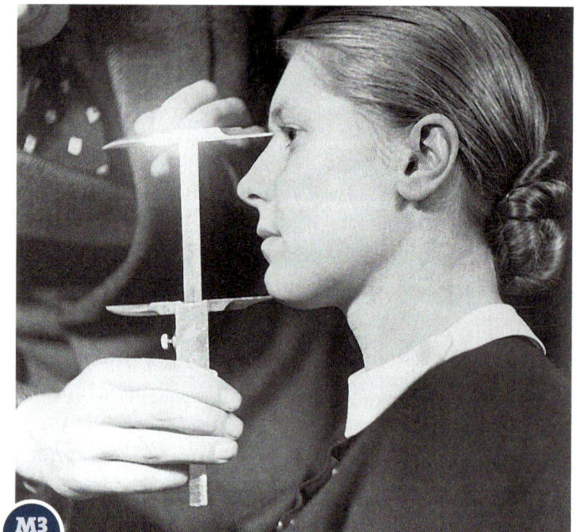

M3 **Rassenideologische Vermessung,** Foto, 1940.

Eugenik
(griech.: Lehre von der guten Erbveranlagung)
Die Bezeichnung wurde Ende des 19. Jahrhunderts bedeutungsgleich mit dem Begriff „Rassenhygiene" verwendet. Ziel war es, die Fortpflanzung „Erbgesunder" zu fördern (positive E.), die Fortpflanzung „Erbkranker" einzudämmen (negative E.).

Euthanasie
(griech.: leichter, schöner Tod; Sterbehilfe)
Bei den Nationalsozialisten in neuer Verwendung: bewusste Herbeiführung des Todes; Vernichtung so genannten „lebensunwerten" Lebens. Etwa 60 000 bis 80 000 Menschen wurden ermordet, bevor die Tötung 1941 nach Kirchenprotesten gestoppt wurde. Fortgesetzt wurden Einzeltötungen, Kindereuthanasie und Ermordung kranker KZ-Häftlinge bis zum Kriegsende.

M4 Täter

Hitler beauftragte Reichsleiter Philipp Bouhler und den Arzt Dr. Brandt mit der Leitung des „Euthanasie"-Programms. Der Erlass wurde auf einem privaten Briefbogen Hitlers Ende Oktober 1939 geschrieben, von Hitler zurückdatiert auf den 1. September 1939:

Reichsleiter Bouhler und Dr. med. Brandt sind unter Verantwortung beauftragt, die Befugnisse namentlich zu bestimmender Ärzte so zu erweitern, dass nach menschlichem Ermessen unheilbar Kranken bei kritischster Beurteilung ihres Krankheitszustandes der Gnadentod gewährt werden kann.

M5 Protest

Aus dem Schreiben des Bischofs von Limburg, Dr. Hilfrich, an den Reichsminister der Justiz vom 13. August 1941:

Etwa 8 km von Limburg entfernt ist in dem Städtchen Hadamar … eine Anstalt, in der nach allgemeiner Überzeugung oben genannte Euthanasie seit Monaten … planmäßig vollzogen wird … Öfter in der Woche kommen Autobusse mit einer größeren Anzahl Opfer … an. Schulkinder der Umgebung kennen diese Wagen und reden: „Da kommt wieder die Mordkiste." Nach der Ankunft solcher Wagen beobachten dann die Hadamarer Bürger den aus dem Schlot aufsteigenden Rauch … Alle gottesfürchtigen Wesen empfinden diese Vernichtung hilfloser Wesen als himmelschreiendes Unrecht … Es ist in der Bevölkerung unfasslich, dass planmäßige Handlungen vollzogen werden, die nach § 211 StGB mit dem Tode zu bestrafen sind!

M4, M5: Zit. nach Wolfgang Michalka (Hg.), Das Dritte Reich, Bd. 2, München (dtv) 1985, S. 232 und S. 236 f.

M6 Opfer

Aus dem Brief eines Körperbehinderten aus der Anstalt Stetten/Waiblingen (1940):

In diesem jammervollen Gefühl völliger Wehrlosigkeit klagte immer wieder R. W., der mit seinen lahmen Beinen im Selbstfahrerstuhl saß: „Wohin soll ich fliehen und wer will mich verstecken, wer kann für mich Einsprache einlegen? Bei mir sieht man ja schon von weitem, dass ich ein unnützer Brotesser bin und zu nichts tauge …"

Zit. nach L. Schlaich, Lebenswert? Kirche und Innere Mission Württembergs im Kampfe gegen die „Vernichtung lebensunwerten Lebens", Stuttgart, 1947, S. 76.

M7 Angehörige

Brief eines Vaters an die Anstaltsleitung in Haar-Eglfing (1940), sprachlich unverändert:

Wir möchten Sie bitten, uns zu berichten, warum unser Sohn Alois R. so schnell gestorben [ist] … und was fehlte ihm? Sie schreiben uns, dass er Nierenentzündung und Harnvergiftung hatte und warum ist er verbrannt worden und wie war er zuletzt … Ich lege Ihnen eine Briefmarke bei und sind Sie so gut und berichten uns das.

Gerhard Schmidt, Selektion in der Heilanstalt 1933–1945, Stuttgart, 1965, S. 89.

M8 Schatten der Vergangenheit?

Der Journalist Klaus Franke schrieb 2001:

Warum regte sich im ärztlichen Kollegenkreis kein Widerstand gegen das „Euthanasie"-Programm? Kein einziger deutscher Psychiater protestierte; kaum einer zögerte, die ihm anvertrauten Patienten … zu selektieren und an die Tötungsanstalten auszuliefern … Wo immer derzeit zwischen Rhein und Oder über Euthanasie und Sterbehilfe debattiert wird, tauchen unweigerlich die Schatten des Dr. Brandt und seiner … Gehilfen auf … 23 Angeklagte, darunter 20 Mediziner, standen 1946 im Nürnberger Ärzteprozess vor Gericht. Sieben von ihnen, darunter … Karl Brandt, wurden gehängt, neun erhielten langjährige Freiheitsstrafen, sieben wurden freigesprochen … Nur ein Industriestaat mit seiner komplexen Infrastruktur konnte … den reibungslosen Lauf der Mordmaschinerie gewährleisten, eine Erkenntnis, die kaum hilft, die Furcht vor einer Wiederholung des Horrors zu dämpfen – zumal die moderne Gentechnik, wie ihre Kritiker warnen, eine Rückkehr eugenischer Zuchtphantasien fördere.

Klaus Franke, Reine Rasse. In: Spiegel special, Nr. 1, 2001, S. 133 ff.

Vorschlag für Partnerarbeit

1 Erarbeitet an M1 bis M4 Motive, Ziele und Methoden der Eugenik und NS-Euthanasie.
2 Untersucht die Auswirkungen der NS-Euthanasie auf Opfer, Angehörige und Öffentlichkeit (M5 bis M7).
3 Diskutiert anhand von M8 Bezüge zwischen Eugenik/Euthanasie in der NS-Zeit und gegenwärtigen Diskussionen, z. B. über Gentechnik oder Sterbehilfe.

Herrschaft durch Propaganda: Nürnberg – „Stadt der Reichsparteitage“

Das „Nürnberg-Erlebnis“

Um den Anschein einer geschlossenen „Volksgemeinschaft“ herzustellen, bedurfte es großer propagandistischer Anstrengungen. Die Reichsparteitage von Nürnberg – veranstaltet vor der prächtigen Kulisse der ehemals freien Reichsstadt – bildeten in der „Festkultur“ der Nationalsozialisten den unbestrittenen Höhepunkt des Jahres.

Ausgangspunkt dieser Propagandaveranstaltungen waren die Mitgliederversammlungen der NSDAP, die seit der Parteigründung stattfanden. Nach den ersten Parteitagen in München (1923) und Weimar (1926) traf sich die Naziführung im August 1927 in Nürnberg. Wegen der günstigen geographischen Lage und der hier besonders spürbaren Reichstradition wollte sie auf eine weitere Ortsveränderung verzichten.

Nach dem „Reichsparteitag des Sieges“ im Juli 1933 wurde Nürnberg formell zur „Stadt der Reichsparteitage“ erhoben. Leni Riefenstahl hielt im Auftrag des NS-Propagandaministeriums das Geschehen filmisch fest; Albert Speer, der erste Architekt Hitlers, wurde Hauptverantwortlicher für die Gesamtgestaltung des Geländes.

Auf den Reichsparteitagen kannte die Begeisterung der Anhänger des Nationalsozialismus keine Grenzen. Durchschnittlich eine halbe Million Menschen nahm an dieser Selbstdarstellung des „Dritten Reiches“ teil. Im Mittelpunkt des Geschehens stand Adolf Hitler, der mehrere Tage lang die Huldigungen von NS-Organisationen entgegennahm, Reden hielt und sich mit den Massen an den nächtlichen Lichtspielen berauschte. An den verschiedenen Tagen standen einzelne Organisationen im Mittelpunkt. So gab es 1937 neben dem „Tag der Gemeinschaft“ einen „Tag der SA“, einen „Tag der Wehrmacht“, einen „Tag der Hitlerjugend“ und einen „Tag des Reichsarbeitsdienstes“ mit jeweils detailliertem Programm. Mit dem Beginn des Krieges im Jahre 1939 fanden diese kostspieligen Inszenierungen ihr Ende.

M1 **Werbeplakat für den ersten Nürnberger Reichsparteitag**, 1927

M2 **Selbstdarstellung der NSDAP**

Propagandaminister Joseph Goebbels über die Reichsparteitage, 1935:

Parteitage der NSDAP unterscheiden sich wesentlich von den Parteitagen anderer Parteien. Diese sind entsprechend dem parlamentarisch-demokratischen Charakter ihrer Veranstaltung lediglich als billige Diskussionsgelegenheit gedacht … Unsere Parteitage sind von ganz anderem Geist erfüllt … Jeder Parteigenosse, und vor allem der SA-Mann rechnet es sich zur besonderen Ehre an, bei den Parteitagen persönlich anwesend zu sein und in der Masse der erschienenen Parteigenossen mitzuwirken. Der Parteitag bietet keine Gelegenheit zu unfruchtbarer Diskussion. Er soll im Gegenteil der Öffentlichkeit ein Bild geben von der Einigkeit, Geschlossenheit und ungebrochenen Kampfkraft der Partei im Ganzen und die innere Verbundenheit zwischen Führung und Gefolgschaft sichtbar vor Augen führen. Auf den Parteitagen soll der Parteigenosse neuen Mut und neue Kraft schöpfen. Der Gleichklang des Marschschritts der SA-Bataillone soll ihn … erheben und stärken; er soll vom Parteitag wie neu geboren an seine alte Arbeit zurückgehen.

Zit. nach Joseph Goebbels, Kampf um Berlin, München (Eher) 1935, S. 224f.

M3 Begeisterung beim Reichsparteitag

Der Journalist Walter Schmitt berichtete vom Reichsparteitag „Großdeutschland“ im September 1938:

Ein wunderbares Bild boten dem Auge am Donnerstag die weit ausholenden, im weiten Rund von dichten Ringen der Zuschauer umsäumten Ränge der Zeppelinwiese von Nürnberg. Ans Herz gehend wurde dieser Anblick, als sich die weiten Räume des Feldes mit Blut und Leben erfüllten, die bewegten Leiber von Mädchen, den rhythmisch und wuchtig geordneten Kolonnen unserer Parteigliederungen mit dem Besten, was Deutschland hat: seiner Jugend ... Das satte Grün vermischte sich mit dem Weiß der Turnkleidung und dem leuchtenden Braun der jugendlich gestrafften Körper ... Die Gemeinschaft marschiert nicht nur, nein, heute steht sie in ihren Grundpfeilern so fest wie die steinernen Giganten, die den Rahmen für dieses Fest abgeben ... Nach den letzten Übungen stehen die vier Abteilungen in den Ecken still. Die HJ läuft über das vordere freie Mittelfeld, vor die Tribüne, und jetzt laufen aus dem Hintergrund weitere 800 Hitlerjungen vor und von beiden Seiten in die frei gebliebenen Räume. Die Front ist geschlossen. Die Gemeinschaft steht wie aus einem Gusse, eine Symphonie von Jugend, Kraft und Schönheit des menschlichen Körpers.

Zit. nach Siegfried Zelnhefer, Die Reichsparteitage der NSDAP, Nürnberg (Stadtarchiv) 1991, S. 260f.

M4 Postkarte zum letzten Nürnberger Reichsparteitag, 1938

M5 Im Schatten des schönen Scheins

Der Architekt Albert Speer erinnerte sich:

5A Auf dem Zeppelinfeld fand jedes Jahr eine Veranstaltung für das Korps der mittleren und kleinen Parteifunktionäre, die so genannten Amtswalter, statt. Während die SA, der Arbeitsdienst und natürlich auch die Wehrmacht bei ihren Massenvorführungen durch exakte Disziplin großen Eindruck erweckten, stellte es sich als schwierig heraus, die Amtswalter vorteilhaft zu präsentieren. Größtenteils hatten sie ihre kleinen Pfründen in ansehnliche Bäuche umgesetzt; exakt ausgerichtete Reihen konnten ihnen schlechterdings nicht abverlangt werden. In der Organisationsabteilung der Parteitage fanden Beratungen über diesen Missstand statt, der bereits zu ironischen Bemerkungen Hitlers Anlass gegeben hatte. Mir kam die rettende Idee: Lassen wir sie doch in der Dunkelheit aufmarschieren.

Albert Speer, Erinnerungen, Franfurt/M. (Ullstein) 1969, S. 71.

Bericht der Nürnberger „Sittenpolizei“ (1935):

5B Nach wie vor sind an den Tagen des Reichsparteitags diese Straßen, in denen ungefähr 120 Lohndirnen in einzelnen Häusern beisammen wohnen, das Ziel vieler Reichsparteitagsbesucher. Vor allem musste beobachtet werden, dass PO-Männer[1], die ja am Reichsparteitag die größte Freizügigkeit genießen, immer wieder versuchen, trotz der auffälligen Absperrungen durch SS-Posten bei Tag und Nacht in diese Straßen einzudringen.

Zit. nach Siegfried Zelnhefer, Die Reichsparteitage der NSDAP, Nürnberg (Stadtarchiv) 1991, S. 260f.

1 mit der Organisation betraute Parteimitglieder

1. Vergleiche die Postkarten M1 und M4.
2. Fasse zusammen, welche Funktion die Reichsparteitage erfüllen sollten (M2, Darstellungstext und M3).
3. Setze die Quellen M5A und M5B in Beziehung zu M2 und formuliere deine Ergebnisse präzise.
4. Diskutiert die Frage, welche Elemente der nationalsozialistischen Ideologie sich in der Durchführung der Reichsparteitage besonders deutlich widerspiegelten.
5. Erörtert, inwiefern die Begriffe „Massenverführung“ und „Überwältigung“ für die Reichsparteitage zutreffen.

Monumentalarchitektur analysieren

Monumentalarchitektur – Ausdruck der NS-Ideologie

Das ehemalige Reichsparteitagsgelände ist eines der größten Monumente der NS-Bauaktivitäten.
Mit einer Fläche, die zehnmal so groß ist wie die Nürnberger Altstadt, dokumentiert die unvollendet gebliebene Anlage, zu deren Bau auch Häftlinge der Konzentrationslager Flossenbürg und Mauthausen herangezogen wurden, den Anspruch der Nationalsozialisten auf Kraft, Macht und „ewige Größe". Mit ihrer Architektur schloss die NS-Führung an antike und neoklassizistische Stilmittel an, fügte jedoch mit schweren horizontalen Steinfassaden, monumentaler Symmetrik und wenig Dekorationen die Betonung des Schlichten, aber auch Überdimensionalen und Kolossalen hinzu.

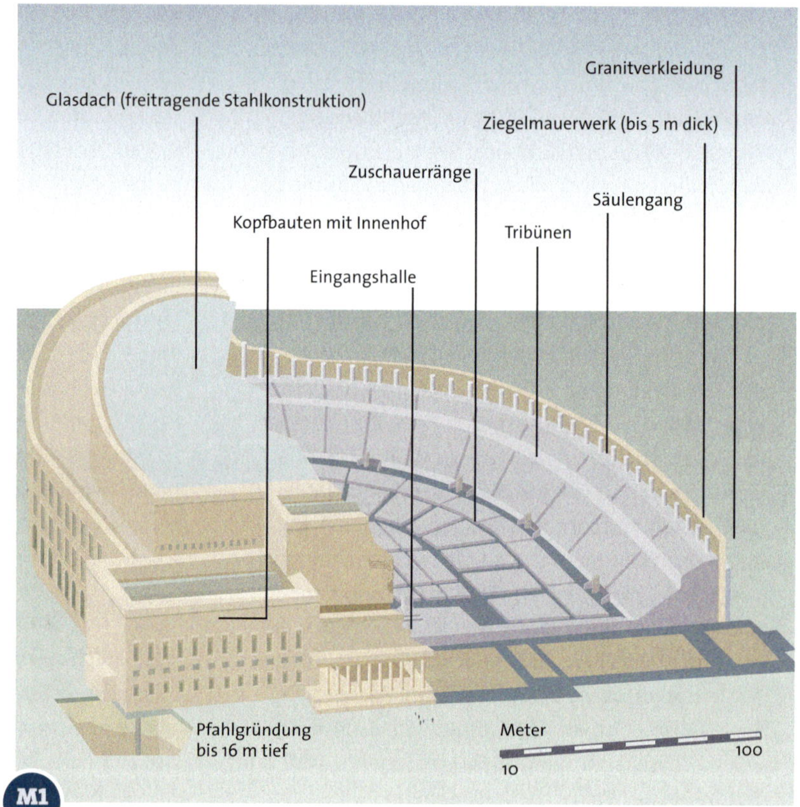

M1 **Grundriss der geplanten Kongresshalle.** Länge 275 Meter, Tiefe 265 Meter, Höhe 60 Meter. In der Kongresshalle sollten über 50 000 Zuschauer Platz finden. Die Halle blieb unvollendet.

Arbeitsschritte Monumentalarchitektur analysieren

1. Schritt: Lage und Positionierung im Umfeld erfassen
- In welcher Umgebung befindet sich das Monument, z. B. in einer Stadt oder in der freien Landschaft?
- Hat der Platz oder die Umgebung eine besondere geschichtliche Bedeutung?
- Befindet sich das Monument in einem bestimmten Ensemble und wie „verhält" es sich zu den anderen Bauwerken in der Umgebung?

2. Schritt: Baugeschichte untersuchen
- Wer ist der Auftraggeber?
- Wann wurde das Bauwerk errichtet? Welcher Zeitraum war zum Bau erforderlich?
- Wer waren die führenden Architekten/Künstler?
- Welche technischen Mittel waren zum Bau erforderlich?

3. Schritt: Stilistische und architektonische Kennzeichen erfassen
- Welche Stilmittel werden aufgegriffen und welche historischen Vorläufer gibt es? Sind einzelne Merkmale besonders dominant?
- Gibt es ungewöhnliche Neuansätze?
- Wie ist der künstlerische Wert zu beurteilen?

4. Schritt: Sinn und Bedeutung des Denkmals bewerten
- Welche Wirkung hat das Denkmal auf den Betrachter?
- Zu welchem Zweck wurde das Denkmal errichtet?
- Welche historischen Assoziationen sollten damit bewirkt werden?
- Welche Denkweisen lassen sich aus der Gestaltung ableiten?
- Welche Bedeutung hatte das Denkmal für die damaligen Zeitgenossen, welchen Stellenwert hat es heute?

M2 **Das Zeppelinfeld auf dem Reichsparteitagsgelände,** Foto nach 1936. Kolonnen des Reichsarbeitsdienstes marschieren an der Haupttribüne vorbei.

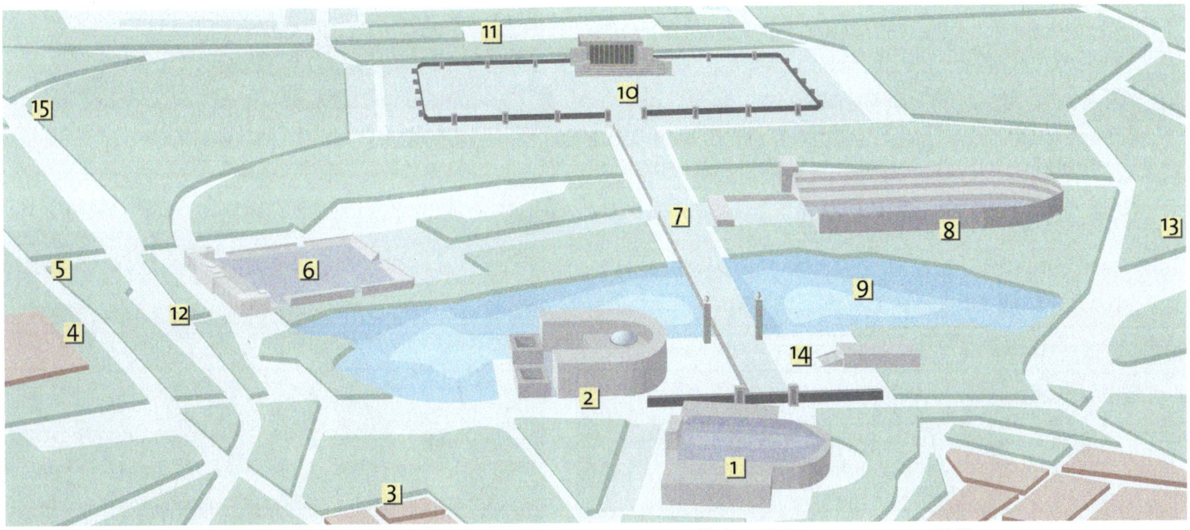

1 Luipoldarena mit alter Kongresshalle
2 „Neue Kongresshalle"
3 Ehrenhalle
4 „KdF-Stadt"
5 Transformatorenhaus
6 Zeppelintribüne mit Zeppelinfeld
7 Große Straße
8 Deutsches Stadion
9 Dutzendteich
10 Märzfeld
11 Plätze für Zeltlager
12 Bahnhof Dutzendteich
13 SS-Kaserne
14 geplantes „Haus der Kultur"
15 Arbeiterunterkünfte

M3 **Planung des Nürnberger Reichsparteitagsgeländes von 1937**

1 Analysiere die dargestellten bzw. projektierten Elemente des Parteitagsgeländes (M1, M2, M3) nach den vorgegebenen Arbeitsschritten. Ziehe den Darstellungstext und die Bildunterschriften mit heran.

2 Stelle einen Zusammenhang zwischen der Monumentalarchitektur des Nationalsozialismus und seiner Ideologie her. Berücksichtige dabei die Bezeichnung „Einschüchterungs- und Inszenierungsarchitektur".

3 Diskutiert die These: „Bauen ist Politik!" Sucht nach Beispielen aus der Gegenwart.

Männer und Frauen in der „Volksgemeinschaft"

Das Ideal der „Volksgemeinschaft"

Im Zentrum der NS-Ideologie stand der Gedanke der „Volksgemeinschaft", in der alle gesellschaftlichen Gruppen verschmelzen sollten. Nicht in die „Volksgemeinschaft" gehörten diejenigen, die zum politischen Gegner erklärt worden waren oder aus rassistischen Gründen ausgegrenzt wurden. Die Beziehung zwischen den Geschlechtern wurde als eine Rangordnung verstanden, die durch unterschiedliche Aufgaben in Staat und Gesellschaft festgelegt war. Der kämpfende, heroische und starke Mann sollte das Leitbild in jeder deutschen Familie sein. Die Frau wurde auf die Mutterrolle, also auf eine „Erhalterin" des deutschen Volkes reduziert.

In NS-Frauenorganisationen boten sich durchaus Aufstiegsmöglichkeiten, jedoch durften Frauen keine politischen Ämter übernehmen. Die „Nationalsozialistische Frauenschaft" (NSF) verstand sich als Eliteorganisation und wollte die Frauen mit ihrer Arbeit für den Nationalsozialismus gewinnen. Sie organisierte z. B. Gesprächsgruppen und Seminare, in denen sich Frauen über hauswirtschaftliche Fragen, aber auch über die „Rassen- und Bevölkerungspolitik" austauschen sollten. Um die Stimmung in der Bevölkerung positiv zu beeinflussen, organisierte die Deutsche Arbeitsfront, in der Arbeitnehmer und Arbeitgeber zwangsweise zusammengeschlossen wurden, KdF-Maßnahmen (KdF: Kraft durch Freude). Dazu gehörten z. B. Ausflüge, Betriebsfeste oder das Angebot verbilligter Kino-, Theater- und Konzertkarten.

M2 „Hilf auch Du mit!", Plakat, 1943

M3 „Urlauber", Gemälde von Paul M. Padua, 1944

M1 Verleihung des Mutterkreuzes, Foto, 1943

M4 Blonder Vollgermane sucht Deutsche Minne

Heiratsanzeigen in der Parteizeitung „Völkischer Beobachter", 12. August 1934:

4A SA-Scharführer, Anfang 30, Blutordensträger, blonder Vollgermane, kernig und erbgesund, sucht auf diesem Weg die Mutter seiner kommenden Kinder und Wahrerin seines Hortes. Selbe muss Garantin rassischer Vollwertigkeit kommender Geschlechter sein. Stattliche Blondine bevorzugt, nachgedunkelte Schrumpfgermanin unerwünscht. Eigenes Heim vorhanden. Vermögen Nebensache.

4B Deutsche Minne, blondes BDM-Mädel, gottgläubig, aus bäuerlicher Sippe, artbewusst, kinderlieb, mit starken Hüften, möchte einem deutschen Jungmann Frohwalterin seines Stammes sein (niedere Absätze – kein Lippenstift). Nur Neigungsehe mit zackigem Uniformträger.

Zit. nach Wochenschau I, Nr. 2: Der NS-Staat, März/April 1995, S. 74.

M5 Denn ihre Welt ist der Mann …

Auf einer Tagung der NS-Frauenschaft während des Reichsparteitags in Nürnberg sagte Adolf Hitler am 8. September 1934:

Das Wort von der Frauen-Emanzipation ist nur ein vom jüdischen Intellekt erfundenes Wort, und der Inhalt ist von demselben Geist geprägt. Die deutsche Frau braucht sich in den wirklich guten Zeiten des deutschen Lebens nie zu emanzipieren. Sie hat genau das besessen, was die Natur ihr zwangsläufig als Gut zur Verwaltung und Bewahrung gegeben hat, genauso, wie der Mann in seiner guten Zeit sich nie zu fürchten brauchte, dass er aus seiner Stellung gegenüber der Frau verdrängt werde …
Wenn man sagt, die Welt des Mannes ist der Staat, die Welt des Mannes ist sein Ringen, die Einsatzbereitschaft für die Gemeinschaft, so könnte man vielleicht sagen, dass die Welt der Frau eine kleinere sei. Denn ihre Welt ist ihr Mann, ihre Familie, ihre Kinder und ihr Haus. Wo wäre aber die größere Welt, wenn niemand die kleine Welt betreuen wollte? Wie könnte die größere Welt bestehen, wenn niemand wäre, der die Sorgen um die kleinere Welt zu seinem Lebensinhalt machen würde. Nein, die große Welt baut sich auf dieser kleinen Welt auf. Diese große Welt kann nicht bestehen, wenn die kleine Welt nicht fest ist. Die Vorsehung hat der Frau die Sorgen um diese ihr eigenste Welt zugewiesen, aus der sich dann erst die Welt des Mannes bilden und aufbauen kann … Was der Mann einsetzt an Heldenmut auf dem Schlachtfeld, setzt die Frau ein in ewig geduldiger Hingabe, in ewig geduldigem Leid und Ertragen.

Völkischer Beobachter Nr. 253 vom 10. Sept. 1934. Zit. nach Max Domarus, Hitler. Reden und Proklamationen, Bd. 1, Wiesbaden (Löwit) 1973, S. 450f.

Gertrud Scholtz-Klink

geboren 1902 als Tochter eines Beamten. Sie verließ während des Ersten Weltkriegs vorzeitig das Gymnasium und arbeitete im Bahnhofsdienst und im Haushalt von Offizieren. Sie sympathisierte früh mit der NS-Bewegung, arbeitete ab 1930 aktiv in der NSDAP und wurde 1934 „Reichsfrauenführerin" – ein symbolischer Titel, denn alle Frauenorganisationen unterstanden in finanzieller Hinsicht männlicher Kontrolle. Ihre Hauptaufgabe bestand vor allem darin, die Frauenrolle auf den „Dienst für den Mann" auszurichten und junge Frauen – von Ausnahmen abgesehen – vom Studium fernzuhalten. Die Gleichwertigkeit von Frauen den Männern gegenüber lehnte Scholtz-Klink ab. Unter dem Eindruck des Arbeitskräftebedarfs in der Kriegszeit änderte sie ihre ablehnende Meinung über Frauenarbeit in Rüstungsbetrieben. Am Kriegsende 1945 tauchte sie unter, ließ sich unter falschem Namen entnazifizieren und wurde später zu einer Haftstrafe von 18 Monaten verurteilt. Sie blieb überzeugte Nationalsozialistin, die bis zu ihrem Tod 1999 zurückgezogen in Tübingen lebte.

1 Beschreibe M1 bis M3 und formuliere Aussagen zur Rolle der Frauen nach den nationalsozialistischen Vorstellungen.

2 Untersuche M4 und M5 unter folgenden Fragestellungen: a) Welche politischen Zielvorstellungen werden erkennbar?
b) Auf welchen ideologischen Grundlagen beruhen diese Vorstellungen?

3 Diskutiert über die „Karriere" von Gertrud Scholtz-Klink (siehe Kasten). Beachtet dabei die historischen Bedingungen, die ihr Leben beeinflussten.

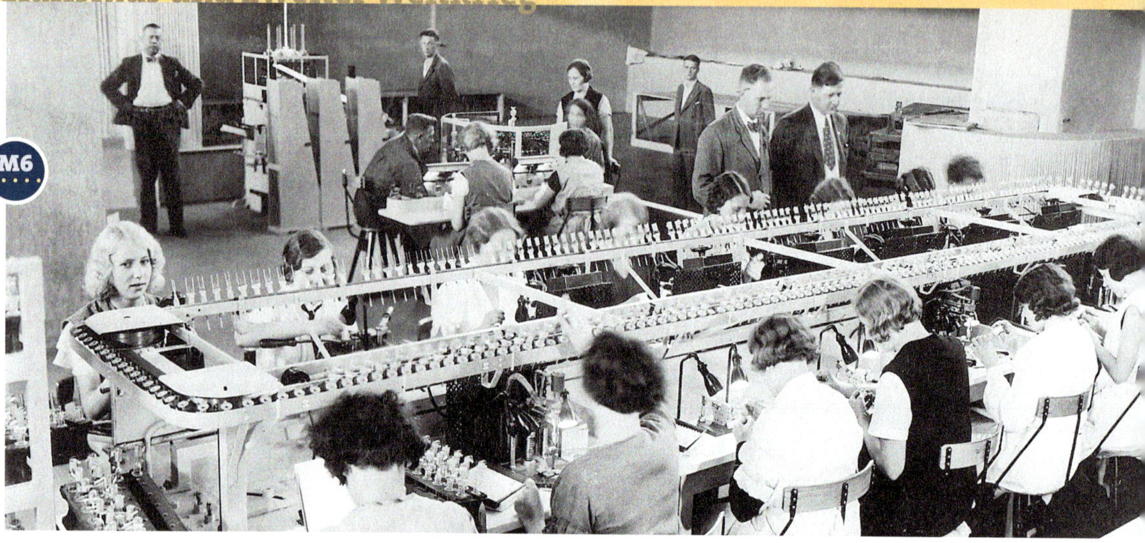

M6 Fabrikation von Rundfunkröhren am Fließband, Foto, 1935

M7 Frauenarbeit – ideologischer Anspruch und Realität

Der Historiker Wolfgang Wippermann schrieb 1998:

Auf Proteste stießen … die Versuche der Nationalsozialisten, Frauen aus einigen Berufen zu verdrängen. Gemäß ihren Ankündigungen haben die Nationalsozialisten dies bereits unmittelbar nach der „Machtergreifung" versucht … Ferner wurde die allerdings schon in der Weimarer Republik begonnene Kampagne gegen das „Doppelverdienertum" fortgesetzt … Schon 1933 wurde verfügt, dass nur ein Viertel aller Studienreferendare weiblichen Geschlechts sein durfte. Ein noch rigiderer Numerus clausus wurde an den Universitäten eingeführt. Nur zehn Prozent der Studierenden sollten Frauen sein … Der frauenspezifische Numerus clausus an den Universitäten wurde sogar schon 1935 wieder aufgehoben … Dass … [1943] fast die Hälfte aller deutschen Studierenden an Universitäten Frauen waren, war zweifellos primär eine Folge des Krieges, zeigt aber doch, dass die Nationalsozialisten bereit waren, einige ihrer ursprünglichen ideologischen Ziele den ökonomischen Zwängen unterzuordnen … Von einer „gezielten Ausschaltung [der Frauen] aus dem Arbeitsprozess" wird man … kaum sprechen können. Die weitaus meisten Frauen waren jedoch in geringer qualifizierten und schlechter bezahlten Berufen beschäftigt. Dass nicht mehr Frauen in den Wirtschaftsprozess eingegliedert wurden, hatte [als wichtigsten Grund]: die rücksichtslose Ausbeutung von „Fremdarbeitern".

Wolfgang Wippermann, Umstrittene Vergangenheit, Berlin (Elefanten Press) 1998, S. 183 ff.

M8 „Militärische Notwendigkeiten"

Der Leiter des Wehrwirtschaftsstabs im Wehrmachtsamt des Reichskriegsministeriums, Oberst Thomas, sagte am 24. November 1936 auf der 5. Tagung der Reichsarbeitskammer über Wehrwirtschaft und Kriegsvorbereitung:

Meine Herren! Der totale Krieg der Zukunft wird Forderungen an das Volk stellen, wie wir alle sie noch nicht kennen … Der 2. Punkt ist die Beschäftigung der Frauen. Die Frau wird im Ernstfalle im großen Umfange die Arbeit in den Fabriken leisten müssen. Sie muss also dafür vorbereitet werden. Auch hier müssen sich die sozialen Bestrebungen, die Frau aus den Betrieben zu lösen, den militärischen Notwendigkeiten unterordnen. Wie diese Maßnahme vorzubereiten und durchzuführen ist, muss überlegt werden. Fest steht, dass auf vielen Gebieten die Frau eine glänzende Facharbeiterin werden kann und auch bereits jetzt schon dementsprechende Arbeit tut.

Zit. nach Wolfgang Michalka (Hg.), Das Dritte Reich, Bd. 1, München (dtv) 1985, S. 100, 106.

4 Setze M7 und M8 in Beziehung zur Frauenrolle, die in M1 und M2 dargestellt wird. Versuche herauszufinden, in welchem Verhältnis Ideologie und Realität zueinander standen. Ziehe M6 heran.

5 Die Verleihung eines „Mutterkreuzes" (M1) würde heutzutage nicht mehr als Auszeichnung empfunden. Sammelt Gründe für diese Entwicklung.

6 Analysiere M9 und halte fest, inwiefern sich hier der Machtanspruch der NSDAP widerspiegelt.

M9 Die Deutsche Arbeitsfront

Verordnung zur Errichtung der Deutschen Arbeitsfront (DAF), 24. Oktober 1934:

§ 1. Die Deutsche Arbeitsfront ist die Organisation der schaffenden Deutschen der Stirn und der Faust. In ihr sind insbesondere die Angehörigen der ehemaligen Gewerkschaften, der ehemaligen Angestelltenverbände und der ehemaligen Unternehmer-Vereinigungen als gleichberechtigte Mitglieder zusammengeschlossen … Der Reichskanzler kann bestimmen, dass gesetzlich anerkannte ständische Organisationen der Deutschen Arbeitsfront kooperativ angehören.
§ 2. Das Ziel der Deutschen Arbeitsfront ist die Bildung einer wirklichen Volks- und Leistungsgemeinschaft aller Deutschen. Sie hat dafür zu sorgen, dass jeder Einzelne seinen Platz im wirtschaftlichen Leben der Nation in der geistigen und körperlichen Verfassung einnehmen kann, die ihn zur höchsten Leistung befähigt und damit den größten Nutzen für die Volksgemeinschaft gewährleistet.
§ 3. Die Deutsche Arbeitsfront ist eine Gliederung der NSDAP im Sinne des Gesetzes zur Sicherung der Einheit von Partei und Staat vom 1. Dezember 1933.
§ 4. Die Führung der Deutschen Arbeitsfront hat die NSDAP.

Zit. nach Der Nationalsozialismus, Bd. 1 (1933–35), Machtergreifung und Machtsicherung, München (Bayerische Landeszentrale für politische Bildungsarbeit) 1994, S. 161.

M10 Werbeplakat der NS-Gemeinschaft KdF, nach 1935

M11 „Kraft durch Freude“

Aus einem Deutschlandbericht der Sopade, einer von der SPD organisierten Widerstandsgruppe, 1936:

Der Gau München-Oberbayern, der allein in München 83 Geschäftsstellen (der KdF) unterhält, hat im Mai 1936 neben Urlaubs- und Wanderfahrten folgende Veranstaltungen durchgeführt: Theateraufführungen, Frauennachmittage, Kinderfeste, fröhliche Samstagsnachmittage, Gymnastikkurse, Leichtathletik (Sportabz.), Sportspiele (auch Tennis), Schwimmkurse, Reitunterricht, Segelsportfahrten an d. Ostsee, Führungen d. Museen usw., Bildungs- und Arbeitsgemeinschaften, Fachkurse (Stenographie, Deutsch, Rechnen, Musik usw.), Kochkurse … Die KdF wird bei fast allen Volksgenossen als eine anerkennenswerte Leistung des Nationalsozialismus gewertet …
Über Kraft durch Freude geht hier das geflügelte Wort um: „Die Bonzen fahren nach Madeira. Die Kleinen erhalten eine Straßenbahnrundfahrt in Dresden.“
In Sachsen haben mehrere Korruptionsfälle bei der KdF viel Gemecker hervorgerufen … Die Tatsache, dass man um KdF kaum noch herumkommt, wenn man Sport treiben oder Reisen machen will, ist ziemlich allgemein. So nehmen z. B. viele unserer Genossen, die früher bei den Naturfreunden waren, heute die Gelegenheit wahr, die Reisen mit KdF zu machen … Kraft durch Freude hat viel Zuspruch. Man kann doch für billiges Geld allerhand haben.

Deutschlandberichte der Sozialdemokratischen Partei Deutschlands 3/1936, Frankfurt/M. (Verlag 2001) 1980, S. 880 ff.

7 Erschließe das Menschenbild, das der Verordnung M9 zugrunde liegt.

8 Beschreibe das Werbeplakat M10 und halte die „Botschaften“ fest, die durch dieses Plakat vermittelt werden sollten.

9 Erarbeite mithilfe von M11, welche sozialpolitischen Funktionen die KdF-Maßnahmen hatten. Wie bewerten die Verfasser von M11 diese Aktivitäten?

10 Beurteile zusammenfassend, welche Bedeutung die Deutsche Arbeitsfront und die KdF-Maßnahmen für den Aufbau einer „Volksgemeinschaft“ hatten.

11 Kann es in einer modernen Gesellschaft eine „Volksgemeinschaft“ geben? Formuliert Thesen.

Jugend und Erziehung im NS-Staat

Die „Erfassung“ der Jugendlichen

Die Rolle der Jugendlichen wurde im Dritten Reich besonders inszeniert, denn die Jugendlichen galten als die Garanten für die Zukunft eines nationalsozialistischen Deutschlands. Deshalb versuchte die NSDAP von Anfang an, die jungen Menschen an sich zu binden. Ende 1934 waren rund 3,5 Millionen Jugendliche im Alter von zehn bis 18 Jahren in der Hitlerjugend* organisiert. Die Mädchen gehörten dem „Bund Deutscher Mädel“ (BDM*) an. Da bis 1936 alle anderen Jugendorganisationen verboten worden waren und die Nationalsozialisten ein Programm boten, das vielen attraktiv erschien, wuchsen die NS-Jugendorganisationen schnell an. Das Gesetz über die Hitlerjugend vom 1. Dezember 1936 legte schließlich fest, dass alle Jugendlichen mit zehn Jahren in das Jungvolk (Buben) bzw. in den „Jungmädelbund“ eintreten mussten. Mit 14 wurde man Mitglied in der HJ bzw. im BDM. Mit 18 Jahren folgte der „Reichsarbeitsdienst (RAD)“: Alle jungen Deutschen wurden durch ein Gesetz dazu verpflichtet, im Alter zwischen 18 und 25 Jahren ein halbes Jahr lang „gemeinnützige Arbeit“ zu leisten. Mit 19 Jahren wurden die jungen Männer für zwei Jahre zum Wehrdienst eingezogen. Während in den NS-Jugendorganisationen eine massive Ideologisierung betrieben wurde, gelang eine totale Erfassung des Schulwesens durch die Partei nicht. Allerdings wurde der Sportunterricht ausgeweitet und die „Rassenkunde“ zu einem fächerübergreifenden Unterrichtsprinzip erhoben. Auch übten Parteimitglieder Druck auf die Eltern aus, ihre Kinder vom Religionsunterricht abzumelden.

M1 **Umgang mit Schusswaffen**, Foto, 1936

M2 **BDM-Plakat**, 1936

M3 Und sie werden nicht mehr frei

Adolf Hitler äußerte sich am 4. Dezember 1938 über die Erziehung der Jugend:

Diese Jugend, die lernt ja nichts anderes als deutsch denken, deutsch handeln. Die Knaben kommen vom Jungvolk in die Hitlerjugend, und dort behalten wir sie wieder vier Jahre, und dann geben wir sie erst recht nicht zurück in die Hände unserer alten Klassen- und Standeserzeuger, sondern dann nehmen wir sie sofort in die Partei oder in die Arbeitsfront, in die SA oder in die SS, in das NSKK[1] und so weiter. Und wenn sie dort … noch nicht ganz Nationalsozialisten geworden sein sollten, dann kommen sie in den Arbeitsdienst und werden dort wieder sechs und sieben Monate geschliffen. Und was dann noch an Klassenbewusstsein oder Standesdünkel da oder da noch vorhanden sein sollte, das übernimmt die Wehrmacht. Und dann nehmen wir sie, damit sie auf keinen Fall rückfällig werden, sofort wieder in SA, SS und so weiter. Und sie werden nicht mehr frei, ihr ganzes Leben.

Völkischer Beobachter vom 4. Dezember 1938. Zit. nach Wolfgang Michalka (Hg.), Das Dritte Reich, Bd. 1, München (dtv) 1985, S. 148.

1 Nationalsozialistisches Deutsches Kraftfahrerkorps

M4 „Die sieben Schwertworte des Jungvolkjungen", Darstellung aus einem Jugendbuch, 1936

M5 Hakenkreuz statt Kirche

Das folgende Lied wurde von der Hitlerjugend u. a. auf dem Reichsparteitag 1934 in Nürnberg gesungen:

Wir sind die fröhliche Hitlerjugend
Wir brauchen keine christliche Tugend
Denn unser Führer Adolf Hitler
Ist uns Erlöser, ist uns Mittler.
  Kein Pfaff, kein böser kann uns hindern
  Dass wir uns fühlen als Hitlerkinder
  Nicht Christus folgen wir, sondern Horst Wessel
  Fort mit Weihrauch und Weihwasserkessel.
Wir folgen singend Hitlers Fahnen
Nur dann sind wir würdig unseren Ahnen
Ich bin kein Christ und Katholik
Ich geh mit SA durch dünn und dick.
  Die Kirche kann mir gestohlen werden
  Das Hakenkreuz macht mich selig auf Erden
  Ihm will ich folgen auf Schritt und Tritt,
  Baldur von Schirach, nimm mich mit.

Zit. nach Martin Broszat u. a. (Hg.), Bayern in der NS-Zeit, Bd. 2, München/Wien (Oldenbourg) 1979, S. 209.

M6 Erinnerungen an die Hitlerjugend

Ein Abiturient erinnerte sich um 1948:

6A Diese Kameradschaft, das war es auch, was ich an der Hitlerjugend liebte … Denn welcher Junge ist nicht entflammt, wenn ihm Ideale, hohe Ideale wie Kameradschaft, Treue und Ehre, entgegengehalten werden. … Und dann die Fahrten! Gibt es etwas Schöneres, als im Kreis von Kameraden die Herrlichkeiten der Heimat zu genießen? Oft zogen wir am Wochenende in die nächste Umgebung von K. hinaus, um den Sonntag dort zu verleben. Welche Freude empfanden wir, wenn wir an irgendeinem blauen See Holz sammelten, Feuer machten und darauf dann eine Erbsensuppe kochten. … Die Stunden waren wohl die schönsten, die uns die Hitlerjugend geboten hat. Hier saßen dann Lehrlinge und Schüler, Arbeitersöhne und Beamtensöhne zusammen und lernten sich gegenseitig verstehen und schätzen.

Kurt Haß (Hg.), Jugend unterm Schicksal, Hamburg, 1950, S. 61ff.

Ein aus Weildorf stammendes Mädchen erklärte 1936, warum es nicht an den Treffen des BDM teilnimmt:

6B Warum gehe ich nicht zum BDM? In der Regierung Hitler wurde dieser Verein aufgebracht. Wir sollen auch zu diesem Verein gehen, aber leider darf ich von daheim aus nicht dazu gehen, sonst würde ich rausgejagt. Meine Eltern wollen keine Ferkel sehen. Mir ist es viel zu beschwerlich, in den Appell zu gehen. Am Werktag kann man arbeiten, dass einem die Rippen krachen, und am Sonntag statt dem Gottesdienst können wir exerzieren, darum gehe ich nicht zum BDM.

Zit. nach Martin Broszat u. a. (Hg.), Bayern in der NS-Zeit, Bd. 2, München/Wien (Oldenbourg) 1979, S. 548.

1 Stelle in einer Auflistung zusammen, welche Erwartungen der NS-Staat an die Jugendlichen richtete (Darstellungstext, M1, M2, M3 und M4).

2 Bewerte die Aussage auf dem Plakat M2. Welche Auswirkungen konnte dieser Anspruch für eine Familie haben? Berücksichtige dabei die Aussage der Zeilen 4 bis 6 in M3.

3 Erschließe aus M5 das Selbstverständnis der HJ-Mitglieder. Klärt mit einer Recherche in der Bibliothek oder im Internet, wer Horst Wessel und Baldur von Schirach waren.

4 Beurteile die sieben „Schwertworte" (M4).

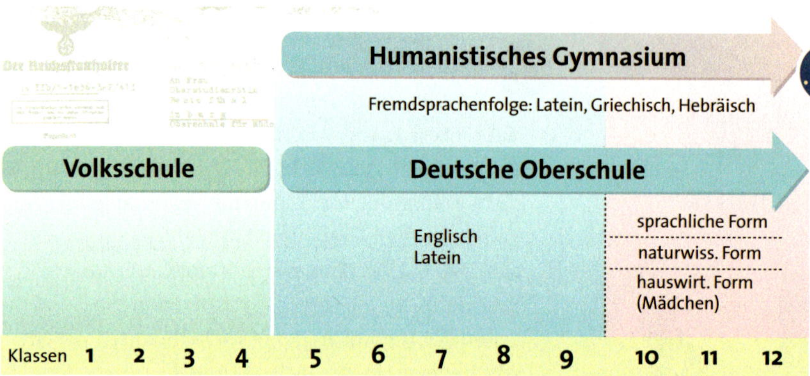

M7 Der Weg zum Abitur. 1938 wurde aus wehr- und wirtschaftspolitischen Gründen das 13. Schuljahr gestrichen. Nach vier Jahren Volksschule konnten überdurchschnittlich begabte Schülerinnen und Schüler in eine Oberschule oder in ein Humanistisches Gymnasium übertreten.

M8 Erziehungsprinzipien der Nationalsozialisten

Aus der Rede Adolf Hitlers auf dem „Reichsjugendtag" in Potsdam 1932:

8A Der Deutsche muss es wieder lernen, sich über Stand, Konfession und Gesellschaftsklasse hinweg als einiges Volk zu fühlen. Unser Volk stürzte von seiner stolzen Höhe, weil es das alles vergaß, und ihr, meine deutschen Jungen und Mädels, sollt es in der nationalsozialistischen Jugend wieder lernen, euch als Brüder und Schwestern einer Nation zu fühlen ... Nicht früh genug kann die deutsche Jugend dazu erzogen werden, sich zuallererst deutsch zu fühlen. Die nationalsozialistische Jugend soll ... dem deutschen Volke zum Wohl gereichen, wie ja auch die nationalsozialistische Bewegung einmal Deutschland sein soll, und das einheitliche Bekenntnis der opferfreudigen deutschen Jugend gibt hierfür den klaren Beweis.

Zit. nach Der Nationalsozialismus, Bd. 2, Friedenspropaganda und Kriegsvorbereitung 1935–1939, München (Bayerische Landeszentrale für politische Bildungsarbeit) 1993, S. 304.

Baldur von Schirach in einer Rede über die Revolution der Erziehung, 1938:

8B Hat uns die höhere Schule als Volk irgendwie vorangebracht, oder hat sie nicht im Gegenteil unendlich viel Schuld an der Entstehung vieler Vorurteile und Voreingenommenheiten, die der ganzen Nation schweren Schaden zugefügt haben? Das Riesenheer der so genannten Gebildeten (Goethe sagt: „der Viel-, aber Leicht-Gebildeten") ist ein Geschenk der höheren Schule. Haben diese Gebildeten Deutschland glücklicher und stolzer gemacht? Haben sie nicht vielmehr eine, ihnen in ihrer Schulzeit anerzogene falsche Vorstellungswelt in die Wirklichkeit des Lebens hineingetragen und dadurch viel Unheil angerichtet? Nein, Wissen ist noch lange nicht Bildung.

Zit. nach Dieter Rossmeissl, Ganz Deutschland wird zum Führer halten, Frankfurt/M. (Fischer TB) 1985, S. 44.

M9 Schülerprotest

Aus den Memoiren von Otto Gritschneder, einem ehemaligen Schüler des Wittelsbacher Gymnasiums, 1996:

Im Jahresbericht, den wir, wie jedes Jahr, auch über das Schuljahr 1932/33 gedruckt mitbekamen, berichtete ... Oberstudiendirektor Andreas Franz Wahler etwas kühl und distanziert: „Die aus Anlass des neugewählten Reichstages ... angeordnete Schulfeier wurde am Vormittag des 21. März 1933 im Turnsaal des Hauptgebäudes durch musikalische und gesangliche Vorträge sowie eine der Bedeutung des Tages angemessene Ansprache des Anstaltsvorstandes begangen." Die Feier endete, wie üblich, mit dem Absingen des Deutschlandliedes. Anschließend sangen aber einige Nazis das Horst-Wessel-Lied. Diese Provokation beantworteten einige Schüler, darunter auch ich, und einige Lehrer ... mit Pfuirufen und „Schmährufen auf den Führer" (wie der „Völkische Beobachter" anschließend berichtete). Wir verließen noch während des Parteigesanges den Saal. Am nächsten Tag kam die Polizei und wollte die Namen der Demonstranten wissen ... Es gelang den Lehrern, das Ganze als Jungenstreich zu entschärfen. Wir hätten aber auch in das in diesen Tagen eröffnete Konzentrationslager Dachau kommen können. Wir bekamen aber lediglich einen Direktoratsverweis.

Otto Gritschneder, Memoiren, München (C. H. Beck) 1996, S. 36 ff.

M10 Gebote für den Arbeitsdienstmann

Verlautbarung der Reichsleitung des Reichsarbeitsdienstes zum Muttertag 1939:

1. Gebot: Zweierlei ist uns allen gemeinsam: die Mutter und der Tod! Wir wollen Ehrfurcht haben vor beiden und zwischen Mutter und Tod ein sauberes und tapferes Leben führen.

2. Gebot: Du sollst nicht nur am Muttertag deiner Mutter gedenken, sondern deine Mutter und alle deutschen Mütter achten und ehren, denn sie tragen Deutschland in die Zukunft.

3. Gebot: Du sollst deiner Mutter an diesem Ehrentag eine besondere Freude machen. Das hat nichts zu tun mit der Aufdringlichkeit der Läden, die aus dem Muttertag ein Geschäft machen wollen.

4. Gebot: Schreibe deiner Mutter einen Brief, damit sie spürt, wie all die Liebe, die sie dir gab, wieder zurückstrahlt.

5. Gebot: Sieh um dich und überlege mit deinen Kameraden, wie ihr irgendwo einer Mutter, die Not leidet, helfen könnt.

6. Gebot: Denke jedesmal, wenn du mit einem Mädchen zusammenkommst, dass es einmal eine deutsche Mutter werden soll.

7. Gebot: Betrachte Frauen und Mädchen nicht geringschätzig, sondern bedenke, dass jede Frau als Mutter ihr Leben einsetzt bei der Geburt ihres Kindes, dass sie ihr Leben für das kommende Deutschland wagt. Jede Mutterschaft ist stilles Heldentum.

8. Gebot: Denke bei allem, was du über Frauen und Mädchen sprichst, ob du das auch vor deiner Mutter und deinen Schwestern sagen würdest.

9. Gebot: Es ist kein Zeichen von Männlichkeit, wenn du dauernd Worte und Redewendungen gebrauchst, die Liebe und Ehe in den Schmutz ziehen. Aus Liebe und der Ehe wird die deutsche Zukunft gebaut, wollen wir sie mit Dreck und Zoten besudeln?

10. Gebot: Lass dich von keiner leichtfertigen Sinnlichkeit blenden, sondern denke daran, dass das Mädchen, das du einmal heiraten willst, auch Mutter deiner Kinder werden soll und ihre rassischen, körperlichen und seelischen Eigenschaften sich an Kinder und Kindeskinder vererben.

Volk und Rasse, Schulungsbrief, hg. vom Reichsorganisationsleiter der NSDAP, Berlin, 1939, S. 18.

M11 „Ich wusste, dass die Bauern uns brauchten"

Melita Maschmann erinnerte sich an ihre Zeit beim Reichsarbeitsdienst:

In diesen Wochen habe ich etwas Wunderbares erlebt: Die körperliche Erschöpfung, die vor der Ernte ihren tiefsten Punkt erreicht und zuweilen ein fast apathisches Stück Fleisch aus mir gemacht hatte, schlug in ein Gefühl unverwüstlicher Schaffensfreude um …

Dass ich hatte durchhalten können, verdankte ich auch nicht in erster Linie meiner fortschreitenden physischen Anpassung an die ungewohnte Arbeit, sondern Hilfen ganz anderer Art. Ich wusste, dass die Bauern uns brauchten, und ich war in der Absicht gekommen, mich nicht zu schonen.

Wenn die Versuchung, sich fallenzulassen, sehr nahe war, gab es ein letztes Mittel: der Blick nach der Lagerfahne, oder – falls man sie nicht sehen konnte – die inständige Vergegenwärtigung eines der Texte, die das aussagten, was man für den Sinn seines Lebens hielt …

Unsere Lagergemeinschaft war ein verkleinertes Modell dessen, was ich mir unter Volksgemeinschaft vorstellte …

Niemals vorher oder nachher habe ich eine so gute Gemeinschaft erlebt … Unter uns gab es Bauernmädchen, Studentinnen, Friseusen, Arbeiterinnen, Verkäuferinnen, Schülerinnen, Büroangestellte usw.

Melita Maschmann, Fazit. Kein Rechtfertigungsversuch, Stuttgart (Deutsche Verlagsanstalt) 1963, S. 40f.

5 Beschreibe und bewerte anhand von M7 das „höhere Schulwesen" in der NS-Zeit.

6 Beurteile M8A und M8B im Hinblick auf die Ausbildung an höheren Schulen.

7 Zeige an M9 die Einbettung der Schule in das NS-System.

8 Analysiert in Partnerarbeit M10 mithilfe der Methode „Schriftliche Quellen analysieren und bewerten" S. 78f. Achtet auf den Anspruch der Gebote und die Wirklichkeit der NS-Politik.

9 Diskutiert in Gruppen die Aussagen der Autorin von M11.

10 Klärt in einer Gesprächsrunde, was mit dem Begriff „totale Erziehung" gemeint ist.

„Wir hatten noch gar nicht angefangen zu leben“ – das Jugend-KZ Moringen

M1 **Hamburger Swing-Jugendliche,** Foto, 1940

„Nicht angepasst“

Sie wollten sich nicht dem anpassen, was die Nationalsozialisten unter Jugendleben verstanden. Sie waren nicht bereit, ihr Leben formieren zu lassen und sich der Ideologie des Nationalsozialismus zu unterwerfen. So wurden sie als „Unerziehbare“, „Asoziale“ und „Kriminelle“ abgestempelt und, wie es im Sprachgebrauch der Nationalsozialisten hieß, aus der „Volksgemeinschaft entfernt“ – das hieß verschleppt in so genannte „polizeiliche Jugendschutzlager“, spezielle Konzentrationslager, die 1940 in Moringen in Südniedersachsen und 1942 als Jugend-KZ „Uckermark“ in Brandenburg eingerichtet wurden.

Was führte zur Einweisung eines Jugendlichen in ein Jugend-KZ? Wie erging es den Häftlingen?

M2 **Karikatur in den Hamburger „Gaunachrichten“**, 1941. Eine bekannte Tanzfigur der Swing-Jugendlichen war das Mitswingen des Taktes, bei dem die Hand träge emporgereckt und der Zeigefinger ausgestreckt wurde. Die Geste galt als Provokation und wurde hart bestraft.

M3 Eine andere Musik spielen und hören

Günter Discher, geboren am 20. März 1925 in Hamburg, wurde wegen illegalen Plattenhandels als 17-Jähriger von Gestapo-Beamten verhaftet und in das Jugend-KZ Moringen gebracht. Er erinnerte sich 1997:

Aufgrund meiner Musikleidenschaft bin ich … langsam in Opposition gegen die Jugenderziehung der Nazis geraten. Bereits als 13-Jähriger hörte ich in der Volksschule von Mitschülern, die damals in der Hitlerjugend waren, wie sie in den Wehrertüchtigungslagern behandelt worden sind. Die Jugendlichen wurden dort in scharfer Form gedrillt …, um sie auf die Angriffskriege der Nazis vorzubereiten. Mir persönlich war dies zuwider, auch deswegen, weil die Jugendlichen von Gleichaltrigen herumkommandiert wurden … Wir jugendlichen Swinger lehnten diese Marschmusik ab. Wir wollten – genau wie viele junge Leute heutzutage – eine andere Musik spielen und hören. Und zwar das, was populär war: Swing-Musik! Diese leichtere und heitere Musik, die von englischen und amerikanischen Orchestern gespielt wurde. Also zum Beispiel: Jack Hilton, Harry Roy, Louis Armstrong oder Duke Ellington mit ihren Bands … In den folgenden Jahren wurde zunehmend gegen die Swingmusik polemisiert und gehetzt … Deshalb mussten wir uns auf Hausfeste zurückziehen und drinnen feiern, weil wir mit unseren Grammophonen nicht mehr in die Öffentlichkeit gehen durften … So wurden wir mehr und mehr überwacht … Wir waren verpönt und wurden ausgegrenzt … Die nazistische Gleichschaltung funktionierte nicht mehr.

Zit. nach Katalog zur Ausstellung „Wir hatten noch gar nicht angefangen zu leben“, hg. von M. Guse/Lagergemeinschaft und Gedenkstätte KZ Moringen e. V., 3. Aufl., Moringen/Liebenau, 1997, S. 24.

M4 Das Vorgehen gegen die „Swing-Jugend“

Anweisung Heinrich Himmlers, dem Reichsführer SS und Chef der Deutschen Polizei, an Reinhard Heydrich, den Leiter der Sicherheitspolizei (26. Januar 1942):

Anliegend übersende ich Ihnen einen Bericht, den mir der Reichsjugendführer Axmann über die „Swing-Jugend“ Hamburg zugesandt hat.

... Meines Erachtens muss jetzt ... das ganze Übel radikal ausgerottet werden ... Alle Rädelsführer, und zwar die Rädelsführer männlicher und weiblicher Art, unter den Lehrern diejenigen, die feindlich eingestellt sind und die Swing-Jugend unterstützen, sind in ein Konzentrationslager einzuweisen. Dort muss die Jugend zunächst einmal Prügel bekommen und dann in schärfster Form exerziert und zur Arbeit angehalten werden. Irgendein Arbeitslager oder Jugendlager halte ich bei diesen Burschen und diesen nichtsnutzigen Mädchen für verfehlt ... Der Aufenthalt im Konzentrationslager für diese Jugend muss ein längerer, 2–3 Jahre sein. Es muss klar sein, dass sie nie wieder studieren dürfen. Bei den Eltern ist nachzuforschen, wie weit sie das unterstützt haben. Haben sie es unterstützt, sind sie ebenfalls in ein KL zu verbringen und das Vermögen ist einzuziehen.

Nur, wenn wir brutal durchgreifen, werden wir ein gefährliches Umsichgreifen dieser anglophilen Tendenz in einer Zeit, in der Deutschland um seine Existenz kämpft, vermeiden können.

Zit. nach „Du bist nichts, dein Volk ist alles“. Beilage zu Geschichte lernen, H. 24, 1991, S. 13.

Otto Gruber, Lagerhäftling

Otto Gruber wurde am 20. Mai 1923 in Fülpmess/Tirol geboren. Aus familiären Gründen wurde er ab dem zweiten Lebensjahr im Heim erzogen. Otto Gruber lernte seine Eltern mit 15 Jahren kennen. Er verließ das Elternhaus, schloss sich jugendlichen Sinti an (Erntehelfer, Bettler) und wurde wegen „Landstreicherei“ und „Entziehung von der Wehrpflicht“ verurteilt. Nach 1½ Jahren Gefängnis wurde er in das KZ Moringen überstellt.

Otto Gruber berichtete 1992 über seinen Selbstmordversuch im KZ:

„Ich habe keine Lust mehr gehabt. Da habe ich aufhören wollen. Für mich war es so schwer. Von der Jugendzeit habe ich nichts gehabt. Umhergerannt von einem ins andere. Aus – Feierabend! Da habe ich mir dann die Pulsadern aufgeschnitten. Dabei haben sie mich erwischt, weil das Blut vom Bett runtergelaufen ist. Ich hatte mir eine Glasscherbe von der Firma mitgenommen. Auf einmal rennst du davon. Weil du Schläge kriegst und rennst davon, weil es wehtut. Und wie sie den draußen beim Eisenbahnbau erschossen haben, das habe ich ja selbst gesehen. Das bleibt im Menschen drin hängen. Da habe ich mir gesagt: Lieber hier weg! Aus – Feierabend!“

Erna Brehm, Lagerhäftling

Die am 20. Juni 1924 in Calw geborene Erna Brehm arbeitete im Jahr 1941 als Haushaltshilfe in einer Konditorei. Sie lernte dort den polnischen Staatsangehörigen Marian kennen, die beiden verliebten sich ineinander. Der Arbeitgeber untersagte jeden weiteren Kontakt und informierte die Eltern des Mädchens. Um einer Anzeige des Konditors zu entgehen, meldete sich Erna selbst bei der Polizei. Sie war in dem naiven Glauben, das Verhältnis durch eine persönliche Vorsprache und Rechtfertigung aufrechterhalten zu können. Die Polizei nahm Erna sofort fest und inhaftierte auch den Freund. Auf dem Calwer Marktplatz wurde Erna kahl geschoren, anschließend in Stuttgart zu einer 8-monatigen Gefängnisstrafe wegen „Geschlechtsverkehrs mit einem Ausländer“ verurteilt. Nach verbüßter Haft erfolgte im Herbst 1942 die Überstellung in das Jugend-KZ Uckermark. Erna Brehm starb am 19. August 1951 an den Folgen der KZ-Haft. Das Schicksal von Marian blieb unbekannt.

1 Erkläre unter Rückgriff auf M1 bis M3, warum die Swing-Jugend von den Nationalsozialisten verfolgt wurde.

2 Bewerte anhand von M4 und der Häftlingsporträts den Umgang der Nationalsozialisten mit Oppositionellen und „unerwünschten Personen“.

Nationalsozialistische Außenpolitik 1933–1939

Ziele und Methoden der nationalsozialistischen Außenpolitik

Hitlers Außenpolitik hatte im Wesentlichen drei Ziele: Sie sollte eine radikale Revision* des bei den Nationalsozialisten besonders verhassten Versailler Vertrages herbeiführen. Das zweite Ziel waren territoriale Eroberungen im Osten, vor allem auf Kosten Russlands, und die rücksichtslose „Germanisierung" der eroberten Gebiete. Sein drittes Ziel war die Weltmachtstellung eines „Großdeutschlands". Zur Durchsetzung dieser Ziele kalkulierte Hitler den Einsatz militärischer Mittel bewusst ein. Der Rüstungsstand der Reichswehr im Jahre 1933 stand jedoch einer schnellen Durchsetzung seiner Ziele entgegen. Eine Chance, die Aufrüstung nach außen zu rechtfertigen, bot ihm die 2. Internationale Abrüstungskonferenz vom 2. Februar bis 14. Oktober 1933 in Genf. Als Frankreich dort nicht bereit war, die grundsätzliche militärische Gleichberechtigung Deutschlands durch Abrüstung der Siegermächte des Ersten Weltkrieges mitzutragen, verließ Deutschland die Abrüstungskonferenz und den Völkerbund.

Der für die weltweite Öffentlichkeit überraschende Abschluss eines deutsch-polnischen Nichtangriffspaktes im Januar 1934 sollte nach außen den Friedenswillen Hitlers dokumentieren und zugleich die Spannungen mit dem Nachbarland entschärfen.

Das Ergebnis der nach dem Versailler Vertrag vorgesehenen Volksabstimmung vom Januar 1935 mit 91 Prozent Ja-Stimmen über die Rückkehr des Saargebiets in das Deutsche Reich wurde von der Hitler-Regierung als großer politischer Erfolg gefeiert. Er steigerte das Ansehen der Hitler-Regierung auch innenpolitisch.

Den öffentlichen Friedensbeteuerungen Hitlers standen interne Pläne und militärische Weisungen gegenüber, die in eine andere Richtung zielten.

Im November 1937 kündigte Hitler der Wehrmachtsspitze an, dass er in absehbarer Zeit die Annexion Österreichs und eines großen Teils der Tschechoslowakei vornehmen werde. Seine Ziele setzte er im März 1938 mit dem so genannten „Anschluss" Österreichs durch. Mithilfe des Münchner Abkommens vom September 1938 gliederte Hitler das Sudetenland an Deutschland an.

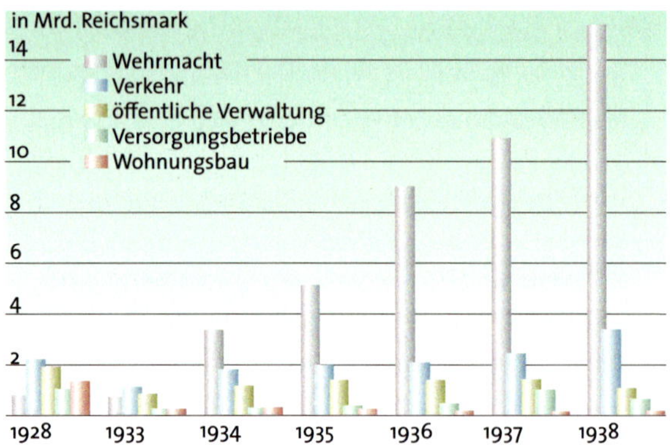

M1 **Die öffentlichen Ausgaben im Deutschen Reich 1928–1938.** Dem Anfang 1934 veröffentlichten Reichshaushalt war zu entnehmen, dass die Rüstungsausgaben um rund 90 Prozent gesteigert werden sollten und auch Ausgaben für den verbotenen Aufbau einer Luftwaffe enthielten. Frankreich und Großbritannien kündigten angesichts der deutschen Aufrüstung eine Steigerung ihrer Rüstungsetats an. Die deutsche Regierung gab zwischen 1933 und 1938 mehr Geld für die Rüstung aus als Frankreich, Großbritannien und die USA zusammen. Nach 1934 veröffentlichte die Regierung Hitler keine Rüstungsausgaben mehr.

M2 Interne Weisung

Aus der ersten Ansprache Hitlers vor Generälen der Reichswehr nach seiner Ernennung zum Reichskanzler. Es handelt sich um handschriftliche Aufzeichnungen des Generalleutnants Liebmann vom 3. Februar 1933:

Ziel der Gesamtpolitik allein: Wiedergewinnung der pol. Macht. Hierauf muss gesamte Staatsführung eingestellt werden (alle Ressorts!).
1. Im Innern. Völlige Umkehrung der gegenwärt. innenpol. Zustände in D. Keine Duldung der Betätigung irgendeiner Gesinnung, die dem Ziel entgegensteht (Pazifismus!) …
2. Nach außen. Kampf gegen Versailles. Gleichberechtigung in Genf; aber zwecklos, wenn Volk nicht auf Wehrwillen eingestellt …
4. Aufbau der Wehrmacht wichtigste Voraussetzung für Erreichung des Ziels … Allg. Wehrpflicht muss wieder kommen … Wie soll pol. Macht, wenn sie gewonnen ist, gebraucht werden? … Vielleicht … Eroberung neuen Lebensraumes im Osten u. dessen rücksichtslose Germanisierung.

Zit. nach Walther Hofer (Hg.), Der Nationalsozialismus, Frankfurt a. M. (Fischer) 1957, S. 180 f.

Deutsche Außenpolitik 1933–1938

14. Oktober 1933 Deutschland tritt aus dem Völkerbund aus und verlässt die Abrüstungskonferenz.
26. Januar 1934 Nichtangriffspakt mit Polen
13. Januar 1935 Volksabstimmung im Saargebiet: 91 Prozent für die Rückkehr nach Deutschland
16. März 1935 Einführung der allgemeinen Wehrpflicht
18. Juni 1935 Deutsch-britisches Flottenabkommen: Die deutsche Kriegsflotte darf eine Stärke bis zu 35 Prozent der britischen erreichen.
7. März 1936 Besetzung der entmilitarisierten Rheinlandzone durch deutsche Truppen
25. Oktober 1936 Bündnis mit Italien: „Achse Berlin–Rom"
13. März 1938 „Anschluss" Österreichs an Deutschland, nachdem die Nationalsozialisten die innerösterreichischen Verhältnisse destabilisiert haben. Der Einmarsch deutscher Truppen trifft bei der Bevölkerung auf breite Zustimmung.

M4 **Die Rede Hitlers** am 17. Mai 1933 im Deutschen Reichstag, amerikanische Karikatur, 1933

M3 Öffentliche Rede

Aus der Regierungserklärung Hitlers vor dem Deutschen Reichstag am 23. März 1933:

Das deutsche Volk will mit der Welt in Frieden leben ... Die Begriffe von Siegernationen und von Besiegten können nicht als eine dauernde Basis freundschaftlicher Beziehungen der Völker untereinander gelten ... Die nationale Regierung ist bereit, jedem Volke die Hand zu einer aufrichtigen Verständigung zu reichen, das gewillt ist, die traurige Vergangenheit endlich einmal grundsätzlich abzuschließen ... Die Reichsregierung wird jede Bemühung unterstützen, die darauf gerichtet ist, einer allgemeinen Abrüstung wirksam zu dienen und den dabei schon längst fälligen Anspruch Deutschlands auf Gleichberechtigung sicherzustellen ... Wir sind ... der Überzeugung, dass ein solcher Ausgleich in unserem Verhältnis zu Frankreich möglich ist ... Gegenüber der Sowjetunion ist die Reichsregierung gewillt, freundschaftliche, für beide Teile nutzbringende Beziehungen zu pflegen.

Zit. nach Erhard Klöss (Hg.), Reden des Führers, München (dtv) 1967, S. 104 ff.

Grundwissen

Münchner Abkommen

Der britische Premierminister Chamberlain und der französische Ministerpräsident Daladier stimmten bei einem Treffen in München am 29. September 1938 Hitler und Mussolini einer Abtretung der von Deutschen besiedelten Randgebiete der Tschechoslowakei (Sudetenland) an Deutschland zu. Ein tschechoslowakischer Vertreter war an diesem Abkommen nicht beteiligt. Großbritannien und Frankreich erhofften sich von diesem Zugeständnis, dass Deutschland nun keine weiteren Gebietsansprüche mehr erheben würde.

1 Untersuche anhand von M1, M2 und M3 die internen Entscheidungen und Weisungen sowie die öffentlichen Äußerungen Hitlers und vergleiche sie.

2 Deute M4 mithilfe der Methode „Karikaturen entschlüsseln" (siehe Anhang).

3 Erarbeite anhand der Materialien auf dieser Doppelseite einen Kurzvortrag: Hitlers Außenpolitik 1933–1938.

Eroberung und Besetzung – der Zweite Weltkrieg in Europa

Der Weg in den Zweiten Weltkrieg

Am 15./16. März 1939 besetzten deutsche Truppen Teile der Tschechoslowakei, die als „Protektorat Böhmen und Mähren" ins Deutsche Reich eingegliedert wurden. Mit dieser völkerrechtswidrigen Annexion vollzog sich in Großbritannien und Frankreich eine entscheidende Wendung in der Einschätzung der deutschen Politik. Waren die beiden westlichen Staaten bislang davon ausgegangen, dass Hitler nur eine Revision des Versailler Vertrags wollte, setzte sich jetzt die Auffassung durch, Hitler strebe die Herrschaft über ganz Europa an. Mit einer Garantieerklärung an Polen Ende März 1939 demonstrierten die westeuropäischen Mächte, dass sie von der Appeasementpolitik* (engl. appeasement = Beschwichtigung), die den britischen Premierminister Chamberlain 1938 beim Münchner Abkommen geleitet hatte, zu einer Politik der Eindämmung übergingen. Mit dieser Rückendeckung wehrte Polen in den folgenden Monaten alle Versuche Hitlers ab, sich den östlichen Nachbarn gefügig zu machen.

Hitler entschied sich bei seinen Alternativen „Ostpolitik mit Polen" oder „Ostpolitik nach völliger Unterwerfung Polens" für den zweiten Weg. Am 28. April 1939 kündigte er den deutsch-polnischen Nichtangriffsvertrag. Bereits am 3. April 1939 hatte er die Wehrmacht angewiesen, einen Feldzug gegen Polen bis zum 1. September 1939 vorzubereiten. Am 23. August 1939 schlossen das nationalsozialistische Deutschland und die kommunistische Sowjetunion völlig überraschend ein gegenseitiges Nichtangriffsabkommen – den so genannten Hitler-Stalin-Pakt. Die Sowjetunion sagte darin zu, wichtige Erze und Rohstoffe zu liefern, die Deutschland für die Kriegsführung benötigte. In einem geheimen Zusatzabkommen wurde u. a. eine künftige Aufteilung Polens zwischen Deutschland und der Sowjetunion geregelt. Am 1. September 1939 griffen deutsche Truppen ohne Kriegserklärung Polen an.

Grundwissen

1.9.1939: Beginn des Zweiten Weltkriegs

Mit dem Überfall auf Polen begann der Zweite Weltkrieg. Großbritannien und Frankreich hielten sich an die gegenüber Polen abgegebenen Garantien und erklärten Deutschland den Krieg, der sich rasch zu einem Weltkrieg ausweitete.

1 Beschreibe die Erweiterung des deutschen Machtbereichs bis 1939 (M1, Kasten S. 69).

2 Beschreibe anhand von M2 den Verlauf des Zweiten Weltkriegs.

M1 Staatsformen in Europa und die Erweiterung des deutschen Machtbereichs 1933–1939

Vom „Blitzkrieg“ zum Vernichtungskrieg

Die militärische Strategie Hitlers, einen Staat zu überfallen und nach schnellen „Blitzkriegen“ zu besetzen, erschien bis Sommer 1941 durchaus erfolgreich: Weniger als fünf Wochen nach dem Einmarsch am 1. September 1939 war Polen besiegt und wurde entsprechend dem geheimen Zusatzabkommen zwischen Deutschland und der Sowjetunion aufgeteilt. Die Blitzkriegsstrategie gründete vor allem auf der Erkenntnis, dass die deutsche Rüstungswirtschaft einem länger andauernden Krieg nicht gewachsen sei. Trotz moderner Waffentechnik fehlten für eine massenhafte, umfassende Produktion die Rohstoffreserven und die Produktionskapazitäten. Um diese Nachteile aus zugleichen, wurden in weiteren Feldzügen Dänemark und Norwegen besetzt (April 1940). So kontrollierte das Deutsche Reich die Nord- und Ostseeschifffahrt und gelangte an das schwedische Erz. Auch gegen Frankreich und auf dem Balkan führte die Blitzkriegsstrategie zum Erfolg. Dagegen schlug sie gegen England fehl, das durch den Luftkampf im Sommer und Herbst 1940 nicht wesentlich geschwächt werden konnte und von den USA zunehmend umfangreichere Rüstungslieferungen erhielt. Der von den USA wirksam unterstützte Widerstand Englands löste bei Hitler ein Umdenken aus. Am 21. Juli 1940 fasste er vor den Oberbefehlshabern der drei Wehrmachtsteile die baldige Zerschlagung der Sowjetunion ins Auge. Bereits am 31. Juli legte er fest, in einem für Mai 1941 geplanten „Blitzkrieg“ dieses Ziel zu erreichen. Am 22. Juni 1941 begann der Überfall auf die Sowjetunion. Der unter dem Decknamen „Unternehmen Barbarossa“ vorbereitete Feldzug wurde ein Vernichtungskrieg gegen die Armee und die Zivilbevölkerung.

M2 Der Zweite Weltkrieg in Europa 1939–1945

M3 Aktionen der SS im besetzten Polen

Aus dem Bericht eines Wehrmachtbefehlshabers vom 23. November 1939 an den Befehlshaber des Ersatzheeres:

Die große Aufbauarbeit auf allen Gebieten wird nicht gefördert durch das Eingreifen von SS-Formationen, die mit „volkspolitischen Sonderaufträgen" eingesetzt … sind … Fast in allen größeren Orten fanden durch die erwähnten Organisationen öffentliche Erschießungen statt. Die Auswahl war dabei völlig verschieden und oft unverständlich, die Ausführung vielfach unwürdig …

In mehreren Städten wurden Aktionen gegen Juden durchgeführt, die zu schwersten Übergriffen ausarteten. In Turck[1] fuhren am 30. 10. 39 3 SS-Kraftwagen unter Leitung eines höheren SS-Führers durch die Straßen, wobei die Leute auf der Straße mit … langen Peitschen wahllos über die Köpfe geschlagen wurden … Schließlich wurde eine Anzahl Juden in die Synagoge getrieben, musste dort singend durch die Bänke kriechen, wobei sie ständig von den SS-Leuten mit Peitschen geschlagen wurden.

gez. Petzel, General der Art.[2]

Günter Schönbrunn (Bearb.), Weltkriege und Revolutionen 1914–1945, München (bsv) 1961, S. 508ff.

1 polnische Stadt Turek
2 Artillerie: mit Geschützen ausgerüstete Truppengattung

M4 Hinrichtungen

Aus dem Bericht der Einsatzgruppe A (Baltikum) vom 15. Oktober 1941 über Hinrichtungen, die im Zeitraum Juni bis Oktober 1941 durchgeführt wurden:

Einsatzgruppen waren Sonderkommandos der SS, die den kämpfenden deutschen Armeen folgten und die Aufgabe hatten, in den besetzten Ostgebieten die jüdische Bevölkerung, die kommunistische Führungsschicht der UdSSR, Partisanen sowie Sinti und Roma zu ermorden.

	Juden	*Kommunisten*	*zusammen*
Litauen	80 311	860	81 171
Lettland	30 025	1843	31 868
Estland	474	684	1158
Weißruthenien	7620	–	7620

Zit. nach Wolfgang Michalka (Hg.), Das Dritte Reich, Bd. 2, München (dtv) 1985, S. 191.

M5 Deutsche Besatzungspolitik im Osten

Aus dem Erlass Hitlers über „Die Ausübung der Kriegsgerichtsbarkeit im Gebiet ‚Barbarossa' und besondere Maßnahmen der Truppe" (13. Mai 1941):

5A Freischärler[1] sind durch die Truppe im Kampf oder auf der Flucht schonungslos zu erledigen … Auch alle anderen Angriffe feindlicher Zivilpersonen gegen die Wehrmacht … sind … auf der Stelle mit den äußersten Mitteln bis zur Vernichtung des Angreifers niederzukämpfen … Für Handlungen, die Angehörige der Wehrmacht … gegen feindliche Zivilpersonen begehen, besteht kein Verfolgungszwang, auch dann nicht, wenn die Tat zugleich ein militärisches Verbrechen oder Vergehen ist.

Aus den Richtlinien für die Behandlung „politischer Kommissare". Darunter fielen höherrangige Beamte der Roten Armee, die nicht als Soldaten anerkannt wurden (6. Juni 1941):

5B Im Kampf gegen den Bolschewismus ist mit einem Verhalten des Feindes nach den Grundsätzen der Menschlichkeit oder des Völkerrechts nicht zu rechnen … Die Truppe muss sich bewusst sein:
1. In diesem Kampfe ist Schonung und völkerrechtliche Rücksichtnahme diesen Elementen gegenüber falsch. Sie sind eine Gefahr für die eigene Sicherheit und die schnelle Befriedung der eroberten Gebiete.
2. Die Urheber barbarisch asiatischer Kampfmethoden sind die politischen Kommissare … Sie sind daher, wenn im Kampf oder Widerstand ergriffen, grundsätzlich sofort mit der Waffe zu erledigen.

M5A und M5B: Zit. nach Hamburger Institut für Sozialforschung (Hg.), Verbrechen der Wehrmacht. Dimensionen des Vernichtungskrieges 1941–1944, Hamburg (Hamburger Edition) 2002, S. 46f., 52.

1 Partisanen und Widerstandskämpfer

Kriegsverbrechen

Als Kriegsverbrechen werden Handlungen von Angehörigen eines Krieg führenden Staates betrachtet, die gegen Strafvorschriften des Staates oder internationale Strafbestimmungen verstoßen, z. B. die Führung eines Angriffskriegs, Mord, Grausamkeiten gegen die Zivilbevölkerung, systematischer Terror, Misshandlung und Tötung von Gefangenen, Zwangsarbeit fremder Staatsangehöriger. Völkermord (Genozid) gilt ebenfalls als Kriegsverbrechen.

M6 Der Russlandfeldzug als Weltanschauungs- und Beutekrieg

Der Historiker Ludolf Herbst schrieb 1996:

„Vernichtung" und „Ausrottung" wurden die Leitbegriffe für Hitlers Verständnis vom „Weltanschauungskrieg". Das sowjetische System und seine Träger sollten vernichtet und das Land mit Terror überzogen werden. Rücksicht auf die Zivilbevölkerung war nicht zu nehmen ... Die Wirtschaftsfachleute der Wehrmacht und der zuständigen Ministerien entwickelten eine explizite Hungerstrategie. Die agrarischen Überschussgebiete in Russland sollten von den Zuschussgebieten abgeschnitten werden, um auf diese Weise genügend Nahrungsmittel für die Wehrmacht bereitstellen und nach Deutschland schaffen zu können ... Zwar waren die ökonomischen Verluste der UdSSR erheblich, ... gleichwohl konnte die Rüstungsindustrie ihren Produktionsausstoß von 1940 auf 1942 insgesamt um 86 Prozent steigern ... Erreicht wurde diese Leistungssteigerung ... durch die Verlagerung von ca. 1500 Rüstungsbetrieben vom Westen in den Osten des Landes während des deutschen Angriffs im Jahre 1941, durch die Umstellung ziviler Bereiche auf die Rüstungsproduktion, durch den Neubau von Rüstungsbetrieben und durch die Steigerung der Produktion in den östlichen Landesteilen. Die Rechnung der deutschen Führung war nicht aufgegangen. Sie hatte ihr ebenso leichtfertiges wie gewagtes Spiel verloren und damit den gesamten Krieg.

Ludolf Herbst, Das nationalsozialistische Deutschland 1933 bis 1945, Frankfurt/M. (Suhrkamp) 1996, S. 351 f., 355 f., 359, 366 f.

M8 Entscheidung eines Einzelnen

In den „Passauer Nachrichten" erschien 1993 ein Bericht über den ehemaligen Major der Wehrmacht, Max Liedtke:

Max Liedtke war 1942 Ortskommandant der ostpolnischen Stadt Przemyśl. Als im Juli 1942 die „Judenaussiedlung" [Deportation in ein KZ] aus Przemyśl beginnen sollte, setzte sich Liedtke zur Wehr, indem er Straßen und Brücken sperren ließ, um die SS am Abtransport der jüdischen Bevölkerung zu hindern. Einige Stunden später musste er die Sperrung aufheben, konnte aber zusammen mit seinem Adjutanten Dr. Battel 80 bis 100 Juden mehrere Wochen vor dem Zugriff der SS schützen. Liedtke verstarb 1955 in sowjetischer Gefangenschaft. Seit 1993 wird er als einer der wenigen Wehrmachtsangehörigen als „Gerechter der Völker" in der Holocaust-Gedenkstätte Yad Vashem in Jerusalem geehrt.

Hamburger Institut für Sozialforschung (Hg.), Verbrechen der Wehrmacht. Dimensionen des Vernichtungskriegs 1941–1944, Hamburg (Hamburger Edition) 2002, S. 591. Bearb. d. Verf.

3 Untersuche und bewerte mithilfe von M3 bis M5 und M6, M7 die deutsche Besatzungspolitik im Osten.

4 Klärt in Partnerarbeit mithilfe der Seiten 68 bis 73 die Begriffe Revisionspolitik, Lebensraumpolitik und Appeasementpolitik.

5 Erörtere mithilfe von M8 die Frage, ob man von Kriegsverbrechen „der" Wehrmacht sprechen kann.

6 Informiere dich im Internet über die Ausstellung „Verbrechen der Wehrmacht" (www.verbrechen-der-wehrmacht.de). Berichte in der Klasse.

M7 Öffentliche Hinrichtung in Minsk, der heutigen Hauptstadt Weißrusslands, Foto, 26. Oktober 1941. An jenem Sonntag wurden zwölf Personen von Angehörigen der Wehrmacht öffentlich hingerichtet. Sie trugen Schilder mit der Aufschrift „Wir sind Partisanen und haben auf deutsche Soldaten geschossen." Das entsprach nicht der Wahrheit. Sie gehörten zu einer Widerstandsgruppe, die Rotarmisten unterstützten. Bisher ungeklärt ist die Identität der jungen Frau. Im Holocaust-Museum in Washington wird sie als jüdische Widerstandskämpferin Masha Bruskina verehrt, auf einem Denkmal in einem Dorf nahe Minsk wird an Alexandra Wasiljewna Linewitsch erinnert, die nach Aussagen von Verwandten die Hingerichtete sein soll.

Rassenpolitik als Massenmord – die Shoah

Warten auf die Deportation

Mit dem Beginn des Zweiten Weltkriegs verschlechterte sich die Lage für die europäischen Juden dramatisch. Durch die deutsche Besetzung ihrer Heimatländer gerieten etwa sieben der insgesamt zehn Millionen in Europa lebenden Juden unter den Herrschaftseinfluss der Nationalsozialisten. Die Verfolgung begann sofort mit der Besetzung Polens und war darauf gerichtet, die Juden zunächst in größeren Städten zu konzentrieren. Ghettos* wurden eingerichtet, die als Durchgangsstationen für eine Deportation* in spezielle Vernichtungslager dienten. In Deutschland hatte die Phase der Ghettoisierung 1939 mit der Einrichtung so genannter Judenhäuser begonnen. Unter unmenschlichen Bedingungen mussten Juden nun z. B. in Schulgebäuden oder jüdischen Gemeindehäusern wohnen. Selbst in der Leichenhalle des jüdischen Friedhofs in Hannover lebten zeitweilig 150 Frauen, Männer und Kinder. Damit verlor die jüdische Bevölkerung den Rest häuslicher Geborgenheit, in die sie sich bisher noch zurückziehen konnte. Manchen Verfolgten gelang es unterzutauchen: Etwa 10 000 Juden versteckten sich in Deutschland.

M1 **„Selbstporträt im Versteck"**, Gemälde von Felix Nussbaum, 1943. Nussbaum malt sich im Gebetsmantel mit seiner Frau und seinem Sohn.

M2 Das Ergebnis der Wannsee-Konferenz

Aus dem Protokoll der Besprechung in Berlin-Wannsee am 20. Januar 1942, bei der die „Endlösung der Judenfrage" von hohen Regierungsbeamten und SS-Führern abgestimmt wurde:

Geheime Reichssache … Anstelle der Auswanderung ist nunmehr als weitere Lösungsmöglichkeit … die Evakuierung der Juden nach dem Osten getreten … [Es] werden hier bereits jene praktischen Erfahrungen gesammelt, die im Hinblick auf die kommende Endlösung der Judenfrage von wichtiger Bedeutung sind. Im Zuge dieser Endlösung der europäischen Juden kommen rund 11 Millionen Juden in Betracht … Unter entsprechender Leitung sollen nun im Zuge der Endlösung die Juden in geeigneter Weise im Osten zum Arbeitseinsatz kommen. In großen Arbeitskolonnen, unter Trennung der Geschlechter, werden die arbeitsfähigen Juden Straßen bauend in diese Gebiete geführt, wobei zweifellos ein Großteil durch natürliche Verminderung ausfallen wird. Der … verbleibende Restbestand wird, da es sich bei diesem zweifellos um den widerstandsfähigsten Teil handelt, entsprechend behandelt werden müssen.

Zit. nach Reinhard Rürup (Hg.), Topographie des Terrors, 13. Aufl., Berlin (Stiftung Topographie des Terrors) 2001, S. 144, 146 f.

M3 **Juden-Deportation aus Würzburg**, Foto, 25. April 1942. 856 Männer, Frauen und Kinder wurden zum Güterbahnhof getrieben. Der Transport ging über das Sammellager Nürnberg und endete in den Vernichtungslagern Bełżec, Majdanek und Treblinka.

M4 Abschied nehmen

Edith Wolff berichtete nach 1945 vom Besuch eines älteren Ehepaars, dessen Kinder bereits ausgewandert waren:

4A Eines Tages, Ende Februar 1943, erschienen Herr und Frau Kleinberger bei uns abends zu einem kurzen Besuch, um sich zu verabschieden – wie zu einer Reise. Sie teilten uns mit, dass sie noch ein sehr gutes Abendessen zu sich nehmen wollten … Sie hatten „die Liste" bekommen und sich schon längst mit einem Gegenmittel versorgt. Wir verstanden sofort, dass dieses „Medikament" ein Gift war … Wir aber konnten nichts dagegen tun und nichts mehr dagegen einwenden. Wir konnten den beiden Menschen nur stumm die Hand drücken – und ihnen im Herzen nur noch eine gute Reise ins Jenseits wünschen … Erst nach drei Tagen fand man in der Wohnung die Leichen.

Am 19. Juli 1942 mussten Theodor Tuch und seine Frau Clara den Zug „in ein Lager" besteigen – auch für sie eine Fahrt in den Tod. Vor ihrer Abfahrt schrieb Theodor einen Brief:

4B 4. Juli 42. Meine geliebten Kinder.
Das sind wohl die letzten Grüße aus Volksdorf. Meine ganze Hoffnung ist es, euch noch mal wiederzusehen. Es ist ganz schrecklich, nun in die Verbannung zu gehen, alles aufzugeben. Wir werden wohl in ein Lager kommen und auf jede Bequemlichkeit verzichten müssen … Wann werdet ihr diesen Brief erhalten, leben wir dann noch? Ich wünsche euch alles Gute, meine geliebten Kinder, bleibt alle gesund und habt viel Freude an euren Kindern und vergesst nicht eure Mutter, die sich so unbeschreiblich nach euch sehnt.

M4A und M4B: Zit. nach Wolfgang Benz (Hg.), Die Juden in Deutschland 1933–1945, 4. Aufl., München (Beck) 1996, S. 654, 659.

Grundwissen

Systematische Vernichtung der Juden (Holocaust/Shoah)

Auf die Phasen der Entrechtung (z. B. Nürnberger Gesetze) und Verfolgung (z. B. Reichspogromnacht) folgte die physische Ermordung von Millionen Juden in Vernichtungslagern. Das Lager Auschwitz wurde als ein Ort des systematischen Mordens zum Inbegriff der menschenverachtenden Rassenpolitik der Nationalsozialisten. Gaskammern und Krematorien waren die Einrichtungen, in denen die Vernichtung vollzogen wurde. Die Deportation der Juden in die Vernichtungslager begann 1941. Das Phänomen des Völkermords an den Juden haben die Nationalsozialisten mit dem Begriff „Endlösung" verschleiert. In der Geschichtsschreibung taucht häufig der Begriff Holocaust auf, der aus dem Griechischen stammt und auf die totale Verbrennung der Menschen hinweist. Die überlebenden Juden sprechen meist von der Shoah: Dieses hebräische Wort bedeutet so viel wie „einzigartiges Opfer, totale Zerstörung". Unbestritten stellt der Völkermord eine konsequente Umsetzung der NS-Rassenideologie dar. Die Auseinandersetzung mit der Frage nach Schuld und Verantwortung ist eine Aufgabe, mit der sich auch die gegenwärtige Generation auseinandersetzen muss.

Judenfeindliche Maßnahmen (Auswahl)

1939

30. April Zusammenlegung jüdischer Familien in „Judenhäusern" wird angeordnet.

1. September Ausgangssperre für Juden: im Sommer ab 21 Uhr, im Winter ab 20 Uhr.

23. September Rundfunkgeräte werden beschlagnahmt.

Ab 12. Oktober Erste Deportationen aus Österreich und Böhmen/Mähren nach Polen.

1941

1. September Juden müssen in der Öffentlichkeit einen gelben Stern tragen.

17. Oktober Beginn von Deportationen deutscher Juden aus dem „Altreich" nach Osten.

23. Oktober Auswanderungsverbot für Juden.

25. November Jüdisches Vermögen wird vor der Deportation eingezogen.

1942

20. Januar „Wannsee-Konferenz"; Beschluss zur Ermordung der europäischen Juden.

Juni Beginn der Massenvergasungen in Auschwitz.

1. Interpretiere M1 vor dem Hintergrund der Judenverfolgung.
2. Analysiere M2 und untersuche die Sprache.
3. Zeige anhand der Materialien S. 74/75 die Auswirkungen der NS-Todesmaschinerie auf die Lebensläufe ihrer Opfer.

M5 Auf der Rampe bei der Ankunft im KZ Auschwitz, Foto, 1944. An der Bahnrampe trennte ein SS-Arzt die Arbeitsfähigen von den für den Tod Bestimmten („Selektion").

M6 Häftlingskleid aus dem Frauen-KZ Ravensbrück. Nach der Ankunft im KZ erhielt jeder Häftling eine Nummer, die auf die Kleidung aufgenäht wurde und fortan seinen Namen ersetzte. Frauen erhielten ein Kleid, manchmal Jacke und Kopftuch, Männer Jacke, Hose und Mütze.

M7 „Ich hatte den Befehl ..."

Rudolf Höß (1900–1947) war Kommandant des Konzentrationslagers Auschwitz von 1940 bis 1943. 1947 wurde er als Kriegsverbrecher hingerichtet. 1946/47 sagte er:

Die „Endlösung" der Judenfrage bedeutete die vollständige Ausrottung aller Juden in Europa. Ich hatte den Befehl, Ausrottungserleichterungen in Auschwitz im Juni 1942 zu schaffen ... Als ich das Vernichtungsgebäude in Auschwitz errichtete, gebrauchte ich also Zyklon B, eine kristallisierte Blausäure ... Es dauerte 3 bis 15 Minuten, ... um die Menschen in der Todeskammer zu töten ... Nachdem die Leichen fortgebracht waren, nahmen unsere Sonderkommandos die Ringe ab und zogen das Gold aus den Zähnen der Körper.

Zit. nach Léon Poliakov/Josef Wulf, Das Dritte Reich und die Juden, Berlin (Arani) 1955, S. 128f.

M8 Die Selektion überlebt

Ruth Klüger (geb. 1931) überlebte das KZ Auschwitz. Bei ihrer Ankunft gelang ihr eigentlich Unmögliches:

Neben dem amtierenden SS-Mann ... stand die Schreiberin, ein Häftling. Wie alt mag sie gewesen sein, neunzehn, zwanzig? ... Sie [verließ] ihren Posten, und fast in Hörweite des SS-Mannes ging sie schnell auf mich zu und fragte halblaut, mit einem unvergesslichen Lächeln ihrer unregelmäßigen Zähne: „Wie alt bist du"? „Dreizehn." Und sie, mich nachdrücklich mit den Augen fixierend, ganz eindringlich: „Sag, dass du fünfzehn bist." Zwei Minuten später war ich dran, schielte noch schnell zu der anderen Reihe hin, ängstlich, der zweite SS-Mann könnte zufällig hinüberschauen und mich als eine erkennen, die schon abgelehnt worden war ... Auf die Frage nach meinem Alter gab ich die entscheidende Antwort ... : „Fünfzehn bin ich."
„Die ist aber noch sehr klein", bemerkte der Herr über Leben und Tod, nicht unfreundlich, eher wie man Kühe und Kälber besichtigt. Und sie, im gleichen Ton die Ware bewertend: „Aber kräftig gebaut ist sie. Die hat Muskeln in den Beinen, die kann arbeiten. Schaun Sie nur."
Das war eine, die arbeitete für diese Verwaltung und strengte sich an für mich, ohne mich überhaupt zu kennen. Dem Mann war sie vielleicht ein wenig weniger gleichgültig als ich es ihm war, und er gab nach. Sie schrieb meine Nummer auf, ich hatte eine Lebensverlängerung gewonnen.

Ruth Klüger, weiter leben. Eine Jugend in Deutschland, Göttingen (Wallstein) 1992, S. 130ff.

M9 **Überlebender, namentlich nicht bekannter Sinto,** mit eintätowierter KZ-Nummer, Foto, undatiert. Ebenso wie an den Juden wurde auch an Sinti und Roma in Europa ein Völkermord verübt. Die Zahl der Toten wird auf 220 000 bis zu mehr als einer halben Million geschätzt.

M10 **Die Vernichtung der europäischen Juden** durch die Nationalsozialisten 1939–1945

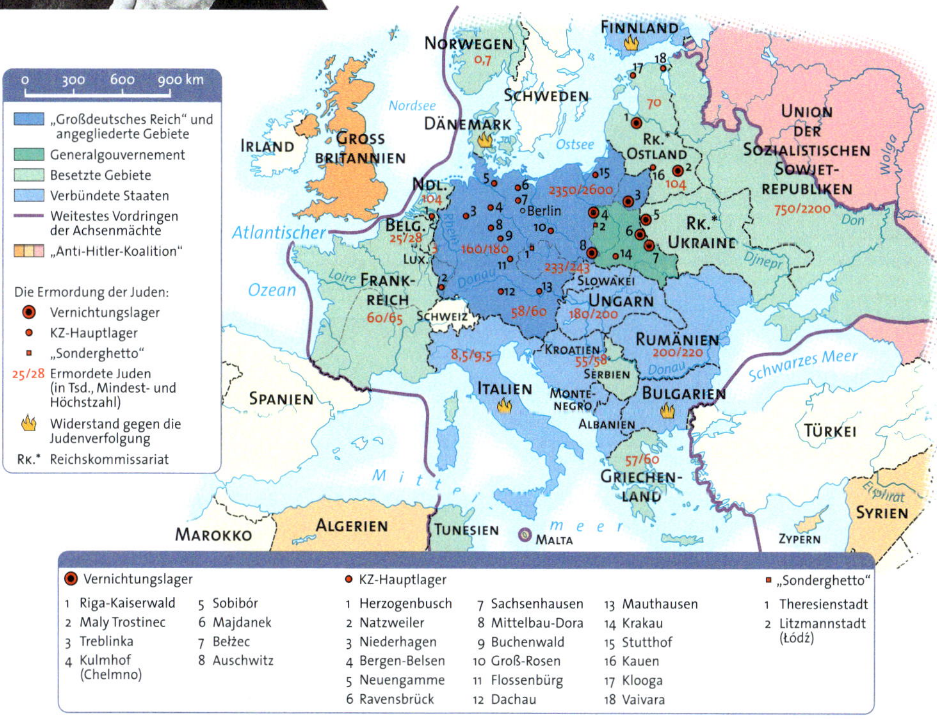

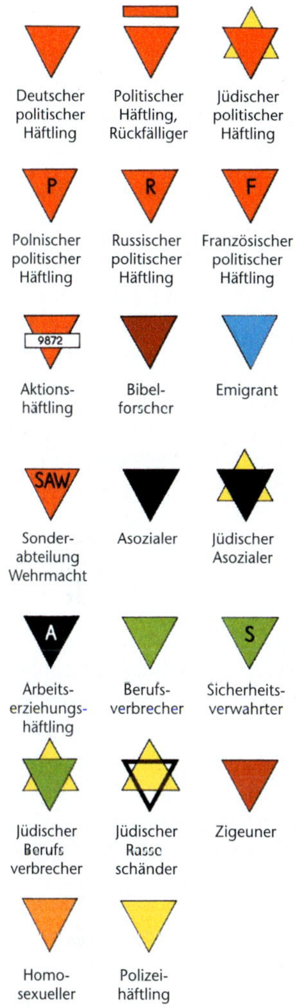

M11 **Kennzeichnung der KZ-Häftlinge** durch die NS-Bürokratie

Sinti und Roma – eine Internetrecherche

Führt in Kleingruppen eine Internetrecherche zum Thema „Verfolgung und Vernichtung der Sinti und Roma zwischen 1933 und 1945" durch. Berichtet in der Klasse.

Fächerübergreifendes Projekt (Deutsch)

Analysiert das Gedicht „Todesfuge" von Paul Celan.

4 Erläutere anhand von M5, M6 und M11 den Umgang der NS-Schergen und der NS-Bürokratie mit den Deportierten.

5 Vergleiche die Erinnerungen von Rudolf Höß und Ruth Klüger (M7, M8): a) Inwiefern unterscheiden sich die Perspektiven? b) Welche Absichten verbinden beide mit ihren Darstellungen?

6 Stelle nach einem gründlichen Studium der Karte (M10) fest, welche Ergebnisse daraus abgeleitet werden können, welche Fragen sich ergeben und welche Vermutungen man anstellen kann.

Schriftliche Quellen analysieren und bewerten

Die Sprache der Verführung und Verschleierung

Die Nationalsozialisten strebten mit ihrer Propaganda danach, die Menschen in ihrem Sinne zu beeinflussen. Klar erkennbar war ihre Absicht, mit einer „gelenkten Sprache" die Akzeptanz für die eigene Politik in der Bevölkerung zu erhöhen und die Menschen für die NS-Ideologie einzunehmen und zu begeistern.
Gleichzeitig sollte eine spezielle Sprachanwendung dazu dienen, gewisse Sachverhalte zu verharmlosen oder zu verschleiern.
Das Reichsministerium für Volksaufklärung und Propaganda überwachte mit seinen etwa 14 000 Beschäftigten alle Presseorgane und gab verbindliche Sprachregelungen und Weisungen heraus. Erfasst wurden vor allem die Bereiche Presse, Rundfunk, Film und Theater. Die rechtliche Grundlage dafür bildete das Schriftleitergesetz vom Oktober 1933, das alle Redakteure zu einer Berichterstattung im Sinne der Nationalsozialisten verpflichtete.
Das „Vokabular des Nationalsozialismus" lässt sich einerseits an Redetexten (insbesondere von Adolf Hitler und Joseph Goebbels) und andererseits an Quellen wie den Lageberichten der SS, vertraulichen Berichten der Geheimen Staatspolizei und Presseanweisungen des Reichspropagandaministeriums untersuchen. Dass die Nationalsozialisten mit ihrem Sprachgebrauch erhebliche Wirkungen erzielten, ist unbestritten.

M1 Wandel oder Manipulation der Sprache?

Von den Nationalsozialisten verwendete Begriffe und ihre Bedeutung nach Ausgaben von „Meyers Konversationslexikon" 1924 (1) und 1936 (2):

1A Umdeutung:

Abstammungsnachweis
1 → Viehzucht
2 genealogischer Nachweis deutscher oder artverwandter Abstammung

Blutvergiftung
1 Toxämie; Blutvergiftung
2 Verfallserscheinung in Völkern und Rassen

rücksichtslos
1 rücksichtslos, ohne Rücksicht
2 zielstrebig, energisch …

Hass
1 Hass
2 „Der heldische Hass der nordischen Rasse" steht im stärksten Gegensatz zum „feigen Hass des Judentums" …

1B Übertragung und Neuschöpfung:

Ahnenpass
Abstammungsnachweis

Aufartung
Verbesserung des rassischen Bestands

Rassenschande
Ehe oder intime Beziehungen mit Nichtariern, Schändung der eigenen Rasse

Volksempfinden
das Fühlen des Volkes

Volksschädling
jemand, der den Interessen des Volkes schadet

Zit. nach Martin Greiffenhagen (Hg.), Kampf um Wörter?, Bonn (Bundeszentrale für politische Bildung) 1980, S. 67 ff.

M2 **Zuhörer bei einer Goebbels-Rede,** zeitgenössische Fotografie

M3 „Sonderbehandlung" – ein Begriff verschleiert die wahre Absicht

Die Sprachforscherin Cornelia Schmitz-Berning untersuchte die Bedeutung dieses Begriffs (2000):

Der Begriff erscheint zuerst am 20. 9. 1939 in einem Runderlass des Chefs der Sicherheitspolizei und des Sicherheitsdienstes, Heydrich. Er forderte eine „Sonderbehandlung" für Personen, die während des Krieges die innere Sicherheit gefährdeten. Das Wort setzte sich im Sprachgebrauch der SS bald als Synonym für Einzelexekution und Massentötung durch. Die verschiedenen Dienststellen berichteten von „Sonderbehandlungen" von Juden, Partisanen, sowjetischen Kriegsgefangenen, polnischen Zwangsarbeitern u. a. Außerhalb der mit der „Sonderbehandlung" befassten Dienststellen scheint jedoch weiterhin die ursprüngliche (positive) Bedeutung von „besondere, bevorzugte Behandlung einer Person" üblich gewesen zu sein.

Cornelia Schmitz-Berning, Vokabular des Nationalsozialismus, Nachdruck der Ausg. 1998, Berlin/New York (de Gruyter) 2000, S. 584 ff. Bearb. und gekürzt.

M4 Die „Jüdische Gefahr“

Adolf Hitler über das Judentum (1924):

Nein, der Jude besitzt keine irgendwie kulturbildende Kraft, da der Idealismus, ohne den es eine wahrhafte Höherentwicklung des Menschen nicht gibt, bei ihm nicht vorhanden ist und nie vorhanden war. Daher wird sein Intellekt niemals aufbauend wirken ...

Der schwarzhaarige Judenjunge lauert stundenlang, satanische Freude in seinem Gesicht, auf das ahnungslose Mädchen, das er mit seinem Blute schändet und damit seinem, des Mädchens, Volke raubt. Mit allen Mitteln versucht er, die rassischen Grundlagen des unterjochten Volkes zu verderben. So wie er selbst planmäßig Frauen und Mädchen verdirbt, so schreckt er auch davor nicht zurück, selbst in größerem Umfang die Blutschranken für andere einzureißen. Juden waren und sind es, die den Neger an den Rhein bringen, immer mit dem gleichen Hintergedanken und klaren Ziele, durch die dadurch zwangsläufig eintretende Bastardisierung die ihnen verhasste weiße Rasse zu zerstören, von ihrer kulturellen Höhe zu stürzen und selber zu ihren Herren aufzusteigen ...

Völker, die dem Angriff heftigsten Widerstand entgegensetzen, umspinnt er dank seiner internationalen Einflüsse mit einem Netz von Feinden, hetzt sie in Kriege und pflanzt endlich, wenn nötig, noch auf die Schlachtfelder die Flagge der Revolution.

Adolf Hitler, Mein Kampf, München (Zentralverlag der NSDAP) 1940, S. 329ff.

M5 Geheimes Schreiben (1942)

Das Schreiben richtete sich an das Reichssicherheitshauptamt, das für die technische Weiterentwicklung des Gaswagens zuständig war:

Betrifft: Technische Änderungen an den im Betrieb eingesetzten und an den sich in Herstellung befindlichen Spezialwagen.

Seit Dezember 1941 wurden beispielsweise mit 3 eingesetzten Wagen 97 000 verarbeitet, ohne dass Mängel an den Fahrzeugen auftraten ... Die ... bisher gemachten Erfahrungen lassen folgende technische Abänderungen zweckmäßig erscheinen:

1. Um ein schnelleres Einströmen des CO und die Vermeidung von Überdrucken zu ermöglichen, sind an der oberen Rückwand zwei offene Schlitze von 10 x 1 cm lichter Weite anzubringen ...
2. Die Beschickung der Ware beträgt normalerweise 9 bis 10 pro m^2. Bei den großräumigen Saurer Spezialwagen ist eine Ausnutzung in dieser Form nicht möglich, weil dadurch ... die Geländegängigkeit sehr herabgemindert wird. Eine Verkleinerung der Ladefläche erscheint notwendig. Sie wird erreicht durch die Verkürzung des Aufbaus um ca. 1 Meter ...
4. Um eine handliche Säuberung des Fahrzeugs vornehmen zu können, ist der Boden in der Mitte mit einer dicht verschließbaren Abflussöffnung zu versehen. Der Abflussdeckel mit etwa 200 bis 300 mm Ø erhält einen Syphonkrümmer, sodass dünne Flüssigkeit auch während des Betriebs ablaufen kann ...
7. Um eine schnelle und leichte Entladung des Fahrzeugs zu erreichen, ist ein ausfahrbarer Rost anzubringen. Er ist auf kleinen Rädern in U-Eisenschienen zu führen.

Zit. nach Hans-Heinrich Nolte, Der deutsche Überfall auf die Sowjetunion 1941, Hannover (Landeszentrale für politische Bildung Niedersachsen) 1981, S. 140f.

Arbeitsschritte: Schriftliche Quellen analysieren und bewerten

Bei der Analyse von Textquellen sind folgende Arbeitsschritte hilfreich (Zusammenarbeit mit dem Fach Deutsch):

1. Schritt: Untersuchung der Wortwahl

2. Schritt: Erklärung der rhetorischen Figuren und der Syntax

3. Schritt: Bewertung der Konnotationen (emotional; sachlich)

4. Schritt: Ermittlung der Kompositionsschemata (Abwertung, Aufwertung, Beschwichtigung)

5. Schritt: Ermittlung des Kontextes (Verfasser, Adressat)

6. Schritt: Erläuterung der Aussageabsicht

7. Schritt: In einem Vergleich sind Gemeinsamkeiten und Unterschiede der Texte festzustellen und in ihrer Bedeutung zu erklären.

1 Analysiere M3 unter der Fragestellung, wie und mit welcher Absicht die Bedeutung des Begriffs „Sonderbehandlung“ verändert wurde. Ziehe M1 heran.

2 Bearbeitet in Partnerarbeit M4 und M5 mithilfe der Arbeitsschritte.

3 Victor Klemperer sprach von den Worten der Nationalsozialisten als von „winzigen Arsendosen“. Erläutere die Aussage und nimm dazu Stellung.

Widerstand gegen den Nationalsozialismus

Gegen die Gewaltherrschaft

Gegen die politischen Ansprüche der Nationalsozialisten hat es von Anfang an Widerstand gegeben. Schon vor der Ernennung Hitlers zum Reichskanzler, aber insbesondere unmittelbar danach mussten opponierende Zeitgenossen schmerzlich erfahren, dass die neuen Machthaber mit brutaler Gewalt gegen jeglichen Widerspruch vorgingen. Auf Rückhalt in der Bevölkerung konnten sich Widerstandskämpfer nicht stützen; es bestand immer die Gefahr, dass man von Sympathisanten des NS-Systems denunziert wurde. Die Gestapo und die SS waren die Instrumente, die mit Bespitzelung und Terror der politischen Führung effektiv dienten.

Hinzu kam eine Rechtsprechung, die sich der „Gleichschaltung" nicht entziehen konnte. Mit der Einführung von Sondergerichten konnten „politische Straftäter" ohne förmliche juristische Verfahren schnell verurteilt werden. 1934 wurde zudem der „Volksgerichtshof*" geschaffen, der mit NS-Richtern besetzt war und als oberste Instanz der Strafverfolgung die Gegner der Nationalsozialisten aburteilte.

Diejenigen, die unter diesen Bedingungen Widerstand leisteten, setzten sich großen Gefahren aus. Das Fundament, auf dem ihre Widerstandskraft beruhte, war nicht immer dasselbe: Patriotismus, demokratische Überzeugung, christlicher Glaube oder einfach die Haltung, dass man Unrecht nicht hinnehmen darf. Dementsprechend unterschieden sich auch die Vorstellungen, wie eine zukünftige Ordnung Deutschlands aussehen könnte. Gemeinsam war den verschiedenen Widerstandsgruppen aber das konkrete Ziel, die nationalsozialistische Herrschaft zu beenden.

Seit Beginn des Krieges gab es auch in den von Deutschland besetzten Ländern Widerstandsgruppen, die mit unterschiedlichen Mitteln gegen die Besatzer kämpften. In der Sowjetunion, in Jugoslawien, in Griechenland, Italien und Frankreich gelangen Partisanenverbänden vor allem gegen Kriegsende militärische Erfolge.

Lese-/Internet-Tipp

Peter Steinbach/Johannes Tuchel (Hg.), Lexikon des Widerstands 1933–1945, München (Beck) 1994.

Internet: www.gdw-berlin.de (Gedenkstätte Deutscher Widerstand, Berlin).

M1 **Die Geschwister Hans und Sophie Scholl mit Christoph Probst** aus der Widerstandsgruppe „Weiße Rose", Foto, 1942

M2 Die „Weiße Rose"

Die Widerstandsgruppe „Weiße Rose" war an der Universität München gegründet worden. Ihre Mitglieder verbreiteten vom Sommer 1942 bis Februar 1943 Flugblätter gegen das NS-Regime. Nach ihrer Verhaftung im Februar 1943 wurden sie vom Volksgerichtshof* zum Tode verurteilt und hingerichtet. Im vorletzten Flugblatt (Ende Januar 1943) hieß es:

Der Krieg geht seinem sicheren Ende entgegen ... Mit mathematischer Sicherheit führt Hitler das deutsche Volk in den Abgrund. Hitler kann den Krieg nicht gewinnen, nur noch verlängern. Seine und seiner Helfer Schuld hat jedes Maß unendlich überschritten. Die gerechte Strafe rückt näher und näher! Was aber tut das deutsche Volk? Es sieht nicht und es hört nicht. Blindlings folgt es seinen Verführern ins Verderben ... Deutsche! Wollt ihr und eure Kinder dasselbe Schicksal erleiden, das den Juden widerfahren ist? Wollt ihr mit dem gleichen Maße gemessen werden wie eure Verführer? Sollen wir auf ewig das von aller Welt gehasste und ausgestoßene Volk sein? Nein! Darum trennt euch von dem nationalsozialistischen Untermenschentum! Beweist durch die Tat, dass ihr anders denkt! ... Der imperialistische Machtgedanke muss ... für allezeit unschädlich gemacht werden ... Freiheit der Rede, Freiheit des Bekenntnisses, Schutz des einzelnen Bürgers vor der Willkür verbrecherischer Gewaltstaaten, das sind die Grundlagen des neuen Europas.

Zit. nach Walther Hofer (Hg.), Der Nationalsozialismus. Dokumente 1933–1945, Frankfurt/M. (Fischer) 1965, S. 327 f.

M3 Die Arbeiterbewegung

Anders als Anhänger der Kommunistischen Partei, die nach der Machtübernahme Hitlers den offenen, auf beiden Seiten gewalttätigen Kampf suchten, lehnten die Sozialdemokraten solche Auseinandersetzungen als antidemokratisch und totalitär ab. Der Historiker Peter Steinbach schrieb 2001 über den sozialdemokratischen Widerstand:

In Deutschland bildeten sich in vielen Hochburgen der SPD Zellen aus vier und fünf Mitgliedern, die Nachrichten sammelten und dem Exilvorstand [im Ausland] übermittelten, Druckschriften der „Sopade"[1] verteilten oder regionale Verbindungen knüpften … Sozialdemokratischer Widerstand war in den ersten Jahren … vor allem durch den Willen charakterisiert, den Zusammenhalt der Mitglieder zu erleichtern und die sozialdemokratische Gesinnung zu pflegen, um nach dem Sturz des Regimes politische Verantwortung übernehmen zu können … Widerstand war konspirative[2] Pflege der Gesinnung und Schulung des Bewusstseins. Aller Machtmittel und Agitationsmöglichkeiten ledig, konnte es nur darum gehen, zu überleben und sich bereitzuhalten, still zu helfen, im kleinen Kreis des Betriebs und der Nachbarschaft ein Netz der Solidarität zu knüpfen … Viele Sozialdemokraten fanden sich in den Konzentrationslagern wieder … – manche fanden den Weg in den Umkreis des 20. Juli 1944.

Peter Steinbach, Widerstand im Widerstreit, 2. Aufl., Paderborn (Schöningh) 2001, S. 156 ff.

1 Exil-SPD 2 verschwörerisch, verdeckt

M5 Das Militär

Am 20. Juli 1944 missglückte ein Bombenattentat auf Hitler, das eine Gruppe hochrangiger Wehrmachtsangehöriger geplant hatte. Graf Schenk von Stauffenberg, ein Oberst im Generalstab, konnte den Anschlag nicht erfolgreich zu Ende führen. Die Attentäter wurden verhaftet und teilweise noch am selben Tag erschossen. Im Aufruf der Widerstandskämpfer, der nach dem Anschlag auf Hitler verbreitet werden sollte, hieß es:

Deutsche!

Hitler … hat die göttlichen Gebote verhöhnt, das Recht zerstört, den Anstand verfemt, das Glück von Millionen vernichtet. Er hat Ehre und Würde, Freiheit und Leben anderer für nichts erachtet. Zahllose Deutsche, aber auch Angehörige anderer Völker schmachten seit Jahren in Konzentrationslagern, den größten Qualen ausgesetzt und häufig schrecklichen Foltern unterworfen … Durch grausame Massenmorde ist unser guter Name besudelt. Mit blutbefleckten Händen ist Hitler seinen Irrweg gewandelt … Daher ist kein Soldat, kein Beamter, überhaupt kein Bürger ihm mehr durch Eid verpflichtet … Unser Ziel ist die wahre, auf Achtung, Hilfsbereitschaft und soziale Gerechtigkeit gegründete Gemeinschaft des Volkes. Wir wollen Gottesfurcht anstelle von Selbstvergottung, Recht und Freiheit anstelle von Gewalt und Terror, Wahrheit und Sauberkeit anstelle von Lüge und Eigennutz … Wir wollen mit besten Kräften dazu beitragen, die Wunden zu heilen, die dieser Krieg allen Völkern geschlagen hat, und das Vertrauen zwischen ihnen wieder neu beleben.

Zit. nach Bodo Scheurig (Hg.), Deutscher Widerstand 1938–1944, 2. Aufl., München (dtv) 1984, S. 278 ff.

M4 Feldmarschall Erwin von Witzleben, „Verschwörer" des 20. Juli 1944, Foto, 8. August. Zur Demütigung musste er beim Prozess vor dem Volksgerichtshof seine Hose festhalten. Witzleben wurde am selben Tag verurteilt und hingerichtet.

1 Fasse anhand der Quellen M2, M3 und M5 die Zielsetzungen von Widerstandsgruppen im NS-Staat zusammen und erschließe Gründe, die diese Gruppen zum Widerstand führten.

2 In dem Münchener Professor Kurt Huber fanden die Mitglieder der „Weißen Rose" (M1 und M2) einen Universitätslehrer, der den Widerstandsgeist der Jugendlichen durch die Vermittlung seines tieferen Verständnisses der Zusammenhänge noch verstärkte. Ermittle in einer Recherche, wer Kurt Huber war (Bibliothek, Internet).

3 Erörtert im Gespräch anhand von M4, was die dargestellte Situation über die ethische Einstellung der Nationalsozialisten aussagt.

M6 Die Kirchen

Die Haltung der Kirchenleitungen zum Nationalsozialismus war uneinheitlich. Sie schwankte zwischen Duldung des NS-Regimes und vereinzelten Protesten. Widerstand leisteten vor allem aktive Gemeindemitglieder, die dabei ihr Leben riskierten, wie der evangelische Pfarrer Dietrich Bonhoeffer (1906 – hingerichtet am 9. April 1945), aber auch der katholische Bischof Clemens August von Galen (1878–1946). In einer Predigt vom 13. Juli 1941 sagte von Galen:

Der physischen Übermacht der Gestapo steht jeder deutsche Staatsbürger schutzlos und völlig wehrlos gegenüber! … Keiner von uns ist sicher, und mag er sich bewusst sein, der treueste, gewissenhafteste Staatsbürger zu sein, dass er nicht eines Tages aus seiner Wohnung geholt, seiner Freiheit beraubt, in den Kellern und Konzentrationslagern der Gestapo eingesperrt wird … Das Recht auf Leben, auf Unverletzlichkeit, auf Freiheit ist ein unentbehrlicher Teil jeder sittlichen Gemeinschaftsordnung … Darum erhebe ich im Namen des rechtschaffenen deutschen Volkes, im Namen der Majestät der Gerechtigkeit, im Interesse des Friedens und der Geschlossenheit der inneren Front meine Stimme.

Zit. nach Günther van Norden, Das Dritte Reich im Unterricht, Frankfurt/M. (Hirschgraben) 1970, S. 49 ff.

M7 Der Widerstand eines Einzelnen

Der Jesuitenpater Rupert Mayer war im Ersten Weltkrieg Feldgeistlicher und mit dem Eisernen Kreuz ausgezeichnet worden. Nach einer schweren Verwundung musste ein Bein amputiert werden. Schon in den zwanziger Jahren wandte er sich in seinen Predigten gegen die Nationalsozialisten.

7A Warnung vor dem „Hitlerschwindel"

Im September 1930 schrieb Mayer an Kardinal Faulhaber:

Eure Eminenz! Hochwürdigster Herr Kardinal!
Die völkischen Hetzereien können wir uns nicht groß genug vorstellen. So herrscht in unserem katholischen Volk eine beispiellose Verwirrung. Unbegreiflich, aber wahr ist es, dass der Hitlerschwindel wieder die weitesten, auch katholischen Volkskreise erfasst hat. Und nicht bloß in der Stadt, auch auf dem Lande hat die Bewegung gewaltig an Boden gewonnen. Ich traf neulich Herrn Pfarrer von Holzkirchen, der mir sagte, 4/5 seiner Pfarrkinder denken nationalsozialistisch. Auch der Herr Pfarrer von Dietramszell äußert sich, besonders wenn er von der heranwachsenden Jugend spricht, sehr pessimistisch.

7B „Ich predige weiter!"

Die Konsequenzen für Pater Rupert Mayer in den dreißiger Jahren waren Schutzhaft und KZ (Sachsenhausen), was vor allem bei einer katholischen Männerkongregation Münchens, der er vorstand, Entrüstung auslöste. Auf das Angebot, ihn freizulassen, wenn er ein Rede- und Predigtverbot akzeptiere, gab Rupert Mayer 1937 folgende Erklärung ab:

Ich erkläre, dass ich im Falle meiner Freilassung trotz des gegen mich verhängten Redeverbots nach wie vor, sowohl in den Kirchen Münchens als auch im übrigen Bayern, aus grundsätzlichen Erwägungen heraus, predigen werde … selbst dann, wenn die staatlichen Behörden, die Polizei und die Gerichte, meine Kanzelrede als strafbare Handlungen und als Kanzelmissbrauch bewerten sollten.

7C Haltung des Münchner Kardinals

In einer Predigt im Juli 1937 äußerte sich Kardinal Faulhaber über das Schicksal Rupert Mayers:

Er hätte längst frei sein können, wenn er unterschriftlich sich verpflichtet hätte, außerhalb von München nicht mehr zu predigen. Als Charakter konnte er aber den katholischen Grundsatz nicht verleugnen: „Das Wort Gottes lässt sich nicht in Fesseln legen." (2 Tim. 2,9) Er erklärte, ich kann das nicht unterschreiben, und blieb in Haft. Die Männerkongregation, die durch die Verhaftung von Rupert Mayer sich mitgetroffen fühlte, hat, gehorsam meiner Weisung, Disziplin gehalten, und ich danke Ihnen dafür. Ich habe Ihnen durch mein Ordinariat sagen lassen, Sie möchten ja bei aller Verehrung und Begeisterung für Ihren Präses [Vorsitzender], bei aller Trauer über seine Verhaftung, von Kundgebungen auf der Straße absehen … Wir könnten der Staatspolizei keinen größeren Gefallen tun als dadurch, dass wir durch Kundgebungen ihr einen Anlass böten, mit Gummiknütteln und Verhaftungen, mit Ausstellungen und Entlassungen vorzugehen, gegen die verhassten Katholiken, die heute mehr gehasst und verfolgt werden als die Bolschewiken. Ihr habt im Sinne von Pater Rupert Mayer dadurch gehandelt, dass ihr Disziplin gehalten und Euch nicht zu unbesonnenen Worten und Taten habt hinreißen lassen. Es ist eine Zeit zu schweigen.

M7A–7C: Zit. nach Ich predige weiter, Rosenheim (Rosenheimer Raritäten) 1972, S. 16 f., 49, 76.

M8 **Caritas-Sammlung in München (1935).** 1935 beteiligte sich Pater Rupert Mayer persönlich an einer Caritas-Sammlung. Nationalsozialisten überfielen viele Sammler und raubten ihre Sammelbüchsen.

M10 **Stufen abweichenden Verhaltens 1933–1945** (entwickelt von dem Historiker Detlev Peukert)

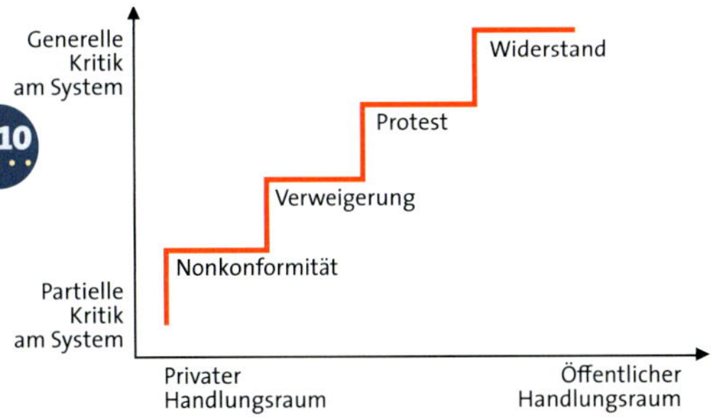

M9 „War der deutsche Widerstand umsonst?"

Der Historiker Richard Löwenthal schrieb 1982 über die Bedeutung des Widerstands gegen das NS-Regime:

Der deutsche Widerstand … war immer die Leistung einer Vielzahl zersplitterter … Minderheiten – niemals eine Massenbewegung mit umwälzender Wirkung. Die totalitäre Diktatur Hitlers … hat sich so je länger, je mehr verhärtet, bis die Niederlage im Weltkrieg ihrer Herrschaft ein Ende setzte. War der deutsche Widerstand also umsonst? Natürlich nicht. Die Entschlossenheit der Träger des Widerstandes, dass sich die unkontrollierte Herrschaft … einer fanatisierten Bewegung niemals auf deutschem Boden wiederholen dürfe, teilte sich unter dem Eindruck der schließlichen nationalen Katastrophe und des Bekanntwerdens des vollen Umfangs der Verbrechen des Regimes der großen Mehrheit der Bevölkerung mit. Sie wurde die Grundlage für einen neuen demokratischen Konsens … Die Menschen, die aus den Gefängnissen und Lagern kamen …, leisteten einen entscheidenden Beitrag zum demokratischen Wiederaufbau.

Richard Löwenthal, Widerstand im totalen Staat. In: Ders./Patrik von zur Mühlen (Hg.), Widerstand und Verweigerung in Deutschland 1933 bis 1945, Bonn/Berlin (Dietz) 1982, S. 24.

Grundwissen

Widerstand

In der Antike und im Mittelalter richtete sich der Widerstand vorwiegend gegen den Missbrauch von staatlicher Gewalt durch Tyrannen und gegen die Willkür monarchischer oder kirchlicher Gewalt. In der Neuzeit versteht man das Widerstandsrecht als Teil der Menschenrechte; es dient seit dem 20. Jahrhundert vor allem zur Rechtfertigung der Abwehr diktatorischer staatlicher Gewalt. Die Formen des Widerstands gegen die NS-Herrschaft waren vielfältig; unterschiedlich waren auch die Zielsetzungen der einzelnen Gruppen, die ebenso erfolglos blieben wie die Aktionen Einzelner.

20.7.1944: Attentat auf Hitler

Militärische Niederlagen und das Wissen um die Massenvernichtungen führten auch in militärischen Kreisen zum Widerstand gegen die NS-Führung. Der Oberst Graf Schenk von Stauffenberg knüpfte Kontakte zur Widerstandgruppe des Kreisauer Kreises*, dem z. B. der ehemalige Leipziger Bürgermeister Carl Gördeler und der Völkerrechtler und Großgrundbesitzer Helmut Graf James von Moltke angehörten. Am 20. Juli 1944 verübte v. Stauffenberg ein Bombenattentat, das Hitler wie durch ein Wunder überlebte. Sofort wurden die Hauptverschwörer hingerichtet, was den deutschen Widerstand erheblich schwächte.

4 Vergleiche die Grundhaltungen, die in M6, M7 und M8 zum Ausdruck gebracht werden.

5 Sammle Informationen zur Person von Pater Mayer. Welche Beachtung findet er heute?

6 Betrachte die Graphik M10 und ordne das Verhalten des Paters Rupert Mayer ein.

7 Die Schlagzeile im „Völkischen Beobachter" zu zehntausenden Toten in Stalingrad vom 4. 2. 1943 lautete: „Sie starben, damit Deutschland lebe!" Diskutiert, ob diese Aussage nicht besser auf Widerstandskämpfer bezogen werden sollte.

„Totaler Krieg“ und Niederlage

Die Ausweitung zum Weltkrieg

Der Angriff der deutschen Wehrmacht gegen die Sowjetunion kam Ende 1941 zum Stillstand. Hitlers Blitzkriegsstrategie war gescheitert. Im selben Jahr umrissen der Präsident der USA, Franklin D. Roosevelt, und der britische Premierminister Churchill in der so genannten „Atlantik-Charta“* vom 14. August 1941 ihre Vorstellungen von einer künftigen Weltordnung, zu der nach ihrer Auffassung u. a. der Verzicht auf Annexionen und Gewalt, die Anerkennung des Selbstbestimmungsrechts der Völker, die Freiheit des Handels und der Meere sowie eine Weltsicherheitsorganisation gehören sollten.

Als Japan, das nach der Vorherrschaft im pazifischen Raum strebte, am 7. Dezember 1941 völlig überraschend den amerikanischen Militärstützpunkt Pearl Harbor angriff, erklärte die deutsche Führung vier Tage später den USA den Krieg. Sie meinte damit die amerikanischen Kräfte zwischen dem asiatischen und dem europäischen Kriegsschauplatz aufsplitten zu können. Das erwies sich jedoch als Fehleinschätzung. Roosevelt und Churchill beschlossen, ihre Anstrengungen gegen Hitler-Deutschland zu richten. Gemeinsam mit der Sowjetunion bildeten sie die „Anti-Hitler-Koalition“.

M1 **Die durch Luftangriffe zerstörte Innenstadt Dresdens**, Foto, 1945

Die letzte Mobilisierung

Die Niederlage der deutschen Armee in Stalingrad Ende Januar 1943 wird allgemein als Symbol für die Wende des Krieges gesehen. Von 250 000 deutschen Soldaten, die an den Kämpfen teilnahmen, kamen etwa 90 000 um, fast ebenso viele gingen in Kriegsgefangenschaft, aus der nur etwa 6000 zurückkehrten. Am 18. Februar 1943 rief Reichspropagandaminister Joseph Goebbels im Berliner Sportpalast unter dem Jubel der Anhänger des NS-Regimes zum „totalen Krieg“* auf: Sieg mit allen Mitteln oder vollständige Niederlage hießen die Alternativen, vor die er Zivilbevölkerung und Soldaten stellte.

Entgegen der NS-Ideologie wurden immer mehr Frauen dienstverpflichtet: zu Verwaltungsaufgaben, als „Luftwaffenhelferinnen“ bei der Flugabwehr oder in der Rüstungsindustrie. Etwa sieben Millionen Arbeiterinnen und Arbeiter, die aus den besetzten Gebieten Europas nach Deutschland verschleppt worden waren, eine halbe Million KZ-Häftlinge und die meisten Kriegsgefangenen mussten in der Landwirtschaft, im Handwerk und in der Industrie Zwangsarbeit leisten.

M2 **Gefallene Angehörige der Hitlerjugend**, die als Soldaten in Nordfrankreich kämpften, Foto, 1944/45

Bombenkrieg und Kapitulation

Mit dem Vorrücken der sowjetischen Armee nach Westen und der Invasion amerikanischer und britischer Truppen in der Normandie im Sommer 1944 wurde ein Ende des Krieges absehbar. Die deutsche Zivilbevölkerung litt unter den Bombenangriffen der Briten und Amerikaner, die seit 1943 fast täglich auf deutsche Städte geflogen wurden. Zum Jahreswechsel 1944/45 standen die Truppen der drei Alliierten an den Reichsgrenzen. Im Osten begann die Flucht von Millionen Deutschen. Nach erbitterten Kämpfen erreichten amerikanische und sowjetische Truppen am 25. April 1945 die Elbe bei Torgau.

Der Krieg in Asien

Japan hatte 1937 nach zahlreichen Zusammenstößen einen offiziellen Krieg gegen China begonnen. Die Erfolge des Bündnispartners Deutschland 1939/40 ermutigten die japanischen Militärs zur weiteren Ausdehnung des Krieges. Damit waren die Interessen der USA im Pazifik berührt. Die Abhängigkeit Japans vom Erdöl und anderen Rohstoffen nutzten die USA, indem sie im Juli 1941 die Erdölausfuhr nach Japan sperrten und einen Rückzug der Japaner aus den seit 1931 eroberten Gebieten forderten. Die Antwort war der Überraschungsangriff auf Pearl Harbor. In einem verlustreichen Seekrieg errang das amerikanische Militär entscheidende Siege. Am 6. und 9. August 1945 warfen amerikanische Flugzeuge über den japanischen Städten Hiroshima und Nagasaki jeweils eine Atombombe ab, eine Waffe mit bis dahin unbekannter Zerstörungskraft, die in wenigen Minuten über einhunderttausend Tote und langfristig zehntausende Opfer durch Verstrahlung und Verbrennungen forderte. Wenige Tage später kapitulierte die japanische Regierung.

Grundwissen

8./9. Mai 1945: Bedingungslose Kapitulation

Nach der Umklammerung Berlins durch sowjetische Truppen beging Hitler am 30. April 1945 im Bunker der Reichskanzlei Selbstmord. Die Führung der deutschen Wehrmacht unterzeichnete in der Nacht vom 8. auf den 9. Mai 1945 die bedingungslose Kapitulation. Damit war der Untergang des „Dritten Reiches" besiegelt.

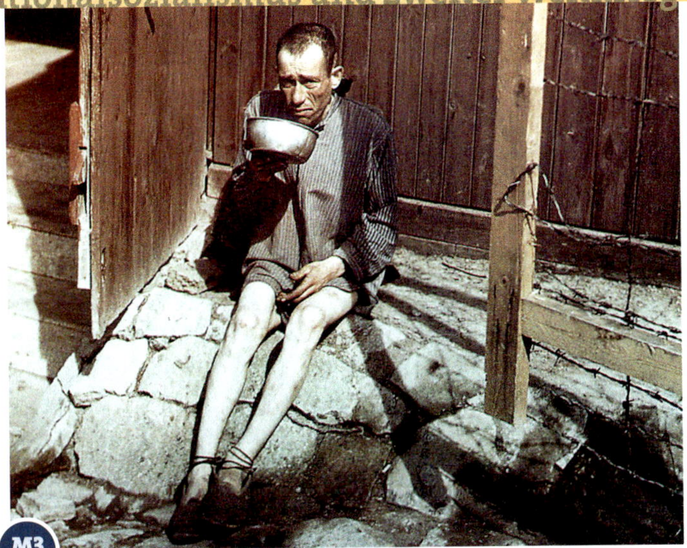

M3 **Ein Überlebender des KZ Buchenwald** hat von seinen Befreiern, US-amerikanischen Soldaten, Essen erhalten, Foto, 1945

M4 **Die Toten des Zweiten Weltkriegs**

In Klammern der Anteil an Zivilisten.

Gesamtverluste: rund 55 Millionen Tote
(Erster Weltkrieg: rund 10 Millionen Tote)

Deutschland:	5 250 000	(500 000)
Sowjetunion:	20 600 000	(7 000 000)
USA:	259 000	
Großbritannien:	386 000	(62 000)
Frankreich:	810 000	(470 000)
Polen:	4 250 000	(4 200 000)
ferner 1,5 Mio. in den von der Sowjetunion 1939 annektierten polnischen Ostgebieten		
Italien:	330 000	
Rumänien:	378 000	
Ungarn:	420 000	(280 000)
Jugoslawien:	1 690 000	(1 200 000)
Finnland:	84 000	
Norwegen:	10 000	
Dänemark:	1400	
Bulgarien:	20 000	
Griechenland:	160 000	(140 000)
Belgien:	88 000	(76 000)
Niederlande:	210 000	(198 000)
Japan:	1 800 000	(600 000)

Ploetz, Geschichte der Weltkriege. Mächte, Ereignisse, Entwicklungen. 1900–1945, hg. von Andreas Hillgruber und Jost Dülffer, Freiburg (Ploetz) 1981, S. 151.

1 Vergleiche den Aussagegehalt von M1 bis M3 mit dem Erkenntniswert, den die Statistik M4 bietet.

Virtuelle Archive nutzen: Beispiel Feldpostbriefe

Das Archiv als Arbeitsplatz

Die Arbeit im Archiv ist deswegen meist sehr mühsam, weil durch die Fülle der dort abgelegten Quellen der Weg zu dem, was man sucht, oft sehr schwer zu finden ist. Hinzu kommt, dass Quellen, die in einer nicht mehr gebräuchlichen Schrift verfasst sind, „transkribiert" werden müssen, damit wir die Texte lesen und den Inhalt erfassen können.
Um den Zugang zu interessanten Quellen zu erleichtern, werden im Internet zunehmend „virtuelle Archive" eingerichtet, die Teile eines Archivbestandes aufnehmen, in unser gegenwärtiges Schriftbild umsetzen und nach bestimmten Gesichtspunkten ordnen. Das erleichtert die Arbeit erheblich, verhindert aber die direkte Begegnung mit dem historischen Dokument und schließt durch die vorgenommene Auswahl der Dokumente überraschende Entdeckungen weitgehend aus.

Feldpostbriefe als Quellen

Die einzige Möglichkeit, zwischen den Frontsoldaten und den Angehörigen in der Heimat einen Kontakt aufrechtzuerhalten, waren Feldpostbriefe; nicht selten wurden aber auch Päckchen geschickt, insbesondere an großen Feiertagen wie Weihnachten, womit neben der persönlichen Verbundenheit auch die kulturelle Zusammengehörigkeit zum Ausdruck kam. Während des Zweiten Weltkrieges wurden nach vorsichtigen Schätzungen über 30 Milliarden Feldpostsendungen verschickt. Die Übermittlung der Post wurde vielfach durch die Kampfhandlungen unterbrochen, was auf beiden Seiten zu großen Beunruhigungen führte. Offen alles zu schreiben, was die Soldaten bewegte, war mit Risiken verbunden, denn die Briefe wurden stichprobenartig zensiert. Fanden sich kritische Äußerungen, so wurde der Absender der „Wehrkraftzersetzung" beschuldigt und hart bestraft.

Ein Rundfunkprojekt

Am Jahresende 2002 strahlte der Deutschlandfunk eine Sendereihe unter dem Titel „Feldpostbriefe aus Stalingrad" aus. Diese Serie ist als virtuelles Archiv dokumentiert und unter folgender Internetadresse abrufbar: http://www. dradio.de/dlf/sendungen/feldpost-stalingrad.
Die Sendungen wurden unter folgenden Titeln ausgestrahlt:
- Der Kessel ist geschlossen
- Zensur und Selbstzensur
- Der Kampf und der Gegner
- Russische Feldpost
- Die Stadt und die Menschen
- Die Tücken des Winters
- Von Hungerrationen und Pferdefleisch
- Leiden und Sterben im Kessel
- Weihnachten im Kessel
- Der Blick nach Hause
- Erwartungen an das neue Jahr
- Von Verblendung und verlorenem Glauben
- Das Ende vor Augen
- Der Abschied

Arbeitsschritte Virtuelle Archive nutzen

1. Schritt: Themenfindung

– Suche nach virtuellen Archiven. Nimm evtl. eine Suchmaschine zu Hilfe.
– Verschaffe dir einen groben Überblick über das vorhandene Quellenmaterial. Überprüfe, nach welchen Gesichtspunkten der Bestand gegliedert ist.
– Entwickle eine Fragestellung. Schätze anhand des Quellenbestands ab, auf welche Fragen du anhand der Quellenlage Antworten bekommen kannst.

2. Schritt: Auswertung

– Beachte die Herkunft der Quellen. Gibt es Angaben, woher die Quellen stammen? Sind die Angaben glaubwürdig?
– Überprüfe die Inhalte der Quellen. Werden die Quellen gekürzt? In welchem Verhältnis stehen sie zum Text des Bearbeiters?
– Bewerte die Auswahl der Quellen. Ist die Auswahl der Quellen zielführend? Werden mehrere Perspektiven berücksichtigt? Welche Fragen bleiben offen?

3. Schritt: Präsentation

– Lege die Präsentationsform fest (z. B. Wandzeitung, Schautafel, Powerpoint).
– Berichte über die Archivarbeit. Welche Schwierigkeiten und Probleme traten auf?
– Erläutere Inhalte. Welche gesicherten Ergebnisse konnten erreicht werden?
– Bewerte das Arbeitsergebnis. Wären die Ergebnisse auch über andere Informationsquellen zu erreichen gewesen? Welche Vorteile hat das „virtuelle Archiv"?

M1 Feldpostbriefe aus Stalingrad

Der „Deutschlandfunk" stellte in seinem Internet-Archiv 2002 folgende Feldpostbriefe zusammen, die hier ausschnittsweise wiedergegeben sind:

Ihr werdet Weihnachten ohne mich feiern müssen und ich ohne Euch, weit entfernt in russischer Steppe und Einsamkeit. Mir werden keine Weihnachtsglocken läuten, aber in Gedanken werde ich dann doch bei Euch weilen, werde den Christbaum vor mir sehen – aber leider nur in Gedanken. Walte Gott, dass es das letzte Kriegsweihnachten sein wird.

Der Obergefreite Erwin Gruhl weiß schon am 11. November (1942), zehn Tage, bevor sich der Ring um Stalingrad schließt, dass er keinen Urlaub bekommen wird. Er wird im Januar 1943 vermisst gemeldet …

Auch der Tierarzt Franz Schmitt versucht, seine Familie zu trösten, als er ihr mitteilt, dass er Weihnachten wohl nicht nach Hause kommt:

Denkt daran, wie viele tausend Mütter, Kinder und vor allem Frauen um ihr verlorenes Glück heiße Tränen weinen. Wir sind noch glücklich, weil wir alle gesund sind und noch die Hoffnung in uns tragen dürfen, uns glücklich wiederzusehen. Vielleicht kann gerade in den Weihnachtstagen der Wehrmachtsbericht verkünden, dass der Russe geschlagen und wir befreit sind.

Franz Schmitt stirbt am 28. Januar 1943 …

Nicht jeder freute sich auf Weihnachten. Der Kanonier Max Breuer fürchtet die Feiertage:

Es wird das trostloseste Weihnachten sein, das ich je erlebt habe. Aus Marketenderwaren werden wir jeder 60 bis 70 Zigaretten und 4 Mann eine Flasche Schnaps bekommen. Das ist ein kleiner und billiger Trost. Heiligabend möchte ich mich am liebsten sinnlos besaufen, um besser über die Stunden hinwegzukommen. Das soll nun nicht heißen, dass Ihr Euch Weihnachten nicht schön gestalten sollt. Ich werde froh und glücklich sein, wenn Du mir mitteilst, dass Ihr eine schöne Weihnachten verlebt habt.

Max Breuer stirbt später in russischer Kriegsgefangenschaft.

Zit. nach http://www.dradio.de/dlf/sendungen/feldpost-stalingrad. Stand: 18.09.2006.

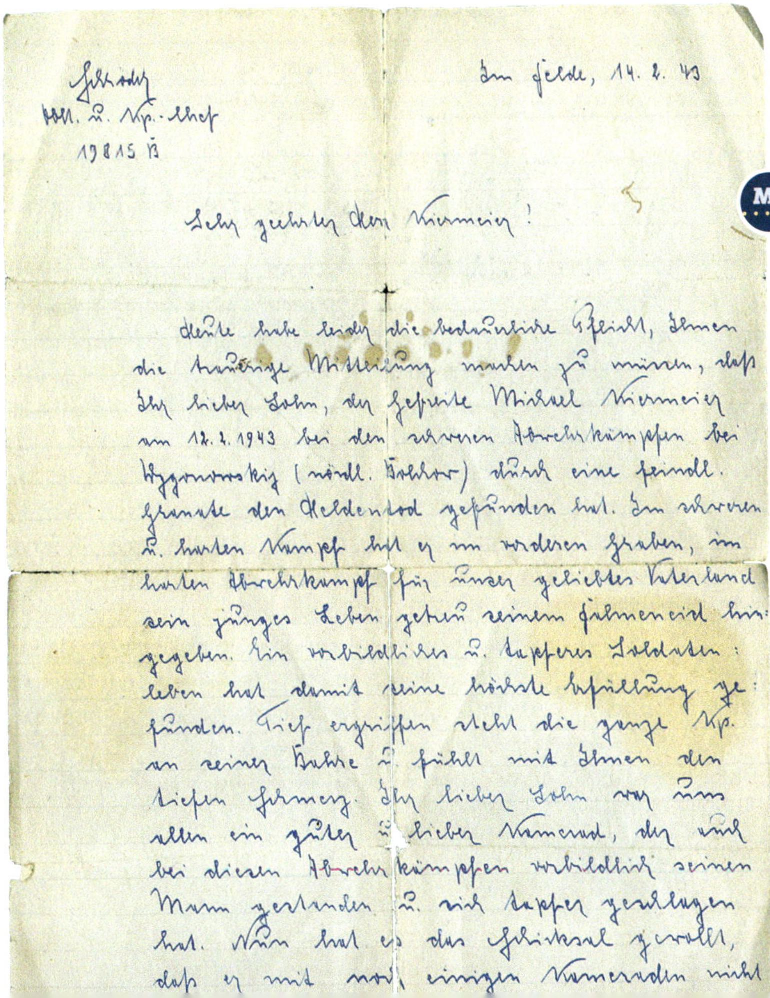
Schmidt
Oblt. u. Kp.-Chef
19815 B

Im Felde, 14. 2. 43

Sehr geehrter Herr Niermeier!

Heute habe ich die bedauerliche Pflicht, Ihnen die traurige Mitteilung machen zu müssen, daß Ihr lieber Sohn, der Gefreite Michael Niermeier am 12. 1. 1943 bei den schweren Abwehrkämpfen bei [illegible] ([illegible]) durch eine feindl. Granate den Heldentod gefunden hat. Im schweren u. harten Kampf hat er im vordersten Graben, im harten Abwehrkampf für unser geliebtes Vaterland sein junges Leben getreu seinem Fahneneid hingegeben. Ein vorbildliches u. tapferes Soldatenleben hat damit seine höchste Erfüllung gefunden. Tief ergriffen steht die ganze Kp. an seiner Bahre u. fühlt mit Ihnen den tiefen Schmerz. Ihr lieber Sohn war uns allen ein guter u. lieber Kamerad, der sich bei diesen Abwehrkämpfen vorbildlich seinen Mann gestanden u. sich tapfer geschlagen hat. Nun hat es das Schicksal gewollt, daß er mit noch einigen Kameraden nicht

M2 Dokument aus einem Privatarchiv

1. Bearbeite M1 nach dem Arbeitsschritt 2.
2. Vergleiche die virtuelle Präsentation M1 mit der Kopie einer Originalquelle M2. Worin liegen Vor- und Nachteile eines „virtuellen Archivs"?
3. Analysiere nach den vorgeschlagenen Arbeitsschritten eine Sendung des „Deutschlandfunks" (S. 86, Spalte 3).
4. Setze die Textquellen M1 und M2 in Beziehung zu der Bildquelle S. 84, M2. Worin liegt der jeweilige Aussagewert?

Kultur der Erinnerung

Das Ende des Nationalsozialismus und die Folgen

Mit der totalen Niederlage Deutschlands und der Zerstörung der NS-Diktatur war die Zeit des „Dritten Reiches“ nicht einfach beendet. Nun begann, was in der Geschichtswissenschaft die „zweite Geschichte“ des Nationalsozialismus genannt wird. Sie dauert bis in unsere Gegenwart an und umfasst die Auseinandersetzung mit der nationalsozialistischen Herrschaft und insbesondere mit den grauenhaften Verbrechen, die in diesen Jahren verübt wurden. Je länger die Zeit des Nationalsozialismus zurückliegt, desto dringender stellt sich die Frage, wie eine Erinnerung an das Geschehen lebendig gehalten werden kann, wie wir eine „Kultur der Erinnerung“ entwickeln können. Vielfältige, nicht immer unumstrittene Formen der Erinnerung und der Hinwendung zu den Opfern der NS-Vergangenheit sind z. B. Gedenkstätten, Museen und Ausstellungen.

M2 „Ein unzuverlässiges Instrument“

Der Schriftsteller und Chemiker Primo Levi schrieb über das Erinnern:

Die menschliche Erinnerung ist ein wunderbares, aber unzuverlässiges Instrument. Das ist eine abgedroschene Wahrheit, die nicht nur den Psychologen, sondern auch jedem bekannt ist, der sein Augenmerk auf das Verhalten seiner Umgebung oder auf sein eigenes gerichtet hat. Die in uns schlummernden Erinnerungen sind nicht in Stein gemeißelt, sie zeigen nicht nur die Neigung, sich mit den Jahren zu verflüchtigen, oft verändern sie sich oder werden sogar umfangreicher, wobei sie fremdbestimmte Züge in sich aufnehmen. Richter kennen diese Erscheinung genau: Es kommt sehr selten vor, dass zwei Augenzeugen, die dasselbe Geschehen beobachtet haben, es auch auf die gleiche Weise schildern und dabei die gleichen Wörter benutzen.

Primo Levi, Die Untergegangenen und die Geretteten, München/Wien (Hanser) 1990, S. 19.

M1 „Nie wieder!“ Ausstellung und Lesung zur Geschichte des Holocaust

Nahezu unüberschaubar ist die Literatur zum Thema Holocaust, sodass viele Arbeiten kaum noch in das Bewusstsein einer breiten Öffentlichkeit gelangen. Anders ist das mit dem Buch „Nie wieder!“ von Martin Gilbert. Dieser international renommierte Holocaust-Forscher hat sich daran gemacht, die Geschichte der Verfolgung und Vernichtung der Juden dicht gedrängt aufzubereiten. Sicher kein leichtes Unterfangen, doch Gilbert ist eine Darstellung gelungen, die kompakter und übersichtlicher nicht sein könnte. Dieses Ergebnis hat auch die Verantwortlichen der Landeszentrale für politische Bildungsarbeit in München überzeugt, sodass man Auszüge auf Tafeln übertrug – also noch einmal eine Kürzung vornahm – und diese „Quintessenz“ als Ausstellung auf die Reise durch bayerische Schulen schickte. Im April 2003 war das Descartes-Gymnasium an der Reihe.

Manche hatten vielleicht Spektakuläreres erwartet: grelle Reize, Suggestivtechnik, haptische Zugänge und mediale Animationen. Nichts von all dem war geboten – nur eine lange Reihe gleichförmiger Pulte mit kurzen Texten und Bildern. Das kritische und bedenkliche „Schon wieder dieses Thema!“ verstummte angesichts einer derart zurückhaltenden Präsentation sehr rasch. Immer wieder konnte man Schüler beobachten, die schweigend vor einem Pult standen und sich in einen Aspekt des Themas vertieften. Und immer wieder die Frage, warum es bei dieser Ausstellung einige leere Pulte gäbe. Die meisten fanden selber eine schlüssige Antwort: „Vielleicht können auch wir noch etwas zu dieser Thematik beitragen!“ Erfreulich, dass sich Schüler des Gymnasiums auf den Weg ins Stadtarchiv machten, um über diesbezügliche Vorgänge in Neuburg nachzuforschen.

Zur Eröffnung dieser Ausstellung las die Schauspielerin Lissie Poetter Briefe von Lilly Jahn, die 1944 in Auschwitz ums Leben kam. Ein Enkel Lilly Jahns, Martin Doerry, hat zahlreiche Briefe, die Lilly Jahn schrieb oder erhielt, 2002 in dem Buch „Mein verwundetes Herz“ editiert und mit erläuternden Kommentaren zu einem geschlossenen literarischen Werk verwoben, das von Literaturkritikern bereits in einem Atemzug mit Anne Franks Tagebuch genannt wird.

Aus dem Jahresbericht des Descartes-Gymnasiums Neuburg a. d. Donau, 2003.

M4 **Denkmal für die ermordeten Juden Europas,** nach einem Entwurf von Peter D. Eisenman, Foto, 2005. Nach elfjähriger Debatte und zweijähriger Bauzeit wurde das Denkmal im Mai 2005 in unmittelbarer Nähe des Brandenburger Tors in Berlin eröffnet. Das Denkmal besteht aus 2700 Betonstelen, ergänzt durch einen Ort der Information.

M3 Gedenken an die Opfer

Bundespräsident Roman Herzog vor dem Deutschen Bundestag, 19. Januar 1996:

Warum diese Rückschau heute, nach über 50 Jahren? Warum vor allem unser Wille, die Erinnerung lebendig zu halten? Wäre nicht auch der Wunsch verständlich, Gewesenes zu vergessen, die Wunden vernarben und die Toten ruhen zu lassen? Tatsächlich könnte heute das Vergessen eintreten; denn Zeitzeugen sterben, und immer weniger Opfer können das Grauen des Erlittenen persönlich weitertragen. Geschichte verblasst schnell, wenn sie nicht Teil des eigenen Erlebens war.

Deshalb geht es darum, aus der Erinnerung immer wieder lebendige Zukunft werden zu lassen. Wir wollen nicht unser Entsetzen konservieren. Wir wollen Lehren ziehen, die auch die künftigen Generationen als Orientierung verstehen.

Dieses Gedenken ist nicht als ein in die Zukunft wirkendes Schuldbekenntnis gemeint. Schuld ist immer höchst persönlich, ebenso die Vergebung. Sie vererbt sich nicht. Aber die künftige Verantwortung der Deutschen für das „Nie wieder!“ ist besonders groß, weil sich früher viele Deutsche schuldig gemacht haben. Es ist wahr, dass sich die Geschichte nicht wiederholt. Aber ebenso wahr ist, dass Geschichte die Voraussetzung für die Gegenwart ist und dass der Umgang mit der Geschichte auch zum Fundament der Zukunft wird …

Würden wir uns ein Auslöschen dieser Erinnerung wünschen, dann wären wir selbst die ersten Opfer einer Selbsttäuschung. Denn es ist vor allem unser Interesse, aus der Erinnerung zu lernen. Die Erinnerung gibt uns Kraft, weil sie Irrwege vermeiden hilft. Das war der Grund dafür, dass ich den 27. Januar, den Tag der Befreiung von Auschwitz, mit Zustimmung aller Fraktionen zum Tag des Gedenkens an die Opfer des Nationalsozialismus erklärt habe.

Zit. nach Gedenken und Erinnern, Initiative für Mahn- und Gedenkstätten in Ingolstadt (Ingolstadt) 1997, S. 9.

M5 **Eichstätter Figurenfeld,** Foto, 2006. Der Künstler Alois Wünsche-Mitterecker stellte von 1958 bis 1974 im Hessental bei Eichstätt 78 überlebensgroße Figuren auf, die das Leiden des Krieges veranschaulichen.

1 Erörtere anhand der Textquellen M2 und M3 Schwierigkeiten und Notwendigkeiten des Erinnerns und historischen Gedenkens.
2 Betrachte M4 und M5 und sammle Gründe, warum die Gestaltung von Gedenkstätten häufig zu kontroversen Diskussionen führt.
3 Entwickelt – ausgehend von M1 – Vorschläge, in welcher Form an eurer Schule am 27. Januar auf den Holocaust-Gedenktag hingewiesen werden könnte, zum Beispiel in einer Ausstellung.

Nationalsozialismus und Zweiter Weltkrieg – ein Überblick

Errichtung der NS-Diktatur

Die Auswirkungen der Weltwirtschaftskrise 1929 stürzten die Weimarer Republik in eine Staatskrise, an deren Ende die Gewaltherrschaft der Nationalsozialisten stand. Zu erklären ist dieser katastrophale Weg in der deutschen Politik aber nicht nur mit der wirtschaftlichen Krise. Manche Historiker weisen auf die spezifischen Machtstrukturen hin, die sich im Deutschen Kaiserreich herausgebildet hatten und das Untertanenbewusstsein verfestigten. Dazu fehlte der Weimarer Demokratie zunehmend ein breiter demokratischer Konsens zwischen den Parteien und gesellschaftlichen Gruppen. In dieser Situation stiegen die Chancen der nationalsozialistischen Bewegung, die von führenden konservativen Politikern, Industriellen, Bankiers und Reichswehrangehörigen unterstützt wurden. Die „Machtergreifung" begann am 30. Januar 1933 mit der Ernennung Adolf Hitlers zum Reichskanzler. Die „Reichstagsbrandverordnung" vom 28. Februar und das „Ermächtigungsgesetz" vom 24. März dienten als Grundlage für die antidemokratische nationalsozialistische Machtsicherung des „Dritten Reiches". Die „Gleichschaltung" erstreckte sich in der Folgezeit auf alle politischen Ebenen und alle Lebensbereiche.

Ideologie und Politik

Rassismus und Antisemitismus gelten als Kernbestandteile der nationalsozialistischen Weltanschauung. Mit scheinwissenschaftlichen, politisch instrumentalisierten Begriffen wie „Rasse", „Arier" und „Nichtarier" wurde eine Überlegenheit der so genannten arischen Menschen behauptet. Ein ausgeprägter Führerkult überhöhte die Person des „Führers". Massenveranstaltungen waren Kennzeichen der Selbstinszenierung des totalitären Systems. Sie sollten das Ideal einer Volksgemeinschaft suggerieren.

Vernichtung und Widerstand

Die Ausgrenzung der Juden begann bereits 1933 mit Boykottmaßnahmen, führte zu einer Entrechtung („Nürnberger Gesetze" von 1935), zu Verfolgungen (Pogrom vom 9. November 1938) und ab 1942 zur systematischen Ermordung von Millionen Juden in Konzentrations- und Vernichtungslagern (Holocaust/ Shoah). Auch mehrere hunderttausend Sinti und Roma fielen, ebenso wie zehntausende Behinderte, dem Rassenwahn zum Opfer.
Widerstand von Gruppen oder Einzelnen gegen das Unrechtsregime wie das Attentat vom 20. Juli 1944 wurde mit Hinrichtungen in rechtswidrigen Schnellverfahren geahndet.

Weltkrieg und Niederlage

Die langfristige Politik der Nationalsozialisten richtete sich auf die kriegerische Eroberung von „Lebensraum" im Osten. Zunächst wurde die expansive Außenpolitik mit einer Revision des Versailler Vertrags begründet. Infolge ihrer Appeasementpolitik akzeptierten die Westmächte den Anschluss Österreichs und des Sudetenlandes an Deutschland (Münchner Abkommen 1938).
Nach dem Überfall auf Polen am 1. September 1939, der nach einem Beistandspakt mit der Sowjetunion (Hitler-Stalin-Pakt) erfolgte, standen die Westmächte zu ihren Bündnisverpflichtungen und traten in den Krieg gegen Deutschland ein. Während sich Frankreich bald geschlagen geben musste, leistete Großbritannien dauerhaften Widerstand. Mit dem deutschen Angriff auf die Sowjetunion und dem Kriegseintritt der USA (1941) wurde der Krieg zu einem Weltkrieg, in den auch der asiatische Raum einbezogen wurde (Krieg zwischen Japan und den USA).
Die verlorene Schlacht um Stalingrad im Januar 1943 leitete die totale Niederlage Deutschlands ein, die mit der bedingungslosen Kapitulation vom 8./9. Mai 1945 besiegelt wurde.
In Asien endete der Zweite Weltkrieg nach dem Abwurf von zwei Atombomben auf Hiroshima und Nagasaki durch US-Flugzeuge mit der Kapitulation Japans im August 1945.

Oktober 1929
• Beginn der Weltwirtschaftskrise

30. Januar 1933
• Ernennung Hitlers zum Reichskanzler

24. März 1933
• „Ermächtigungsgesetz"

1935
• Nürnberger Gesetze

1936
• Vierjahresplan zur Wiederaufrüstung

M1 Kälbermarsch

Der Schriftsteller Bertolt Brecht (1898–1956) schrieb 1943 den folgenden Text[1]:

Hinter der Trommel her
Trotten die Kälber
Das Fell für die Trommel
Liefern sie selber.
Der Metzger ruft. Die Augen fest geschlossen …
Das Kalb marschiert mit ruhig festem Tritt.
Die Kälber, deren Blut im Schlachthof schon geflossen
Sie ziehn im Geist in seinen Reihen mit.
Sie heben die Hände hoch
Sie zeigen sie her
Sie sind schon blutbefleckt
Und sind noch leer.
Der Metzger ruft. Die Augen fest geschlossen …
Sie tragen ein Kreuz voran
Auf blutroten Flaggen
Das hat für den armen Mann
Einen großen Haken
Der Metzger ruft. Die Augen fest geschlossen.

Zit. nach Bertolt Brecht, Werke in fünf Bänden, Berlin (Aufbau Verlag) 1975, Bd. 3, S. 382.

1 Als „Vorbild" diente Brecht das SA-Lied (sog. Horst-Wessel-Lied) „Die Fahne hoch, die Reihen fest geschlossen: SA marschiert mit ruhig festem Schritt."

Grundwissen

1929: Weltwirtschaftskrise	S. 29
30. 1. 1933: Hitler wird Reichskanzler	S. 35
„Machtergreifung"	S. 35
1933: „Ermächtigungsgesetz"	S. 35
„Gleichschaltung"	S. 35
Konzentrations- und Vernichtungslager	S. 42
Nationalsozialismus	S. 47
„Drittes Reich"	S. 47
Antisemitismus	S. 49
„Nürnberger Gesetze"	S. 49
9./10. 11. 1938: Pogromnacht	S. 49
Münchner Abkommen	S. 69
1. 9. 1939: Beginn des Zweiten Weltkriegs	S. 70
Systematische Vernichtung der Juden (Holocaust/Shoa)	S. 75
Widerstand	S. 83
20. 7. 1944: Attentat auf Hitler	S. 83
8./9. 5. 1945: Bedingungslose Kapitulation	S. 85

Methoden

Propagandistisches Film-, Bild- und Tonmaterial analysieren	S. 50 f.
Monumentalarchitektur analysieren	S. 56 f.
Schriftliche Quellen analysieren und bewerten	S. 78 f.
Virtuelle Archive nutzen	S. 86 f.

1 Analysiere M1 und M2, formuliere jeweils die Kernaussagen beider Materialien und vergleiche.

2 Diskutiert, ob sich mit den Überschriften von M1 und M2 die Herrschaft des Nationalsozialismus erklären lässt.

M2 **„Das Verhängnis"**, Zeichnung von A. Paul Weber, 1932. Umschlagbild eines Buches mit dem Titel „Hitler – ein deutsches Verhängnis".

8./9. Nov. 1938	*1. September 1939*	*22. Juni 1941*	*20. Juli 1944*	*7.–9. Mai 1945*
• November-pogrom	• Deutscher Überfall auf Polen	• Deutscher Überfall auf die UdSSR	• Attentatsversuch auf Hitler	• Kapitulation der deutschen Wehrmacht

Rechtsextremismus – ein Erbe des Nationalsozialismus?

Rechtsextremismus – alt und doch neu?

Die Zeit des Nationalsozialismus ist seit über 60 Jahren vorüber – und dennoch wirkt diese Epoche bis in unsere Gegenwart hinein, etwa in der politischen und juristischen Aufarbeitung der Folgen der nationalsozialistischen Diktatur sowie in der Frage der Erinnerung und des Gedenkens. Als „Erbe" der NS-Vergangenheit wird auch eine rechtsextremistische politische Einstellung angesehen. Wie zeigt sich Rechtsextremismus und welchen Bezug hat er zum Nationalsozialismus? Gibt es Grundeinstellungen rechtsextremistischen Denkens, unabhängig von einer bestimmten Zeit? Diese Fragen kannst du in diesem „Blickpunkt" an Materialien erarbeiten, die den Rechtsextremismus sowohl aus historischer als auch aus gegenwärtiger Sicht zeigen.

M2 **Geschändeter jüdischer Friedhof in Schwäbisch-Hall,** Foto, 2000

M1 Einstieg und Ausstieg eines Neonazis

Der Journalist Jörg Schindler berichtete 2001 über den Neonazi Matthias A., der die rechtsextreme Szene inzwischen verlassen hat:

Matthias … stammt aus einer südhessischen Kleinstadt. In seiner Familie gelte, erzählt er, das Dritte Reich als „gute alte Zeit", bei Festen wurden schon mal alle drei Strophen des Deutschlandliedes gesungen, im Büro seines Vaters lag die „Nationalzeitung" herum. Niemand schritt ein, als der kleine Matthias erst Panzer mit SS-Zeichen baute und später eine Reichskriegsflagge über sein Bett hängte.

Matthias war 16, als er … seine erste „Kameradschaft" gründete. Die vier, vielleicht fünf Jungen nannten ihren Klub „Germania" und fielen erstmals der Polizei auf, als sie eines Nachts Hakenkreuze an Wände schmierten. Im Mai 1998 trat er der Jugendorganisation der NPD bei. Weil er sich stets korrekt kleidete, weil er sich anders als viele Kameraden … nicht täglich sinnlos besoff und weil er sich „ohne Grunzlaute" ausdrücken konnte, landete Matthias bei den Jungen Nationaldemokraten schnell oben … Zusammen mit seiner neuen Freundin … beteiligte sich Matthias im Sommer 1999 zunehmend selbst an „Aktionen": In Gießen sprühten sie Hakenkreuze an einen „jüdischen Buchladen", in Worms schändeten die beiden die Synagoge. Nach einem weiteren Anschlag auf den jüdischen Friedhof in Alzheim gelangte Matthias' Freundin jedoch plötzlich an einen „Wendepunkt": Der ständige Konflikt mit der Polizei, die permanente Ich-gegen-den-Rest-der Welt-Haltung, Fragen wie die, warum Bücher von den Nazis verbrannt wurden – das habe bei ihr zum Umdenken geführt, sagt Matthias … Im Nachhinein, sagt er, sei es schwer zu erklären, was damals in ihm vorging. Er habe einfach begonnen nachzudenken und festgestellt, dass zwischen Anspruch und Wirklichkeit der Szene riesige Lücken klaffen. Dass dort scheinbar auf „deutsche" Tugenden Wert gelegt werde, gleichzeitig aber geklaut, gesoffen und erbarmungslos gestritten werde. Dass das gesamte System lediglich auf Hass und dem Drill zu unbedingtem Gehorsam basiere. Dass die Geschichte nach Belieben zurechtinterpretiert werde … Nachdem er und seine Freundin verhaftet und im September 2000 zu Bewährungsstrafen verurteilt worden waren, begannen beide, sich gegen ihre alten Kameraden zu engagieren … Mit unvorhergesehenen Folgen: In ihrer früheren Wohnung bei Mainz gingen daraufhin täglich bis zu 20 Morddrohungen ein, auf diversen Homepages von Neonazis wurde die vollständige Adresse der beiden „Zecken" veröffentlicht, einmal überfielen Skinheads Matthias' Freundin. … Dennoch machen die beiden weiter.

Jörg Schindler, Fluchthelfer. In: Betrifft: Rechtsextreme. Magazin der Bundeszentrale für politische Bildung, Sept. 2001, S. 26 f.

M3 Rechtsextremismus = Nationalsozialismus?

Der Politikwissenschaftler Hermann Bott schrieb 1969:

Sofern ehemalige Parteigenossen … in den ersten Jahren nach 1945 Versuche zur Wiederbelebung des Nationalsozialismus unternahmen, griffen die Alliierten ein, später die Gerichte der Bundesrepublik … Nach dem Verbot der Sozialistischen Reichspartei (SRP) im Jahre 1952 schien die Gefahr des Rechtsradikalismus gebannt … Erst spät zeigten sich wesentliche Versäumnisse der „Vergangenheitsbewältigung“: Aus dem Komplex des antidemokratischen Denkens gelöst, war der Nationalsozialismus zu oft als eine isolierte Erscheinung begriffen und präsentiert worden … Die Gleichsetzung von rechtsradikal mit nazistisch … trägt heute vielfach dazu bei, die Gefahr, die der parlamentarischen Demokratie vom Rechtsradikalismus droht, zu verdecken … So kann auch die NPD [Nationaldemokratische Partei Deutschlands] lautstark und subjektiv ehrlich den Nationalsozialismus ablehnen und doch mit ganz ähnlichen Denkschablonen und der gleichen Propagandatechnik wie die NSDAP die Demokratie bekämpfen … Die Gefahr einer NPD liegt … darin, … dass sie das schlummernde Potenzial antiliberaler Haltungen wachruft und … einen neuen gefährlichen Irrationalismus heraufbeschwört …

Seine politischen Verhaltensmuster hat der neue Rechtsextremismus weitgehend von der NSDAP übernommen, nur ist die Umsetzung dieser Grundhaltung in politische Aktion und ihre konkrete Anwendbarkeit 1969 anders als 1933 … Fremdenfeindschaft … äußert sich heute … vor allem in zwei Formen: als mehr oder weniger verkappter Antisemitismus und als Feindschaft gegenüber den zeitweise in der Bundesrepublik lebenden Ausländern.

Hermann Bott, Die Volksfeind-Ideologie, Stuttgart (DVA) 1969, S. 9 ff.

Die Auschwitzlüge – eine Geschichtsfälschung

Bereits wenige Jahre nach Kriegsende gab es Versuche, den millionenfachen Mord an den Juden in Europa zu relativieren oder zu leugnen. So veröffentlichte der Franzose Paul Rassiqnier 1948 die Broschüre „Die Lüge des Odysseus“, in der er die Zahl von sechs Millionen in Konzentrationslagern umgekommenen Opfern bezweifelte. Der Begriff „Auschwitzlüge“ wurde Anfang der 1970er Jahre als Titel für eine Broschüre verwendet, in der behauptet wurde, dass Auschwitz für die Häftlinge ein harmloser Aufenthaltsort gewesen sei. In jener Zeit erschienen auch verschiedene Schriften mit Titeln wie „Der Sechs-Millionen-Schwindel“ und „Warum wurden wir Deutschen belogen?“.

Der Amerikaner Fred Leuchter verfasste 1988 den so genannten Leuchter-Report, mit dem versucht wurde, die Leugnung des Holocaust (Shoah) mit naturwissenschaftlichen und technischen Argumenten zu beweisen. Die erdrückenden Zeugenaussagen und Dokumente über den Holocaust sollten durch Spekulationen über die Wirkung des Giftgases Zyklon B, „Berechnungen“ über den Koksverbrauch und die Kapazität der Verbrennungsöfen entwertet oder widerlegt werden. Das Urteil professioneller Naturwissenschaftler dazu fiel vernichtend aus.

Die Leugner des Massenmordes operieren bei ihrem Vorgehen geschickt mit verbreiteten antisemitischen Vorbehalten, mit Unsicherheit und Unwissenheit in der Bevölkerung und mit nationalistischen Emotionen, auch mit Verschwörungstheorien, nach denen den Opfern selbst die Schuld an den Verbrechen gegeben wird.

Wesentliche Motive der Holocaustleugner waren in den ersten Jahrzehnten nach 1945: Antisemitismus, Nationalismus und Verdrängung. Seit den 1970er Jahren versuchen sie auch, die Geschichte „umzuschreiben“, d. h. die Verbrechen zu relativieren, mit anderen Kriegsverbrechen oder Kriegsfolgen auf eine Stufe zu stellen oder das Recht des israelischen Volkes auf einen eigenen Staat infrage zu stellen, was z. B. auf Unterstützung im arabisch-islamischen Raum trifft. Bei der medialen Verbreitung dieser Propaganda spielt des Internet inzwischen eine zentrale Rolle.

In Deutschland fällt nach der Rechtsprechung des Bundesverfassungsgerichts von 1994 die mediale Verbreitung einer Leugnung des Holocaust nicht unter das Grundrecht der Meinungsfreiheit. Eine Strafverfolgung ist wegen Volksverhetzung, Verunglimpfung des Andenkens Verstorbener oder Beleidigung möglich.

Im Blickpunkt

M4 **Anzeige der Wochenzeitung „Die Zeit", die 2001 in großen Tageszeitungen und Zeitschriften der Bundesrepublik abgedruckt wurde**

M5 Aussagen der rechtsextremistischen NPD

Udo Voigt, der Bundesvorsitzende der NPD, für die die Bundesregierung im Januar 2001 beim Bundesverfassungsgericht das Verbot beantragt hat, in einer Informationsbroschüre seiner Partei (27. Mai 2000):

5A Wir müssen dieser Jugend beibringen, die Zustände, unter denen sie zwangsläufig aufwächst, nicht zu akzeptieren, sondern … aufzeigen, dass wir gemeinsam als Deutsche sehr wohl eine Zukunft haben werden, … Voraussetzung dafür ist … die Schaffung einer Volksgemeinschaft!

Aus der Zeitschrift des Nationaldemokratischen Hochschulbundes (1991):

5B Wir müssen Freiräume schaffen, in denen WIR faktisch die Macht ausüben, … d. h. WIR bestrafen Abweichler und Feinde, WIR unterstützen Kampfgefährtinnen und -gefährten … Befreite Zonen sind sowohl Aufmarsch- als auch Rückzugsgebiete für die Nationalisten Deutschlands.

M5A: NPD-Infoseiten: 2. Tag des nationalen Widerstandes, S. 3.
M5B: Vorderste Front – Zeitschrift für politische Theorie und Strategie des NHB, Ausgabe 2, Juni 1991, S. 4 f. Zit. nach Verfassungsschutzbericht (Bund) 2000, S. 61 und 65.

Grundeinstellungen des Rechtsextremismus

1. „Natürliche Ungleichheit"

- Die nordeuropäische („arische") Rasse sei von Natur aus wertvoller als andere Menschen (Rassismus).
- Auf Deutschland und das deutsche Volk könne man extrem stolz sein (Nationalismus).
- Der Stärkere habe das Recht, sich gegenüber dem Schwachen immer durchzusetzen (Sozialdarwinismus*).
- Die Gleichberechtigung und Gleichstellung von Männern und Frauen sei „unnatürlich".

2. „Volksgemeinschaft"

- Das – „ethnisch reine" – Volk sei von besonderem Wert und bilde die Volksgemeinschaft.
- Gesellschaftliche Gruppen und unterschiedliche Interessen seien zu unterdrücken, um dem Ideal der „homogenen Volksgemeinschaft" nahezukommen.

3. „Führerprinzip und Gewalt"

- Herrschaft sei am besten durch das „Führerprinzip" bzw. einen autoritären Staat auszuüben.
- Demokratische Wahlen und Parlamente seien abzulehnen, ebenso die Gewaltenteilung und -kontrolle.
- Gewaltanwendung sei die schnellste und einfachste Lösung (innen- und außen-)politischer Probleme.
- Für die noch mangelhafte Verwirklichung der eigenen Ziele seien „innere und äußere Feinde" verantwortlich, wie Andersdenkende, Minderheiten, Verschwörungen in Politik, Wirtschaft, Gesellschaft.
- Die Verbrechen des NS-Staates werden relativiert oder geleugnet, bis hin zum offenen Bekenntnis zur NSDAP.

M6 **Tatort des Oktoberfest-Attentats 1980,** Foto. Am 26. September 1980 explodierte am Haupteingang der Theresienwiese eine Splitterbombe. Der Bombenleger war Gundolf Köhler, Mitglied der neonazistischen „Wehrsportgruppe Hoffmann". 13 Menschen starben, 210 erlitten teils schwerste Verletzungen.

M7 Skins – Ursachenforschung

Aus einem Interview mit der Verhaltensforscherin Christiane Tramitz (2001):

Viele der Skins … waren schon als Kinder aggressiv. Ihre Kindheit wurde geprägt durch eine Kombination aller unguten Faktoren, die man sich vorstellen kann: von Schulproblemen und Scheidung über Alkoholismus bis hin zu prügelnden Eltern … Ausschlaggebend [für Kontakte zu rechtsextremistischen Gruppen] ist der Wunsch nach Anerkennung und Geborgenheit, nach Macht und der Möglichkeit, die aggressive Grundbereitschaft auszuleben … Die Ideologie kommt erst in der Gruppe dazu … Die … Aggressionsbereitschaft wird durch Alkohol enthemmt. Die Skins verspüren Lust, ihre Opfer zu demütigen, sie fertigzumachen, und geraten in eine Art Machtrausch … Der Ausstieg ist möglich. Zuerst muss sich das soziale Umfeld ändern. Abgesehen von einem Arbeitsplatz, einer permanenten Begleitung durch Bewährungshelfer und neuen sozialen Kontakten ist eine emotionale Stütze für die Aussteiger ungemein wichtig.

Ute Schröder, Frostzone. In: Betrifft: Rechtsextreme. Magazin der Bundeszentrale für politische Bildung, Sept. 2001, S. 32 f.

Gedenkstein für Alberto Adriano, M8 Foto, 2000. Der mosambikanische Staatsangehörige wurde am 11. Juni 2000 im Stadtpark Dessau von drei männlichen Tätern angegriffen und starb wenig später an den Folgen der Tritte und Schläge. Der Hauptangeklagte wurde zu lebenslanger Freiheitsstrafe verurteilt, die beiden Mitangeklagten zu jeweils neun Jahren Jugendstrafe. Auf dem Foto ist die Witwe des Opfers, Angelika Adriano, zu sehen.

Offene Fragen zum Thema Rechtsextremismus

Zur Erklärung des Rechtsextremismus gibt es in der Wissenschaft keine einheitliche Auffassung. In Deutschland wurde diese Einstellung bisher vorwiegend als Folge („Erbe") der nationalsozialistischen Vergangenheit gesehen. Aufklärung über den Nationalsozialismus sollte Rechtsextremismus überwinden. Nicht alle Bemühungen waren jedoch erfolgreich – im Gegenteil: Seit der deutschen Einheit (1990) zeigen sich neue, vor allem gewalttätigere Formen, die auf weitere als nur historische Ursachen hindeuten. Neuere Forschungen beschreiben den Rechtsextremismus als Problem moderner Einwanderungsgesellschaften. So zeigen sich rechtsextremistische Tendenzen als „Fremdenfeindlichkeit" in allen europäischen Gesellschaften oder auch in den USA.

Internet-Tipp
www.erinnern-online.de
www.gesicht-zeigen.de
www.step21.de

1 Schildere, welcher Eindruck sich aus M2, M4, M6 und M8 zum Thema Rechtsextremismus ergibt.
2 Erarbeite anhand von M1 die Motive und den Wandel von Matthias und dessen Freundin in ihrer Einstellung zum Rechtsextremismus.
3 Untersuche, wie der Autor von M3 im Jahre 1969 die Entwicklung des Rechtsextremismus nach 1945 beschrieb. Worin sieht er das Überdauernde?
4 Erläutere den Begriff „Auschwitzlüge" (Kasten S. 93) und stelle einen Bezug zu M3 her.
5 Stelle anhand von M7 dar, wie der Rechtsextremismus der Skins erklärt wird, und nimm Stellung.
6 Erarbeite mithilfe des Kastens S. 94 und M5, welche Grundeinstellungen des Rechtsextremismus sich im Nationalsozialismus wiederfinden lassen. Ziehe Kapitel 2 heran.
7 Informiert euch im Internet über die Erkenntnisse des bayerischen Verfassungsschutzes über die Neonazi-Szene in Bayern: www.stmi.bayern.de
8 Recherchiert im Internet, welche „Gegeninitiativen" zum Rechtsextremismus zurzeit bestehen, und referiert darüber in der Klasse (Internet-Tipp).

3. Deutschland in der Zeit des Kalten Krieges

„Das größte Geschenk im Rückblick: die Stille. Wenn ich an den frühen Mai 1945 denke, dann zunächst an diese Lautlosigkeit, diese Ruhe. Tag für Tag unter einem blauen Himmel. In der warmen Sonne sitzen und kaum noch Angst haben." So empfand der junge Arnulf Baring, späterer Publizist und Historiker für Zeitgeschichte, in der Erinnerung ganz persönlich das Kriegsende.
Deutschland 1945: Das war das Land, das nach dem „totalen" Krieg nun die „totale" Niederlage hinnehmen musste. Städte, Straßen und Brücken sind zerstört, viele Familien ausgebombt. Unzählige Männer befinden sich in Kriegsgefangenschaft, werden vermisst oder mussten im Krieg ihr Leben lassen. Millionen Menschen sind auf der Flucht oder werden aus ihrer Heimat vertrieben. Was die einen als Niederlage empfinden, sehen andere als Befreiung von der Naziherrschaft. Für manche sind die Tage im Mai 1945 die schönsten, für viele die schrecklichsten ihres Lebens. Alle trifft der Zusammenbruch in ihrer Existenz. Sie müssen sich neu orientieren, ihr Leben neu ordnen. „Überleben" – das ist ein häufiges Wort in den Erinnerungen vieler.
In diesem Kapitel kannst du erarbeiten,
– wie die Menschen die ersten Nachkriegsjahre bewältigten,
– welche Faktoren zur Teilung Deutschlands führten und
– wie sich Wirtschaft und Gesellschaft in beiden deutschen Staaten bis in die 60er Jahre entwickelten.

1 Beschreibt die Abbildungen und stellt einen Zusammenhang zwischen ihnen her. Zieht den Darstellungstext heran.

2 Erörtert, welche Aspekte der deutschen Nachkriegsgeschichte sich nach eurer Kenntnis in den Abbildungen nicht widerspiegeln.

Großes Bild: **München 1945,** Foto.
Oben rechts: **Flüchtlingsfrau in Köln 1945,** Foto.
Mitte rechts: **Karikatur von H. E. Köhler, 1954.**
Unten rechts: **Mauerbau in Berlin 1961,** Foto.

Flucht, Heimkehr und Vertreibung nach dem Zweiten Weltkrieg

Massenflucht, Vertreibung und Heimkehr

Mit dem Vorrücken der sowjetischen Truppen setzte im Herbst 1944 eine Flucht- und Vertreibungswelle der deutschen Bevölkerung ein. Die Vergeltung für die grausame Besatzungsherrschaft der Deutschen in weiten Teilen Mittel- und Osteuropas (dazu hatten auch Vertreibungen in Polen gehört) bekamen jetzt vor allem Frauen mit ihren Kindern zu spüren, die aus Furcht vor der Roten Armee, aber auch als Opfer von „wilden" Vertreibungen in endlosen Flüchtlingstrecks ihre Familie und ihr letztes Hab und Gut zu retten suchten. Viele Menschen starben auf dem Weg nach Westen.

Neben der Rache gab es für die Vertreibung weitere Motive: Polen sollte für das an die Sowjetunion fallende Ostpolen durch die deutschen Ostgebiete* entschädigt werden, was die Entfernung der einheimischen Bevölkerung einschloss. Nationale Minderheiten sollten kein Ansatzpunkt für territoriale Forderungen und Konflikte mehr sein. Die Alliierten sahen in ethnisch homogenen Staaten einen Beitrag zur Stabilität dieser Länder und stimmten deshalb dem „Transfer" auf der Potsdamer Konferenz im August 1945 zu. Entsprechend dieser Vereinbarung kam es danach zur planmäßigen Vertreibung fast aller Deutschen aus den Gebieten östlich von Oder und Neiße, der Tschechoslowakei und Ungarn. Humane Regeln wurden dabei kaum beachtet.

Insgesamt waren am 1. April 1947 in den vier Besatzungszonen Deutschlands (siehe M1, S. 104) etwa 10 Millionen Flüchtlinge und Vertriebene registriert, einschließlich einer Million Flüchtlinge, die aus Angst vor dem Kommunismus, offener Repression und politischer Verfolgung aus der sowjetischen Zone in die drei westlichen Zonen geflohen waren. Umgekehrt befanden sich bei Kriegsende 9 bis 11 Millionen Zwangsarbeiter, Kriegsgefangene und KZ-Häftlinge anderer Nationalitäten in Deutschland, die zurück in ihre Heimat – vor allem in die Sowjetunion, nach Polen und in die baltischen Staaten – drängten.

Die Städte und Gemeinden im Gebiet der heutigen Bundesrepublik bemühten sich, die Neuankömmlinge unterzubringen und zu versorgen. Dies war jedoch in den zerbombten Städten nicht einfach. Die mit der eigenen Existenzsicherung beschäftigten Einheimischen teilten häufig nur ungern das, was sie gerettet oder auf dem „Schwarzmarkt" organisiert hatten. Hinzu kam, dass die Flüchtlinge und Vertriebenen aus einem ganz anderen kulturellen Umfeld stammten, häufig einer anderen Konfession angehörten, fremde Dialekte sprachen und sich mit neuen gesellschaftlichen Strukturen konfrontiert sahen, die es ihnen erschwerten, sich heimisch zu fühlen. Dennoch gelang es den Flüchtlingen und Vertriebenen in wenigen Jahren, sich mit großem Arbeitseinsatz, gegenseitiger Hilfe und staatlicher Förderung eine neue Existenz aufzubauen.

1. Berichtet, was eure Großeltern über das Thema Flucht und Vertreibung nach dem Zweiten Weltkrieg erzählen.
2. Beschreibe die Ursachen und Folgen von Flucht und Vertreibung in Mittel- und Osteuropa 1945 bis 1950 (Darstellungstext, M2).
3. Erarbeite mithilfe von M3, wie die „Ankunft im Westen" erlebt wurde, und kläre den Hintergrund für die Aufteilung der Betroffenen.
4. Beurteile die Folgen der Zwangsarbeit in Deutschland für Anna P. nach Kriegsende (M4).

M1 **Deutsche Flüchtlinge aus Polen,** die in Berlin angekommen sind und auf einen Zug nach Westen warten, Foto, Dezember 1945

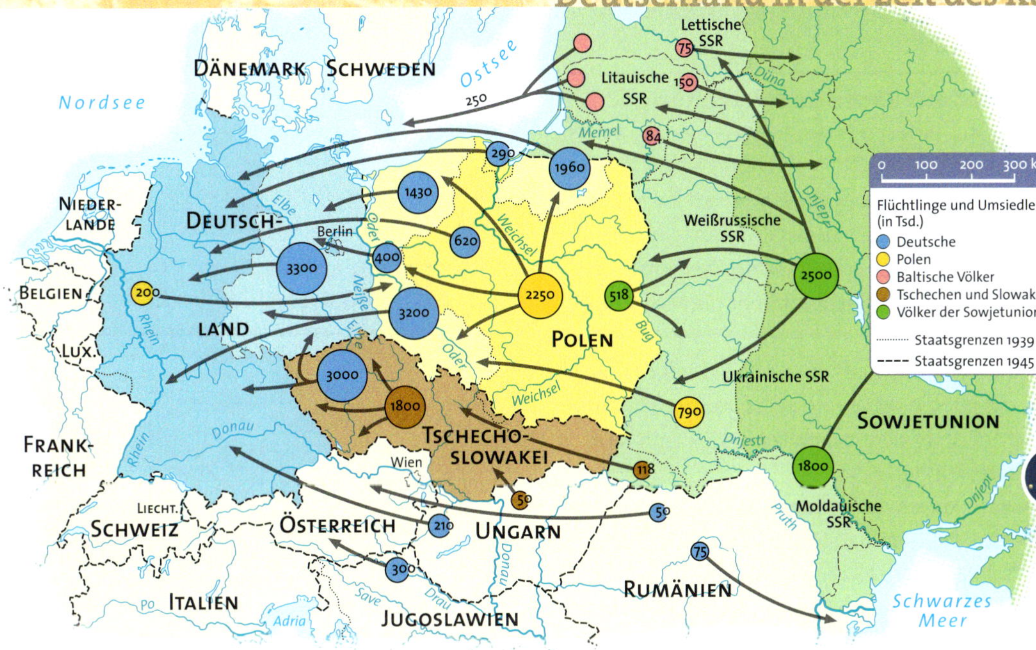

M2 Flucht, Vertreibung und Umsiedlung 1945–1950

M3 Ankunft im Westen

Eine Frau, die aus Oberschlesien geflohen ist, erinnerte sich 1996 an ihre Ankunft in Helmstedt 1946:

Ein Teil von uns, das haben wir nachher erst gehört, kam nach Oldenburg, welche nach Bayern, welche hier mehr in den Westen, ins Rheinland. Alle wurden verteilt. Wir waren überall. Das konnten wir gar nicht fassen. Wir saßen da auf einem Schulhof und haben uns immer nur angeguckt und wussten gar nicht: Wo sind die, wo sind die, wo sind die? Die haben wir gar nicht mehr wiedergesehen. Aber dann haben wir erfahren, wie das aufgeteilt worden ist … Wir kamen nach Niedersachsen und haben da unsere Ausweise bekommen. Damit hatten wir aber nicht die Möglichkeit, sagen wir mal, jetzt nach Bayern herunterzufahren … Ohne Zuzugsgenehmigung durften wir in kein anderes Bundesland … Die Angehörigen waren ganz verstreut, das hat uns sehr wehgetan. Wir waren eine große Familie. Wir waren nicht alle in einem Ort gewesen, aber immer in der Nähe, und wenn was war, waren wir immer zusammen. Von Wendessen aus, wo wir dann ankamen, habe ich gleich den Suchdienst[1] in Anspruch genommen.

Franz-Josef Jakobi und Roswitha Link (Hg.), Geschichte im Gespräch: Kriegsende 1945 und Nachkriegszeit in Münster. Berichte von Zeitzeuginnen und Zeitzeugen, bearb. von Sabine Heise, Münster (Agenda) 1997, S. 334 f.

1 Einrichtung des Roten Kreuzes, die über eine Kartei die Suche nach vermissten Familienangehörigen unterstützte

M4 Rückkehr einer Zwangsarbeiterin

Der folgende Text basiert auf 1993 geführten Interviews mit Anna P. (geb. 1926), die mit 16 Jahren aus dem russischen Taganrog als Zwangsarbeiterin nach Deutschland verschleppt wurde und nach Kriegsende über Brest-Litowsk ihren Heimweg antrat:

Ein Offizier setzte sich für Anna P. ein und schrieb ihren Namen auf eine Familienliste. So konnte sie schon bald zurück nach Taganrog fahren. Dort erfuhr sie, dass ihre Stiefmutter inzwischen verstorben war. Der Vater hatte ein drittes Mal geheiratet. Ein Studium wurde Anna P. verwehrt, da sie in Deutschland gewesen war. So entschloss sie sich, zu ihrer Schwester nach Baku, Aserbaidschan, zu ziehen, wo sie dann als Friseuse arbeitete. Später arbeitete sie als Pflegerin in einem Krankenhaus und besuchte die Abendschule. Als man dort jedoch erfahren habe, dass sie eine ehemalige Fremdarbeiterin war, sei sie sofort entlassen worden. In Baku lernte Anna P. „den Mann ihres Lebens" kennen, der an der Militärhochschule studierte. Eine Freundin riet ihr, den Mann in Ruhe zu lassen, da alle wussten, dass Anna P. in Deutschland gewesen war … So entschloss sich Anna P., den Mann zu verlassen, und kehrte zurück nach Taganrog, wo sie einen Mann heiratete, der auch in Deutschland gewesen war.

Zit. nach Alexander von Plato/Almut Leh, „Ein unglaublicher Frühling", Bonn (Bundeszentrale für politische Bildung) 1997, S. 221 f.

M5 „Verzicht auf Rache und Vergeltung …“

Am 5. August 1950 wurde die „Charta der Heimatvertriebenen“ in Stuttgart verkündet. Darin hieß es u. a.:

1. Wir Heimatvertriebenen verzichten auf Rache und Vergeltung. Dieser Entschluss ist uns ernst und heilig im Gedenken an das unendliche Leid, welches im Besonderen das letzte Jahrzehnt über die Menschheit gebracht hat.
2. Wir werden jedes Beginnen mit allen Kräften unterstützen, das auf die Schaffung eines geeinten Europas gerichtet ist, in dem die Völker ohne Furcht und Zwang leben können.
3. Wir werden durch harte, unermüdliche Arbeit teilnehmen am Wiederaufbau Deutschlands und Europas. Wir haben unsere Heimat verloren. Heimatlose sind Fremdlinge auf dieser Erde. Gott hat die Menschen in ihre Heimat hineingestellt … Wir haben dieses Schicksal erlitten und erlebt. Daher fühlen wir uns berufen zu verlangen, dass das Recht auf Heimat als eines der von Gott geschenkten Grundrechte der Menschheit anerkannt und verwirklicht wird.

www.dbv-nrw.de/Charta.htm

M6 „Ihr müsst mit eurem Leid allein fertigwerden“

Aus einem Interview des Magazins „Spiegel special“ mit dem Historiker Hans-Ulrich Wehler (2002):

Es gab … eine tiefsitzende Scheu, die Vertreibung nach dem Zusammenbruch des Dritten Reichs gleichgewichtig mit den anderen großen Fragen jener Zeit zu behandeln. Die Deutschen sollten sich erst einmal ihren eigenen Verbrechen stellen, was Völker denkbar selten tun. Das wollte man nicht relativieren durch den offenen Blick auf die Tragödie von Millionen Menschen, die ganz überwiegend weder den Zweiten Weltkrieg verursacht hatten noch an den Verbrechen der Nazis beteiligt waren. … Für die Überlebenden der Trecks war es eine jahrzehntelang andauernde Zumutung, dass sie ihr Leid privatisieren mussten. Gewisse Ventile boten zwar die Landsmannschaften und anfangs auch der „Block der Heimatvertriebenen und Entrechteten“. Aber die Botschaft der bundesdeutschen Mehrheit hieß: Ihr müsst mit eurem Leid allein fertigwerden. Wenn das jetzt im Abstand von gut einem halben Jahrhundert neu aufgerollt wird, kann das nicht schaden.

Aus: Spiegel special, Nr. 2, 2002, S. 19f.

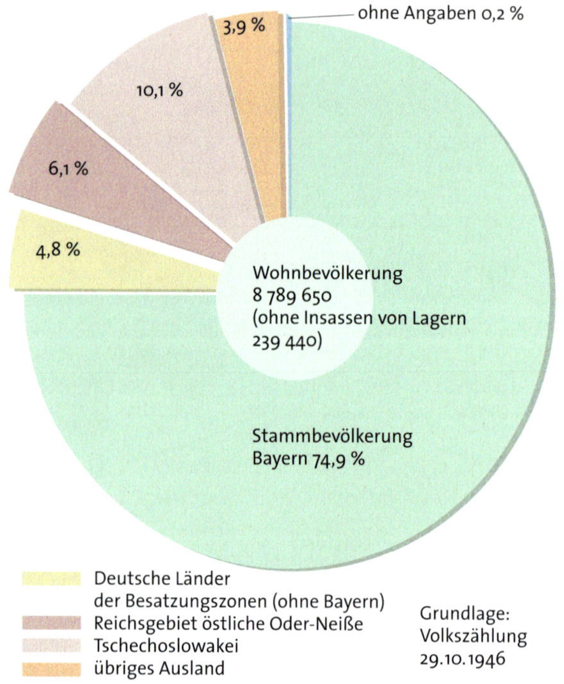

M7 Die Bevölkerung Bayerns nach dem Zweiten Weltkrieg

Grundwissen

Flucht und Vertreibung

Im Herbst 1944 begann die Flucht der deutschen Bevölkerung nach Westen aus Furcht vor der Sowjetarmee und als Opfer „wilder“ Vertreibungen. Die planmäßige Umsiedlung der Deutschen östlich von Oder und Neiße aus Ungarn und der Tschechoslowakei begann 1946. Dazu kam eine Fluchtwelle aus der Sowjetunion in die westlichen Zonen. Insgesamt verloren etwa 18 Millionen Deutsche ihre Heimat.

5 Nimm Stellung zur Aussage: „Die Integration der Vertriebenen zählt zu den großen Erfolgen der Nachkriegszeit.“ (Darstellungstext, M7)

6 Erarbeite die wesentlichen Aussagen der „Charta der Heimatvertriebenen“ (M5) und bewerte ihre Integrationsbereitschaft.

7 Untersuche, wie der Autor von M6 die Aufarbeitung des Themas Flucht und Vertreibung beurteilt.

Neubeginn in Trümmern und Not

Zusammenbruchsgesellschaft

Am Ende des Krieges standen die Deutschen im wahrsten Sinne des Wortes vor den Trümmern der zwölfjährigen NS-Diktatur: Ein großer Teil der Verkehrswege und Industrieanlagen war zerstört und etwa 25 Prozent des Wohnraumes lagen in Schutt und Asche, in Groß- und Mittelstädten betrug die Zerstörungsrate sogar zwischen 50 und 90 Prozent. 7,5 Millionen Menschen waren aufgrund dieser Zerstörungen obdachlos geworden. Der Wiederaufbau der Städte verlief schleppend, weil es an Materialien und Arbeitskräften mangelte.

Die Versorgung der deutschen Bevölkerung mit Lebensmitteln lag in den Händen der Besatzungsmächte. Wie in fast allen europäischen Staaten, die unter den Folgen des Krieges litten, wurden Lebensmittel und viele andere Waren nur auf Bezugsscheine ausgegeben. Wer auf dem Land wohnte, konnte von seinen eigenen Produkten leben oder sie gegen Wertgegenstände eintauschen. Geld war im Übermaß vorhanden, besaß aber keinen Wert mehr. Zigaretten wurden zur gängigen Tauschwährung. Auf dem illegalen „Schwarzmarkt" konnte man auf diese Weise Waren beschaffen.

Da fast 4 Millionen Männer im Krieg gefallen waren und sich 11 Millionen 1945 in Kriegsgefangenschaft befanden, trugen die Frauen die Hauptlast. Sie standen stundenlang für Lebensmittel Schlange, machten „Hamsterfahrten" aufs Land, leisteten Schwerstarbeit als „Trümmerfrauen" und erzogen – wie schon während des Krieges – die Kinder allein. In vielen deutschen Städten bildeten sich seit 1945 Frauenausschüsse, die durch Selbsthilfe zur Linderung der Not beitragen wollten.

Die Überlebenssorgen trafen in besonderem Maß die etwa 12 Millionen Flüchtlinge und Vertriebenen. Sie kamen in provisorischen Quartieren unter oder lebten übergangsweise bei Verwandten. Viele ehemalige Zwangsarbeiter, befreite KZ-Häftlinge und Kriegsgefangene warteten auf die Rückführung in ihre Heimat.

Geistiger Neuanfang

Trotz der materiellen Not empfanden viele Menschen die Nachkriegsjahre als Zeit der geistigen Erneuerung. Nach der Zensur unter der NS-Herrschaft und den kriegsbedingten Einschränkungen strömten die Leute jetzt in Theater und Konzertveranstaltungen. Zahlreiche Literaten und Künstler kehrten aus dem Exil in ihre Heimat zurück, verstärkt setzte man sich mit modernen ausländischen Entwicklungen in Literatur, Malerei und Musik auseinander. Junge Autoren bildeten z. B. die „Gruppe 47", die sich den deutschen Gegenwartsproblemen zuwandte und sich engagiert für den Aufbau der Demokratie einsetzte.

M1 **Trümmerfrauen**, Foto, 1946

M2 Eine Trümmerfrau erzählt

Bericht einer damals 36 Jahre alten Berlinerin:

Ich war damals bei der Straßenreinigung angestellt. Da gab es große Pferdewagen, auf die haben wir die Steine aufgeladen. Pferde gab es nicht mehr, deshalb mussten wir Frauen die Wagen ziehen und schieben. An jeder Seite ein paar Frauen … Naja, viel Lohn haben wir damals nicht gekriegt. 61 Pfennige waren das, glaube ich. Aber wir haben eine höhere Karte gekriegt, eine Arbeitskarte, das war das Attraktive daran. Denn die Hausfrauenkarte, die ich zuerst bekam, das war wirklich zum Leben zu wenig. 300 Gramm Brot … und sieben Gramm Fett pro Tag.

Informationen zur politischen Bildung 1/1997, S. 14.

M3 Tauschhandel und Schwarzmarkt

Tauschhandel und Schwarzmarkt blühten. So berichtete die Berliner Zeitung „Telegraf" im Juni 1947:

Einem hungrigen Freunde wurde ein Pfund Butter für 320 Reichsmark angeboten. Er nahm sie auf Kredit, weil er so viel Geld nicht hatte. Er wollte sie morgen bezahlen. Ein halbes Pfund bekam seine Frau. Mit dem Rest gingen wir „kompensieren": In einem Tabakladen gab es für das halbe Pfund 50 Zigaretten. Zehn Stück behielten wir für uns. Mit dem Rest gingen wir in eine Kneipe. Wir rauchten eine Zigarette und das Geschäft war perfekt. Für die 40 Zigaretten erhielten wir eine Flasche Wein und eine Flasche Schnaps. Den Wein brachten wir nach Hause. Mit dem Schnaps fuhren wir auf das Land. Bald fand sich ein Bauer, der uns für den Schnaps zwei Pfund Butter eintauschte. Am nächsten Morgen brachte mein Freund dem Butterlieferanten sein Pfund zurück, weil es zu teuer sei. Unsere Kompensation hatte eineinhalb Pfund Butter, eine Flasche Wein, zehn Zigaretten und das Vergnügen eines steuerfreien Gewerbes eingebracht.

Hermann Glaser, Man war unterwegs, Kultur der Trümmerzeit – Stichjahr 1947. In: Das Parlament Nr. 32/8. August 1987, S. 17.

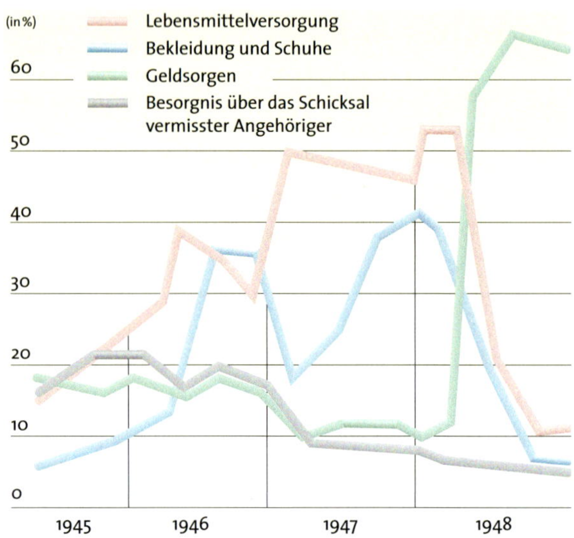

M4 Umfrageergebnisse der amerikanischen Militärregierung über die Hauptsorgen der Deutschen, 1945–1948. Die Frage lautete: „Was sind momentan Ihre größten Sorgen?"

M5 Kohlenknappheit

Im Februar 1947 lieferte der ehemalige Präsident der Vereinigten Staaten, Hoover, an den amtierenden Präsidenten Truman einen Bericht über die wirtschaftliche Lage der britischen und amerikanischen Zonen in Deutschland:

Die Knappheit an Kohle ist neben der Knappheit an Lebensmitteln der ernsteste Engpass für die Lebenshaltung und die Belebung der Ausfuhr zur Bezahlung der Lebensmitteleinfuhren. Das Ruhrgebiet, welches jetzt fast der einzige Kohlenlieferant der britisch-amerikanischen Zone ist, fördert nur 230 000 Tonnen täglich gegenüber 450 000 Tonnen täglich in früheren Zeiten, da es an gelernten Arbeitern und physischer Kraft zur Arbeit fehlt. Von der gegenwärtigen Förderung muss ein beträchtlicher Teil an die Nachbarvölker ausgeführt werden, welche auch leiden. Infolge der Knappheit sind die beiden Zonen ohne genügend Kohle für Transporte, Haushaltsversorgung und andere lebenswichtige Dienste und haben nur wenig, womit sie industrielle Exporte in Gang bringen könnten.
Die Kohlenknappheit in ganz Westeuropa und die unerhörte Strenge des Winters haben überall zu schwerstem Leiden geführt. Um nur ein Beispiel zu nennen: Seit Oktober sind in Hamburg keine Kohlen als Hausbrand ausgegeben worden. Andere deutsche Städte sind nur wenig besser daran.

„Angesichts des Trümmerfeldes ..." Begleitheft zur Ausstellung anlässlich des 40. Jahrestages der Bayerischen Verfassung, hg. von Susan Boenke u. Konrad v. Zwehl, München, 1986, S. 146.

M6 Gemüseanbau vor dem Reichstag in Berlin, Foto, 1945

M7 Luise Rinser: Die rote Katze (1948, Auszüge)

Die Schriftstellerin Luise Rinser (1911–2002) musste 1939 die Arbeit als Lehrerin aufgeben, weil sie sich von den Nationalsozialisten nicht vereinnahmen lassen wollte. 1944 wurde sie wegen Hochverrats und Wehrkraftzersetzung angeklagt. In dieser Kurzgeschichte schildert die Autorin den Alltag eines Kindes im Nachkriegsdeutschland:

Die Mutter war allein daheim und auf ihrem Schoß, da war die rote Katze.

„Himmeldonnerwetter", hab ich gesagt, „ist das Biest schon wieder da?"

„Red doch nicht so grob", hat die Mutter gesagt, „das ist eine herrenlose Katze, und wer weiß, wie lang sie nix mehr gefressen hat. Schau nur, wie mager sie ist."

„Wir sind auch mager", hab ich gesagt.

„Ich hab ihr n bisschen was von meinem Brot gegeben", hat sie gesagt und hat mich schief angeschaut. Ich hab an unsere Brote gedacht und an die Milch und an das Weißbrot, aber gesagt hab ich nichts. Dann haben wir die Kartoffeln gekocht, und die Mutter war froh. Aber woher ich sie hab, hat sie nicht gefragt. Meinetwegen hätt sie schon fragen können. Nachher hat die Mutter ihren Kaffee schwarz getrunken, und sie haben alle zugeschaut, wie das rote Biest die Milch ausgesoffen hat. Dann ist sie endlich durchs Fenster rausgesprungen. Ich habs schnell zugemacht und richtig aufgeatmet.

Am Morgen, um sechs, hab ich mich für Gemüse angestellt. Wie ich um acht heimkomm, sitzen die Kleinen beim Frühstück und auf dem Stuhl dazwischen hockt das Vieh und frisst eingeweichtes Brot aus Lenis Untertasse. Nach n paar Minuten kommt die Mutter zurück, die ist seit halb sechs beim Metzger angestanden. Die Katze springt gleich zu ihr hin, und wie die Mutter denkt, ich geb nicht acht, lässt sie n Stück Wurst fallen. Es war zwar markenfreie Wurst, so n graues Zeug, aber wir hätten sie uns auch gern aufs Brot gestrichen, das hätte Mutter doch wissen müssen …

Es hat keine Mahlzeit gegeben ohne das rote Vieh und keiner von uns hat irgendwas vor ihr verheimlichen können. Kaum hat man was gegessen, so ist sie schon dagesessen und hat einen angestarrt. Und alle haben wir ihr gegeben, was sie hat haben wollen, ich auch. Obwohl ich wütend war. Sie ist immer fetter geworden, und eigentlich war es eine schöne Katze, glaub ich. Und dann ist der Winter sechsundvierzig auf siebenundvierzig gekommen. Da haben wir wirklich kaum mehr was zu essen gehabt. Es hat ein paar Wochen lang kein Gramm Fleisch gegeben und nur gefrorene Kartoffeln, und die Brotrationen waren wieder gekürzt, und wir waren so mager, dass die Kleider nur so geschlottert haben an uns.

Luise Rinser, Die rote Katze. In: H. L. Arnold, Die deutsche Literatur 1945–1948. München (Beck) 1995, S. 498–503.

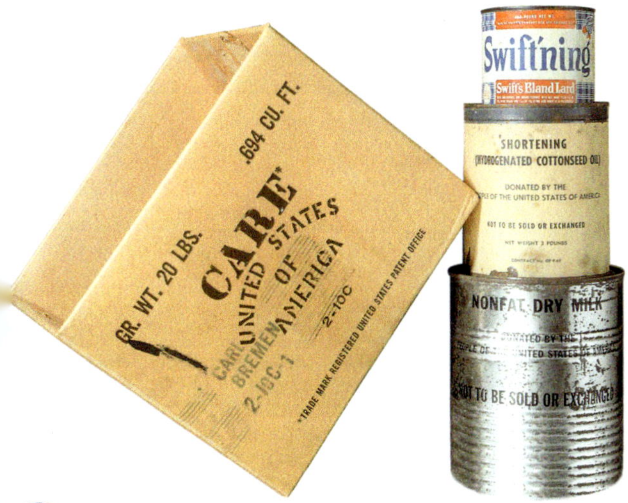

M8 Carepaket, um 1946. Die amerikanische Wohltätigkeitsorganisation CARE (Cooperative for American Remittances to Europe) verteilte bis Januar 1947 fünf Millionen Lebensmittelpakete in Deutschland.

1 Erarbeite mithilfe des Darstellungstextes und M5, mit welchen Alltagsschwierigkeiten die Menschen nach 1945 zu kämpfen hatten.

2 Zeige, welche Möglichkeiten gefunden wurden, um die Situation zu bewältigen (M1, M2, M3, M6, M8).

3 Erkläre die Umfrageergebnisse in M4. Welche Entwicklung ist erkennbar?

4 Der Text M7 ist ein Beispiel für die so genannte Trümmerliteratur. Lege dar, inwiefern er auf die Nachkriegssituation Bezug nimmt. Geht es in der Geschichte nur um materielle Probleme?

5 Befragt Menschen nach ihren Erinnerungen aus der Nachkriegszeit. Überlegt, wie ihr eure Ergebnisse in der Klasse präsentieren könnt (z. B. Gestaltung von Plakaten mit Gesprächsnotizen und Fotos, Tonbandaufzeichnung, Mitbringen erhaltener Alltagsgegenstände).

Alliierte Besatzungspolitik 1945–1948

Was soll aus Deutschland werden?

Nach der Kapitulation Deutschlands am 8./9. Mai 1945 trafen sich im Sommer 1945 die Staatsführer der drei alliierten Siegermächte in Potsdam, um sich über die europäische Nachkriegsordnung und das zukünftige Vorgehen im besetzten Deutschland zu einigen. Obwohl auf der Potsdamer Konferenz die unterschiedlichen politischen Vorstellungen der Sowjetunion und der westlichen Staaten bereits aufeinanderprallten, kamen die Alliierten zu einem Ergebnis: „Demilitarisierung", „Denazifizierung", „Dezentralisierung" und „Demokratisierung" waren die Leitlinien, auf die sie sich einigten. Außerdem vereinbarten sie, Deutschland als eine wirtschaftliche Einheit zu betrachten. Bald jedoch zeigte sich, dass die Besatzungsmächte, abgesehen von der „Demilitarisierung", nämlich der Auflösung des deutschen Militärs und der Zerstörung der deutschen Waffenmacht, unterschiedliche Vorstellungen von den anderen drei „D" hatten. Die alleinige Zuständigkeit in ihrer Zone ermöglichte den vier Besatzungsmächten, die Bestimmungen von Potsdam unterschiedlich umzusetzen. Schon bald entwickelten sich daher die westlichen Zonen einerseits und die Sowjetische Besatzungszone (SBZ) andererseits auseinander.

Neubeginn des politischen Lebens

Die Besatzungsmächte versuchten unmittelbar nach Kriegsende, das öffentliche Leben und die Wirtschaft in Gang zu bringen. Auf deutscher Seite bemühten sich spontan entstandene antifaschistische Ausschüsse, Betriebsräte, Gewerkschaften, Parteien und kirchliche Gruppen um den Wiederaufbau. In den Westzonen wurden Parteien und Verbände zunächst nur auf örtlicher Ebene zugelassen. Neben den traditionellen Arbeiterparteien KPD und SPD und der liberalen Partei FDP (Freie Demokratische Partei) entstand mit der Christlich-Demokratischen Union (CDU) eine Partei, die – anders als das frühere Zentrum – katholische und evangelische Christen politisch vereinigte.

Die von den westlichen Alliierten eingesetzten Verwaltungen auf Gemeinde- und Länderebene begannen 1945/46 zu arbeiten. In der SBZ war die Situation anders: Dort waren bereits 1945 Zentralverwaltungen geschaffen worden, die den Aufbau des politischen Lebens bestimmten. Die Kommunistische Partei Deutschlands (KPD) erhielt hier von Anfang an eine bevorzugte Stellung. Im April 1946 wurden KPD und SPD in der SBZ zur SED (Sozialistische Einheitspartei Deutschlands) zwangsvereinigt.

M1 Mitteleuropa 1945–1949

M2 Plakat aus der SBZ, 1945

Wirtschaftliche Weichenstellungen

In der sowjetischen Zone gehörte zu den ersten und einschneidenden Maßnahmen nach dem Krieg eine Bodenreform*. Weil die Großgrundbesitzer nach sowjetischer Auffassung für Hitlers Aufstieg wesentlich mitverantwortlich gewesen waren, wurden sie entschädigungslos enteignet. Alle Landgüter über 100 Hektar wurden aufgeteilt; den größten Teil des enteigneten Bodens erhielten Landarbeiter und „Umsiedler", d. h. Vertriebene. Tiefe Eingriffe erfolgten auch im industriellen Bereich. Nach einem Volksentscheid 1946 in Sachsen, der 77 Prozent Zustimmung brachte, wurden auch in den anderen Ländern der SBZ die wichtigsten Industriebetriebe in staatliche Leitung übernommen. Damit war bereits eine wichtige Voraussetzung für die spätere Planwirtschaft* geschaffen.

Auch in den Westzonen gab es Vorschläge zur Bodenreform, zur Sozialisierung von Großbetrieben und zur Mitbestimmung von Arbeitern und Angestellten in der Wirtschaft – als Teil einer neuen demokratischen Ordnung. Doch die amerikanische Militärregierung hielt Sozialisierung mit ihren Vorstellungen von einer freien Wirtschaft für unvereinbar und wurde dabei von konservativen Teilen der CDU und der FDP unterstützt. Um die wirtschaftliche Entwicklung zu beschleunigen, legten Amerikaner und Briten am 1. Januar 1947 ihre beiden Zonen zu einer wirtschaftlichen Einheit, zur Bizone, zusammen; Frankreich schloss sich 1949 an, sodass ein vereinigtes Wirtschaftsgebiet der drei westlichen Besatzungszonen entstand.

Der Marshallplan – ein Schritt zur Spaltung?

Nach Ansicht der US-Regierung galten wirtschaftlich schwache Staaten als besonders anfällig für kommunistische Ideen. Außenminister Marshall regte daher ein amerikanisches Hilfsprogramm für die vom Krieg belasteten europäischen Staaten an. Auch Deutschland sollte von diesem European Recovery Program (ERP) profitieren. Als im Frühjahr 1948 der „Marshallplan*" in Kraft trat, protestierte die sowjetische Besatzungsmacht heftig dagegen und warf den USA vor, sich aus einer gemeinsamen Deutschlandpolitik zurückzuziehen. Der Konflikt verschärfte sich mit der Währungsrefom: Damit Deutschland die amerikanischen Kredithilfen des Marshallplans nutzen konnte, führten die westlichen Alliierten am 21. Juni 1948 in ihren Zonen die „Deutsche Mark" (DM) als offizielles Zahlungsmittel ein. Die Sowjetunion, die eine amerikanische Wirtschaftshilfe in ihrer Zone untersagt hatte, kündigte am 24. Juni eine eigene Währungsreform für die SBZ und Groß-Berlin an. Die Westmächte führten daraufhin die DM auch in den Westsektoren Berlins ein. In den Westzonen erhielt jeder Einwohner 60 DM ausgezahlt, Sparguthaben wurden im Verhältnis 10 zu 1 abgewertet. Gleichzeitig wurden die staatliche Lenkung der Produktion, die Preisbindung und die Regulierung der Verteilung beendet. In der SBZ fielen die Regelungen für Umstellung der Sparguthaben zwar etwas günstiger aus. Im Gegensatz zu den Westzonen unterlagen die Produktion und die Festsetzung der Preise jedoch weiterhin staatlicher Lenkung.

Die Berlin-Blockade

Am 23. Juni 1948, zeitgleich mit der Währungsreform in den Westzonen, berichteten die Zeitungen von „technischen Störungen" im Personenverkehr zwischen den Westzonen und Westberlin. Einen Tag darauf sperrte die Sowjetunion die Zonengrenze und ordnete eine Blockade der Westsektoren Berlins an. Nur noch über einen Luftkorridor war der Zugang nach Berlin möglich. Die Sowjetunion verfolgte mit der Berlin-Blockade, die erst im Mai 1949 aufgehoben wurde, vor allem ein Ziel: Die Gründung eines westdeutschen Staates sollte verhindert werden. Sie erreichte jedoch das Gegenteil. Die Amerikaner versorgten die Bevölkerung in Berlin (West) durch eine Luftbrücke. Berlin (West) wurde zum Freiheitssymbol, denn die Blockade schien offensichtlich zu beweisen, dass sich mit der Sowjetunion nicht über eine Vereinigung der Zonen verhandeln ließ.

M3 SPD und KPD: erzwungene Vereinigung

Aus einem Bericht des Leiters der politischen Abteilung der britischen Militärregierung an das britische Außenministerium über ein Treffen mit den Ost-SPD-Mitgliedern O. Grotewohl und G. Dahrendorf am 4. Februar 1946:

Ich sagte, wir könnten nicht verstehen, dass die SPD wirklich mit den Kommunisten zusammengehen könnte ... Grotewohl sagte, das sei keine Frage von Programmen, sondern nackter Tatsachen ... Sie würden nicht nur persönlich unter stärksten Druck gesetzt ..., ihre Organisation in den Ländern sei vollkommen unterwandert. ... [Es sei] jede nur mögliche Art von Druck ausgeübt worden, von dem Versprechen, ihnen einen Arbeitsplatz zu besorgen, bis zur Entführung am helllichten Tag, und wenn er, Grotewohl, ... [mit der SPD] den Widerstand fortsetzen würde, dann würden sie ganz einfach abgesetzt werden ...

Zit. nach Rolf Steininger, Deutsche Geschichte seit 1945, Bd. 1, Frankfurt/M. (Fischer) 1996, S. 191f.

M4 Wahlergebnisse der Landtagswahlen 1946/47 (in %)

Die SED trat nur in der SBZ und in Berlin zur Wahl an:

	CDU/CSU	*SPD*	*SED*	*KPD*	*FDP/LDP*
Britische Zone	31,6	37,2	–	10,4	6,6
Amerikanische Zone	42,7	33,5	–	8,2	11,1
Französische Zone	50,0	29,0	–	8,2	12,3
Sowjetische Zone	24,5	–	47,5	–	24,6

Zusammengestellt nach Themen und Probleme der Geschichte, Deutschland seit 1945, hg. von Eberhard Wilms, Berlin (Cornelsen) 2002, S. 46.

M5 **Schaufenster nach der Währungsreform,** Foto, Juni 1948. Über Nacht füllten sich die Geschäfte mit zuvor gehorteten Waren.

M6 Alliierte Politik in den Westzonen

Der Historiker Christoph Kleßmann schrieb über den Verwaltungsaufbau in den westlichen Besatzungszonen (1986):

Zuweilen fanden die Sieger beim Einmarsch einen funktionierenden [Verwaltungs-]Apparat vor, der dann vorläufig weiterzuarbeiten hatte ... Amerikaner und Briten beließen deutsche Verwaltungsfachleute an untergeordneter Stelle zunächst vielfach in ihren Positionen ... Als Verwaltungsleiter wurden jedoch durchweg unbelastete Personen eingesetzt. In der Regel waren es erfahrene kommunale Fachbeamte mit überwiegend bürgerlicher Orientierung ...
Die ersten Ministerpräsidenten und Regierungschefs der Länder wurden direkt [von der jeweiligen Militärregierung] ernannt, sie waren allein verantwortlich gegenüber der Militärregierung ... Die ersten Gemeinde- und Kreistagswahlen 1946 in allen Zonen und die Wahlen zu den Landtagen und verfassunggebenden Versammlungen der Länder 1947 waren die wichtigsten Schritte [zur Demokratisierung].

Christoph Kleßmann, Die doppelte Staatsgründung, 4., erg. Aufl., Bonn (Bundeszentrale für politische Bildung) 1986, S. 74f.

M7 Eingliederung in den Westen

Der spätere Außenminister der USA, John Foster Dulles, äußerte sich vor einem Ausschuss des amerikanischen Senats zum Marshallplan (1948):

Ich finde mich nicht notwendigerweise mit einer permanenten Teilung Deutschlands ab, sondern sage, dass der einzige Weg, Deutschland unter Bedingungen zusammenzubringen, die für uns und die westlichen Staaten akzeptabel sind, der ist, mit der Eingliederung des westlichen Deutschlands in die so gesunde und kraftvolle Wirtschaft Westeuropas zu beginnen, sodass die Bewohner des östlichen Deutschlands einfach sagen werden: „Gut, diesen Weg gehen wir nicht mehr weiter. Wir wollen ein wesentlicher Bestandteil des Westens sein."

Zit. nach Joachim Hoffmann/Werner Ripper (Hg.), Deutschland im Spannungsfeld der Siegermächte, Frankfurt/M. (Diesterweg) 1982, S. 178.

M8 **Ankunft eines amerikanischen „Rosinenbombers"** während der Berlin-Blockade, Foto, 1948

M9 Der Marshallplan – eine „belebende Wirkung"?

Der Historiker Hans-Ulrich Wehler schrieb 2003 über die Bedeutung des Marshallplans:

Seit dem Juni 1947 verbanden sich geradezu euphorische Erwartungen mit der Ankündigung dieses Marshallplans. Die ersten Lieferungen trafen jedoch erst Ende 1948 in Westdeutschland ein; bis Anfang 1949 erreichten sie einen Wert von nicht mehr als 99 Millionen Dollar. Weder waren sie in einem objektiven Sinn für den industriellen Aufbau entscheidend, noch erreichten sie eine imponierende Höhe. Von 1945 bis 1948 waren von der amerikanischen und britischen Besatzungsmacht immerhin schon zwei Milliarden Dollar aus anderen Fonds … in ihre Westzonen gepumpt worden … Dennoch: Auch wenn man die Proportionen realistisch zurechtrückt, bleibt doch die enorm belebende Wirkung auf das Wirtschaftsklima.

Hans-Ulrich Wehler, Deutsche Gesellschaftsgeschichte, Bd. 4, München (C.H. Beck) 2003, S. 970.

Grundwissen

Potsdamer Konferenz

Auf der Potsdamer Konferenz (17. Juli bis 2. August 1945) vereinbarten die Sowjetunion, die USA und Großbritannien:

Deutschland wird in vier Besatzungszonen geteilt, die Hauptstadt Berlin in vier Sektoren. In den einzelnen Zonen haben die jeweiligen Militärbefehlshaber die oberste Gewalt. Ein Alliierter Kontrollrat fällt Entscheidungen, die Deutschland als Ganzes betreffen.

Reparationen entnimmt jede Besatzungsmacht aus ihrer Zone (Demontage*, Geldleistungen aus Guthaben oder laufender Produktion).

Die deutsche Bevölkerung aus den Gebieten östlich der Oder-Neiße-Grenze* (polnische Verwaltung) und Nordostpreußen (sowjetische Verwaltung) wird nach Deutschland umgesiedelt.

In Deutschland soll in begrenztem Umfang ein politisches Leben entstehen: Parteien, Gewerkschaften und Verbände werden zugelassen. Voraussetzung ist die gründliche Entnazifizierung der Bevölkerung.

Besatzungszonen

Noch während des Zweiten Weltkrieges hatten Roosevelt (USA), Churchill (GB) und Stalin (UdSSR) vereinbart, Deutschland nach dessen bedingungsloser Kapitulation in drei Besatzungszonen aufzuteilen. Großbritannien und die USA traten aus ihrem Anteil Gebiete für eine vierte, die französische Zone, ab. Berlin wurde in vier Sektoren geteilt.

Währungsreform

Im Juni 1948 führten die Westalliierten in ihren Zonen und in Berlin (West) die Deutsche Mark, unmittelbar darauf die sowjetischen Machthaber in der SBZ und Berlin (Ost) die DM-Ost als neue Währungen ein. In den Westzonen gilt die Währungsreform als wichtiger Faktor für die positive wirtschaftliche Entwicklung im Westen Deutschlands. Die Währungsreformen vertieften die sich anbahnende Spaltung Deutschlands in Ost und West.

1 Erarbeite anhand der Informationen auf Seite 104, M6 und des Grundwissens „Potsdamer Konferenz", welche Entscheidungen die Siegermächte über die Zukunft Deutschlands trafen. Unterscheide nach Regelungen a) über das Territorium und b) über den politischen Aufbau.

2 Stelle in einer Tabelle den wirtschaftlichen Neubeginn in den Westzonen und in der SBZ stichpunktartig gegenüber (Darstellungstext S. 105, linke Spalte und M2).

3 Erarbeite die Bedeutung von Marshallplan und Währungsreform für die Westzonen (Darstellungstext S. 105, M5, M7, M9).

4 Zeige an M3 die politische Lage in der SBZ 1946/47 und stelle einen Bezug zu M4 her.

5 Untersuche an der Berlin-Blockade Absicht und Folgen der sowjetischen Politik (Darstellungstext S. 105 und M8).

Besatzung und staatlicher Neubeginn – das Beispiel Bayern

Besetztes Bayern

„Angesichts des Trümmerfeldes, zu dem eine Staats- und Gesellschaftsordnung ohne Gott, ohne Gewissen und ohne Achtung vor der Würde des Menschen die Überlebenden des Zweiten Weltkriegs geführt hat …", so beschreibt das Vorwort zur Bayerischen Verfassung die Ausgangslage für einen staatlichen Neubeginn. Genau eineinhalb Jahre nach der deutschen Kapitulation trat diese demokratische Verfassung in Kraft.
Die US-Armee hielt im Mai 1945 ganz Bayern besetzt und war zu einer harten Besatzungsherrschaft entschlossen. Die Militärregierung kontrollierte das gesamte öffentliche Leben und verbot jede politische Betätigung. Vorrangig war zunächst der Aufbau einer Verwaltung, um die drängenden Nachkriegsprobleme zu bewältigen. Bereits Ende Mai 1945 bestimmten die Amerikaner den CSU-Politiker Fritz Schäffer (1888–1967) zum vorläufigen Ministerpräsidenten. Doch schon im September wurde Schäffer wegen Differenzen mit der Militärregierung durch den Sozialdemokraten Wilhelm Hoegner (1887–1980) ersetzt.

Neugründung des Freistaats Bayern

Als nach dem Potsdamer Abkommen klar wurde, dass eine gemeinsame alliierte Politik kaum noch möglich war, wandte sich die US-Militärregierung dem politischen Ausbau ihrer Zone zu. Im September 1945 wurden daher wieder Länder gegründet, darunter Bayern, das – abgesehen von der unter französischer Besatzung stehenden Pfalz – territorial unverändert in seinen historischen Grenzen restauriert wurde.
Im Streben nach einer Demokratisierung Deutschlands wurde von der Militärregierung allmählich die Arbeit von Parteien erlaubt. KPD und SPD konnten dabei an ihre Tradition vor 1933 anknüpfen, während die bürgerlichen Parteien Neugründungen waren. Aus verschiedenen regionalen Initiativen ging die Christlich-Soziale Union (CSU) hervor, die sich als föderalistisch orientierte, überkonfessionelle Volkspartei verstand. Bereits Anfang 1946 traten die Parteien bei den ersten Gemeindewahlen an. Ministerpräsident Hoegner bildete eine Regierung aus Vertretern aller Parteien, um den Wiederaufbau auf eine breite Grundlage zu stellen.

Bayerische Verfassung

Im Februar 1946 beauftragte die US-Militärregierung Hoegner mit der Ausarbeitung einer Landesverfassung. Hoegner legte einen Verfassungsentwurf für ein demokratisches Bayern vor, das Teil eines künftigen deutschen Bundesstaates sein sollte. Eine vom Volk gewählte verfassunggebende Versammlung, der Vertreter aller Parteien angehörten, wobei die CSU die absolute Mehrheit hatte, beriet teilweise kontrovers über die geplante Grundordnung des Staates. Die Amerikaner hatten die Verfassungsarbeiten aufmerksam begleitet, sich aber kaum eingemischt. Nur dem starken bayerischen Wunsch nach weitgehender Selbstständigkeit in Deutschland widersetzte sich die Militärregierung, als sie die Verfassung schließlich genehmigte. Im Dezember 1946 stimmten 70 Prozent der bayerischen Wählerinnen und Wähler für die neue Verfassung. Zugleich wurde der erste Nachkriegslandtag gewählt. Die CSU errang dabei eine klare Mehrheit und stellte den neuen Ministerpräsidenten Hans Ehard (1887–1980).

M1 **Straßenkontrolle durch US-Soldaten in Bayreuth**, Foto, 1945

M2 Bayerische Wahlplakate aus der Nachkriegszeit

M3 Zusammenarbeit mit der Militärregierung

Am 16. Dezember 1946 erklärte Ministerpräsident Wilhelm Hoegner vor dem Bayerischen Landtag:

Der Ministerpräsident war seinerseits wieder dem Direktor der Militärregierung für Bayern verantwortlich. Die Maßnahmen des Kontrollrats und der Militärregierung für Bayern gingen den Maßnahmen der bayerischen Staatsregierung vor. Beamte konnten nur mit Zustimmung der Militärregierung ernannt und entlassen werden. Alle Landesgesetze und Verordnungen bedurften der vorherigen Zustimmung der Militärregierung. Der Ministerpräsident war außerdem verpflichtet, allen Einzelbefehlen und Weisungen der Militärregierung Folge zu leisten … Aus der gesamten Rechtslage ergibt sich, dass meine Regierung im weitesten Umfang in Abhängigkeit von der Besatzungsmacht stand. Trotzdem hatten wir nie das Gefühl, als bloßes Werkzeug benutzt zu werden. Nicht einen Augenblick kam ich in diesen 14 Monaten der Zusammenarbeit mit der Militärregierung auf den Gedanken, kein freier Mann mehr zu sein … Wir konnten mit der Militärregierung sachlich und reibungslos zusammenarbeiten. Sie hat uns viel Anregungen gegeben, uns insbesondere auf dem Gebiet der Ernährung, des Verkehrs und der öffentlichen Sicherheit weitgehend unterstützt. Dafür möchte ich ihr an dieser Stelle öffentlich Dank sagen.

Zit. nach „Angesichts des Trümmerfeldes …". Begleitheft zur Ausstellung anlässlich des 40. Jahrestages der Bayerischen Verfassung, hg. von Susan Boenke und Konrad v. Zwehl, München (Haus der Bayerischen Geschichte) 1986, S. 59.

Grundwissen

1946: Bayerische Verfassung

Im Dezember 1946 trat nach einem Volksentscheid und nach Zustimmung der Militärregierung die bis heute gültige Verfassung des Freistaats Bayern in Kraft. Damit wurde nach der Willkürherrschaft der Nationalsozialisten die Grundlage für einen demokratischen Rechtsstaat geschaffen.

1. Erstelle einen Hefteintrag, in dem du stichpunktartig die wichtigsten Stationen des staatlichen Neubeginns in Bayern nach dem Zweiten Weltkrieg festhältst (Darstellungstext, M1).
2. Analysiere die Wahlplakate M2.
3. Beschreibe und bewerte das Verhältnis zwischen der Besatzungsmacht und den bayerischen Politikern (Darstellungstext, M3).
4. Überlegt, warum für die US-Militärregierung die allmähliche Zulassung des politischen Lebens in ihrer Zone ein „demokratisches Experiment" (General Clay) war.

Mit fremdsprachigen Quellen umgehen

Quellentexte in „fremder“ Sprache

Quellentexte liegen im Schulbuch meistens in deutscher Übersetzung vor. Die „Vorarbeit“ des Übersetzens haben die Herausgeber von Quellensammlungen bzw. Übersetzer schon geleistet, sodass „nur“ noch die inhaltliche Analyse zu erarbeiten ist. Auf dieser Methodendoppelseite könnt ihr mit fremdsprachigen Quellentexten umgehen. Dafür könnt ihr das Analyseverfahren für deutschsprachige Quellentexte verwenden, müsst aber die Übersetzungsarbeit noch erledigen. Eine fächerübergreifende Arbeit mit dem Fach Englisch bietet sich an.

Arbeitsschritte Mit fremdsprachigen Quellen umgehen

1. Schritt: Textquelle übersetzen und Ergebnisse vergleichen
– Welche Hilfe wird benötigt? (z. B. Wörterbücher)

2. Schritt: Textquelle analysieren
– Welche Quellenart liegt vor?
– Wie lautet die Datierung?
– Gibt es eine Überschrift (ein Thema)?
– Wie lässt sich der Text gliedern?
– Was ist aus der Quelle zu erfahren?
– Wie lautet die Kernaussage?
– Sind die Aussagen schlüssig/widersprüchlich?
– Ist die Quelle glaubwürdig?
– In welcher Absicht wurde der Text verfasst?

3. Schritt: Informationen über den Autor/Urheber erarbeiten
– Wer hat den Text verfasst?
– In welchem Verhältnis steht er zum Ereignis?
– Was konnte er (nicht) wissen?

4. Schritt: Informationen über den Adressaten erarbeiten
– An wen ist der Text gerichtet (Privatperson, Öffentlichkeit)?
– Könnte der Adressat Einfluss auf den Inhalt des Textes haben?

5. Schritt: Quelle in den geschichtlichen Kontext einordnen und Übersetzung überprüfen
– In welche geschichtliche Situation lässt sich die Quelle einordnen?
– Ist ein Vergleich mit anderen Quellen und Darstellungen möglich?
– Welche weiteren Informationen sind nötig?
– Ist die Übersetzung stimmig mit der historischen Einordnung?

6. Schritt: Bezug zwischen Textquelle und Gegenwart herstellen
– Auf welche Frage(n) suchen wir eine Antwort?
– Welches Wissen bringen wir in die Analyse und Beurteilung ein?

Vokabelliste

keep your distance	*halten Sie Abstand*
bound by military terms	*durch die militärischen Bedingungen verpflichtet*
repentant	*reuevoll*
firmly entrenched in power	*in unangefochtener Machtposition*
conquest	*Eroberung*
gangster racket	*Verbrecherbande*
to carry a chip on your shoulder	*hier: einen Groll hegen*
errand	*Mission, Auftrag*

M1 „You are in enemy country!“

Aus dem „Pocket Guide to Germany“, herausgegeben von der US-Regierung für ihr Militärpersonal, 1944–1947:

Keep your Distance
You are in enemy country!
These people are not our allies or our friends. They are bound by military terms. However friendly and repentant, however sick of the Nazi party, the Germans have sinned against the laws of humanity and cannot come back into the civilized fold by merely sticking out their hands and saying – "I'm sorry."
It is up to the people to prove they deserve a place once more among respectable nations. Don't forget that eleven years ago, a majority of the German people voted the Nazi Party into power. The German people had all read Hitler's "Mein Kampf". They knew what Hitler meant to do to the minorities and the world. This book told them and a majority of them voted for the Nazis knowing this would give the Nazi Party absolute control, with Hitler as Chancellor. With Hitler firmly entrenched in power the plan in "Mein Kampf" began to come true – the bullying of races, the destruction of peaceful nations, the march toward world conquest. And this gangster racket was enthusiastically and energetically supported by the German people – as long as it seemed to succeed.
Remember the record. You are not in Germany, however, to carry a chip on your shoulder or to brutalize the inhabitants. We are not like the Nazis. But you are not there on a good will errand either.

M1 und M2: Pocket Guide to Germany, First published 1944, published 2006 by Foxley Books, London, S. 4 f.

M2 „Alibis"

Aus dem „Pocket Guide", 1944:

German propaganda against America indicates that the most powerful weapon wielded by the Nazi state, before and during the war, was the lie. This weapon will not be relinquished when the German soldier is defeated and shooting stops. The defeated German enemy may play for sympathy. He displayed this tendency after the last war in 1918, and may be expected to do it again on a larger and grander scale.
Having lost the war, you may be sure he will make every effort to win the peace. He may have a whole series of "alibis" at the tip of his tongue; they will not be good "alibis". Not to lead yourself into argument with the enemy, but to know the truth about your country's position in the war, read a few typical German propaganda lines, and some American answers to them: German line: "Germany did not start this war." American answer: "Germany declared war on the Unites States in December, 1941, five days after Germany's ally, Japan, had attacked us at Pearl Harbor. As for Britain und France, they went to war in September 1939 in fulfillment of their pledge to Poland when the German armies ruthlessly invaded Poland. Previous to that, England and France, like practically everyone else, had done their best to appease Hitler and Mussolini and avoid war. (Remember what happened at Munich in September 1938.) As for Russia, she went to war against Germany in June 1941, because she was invaded by the Germans in flagrant violation of the German-Soviet non-aggression pact."

M3 „Achtung vor den Verlierern …"

Der Journalist Sven Felix Kellerhoff schrieb am 1. Juni 2004 über den „Pocket Guide to Germany":

Es dokumentiert den unbedingten Willen, auch besiegte Gegner menschenwürdig zu behandeln – und zwar ebenso aus Achtung vor den Verlierern als auch aus Respekt vor den eigenen Werten. Zugleich illustriert der Pocket Guide die Probleme, mit der eine auf Demokratisierung zielende Besatzungsarmee zwangsläufig konfrontiert wird. Damit sind nicht die Verständigungsprobleme gemeint … Viel wichtiger sind die direkten Handlungsanweisungen … Zugleich versucht der Guide, der gefürchteten Verbrüderung („fraternization") vorzubeugen … Der eigentliche Kern des Pocket Guide to Germany sind jedoch die Argumentationshilfen, die den Soldaten für Gespräche mit Deutschen an die Hand gegeben werden – obwohl es an anderen Stellen mehrfach heißt, GIs sollten mit ihnen nicht diskutieren. Die vorgegebenen Antworten sind erstaunlich präzise und im Gegensatz zu anderen Passagen historisch korrekt. Vor allem aber vermitteln sie ein Gefühl der argumentativen Überlegenheit, das den Soldaten so viel Selbstbewusstsein geben sollte, dass sie auf Demonstrationen ihrer Macht verzichten konnten. Tatsächlich ist aus der Zeit der US-Besatzung in Deutschland mit wenigen Ausnahmen kein Fehlverhalten von amerikanischen Soldaten und Offizieren bekannt.

Sven Felix Kellerhoff, Soldaten, seid nett zu den Deutschen! In: Die Welt vom 1. Juni 2004. Zit. nach www.welt.de/data/2004/06/01/285192.html

M4 Ein amerikanischer Besatzungssoldat mit seiner deutschen Freundin auf der Rollschuhbahn, Foto, 1948

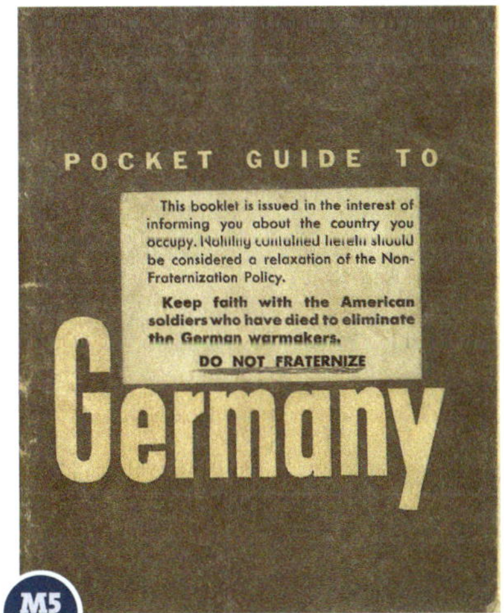

M5 Titelblatt der Broschüre „Pocket Guide to Germany", Foto

Partner- oder Gruppenarbeit:

1. Analysiert M1 mithilfe der Arbeitsschritte. Nehmt die Vokabeln und M5 zu Hilfe.
2. Wertet M2 entsprechend aus und stellt einen Bezug zwischen M1, M2 und M3 her. Zieht Kapitel 2 heran.
3. Beurteilt zusammenfassend das durch M1 und M2 vermittelte „Amerikabild".

Neuanfang durch Entnazifizierung?

Abrechnung mit dem Nationalsozialismus

Die Beseitigung von Militarismus und Nationalismus* gehörte 1945 zu den wichtigsten Zielen der Alliierten. Als erste Maßnahme und Teil der „Umerziehung" („Reeducation") der deutschen Bevölkerung wurden z. B. die deutschen Anwohner über die Gelände der befreiten Konzentrationslager geführt und die Bevölkerung durch Dokumentarfilme über die Verbrechen der Nationalsozialisten aufgeklärt. Die Alliierten ließen die alten Schulbücher vernichten und genehmigten nur Unterrichtsmaterialien, die ihren jeweiligen politischen Vorstellungen entsprachen.

In der sowjetischen Zone wurde klar unterschieden zwischen aktiven Nazis und Mitläufern. Unter der Parole „Ausrottung der Überreste des Faschismus" wurden bis 1948 etwa 520 000 Personen aus ihren Stellungen entfernt, in der Justiz beispielsweise etwa 85 Prozent des bisherigen Personals. „Kleinere" ehemalige NSDAP-Mitglieder wurden von Bestrafungen ausgenommen, wenn sie sich zum kommunistischen System bekannten.

In den Westzonen wurden etwa 12 Millionen ehemalige Mitglieder der NSDAP oder ihrer Unterorganisationen anhand eines umfangreichen Fragebogens überprüft, in dem nach der politischen Einstellung und Tätigkeit gefragt wurde. Spruchkammern stellten daran den Grad der Verantwortung fest. Tatsächlich verurteilt wurden allerdings nur etwa 10 Prozent der Angeklagten.

Die Nürnberger Prozesse

Gegen die Hauptkriegsverbrecher Nazi-Deutschlands gingen die Alliierten im Rahmen der Nürnberger Prozesse* gemeinsam vor. Hier wurden vor einem internationalen Militärtribunal zwischen November 1945 und Herbst 1946 die Verbrechen von 24 NSDAP-Prominenten (z. B. Göring) und knapp 700 SS-Ärzten, Juristen, hohen Offizieren, SS-Führern und Mitgliedern von KZ-Wachmannschaften verhandelt. Viele der Angeklagten wurden hingerichtet oder mit hohen Freiheitsstrafen belegt. Nach den Nürnberger Prozessen ging die Strafverfolgung auf deutsche Gerichte über.

Den Angeklagten wurden in den Nürnberger Prozessen Verbrechen gegen den Frieden, Kriegsverbrechen und Verbrechen gegen die Menschlichkeit zur Last gelegt. Juristisch war sowohl die Einrichtung dieses Tribunals als auch die Begründung der Anklagepunkte nicht unumstritten. Bisher gab es noch kein völkerrechtlich abgesichertes Verbot von Angriffskriegen. Kriegsverbrechen und Verbrechen gegen die Menschlichkeit konnten auch den Siegermächten vorgeworfen werden, und die Richter stellten nur die Siegermächte. Allerdings wurden hier zum ersten Mal in der Geschichte durch einen internationalen Gerichtshof Verbrechen gegen die Menschenrechte verurteilt – mit einer Vorbildwirkung für unsere Zeit, wie das UN-Kriegsverbrechertribunal für das ehemalige Jugoslawien zeigt.

Das Ende der Entnazifizierung

Als sich der Ost-West-Konflikt verschärfte, regte sich in den USA und in Deutschland Widerstand gegen die Entnazifizierung; bis Mitte der 50er Jahre wurde sie durch „Schlussgesetze" beendet. Nicht nur Mitläufer, sondern auch viele, die in leitenden Positionen lebensvernichtende Entscheidungen getroffen, verbrecherische Urteile gefällt oder Menschen zu Tode gequält hatten, wurden jetzt entlastet oder gar nicht mehr verfolgt.

Einigen ehemaligen aktiven Nationalsozialisten gelang es sogar, in der Bundesrepublik (wie auch in der DDR) erneut Karriere zu machen und in wichtige Ämter aufzusteigen.

M1 Die Angeklagten im Nürnberger Prozess gegen die Hauptkriegsverbrecher des Zweiten Weltkriegs, Foto, 1946

M2 Rechtfertigung eines Beteiligten

Auszug aus einem Gerichtsverfahren gegen einen Zugführer der Reichsbahn (1945):

Ankläger: Ist es wahr, dass bei dem sechstägigen Bahntransport von Nordhausen nach Belsen von den fünftausend fast verdursteten KZ-Häftlingen zweiundvierzig Menschen tatsächlich am Durst gestorben sind?
Angeklagter: Wir hatten eine Portion Tote, aber mich ging es nichts an. Ich war nicht Dienstältester.
Ankläger: Es ist überhaupt nicht zu verstehen, dass Sie die Gefangenen verdursten ließen. Zwischen Nordhausen und Belsen gibt es viele Bäche und Flüsse. Sie konnten doch den Zug halten und Wasser holen lassen.
Angeklagter: Ich meine, das geht ja nicht, dass jeder über einen Zug bestimmen kann, wie er will. Es ist doch so, dass der Zugführer seinen bestimmten Plan hatte, nach dem er fahren musste … Die Gefangenen hatten es auf dem Transport ganz gemütlich. Je hundert Stück Häftlinge auf einem Waggon.
Ankläger: Warum haben Sie auf den Bahnhöfen kein Wasser für die Gefangenen geholt?
Angeklagter: Diese Bahnhöfe, dieses Wasser … es gibt da Bestimmungen, das ist nur für die Lokomotiven da. Auch hatte ich ja gar nicht das Kommando.

Zit. nach Eike Geisel (Hg.), Vielleicht war das alles erst der Anfang. Tagebuch aus dem KZ Bergen-Belsen 1944–1945, Berlin (Rotbuch) 1982.

M3 **Filmplakat „Die Mörder sind unter uns"**, 1946

M4 Erfolg der Entnazifizierung?

Der Historiker Konrad von Zwehl schrieb 1986 zum Spruchkammerverfahren in der US-Zone:

Insgesamt verfehlte das von den Amerikanern aufgenötigte Verfahren sein Ziel, einen Gesinnungswandel herbeizuführen. Die Spruchkammern bearbeiteten mit Vorrang die „kleinen" Fälle, da die schwebenden Verfahren für die Betroffenen und vor allem für ihre Familien eine große Härte bedeuteten; die „großen" Fälle kamen, wenn überhaupt, erst in einer Zeit zur Verhandlung, als die Besatzungsmacht die Zügel lockerte, um den Aufbau des Weststaates nicht zu gefährden. Die Spruchkammern wurden so zu „Mitläuferfabriken", die am Fließband niedrige Einstufungen hervorbrachten. Außer den strafrechtlich Verurteilten kamen die meisten Angeklagten wieder in ihren alten Positionen unter.

„Angesichts des Trümmerfeldes …". Begleitheft zur Ausstellung anlässlich des 40. Jahrestages der Bayerischen Verfassung, hg. von Susan Boenke und Konrad v. Zwehl, München (Haus der Bayerischen Geschichte) 1986, S. 66.

Grundwissen

Entnazifizierung

Nach dem Zweiten Weltkrieg versuchten die Siegermächte, die deutsche Gesellschaft vom Nationalsozialismus zu säubern. Maßnahmen waren neben der gerichtlichen Verfolgung von Kriegsverbrechern (Nürnberger Prozesse) u. a. die Entfernung ehemaliger Nationalsozialisten aus einflussreichen Positionen und die Umerziehung der Bevölkerung durch Schule und Medien. Der Erfolg der Entnazifizierung ist in der Geschichtswissenschaft umstritten.

1 Erarbeite aus den Materialien der Doppelseite Ziele und Maßnahmen der Entnazifizierung nach dem Zweiten Weltkrieg.

2 Zeige, mit welchen Problemen der Entnazifizierungsvorgang verbunden war.

3 Diskutiert in der Klasse, ob die Beseitigung von Militarismus und Nationalismus sowie die Umerziehung zur Demokratie in Deutschland nach dem Zweiten Weltkrieg langfristig erfolgreich war.

Zeitzeugen befragen

Geschichte aus erster Hand?

Zeugen der Vergangenheit können oft ein anschaulicheres Bild ihrer Erlebnisse zeichnen, als es schriftliche Quellen vermögen. Durch gezielte Befragung von Zeitzeugen können wir Quellen „erzeugen", ein Verfahren, das Wissenschaftler „Oral History" nennen. Der Umgang mit Zeitzeugenberichten erfordert allgemeine historische Kenntnisse über das Thema, denn aus der subjektiven Erfahrung einer einzelnen Person können wir nicht schließen, dass ihr Erleben typisch für die Zeit war. Oft können oder wollen Zeitzeugen sich nicht mehr an alles erinnern oder sie vermischen ihre Erinnerung mit Dingen, die sie erst später erfahren haben.

Anregungen für den Entwurf eines Fragebogens

1. Zur Person des/der Befragten
– Alter, Geschlecht, Beruf

2. Fragen zu den Themen
– persönliche Situation, z. B. bei Kriegsende bzw. in den ersten Nachkriegsjahren (Alter, Aufenthaltsort, Familie)
– Überlebensfragen, z. B. Nahrung, Wohnung, Arbeit, Schule, Ausbildung
– eigene Gefühle in der damaligen Situation
– persönliche Einschätzung der damaligen Lage, z. B. nach dem Zusammenbruch Deutschlands (Niederlage, Befreiung, Katastrophe?)
– Kriegsfolgen, z. B. für die Familie

3. Bewältigung und Verarbeitung der NS-Vergangenheit
– persönliche Reaktion auf Informationen über NS-Verbrechen usw.
– Problem von Schuld und Sühne
– Verarbeitung des Erlebten (Verdrängung, Vergessen, Aktivitäten)

4. Erinnerungen an die Sieger
– eigene Erlebnisse
– Kenntnisse aus „zweiter" Hand
– Bewertung des Verhaltens der Siegermacht

5. Einstellungen heute
– Gefühle heute (positiv/negativ)
– „Lehren" aus den Erlebnissen und Erfahrungen
– Wünsche für die Zukunft

Arbeitsschritte Zeitzeugen befragen

1. Schritt: Befragung vorbereiten
– Thema der Befragung klären und einen inhaltlichen Überblick verschaffen (Schul-/Sachbücher, Internet).
– Zeitzeugen finden (Familie, Bekannte, über die Stadtverwaltung, im Stadtarchiv, bei Kirchen, Parteien oder Gewerkschaften, Annonce in der Lokalzeitung).
– Ort, Zeit und Ablauf des Gesprächs klären (mehrere Zeitzeugen gleichzeitig einladen?).
– Fragen vorbereiten (siehe Anregungen für Fragebogen). Entscheiden, ob eher offene Fragen („Bitte erzählen Sie uns etwas über das Kriegsende.") gestellt oder nach einer festen Fragenanordnung vorgegangen werden soll.

2. Schritt: Befragung durchführen
– Für eine angenehme Atmosphäre sorgen, Begrüßung; Gesprächsleitung und Dauer der Befragung absprechen. Fotos (mit Einverständnis!) machen.
– Je nach Absprache und Vereinbarung Aufnahmegeräte starten und/oder Protokoll führen.
– Die Befragung von einer Kleingruppe durchführen lassen.
– Kurze Fragen stellen, nicht mehrere hintereinander.
– Reine Entscheidungsfragen (Ja- oder Nein-Antwort) möglichst vermeiden, damit differenziertere Antworten möglich sind (teils-teils, sowohl – als auch …).
– Dank, Verabschiedung.

3. Schritt: Ergebnisse auswerten, bewerten und präsentieren
– Die Auswertung geschieht am besten in Gruppen.
– Eindrücke austauschen (Verständlichkeit, Glaubwürdigkeit der Aussagen/Erzählung).
– Informationen mit den bisherigen Kenntnissen vergleichen.
– Stimmen Antworten und Hypothesen bzw. Fakten überein?
– Welchen Erkenntnisgewinn gibt es nach der Befragung?
– Eigene Gesprächsführung (Fragen, Gesprächsführung) kritisch bewerten.
– Auf Präsentation einigen (Text/Bilddokumentation: Mappe, Ausstellung, Ton-, Videodokumentation).

M1 „Wir waren selbstständig“

Wilma Blum (geboren 1931) erinnerte sich 2002 an ihre Schule in der Nachkriegszeit:

In meiner Umgebung gab es drei Schulen. Alle waren in Mitleidenschaft gezogen. Sie wurden in Stand gesetzt, damit der Unterricht so schnell wie möglich beginnen konnte. Zuerst wurde überprüft, wie viele Mädchen in dieser Gegend wohnten. Die Zahl war geschrumpft. Viele waren verzogen oder dem Krieg zum Opfer gefallen … Wir waren zwischen 14 und 15 Jahren alt. Ostern 1946 sollten wir nach acht Jahren entlassen werden. Es war ein zusammengewürfelter Haufen Mädchen. Jede hatte etwas anderes erlebt und war daran gewachsen. Wir waren selbstständig, nicht wehleidig und hatten nur das Überleben im Kopf, hatten Erlebnisse für Erwachsene hinter uns und waren sehr selbstsicher. Der schulische Bereich sah anders aus. Ich selbst war zu der Zeit in sieben Schulen gewesen. Die anderen Mädchen hatten gleichfalls mehrere verschiedene Schulen hinter sich. Wir verstanden uns gut. Unsere Lehrerin kannte keinen von uns. Sie versuchte, uns in der kurzen Zeit, die wir hatten, wenigstens etwas beizubringen. Unser Wissen war das von Zwölfjährigen. Viele konnten durch die Wirrnisse der Zeit nicht zum Unterricht gehen, ihr Wissen war bei dem stehen geblieben, was zuletzt in ihrer Klasse durchgenommen wurde …
Für jedes Kind wurde eine Schulspeisung eingeführt … Es gab damals so gut wie nichts zu essen.

www.dhm.de/lemo/forum/kollektives_gedaechtnis/index.html

M2 **Suppenausgabe an Kinder in einem Flüchtlingslager,** Foto, 1945/46

M3 Eine schlimme Hungerzeit

Ingeburg Faust erinnerte sich im Jahr 2000 an die Nachkriegszeit:

Als am 8. Mai 1945 der Krieg zu Ende ging, war ich 19 Jahre. Wir wohnten in Wiederitzsch, einem kleinen Ort am nördlichen Stadtrand von Leipzig. Ich hatte die Carolaschule, eine Frauenfachschule, besucht. Von April 1943 bis Mai 1944 musste ich, wie die meisten Mädchen in dieser Zeit, zum Arbeitsdienst und zum Kriegshilfsdienst. Danach war ich von Juli 1944 bis Mai 1945 Erzieherin in einem Heim für schwer erziehbare Kinder. Meinen Wunsch, Lehrerin für Hauswirtschaft zu werden, konnte ich mir in dieser Zeit nicht erfüllen. Es gab keine Möglichkeit der Ausbildung. Im April 1945 wurde Leipzig von den Amerikanern besetzt und im Juli 1945 von der Roten Armee. Nach dem Krieg begann eine schlimme Hungerzeit. Im Sommer arbeiteten meine Schwester (sie war 25 Jahre alt) und ich in einer Gärtnerei. Wir wollten nicht von den Russen zur Demontage von Industriebetrieben eingesetzt werden.
Auch in unserem Ort lebten in dieser Zeit Flüchtlinge aus Pommern und Schlesien. Sie waren in Sälen von Gaststätten untergebracht. Die Mütter bemühten sich um zusätzliche Nahrungsmittel für ihre oft große Kinderschar, da die Lebensmittelrationen nicht ausreichten, um satt zu werden. Ich erinnere mich, dass eines Tages eine Mutter mit ihren drei Kindern in die Gärtnerei kam und um Gemüse bat. Sie wollte es auch bezahlen. Der blinde Gärtner fragte sie, was sie tun wolle, wenn sie kein Geld mehr habe. Ihre Antwort war: „Dann muss ich stehlen, meine Kinder kann ich nicht verhungern lassen.“ Das habe ich bis heute nicht vergessen.

www.uni-leipzig.de/fernstud/Zeitzeugen/index.htm?/fernstud/Zeitzeugen/zz105.htm

1 Werte M1 und M3 nach dem dritten Arbeitsschritt aus und vergleiche sie.
2 Führt zu einem Themenbereich aus diesem Kapitel eine Zeitzeugenbefragung durch.
2 Erörtert anhand von M2, welche Bedeutung zeitgenössische Fotos für die eigene Erinnerung haben könnten.

Die Gründung der Bundesrepublik Deutschland

Das Grundgesetz – eine Verfassung auf Zeit?

Nachdem die Sowjetunion nach 1945 ihren Herrschaftsbereich in Mittel- und Osteuropa festigte, beschlossen die drei Westalliierten, in ihren Besatzungszonen einen demokratischen Staat als Bollwerk gegen den Sowjetkommunismus aufzubauen. Die mit der Ausarbeitung einer Verfassung beauftragten westdeutschen Politiker wollten jedoch nur ein Provisorium schaffen, um den Weg für eine künftige staatliche Einheit ganz Deutschlands offenzuhalten. So beriet der Parlamentarische Rat* unter seinem Vorsitzenden Adenauer ab dem 1. September 1948 in Bonn nicht über eine Verfassung, sondern über ein „Grundgesetz". Dieses war als Grundlage für eine starke parlamentarische Demokratie gedacht, in der die Grundrechte fest verankert und die Bundesländer als ein Gegengewicht zu den Einrichtungen des Bundes eingerichtet werden sollten. Man wollte damit die Lehre aus den Schwächen der Weimarer Reichsverfassung ziehen und das junge Staatswesen von Anfang an stärken. Im Mai 1949 stimmten die Westalliierten und die Länderparlamente dem Grundgesetz zu. Am 24. Mai 1949 trat es in Kraft (siehe S. 222 f.). Nach den ersten Wahlen wurde im September 1949 der CDU-Vorsitzende Adenauer auf Vorschlag des ersten Bundespräsidenten Theodor Heuss (1884–1963) zum Bundeskanzler einer Koalition aus CDU, CSU, FDP und Deutsche Partei (DP) gewählt.

Souveränität und Westbindung als Ziel?

Die neu gegründete Bundesrepublik war noch kein souveräner Staat. Die Westalliierten sicherten sich im Besatzungsstatut weitreichende Kontrollmöglichkeiten. Bundeskanzler Adenauer strebte daher nach einer raschen Erlangung der inneren Souveränität, die er durch eine schnelle Anbindung an die Staaten Westeuropas und die USA erreichen wollte.

Eine Gegenposition vertrat Kurt Schumacher (1895 bis 1952), Mitbegründer der SPD nach 1945, seit 1946 ihr Vorsitzender und ab 1949 Oppositionsführer im Bundestag. Er kritisierte die schnelle Weststaatsgründung und wollte die vier Besatzungsmächte nicht so schnell aus ihrer Verantwortung für die deutsche Einheit „entlassen". Umstritten zwischen Regierung und Opposition war auch die Frage einer Wiederbewaffnung der Bundesrepublik, die sich angesichts des Koreakrieges (siehe S. 140) stellte.

M1 Eine Verfassung für Westdeutschland

Die Militärgouverneure der drei westlichen Zonen erteilten den Ministerpräsidenten in ihrem Bereich am 1. Juli 1948 in Frankfurt am Main die folgende Weisung („Frankfurter Dokumente"):

In Übereinstimmung mit den Beschlüssen ihrer Regierungen autorisieren die Militärgouverneure der amerikanischen, britischen und französischen Besatzungszone in Deutschland die Ministerpräsidenten der Länder ihrer Zonen, eine verfassunggebende Versammlung einzuberufen, die spätestens am 1. September 1948 zusammentreten sollte ... Die verfassunggebende Versammlung wird eine demokratische Verfassung ausarbeiten, die für die beteiligten Länder eine Regierungsform des föderalistischen Typs[1] schafft, die am besten geeignet ist, die gegenwärtig zerrissene deutsche Einheit schließlich wiederherzustellen, und die [die] Rechte der beteiligten Länder schützt, eine angemessene Zentralinstanz schafft und Garantien der individuellen Rechte und Freiheiten enthält.

Ursachen und Folgen. Eine Urkunden- und Dokumentensammlung zur Zeitgeschichte, hg. von Herbert Michaelis und Ernst Schraepler, Bd. 26, Berlin (Dokumenten-Verlag Dr. Herbert Wendler & Co) o. J., S. 148 f.

1 Gliederung des Staates in mehrere gleichberechtigte Einheiten (z. B. Bundesländer) im Gegensatz zum zentralistischen Staat

M2 Die außenpolitischen Ziele Adenauers

In seiner ersten Regierungserklärung vor dem Bundestag sagte Bundeskanzler Konrad Adenauer 1949:

Es besteht für uns kein Zweifel, dass wir nach unserer Herkunft und nach unserer Gesinnung zur westeuropäischen Welt gehören. Wir wollen zu allen Ländern gute Beziehungen ... unterhalten ... Der deutsch-französische Gegensatz ... muss endgültig aus der Welt geschafft werden. ... Alle diese Interessen sollen in eine Ordnung und Übereinstimmung gebracht werden, die sich im Rahmen der Europäischen Union, deren Mitglied wir möglichst bald zu werden wünschen, finden lassen wird.

Verhandlungen des Deutschen Bundestages, I. Wahlperiode, 7. Sitzung, 20. 9. 1949. In: Stenographische Berichte, Bd. 1, S. 29 f.

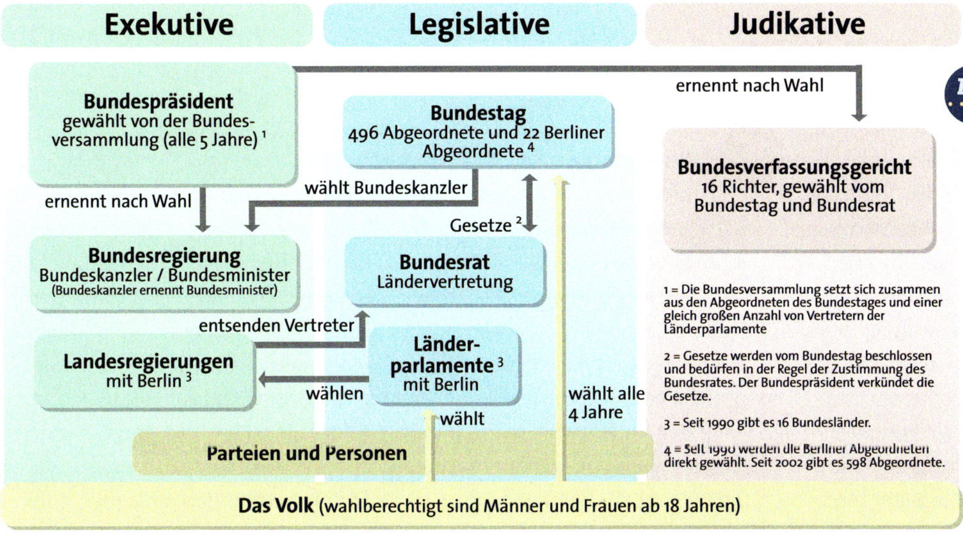

M3 **Der Staatsaufbau der Bundesrepublik Deutschland von 1949 bis 1990.** Zum ersten Mal in der deutschen Verfassungstradition wurden die Grundrechte rechtsverbindlich; Männer und Frauen sind gleichberechtigt, kriegsvorbereitende Handlungen verboten und es wird das Recht auf Kriegsdienstverweigerung und das Asylrecht gewährt.

Grundwissen

Konrad Adenauer (1876–1967)

Adenauer war von 1917 bis 1933 als Mitglied der Zentrumspartei Oberbürgermeister von Köln, wurde in der NS-Zeit mehrmals verhaftet, 1945 durch die Amerikaner wieder eingesetzt, jedoch erneut durch die Briten aus dem Amt entlassen. 1946 wurde er Vorsitzender der CDU in der britischen Zone, 1948/1949 Präsident des Parlamentarischen Rates und war Bundeskanzler von September 1949 bis zu seinem Rücktritt 1963. Adenauer gilt als der wichtigste Politiker in den Anfangsjahren der Bundesrepublik Deutschland.

24.5.1949: Grundgesetz

Am 24. Mai 1949 trat das Grundgesetz der Bundesrepublik in Kraft, das die Grundsätze der Menschenwürde, des demokratischen Rechtsstaates und der Bundesstaatlichkeit festschrieb. Ursprünglich nur als Provisorium bis zur Wiedererlangung der staatlichen Einheit Deutschlands gedacht, ist es seit 1990 (mit einigen Veränderungen) weiter gültig.

Westintegration

Nach der Gründung der Bundesrepublik Deutschland 1949 strebte Bundeskanzler Adenauer die baldige Integration in die westliche Staatengemeinschaft an, um so für den neuen Staat die Souveränität zu erlangen. 1955 erhielt die Bundesrepublik in den Pariser Verträgen die innere Unabhängigkeit und trat dem westlichen Militärbündnis NATO bei. Allerdings behielten sich die drei Westalliierten die Entscheidung in allen Fragen vor, die Deutschland als Ganzes betrafen.

M4 **Der Parlamentarische Rat bei der Abstimmung über das Grundgesetz,** 8. Mai 1949. Vorn am Tisch stehend Carlo Schmid, SPD (2. v. l.), und Theodor Heuss, FDP (4. v. l.), die federführend das Grundgesetz ausgearbeitet haben.

1. Erarbeite die Stationen der Gründung des westdeutschen Staates (M1, M4, Darstellungstext).
2. Beschreibe M3 und erläutere, worin sich demokratische und bundesstaatliche Elemente zeigen.
3. Beschaffe dir ein Schema der Weimarer Verfassung und vergleiche die beiden Verfassungen nach ausgewählten Kriterien.
4. Erläutere und beurteile die außenpolitische Strategie Adenauers (M2, Darstellungstext).
5. Recherchiert in Kleingruppen zur Person und Politik Konrad Adenauers, Kurt Schumachers und Theodor Heuss'. Stellt eure Ergebnisse in der Klasse vor (z. B. Plakat, Kurzreferat).

1954: „Wir sind Weltmeister"

Das „Wunder von Bern"

4. Juli 1954: Die Nationalmannschaft der Bundesrepublik Deutschland wird erstmals Fußballweltmeister. In Bern (Schweiz) gewinnt sie überraschend 3 : 2 gegen Ungarn. Dieser Sieg gilt bis heute als eines der wichtigsten Ereignisse der Nachkriegsgeschichte. Manche behaupten, der WM-Gewinn sei bedeutsamer als die Verabschiedung des Grundgesetzes oder die Währungsreform. Nach der Niederlage im Zweiten Weltkrieg hätten die Deutschen endlich wieder ein gemeinsames Erfolgserlebnis gehabt – plötzlich „war man wieder wer".
Tatsächlich verfolgten die Menschen in der Bundesrepublik – und in der DDR – den spannenden Turnierverlauf sehr interessiert. Die heimkehrenden Weltmeister wurden begeistert empfangen. Doch fällt aus heutiger Sicht auf, dass sich die meisten damaligen Medienberichte auf das sportliche Ereignis und kaum auf dessen politische oder gesellschaftliche Auswirkungen bezogen. Auch Politiker wie Adenauer äußerten sich nicht öffentlich zum Thema Fußball, zum Endspiel in Bern war kein deutscher Minister angereist.
Zu Beginn des Jahres 1954 gab es in der Bundesrepublik etwa 12 000 Fernsehgeräte. Zum Zeitpunkt des WM-Finales waren es etwa 50 000. Schätzungsweise 60 Millionen Menschen erlebten den Sieg von Bern noch vor dem Radiogerät. Bis zum Ende des Jahres 1954 stieg die Anzahl der Fernseher auf über 84 000. 1955 gab es 100 000, im Jahr 1957 dann schon eine Million Fernsehgeräte.

Anregungen für Gruppenarbeit

Ihr könnt euch mit verschiedenen Themen rund um das „Wunder von Bern" beschäftigen. Nehmt die Materialien auf der Werkstattseite als erste Informationen zu Hilfe. Nutzt Lexika, Fachbücher und das Internet. Vereinbart, wie ihr eure Arbeitsergebnisse den anderen Gruppen präsentieren wollt.

1. Als die Fans nach dem Abpfiff des WM-Finales die verbotene erste Strophe der Nationalhymne sangen (siehe M4), führte das zur Diskussion über einen neuen Nationalismus. Informiert euch über den Text und die historischen Hintergründe der Hymne.
2. Die Fußball-WM 1954 gilt auch als Startschuss für das Fernsehen. Informiert euch über die Geschichte des Mediums und untersucht, inwiefern das Fernsehen den Alltag der Menschen veränderte.
3. Der WM-Gewinn 1954 stieß auf ein großes internationales Echo. Wertet zeitgenössische Berichte aus und vergleicht mit der Berichterstattung über heutige Sportgroßereignisse.
4. Befragt ältere Menschen nach ihren Erinnerungen an den WM-Gewinn 1954. Worin könnten Gründe für das anhaltende Interesse am „Wunder von Bern" liegen?
5. In einer Zeitung konnte man 2004 lesen, die Freude über den Gewinn der Fußball-WM 1954 sei das „wahre Gründungsdatum der Bundesrepublik". Beurteilt diese Aussage auf der Grundlage eurer Kenntnisse über die historischen Umstände.

M1 **Fußball als Medienereignis**, Foto, 1954. Fans verfolgen das WM-Finale vor den Schaufenstern eines Fernsehgeschäftes.

M2 Ein Ohrenzeuge erinnert sich

Jochen Teichler war am Tag des WM-Finales 1954 in Leipzig (DDR):

Wir wunderten uns ..., dass keine Straßenbahnen mehr fuhren, als wir wieder zum Bahnhof wollten. ... Als wir ... plötzlich Torschreie aus allen Fenstern hörten, war es wie in einem Stadion und wir wussten sofort: Die deutsche Mannschaft hatte ein Tor geschossen. ... Natürlich hatten wir unseren Zug verpasst, kamen aber dafür ... in den Genuss der Schlussminuten der Radio-Reportage aus Bern, die über die Bahnhofslautsprecher übertragen wurde. Kein Zug verließ die Halle. Alle lauschten gebannt. Der Jubel nach dem 3:2 und dem Schlusspfiff wird mir immer in Erinnerung bleiben. Wildfremde Menschen tanzten auf dem Bahnsteig, umarmten sich und rissen die Arme hoch.

Franz-Josef Brüggemeier, Das „Fußballwunder" von 1954. In: Informationen zur politischen Bildung 290 (2006), S. 30.

M4 Ausländische Pressestimmen 1954

Information (Kopenhagen):

4A Überall in Europa überlief es Tausende von Radiohörern und Fernsehern kalt bei der Auswirkung, die der Sieg sofort hatte. Es fehlte offenkundig nur ein „Sieg Heil", um die ganze Stimmung von der Berliner Olympiade wieder erstehen zu lassen. Die Deutschen sangen „Deutschland, Deutschland über alles", dass es dröhnte. Und es sah aus, als ob dieser Sieg den aufwog, der 1940 bis 1945 ausgeblieben war.

Le Monde (Paris):

4B Achtung! Achtung! Die Zehntausende von Deutschen stehen still. Die Aufschreie enden. Die Musik intoniert „Deutschland, Deutschland über alles". Die Menge singt mit. Die Erde zittert. Es regnet. Es regnet, und mir ist kalt. Schon bald, während die 60 000 Deutschen schrien, durchlief mich ein Schaudern.

Schweizer National-Zeitung:

4C „Siegesfeiern" gab es zwar schon viele, mehr als genug, aber es waren die organisierten, befohlenen Feiern nach den ... Schlachten, aber sie waren zugleich auch die Trauerfeiern für die Toten, die diesen Siegen geopfert werden mussten, die Trauer aber durfte niemand zeigen. Nur wer weiß, wie hier befreiende Begeisterung seit Jahrzehnten abgeschnürt wurde, kann verstehen, was sich in Deutschland seit dem vergangenen Sonntag ereignet hat, als der Schiedsrichter das Fußballfinale im Berner Wankdorfstadion abgepfiffen hat. Es war, als lösten sich Ventile ... Dass man sich in Deutschland noch mehr von einem Spiel als von Militärmärschen begeistern lassen kann, ist eigentlich eine Offenbarung eines natürlichen, gesunden Kerns.

M4A–M4C: Zit. nach Arthur Heinrich, Tooor! Toor! Tor! – Vierzig Jahre 3:2, Berlin (Rotbuch Verlag) 1994, S. 149.

M3 Der WM-Sieg 1954: Geburt der Bundesrepublik?

Ein Historiker urteilte 2006:

Mit der Fußballweltmeisterschaft fand 1954 ein Ereignis statt, das kurzfristig eine äußerst intensive Spannung erzeugte, langfristig aber weitgehend folgenlos war ... Die Mannschaft brachte zwar einen Pokal nach Hause, doch sie hatte keinen Einfluss auf die politischen Verhältnisse und löste keines der gesellschaftlichen Probleme in der Bundesrepublik.

Franz-Josef Brüggemeier, Das „Fußballwunder" von 1954. In: Informationen zur politischen Bildung 290 (2006), S. 32.

M5 **Weltmeister Deutschland,** Foto, 4. Juli 1954. Der Kapitän Fritz Walter und der Trainer Sepp Herberger werden von der deutschen Mannschaft durch das Berner Stadion getragen.

Die Gründung der Deutschen Demokratischen Republik

Staatsgründung im Osten

Während in Westdeutschland die Staatsgründung auf entstehende demokratische Strukturen in den Kommunen und Ländern aufbauen konnte, hatte in der sowjetischen Besatzungszone die SED* ihre Vorherrschaft gefestigt. Seit 1948 berief sie „Volkskongresse" ein, deren Delegierte aus Parteien und Gewerkschaften von der SED benannt wurden und als „gesamtdeutsches Vorparlament" einen Friedensvertrag und die deutsche Einheit vorbereiten sollten. Seit März 1948 beriet ein „Deutscher Volksrat" einen Verfassungsentwurf der SED. Mehr als ein Jahr vor der Gründung der Bundesrepublik Deutschland war damit klar erkennbar, dass der Verfassungsentwurf eine Vorarbeit für den Fall war, dass man sich genötigt sah, auf eine Weststaatsgründung zu reagieren.

Als Reaktion auf die Entstehung der „Bundesrepublik Deutschland" im Mai 1949 veranlasste die Sowjetunion in der SBZ die Gründung der „Deutschen Demokratischen Republik": Der Zweite Deutsche Volksrat setzte am 7. Oktober die Verfassung in Kraft und erklärte sich zur Provisorischen Volkskammer der DDR. In der Volkskammer war die führende politische Kraft die SED, die unter dem Einfluss der sowjetischen Kommunisten stand. Die Anteile anderer Parteien und der Massenorganisationen (z. B. Gewerkschaften) waren schon vor der Wahl festgelegt, sodass das Übergewicht der SED und der von ihr abhängigen Gruppen von vornherein gesichert war. So lag ihr Anteil in dem zur Volkskammer umgewandelten, im Mai 1949 gewählten Dritten Deutschen Volkskongress bei 77,5 Prozent.

Bereits im Januar 1949 war die SED zu einer „Partei neuen Typs" umgewandelt worden: Als marxistisch-leninistische Partei war sie zentral-hierarchisch aufgebaut, alle Parteigliederungen waren einer absoluten Parteidisziplin unterworfen, die Parteiführung bekannte sich zur „führenden Rolle" der Sowjetunion.

Bindung an die Sowjetunion

Stalin verfolgte in der Deutschlandfrage eine Doppelstrategie: Mit Blick auf die USA verband er das längerfristige Ziel, die amerikanischen Truppen aus Europa hinauszudrängen, um die Machtfrage auf dem alten Kontinent in seinem Sinne zu klären. Kurzfristig kam es ihm darauf an, einen möglichst großen Einfluss auf Gesamtdeutschland zu sichern. Dazu gehörte offensichtlich auch die „vorsichtige" Politik, die 1948/49 noch den „offenen Kampf" gegen oppositionelle bürgerliche und sozialdemokratische Kräfte vermied. Mit der Staatsgründung der DDR wurde die „Sowjetisierung" verstärkt. 1950 trat die DDR dem Rat für gegenseitige Wirtschaftshilfe (RGW*), 1955 dem Militärbündnis Warschauer Pakt bei. Die DDR war damit nicht nur politisch an der Sowjetunion orientiert, sondern auch wirtschaftlich und militärisch an den kommunistischen Ostblock gebunden.

M1 **Das Präsidium des III. Parteitages der Sozialistischen Einheitspartei Deutschlands in Berlin (Ost)**, Foto, 1950. In der vorderen Reihe von links nach rechts stehend Wilhelm Pieck (erster Präsident der DDR), Walter Ulbricht (der auf diesem Parteitag zum Generalsekretär gewählt wurde, später Vorsitzender des Staatsrates), Otto Grotewohl (erster Ministerpräsident der DDR) und Erich Honecker (SED-Generalsekretär 1971–1989).

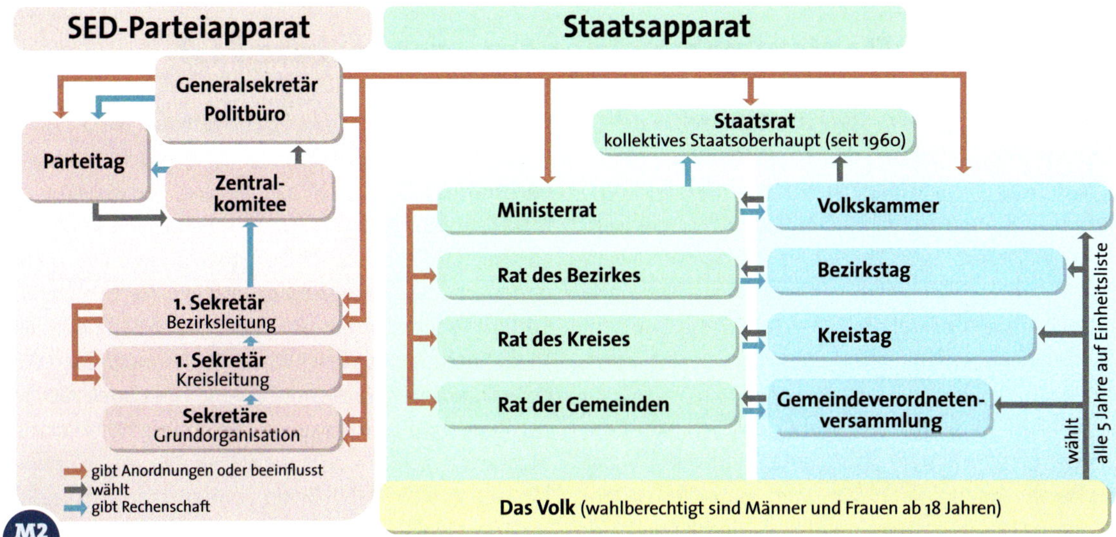

M2 Staatsaufbau und Herrschaftsverhältnisse in der Deutschen Demokratischen Republik bis 1989

M3 Politischer Druck und persönliche Freiheit

Aus einem anonymen Brief aus der DDR an „Kameraden" in der Bundesrepublik, Ende Dezember 1949:

Ich glaube, im Westen kann man sich überhaupt keine richtige Vorstellung davon machen, unter was für Umständen und unter welchem politischen Druck wir hier vegetieren, welch mehr als unverschämten Lug und Trug wir uns täglich in Rundfunk und Presse bieten lassen müssen und welcher Gefahr für die persönliche Freiheit wir stündlich ausgesetzt sind ... Die Sozialistische Einheitspartei (SED) beherrscht, von Russen gestützt und befohlen, natürlich zusammen mit den Massenorganisationen, die, wie z. B. FDGB, Demokratischer Frauenbund und Freie Deutsche Jugend, alle selbstverständlich auf dem Papier „überparteilich" sind, vollkommen das politische Leben ... Das allgemeine Spitzeltum ist eine Landplage, vor allem unter Arbeitskollegen in den Betrieben. In Geschäften und in der Bahn wird zwar viel geschimpft, aber jeder muss ständig gegenwärtig sein, dass er 1 Stunde später oder auf der nächsten Station von der schönen Volkspolizei abgeholt wird.

Zit. nach Manfred Overesch, Die Deutschen und die Deutsche Frage 1945–1955, Hannover (Niedersächsische Landeszentrale für politische Bildung) 1985, S. 130f.

Grundwissen

1949: Gründung der beiden deutschen Staaten

1949 kam es auf Initiative der Besatzungsmächte zur Gründung von zwei Staaten auf deutschem Boden. Auf die Inkraftsetzung des Grundgesetzes und die Entstehung der Bundesrepublik Deutschland als parlamentarisch-demokratischer Staat im Mai 1949 antwortete die Sowjetunion mit der Gründung der Deutschen Demokratischen Republik (DDR) im Oktober 1949 auf dem Gebiet der sowjetisch besetzten Zone. Unter der Zielsetzung des Aufbaus einer sozialistischen Gesellschaft wurde die DDR zu einer zentralistisch regierten Parteidiktatur der SED. Die Bildung zweier deutscher Staaten beruhte maßgeblich auf dem Ost-West-Gegensatz.

1. Fasse wesentliche Stationen der Gründung der DDR und ihre außenpolitische Orientierung zusammen (Darstellungstext).
2. Erarbeite anhand von M2 den Staatsaufbau und die Machtverteilung der DDR. Achte besonders auf die Beziehung von SED-Parteiapparat und Staatsapparat. Vergleiche mit der Bundesrepublik.
3. Analysiere M3 und zeige an Beispielen aus dem Text, worin sich die undemokratische Struktur des entstehenden Herrschaftssystems DDR zeigte.
4. Überlege, inwiefern sich M1 als Ausdruck der Machtverhältnisse rechtfertigen lässt.
5. Recherchiere zu Walter Ulbricht und berichte in der Klasse.

Die beiden deutschen Staaten: nebeneinander – gegeneinander?

Die Deutsche Frage: das geteilte Deutschland

Die Entstehung der beiden deutschen Staaten und ihre Eingliederung in verschiedene Machtblöcke war Ausdruck des Ost-West-Konflikts. Der Kalte Krieg, die weltpolitische Konfrontation von den USA und der Sowjetunion in der Nachkriegszeit, vertiefte die Spaltung. Die Deutsche Frage wurde als Problem der Teilung Deutschlands zu einer internationalen Frage, die zunächst unlösbar blieb.

Während sich in der Bundesrepublik das demokratisch-parlamentarische System stabilisierte, zeigten sich in der DDR bereits Anfang der 1950er Jahre instabile Tendenzen. Die auf Unterdrückung politischer Vielfalt und freier wirtschaftlicher Initiativen ausgerichtete SED-Herrschaft führte zu verstärkten Fluchtbewegungen nach Westdeutschland. Wegen der Konzentration auf die Schwerindustrie und der Vernachlässigung der Konsumgüterproduktion war es in der DDR zu einem Rückgang des Lebensstandards gekommen. Der Tod Stalins am 5. März 1953 führte auch in der DDR zu Diskussionen über die weitere politische und wirtschaftliche Entwicklung.

M1 Karikatur von Hanns Erich Köhler, 1949

17. Juni 1953 – Krise des Sozialismus?

Im Juli 1952 rief die SED den „planmäßigen Aufbau des Sozialismus" in der DDR aus. Bauern, Handwerker und Kaufleute wurden gewaltsam zur Aufgabe ihrer wirtschaftlichen Selbstständigkeit gezwungen. Die Versorgungslage der Bevölkerung verschlechterte sich. Am 16. Juni 1953 legten die Bauarbeiter der Berliner Stalinallee, einem Aushängeschild der Regierung für den Wiederaufbau der DDR, die Arbeit nieder. Sie zogen zum Sitz der Regierung, um gegen die Erhöhung ihrer Arbeitsnormen um zehn Prozent zu protestieren. Am folgenden Tag kam es nicht nur in Berlin, sondern auch in über 270 anderen Orten der DDR zu Streiks und Massendemonstrationen, an denen mindestens 300 000 Menschen teilnahmen. Nur durch den Einsatz sowjetischer Panzer konnte die Protestbewegung gestoppt werden. Es gab mindestens 50 Tote und etwa 13 000 Verhaftungen.

13. August 1961 – Rettung des Sozialismus?

Solange die Grenze zwischen den beiden deutschen Staaten nicht befestigt war, hatte jeder Unzufriedene die Möglichkeit, in die Bundesrepublik zu fliehen, vor allem über die offene Grenze zwischen den Westsektoren und dem Ostsektor von Berlin. Auf diese Weise verlor die DDR-Wirtschaft viele junge und qualifizierte Arbeitskräfte. Nachdem 1958 ein Plan des Generalsekretärs der KPdSU, Chruschtschow (1894–1971), gescheitert war, die Westalliierten ultimativ zum Abzug aus Westberlin zu bewegen und Berlin zu einer „freien und entmilitarisierten Stadt" zu machen, stellten die Warschauer-Pakt-Staaten geheime Überlegungen an, Ostberlin von den Westsektoren abzuriegeln. In der Nacht vom 12. zum 13. August 1961 begannen Angehörige der Volkspolizei, Betriebskampfgruppen und Soldaten, völlig überraschend für die Bevölkerung, quer durch Berlin und entlang der DDR-Westgrenze Grenzanlagen zu errichten. Der Abschottung folgte eine technologische und wirtschaftliche Modernisierung der DDR. Tatsächlich zeigten sich um 1970 Erfolge in einer verbesserten Produktivität und einem höheren Lebensstandard. Der Bau der Mauer „dokumentierte" den bestehenden Zustand der Teilung, festigte die SED-Herrschaft, verwies aber auch auf die Tatsache, dass die Deutsche Frage nicht gelöst war.

M2 Die Forderungen der Streikenden

Die Streikleitung mehrerer großer Betriebe in Bitterfeld schrieb am 16. Juni 1953 an die Regierung der DDR:

Wir Werktätigen des Kreises Bitterfeld fordern von Ihnen:

1. Rücktritt der so genannten Deutschen Demokratischen Regierung, die sich durch Wahlmanöver an die Macht gebracht hat,
2. Bildung einer provisorischen Regierung aus den fortschrittlichen Werktätigen,
3. Zulassung sämtlicher großer demokratischer Parteien Westdeutschlands,
4. freie, geheime, direkte Wahlen in vier Monaten,
5. Freilassung sämtlicher politischer Gefangener (direkt politischer, so genannter Wirtschaftsverbrecher und konfessionell Verfolgter),
6. sofortige Abschaffung der Zonengrenze und Zurückziehung der Vopo [Volkspolizei],
7. sofortige Normalisierung des sozialen Lebensstandards,
8. sofortige Auflösung der so genannten Nationalarmee,
9. keine Repressalien gegen einen Streikenden.

Zit. nach Der Aufstand vom 17. Juni 1953, Bonn (Bundesministerium für innerdeutsche Beziehungen) 1983, S. 14 f.

M3 Die Sicht der SED

Die SED-Zeitung „Neues Deutschland" berichtete am 18. 6. 1953:

Im Verlaufe des 17. Juni 1953 versuchten bezahlte verbrecherische Elemente aus West-Berlin, die Bevölkerung des demokratischen Sektors zu Gewalttaten gegen demokratische Einrichtungen, Betriebe, Läden und Gewerkschaftshäuser und gegen die Volkspolizei aufzuhetzen. Die West-Berliner Provokateure zogen plündernd und raubend durch einzelne Straßenzüge, wobei sie zu hinterhältigen bewaffneten Überfällen gegen Volkspolizei und fortschrittlich eingestellte Bevölkerungsteile übergingen ... Die Bevölkerung distanzierte sich von den Provokateuren und ihren verbrecherischen Handlungen und trug mit zur Festnahme einer großen Anzahl der Täter durch die Volkspolizei bei. Bei den Festgenommenen handelt es sich größtenteils um West-Berliner Provokateure aus faschistischen Organisationen.

Neues Deutschland vom 18. Juni 1953.

M4 **Sowjetpanzer, Steine werfende Demonstranten in Ost-Berlin,** Foto, 17. Juni 1953

M5 Die Sicht der Bundesrepublik

Bundeskanzler Adenauer erklärte am 17. Juni 1953 im Deutschen Bundestag:

Wie auch die Demonstrationen der Ostberliner Arbeiter in ihren Anfängen beurteilt werden mögen, sie sind zu einer großen Bekundung des Freiheitswillens des deutschen Volkes in der Sowjetzone und Berlin geworden. Die Bundesregierung empfindet mit den Männern und Frauen, die heute in Berlin Befreiung von Unterdrückung und Not verlangen. Wir versichern ihnen, dass wir in innerster Verbundenheit zu ihnen stehen. Wir hoffen, dass sie sich nicht durch Provokationen zu unbedachten Handlungen hinreißen lassen, die ihr Leben und die Freiheit gefährden könnten.
Eine wirkliche Änderung des Lebens der Deutschen in der Sowjetzone und in Berlin kann nur durch die Wiederherstellung der deutschen Einheit in Freiheit erreicht werden.

Die Auswärtige Politik der Bundesrepublik Deutschland, hg. vom Auswärtigen Amt, Köln, 1972, S. 240.

1 Untersuche M1 mithilfe der Arbeitsschritte „Karikaturen entschlüsseln" im Anhang.

2 Vergleiche die Forderungen in M2 mit dem ursprünglichen Streikanlass (Darstellungstext). Welche Entwicklung lässt sich erkennen? Ziehe M4 heran.

3 Stelle die Bewertungen des 17. Juni in M3 und M5 gegenüber.

4 Diskutiert, inwiefern es berechtigt war, den 17. Juni in der Bundesrepublik als „Tag der Deutschen Einheit" und Nationalfeiertag zu begehen.

M6 Mauerbau in Berlin-Neukölln/ Treptow, Foto, 1961

M7 Alltag im Schatten der Mauer

Klaus W., der 1961 in einem Vorort von Berlin lebte, erinnerte sich 1999:

Wir sind 1961 im September nach Glienicke gezogen, also genau nach der Zeit, als die Mauer gebaut wurde. Unser Grundstück lag genau an der Mauer … Die Nachbarn auf der Westseite kannten wir nicht mehr. Man konnte zwar rübergucken oder auch mit Steinen schmeißen, kennen gelernt haben wir sie aber erst nach dreißig Jahren … Meine ganze Kindheit und Jugend habe ich also an der Mauer verbracht. Das war nicht immer einfach, wir durften zum Beispiel keine Kinder mit nach Hause bringen, mein eigener Kumpel, mein Klassenkamerad, konnte mich nicht besuchen, weil unser Haus im Grenzgebiet lag … Die Verwandtschaft musste, wenn Geburtstag oder Ähnliches war, vier bis sechs Wochen vorher einen Antrag stellen … Die Grenzer sind sogar jeden Sonnabend gekommen, um im Keller die Wände abzuklopfen, ob irgendwo ein Tunnel gegraben wurde.

Aufgezeichnet von Frank Schirrmeister, Student an der Humboldt-Universität Berlin. In: PZ: DDR intern, Nr. 97, März 1999, S. 26.

M8 Die Mauer im Kopf

Die Journalistin Margret Boveri schrieb 1962:

Ebenso schlimm wie die Mauer aus Steinen, Mörtel und Zement, die am 13. August quer durch Berlin gebaut worden ist, scheint mir die Mauer zu sein, die sich im Laufe der letzten fünfzehn Jahre fast unmerklich in der Vorstellungswelt der Deutschen auf beiden Seiten der Trennungslinie gebildet hat. Vielleicht ist sie sogar noch schlimmer, weil die Steinmauer sich einmal, wenn die politischen Voraussetzungen gegeben sein werden, … von einem Tag auf den anderen abtragen lässt … Dagegen die immaterielle und doch so undurchdringliche Mauer, von der hier die Rede sein soll, kann nicht aufgrund von Beschlüssen der verantwortlichen Regierenden einfach abgebaut werden. Sie hat keinen geographischen Ort und ist doch in der Landschaft des Kalten Krieges in ihrer Doppelseitigkeit allgegenwärtig … Es wird schwer sein, sie abzutragen; denn in jeder Seele weist sie ihre eigene erlebnisbedingte Struktur auf.

Zit. nach Christoph Kleßmann, Zwei Staaten, eine Nation, Bonn (Bundeszentrale für politische Bildung) 1988, S. 502f.

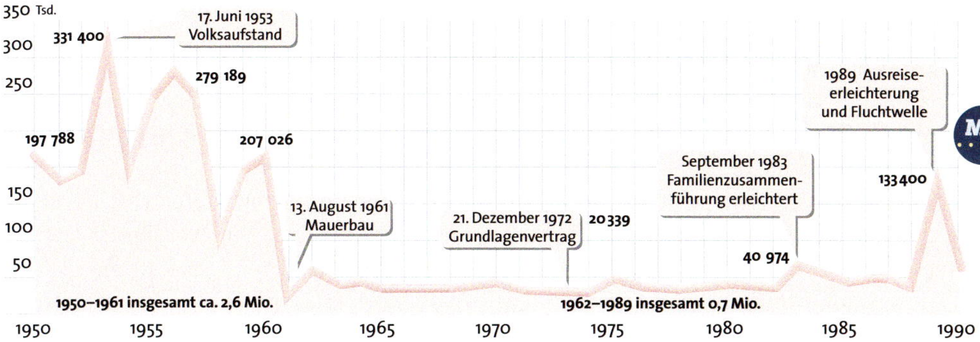

M9 Flüchtlinge (aus der DDR in die Bundesrepublik), 1950–1990

Mittwoch, 16. August 1961 · 10 Pf

Bild Zeitung

Der Osten handelt – was tut der Westen?

...denn Zigarren raucht der Mann!

Der Westen tut NICHTS!

Enttäuscht

Präsident Kennedy schweigt...

Macmillan geht auf die Jagd...

...und Adenauer schimpft auf Willy Brandt

15. Berlin, 16. August

Die Berlin-Krise hat sich zugespitzt. Pankow hat Maßnahmen zur völligen Sperrung der Sektorengrenze eingeleitet. Sowjetische Truppen haben einen Ring um Berlin gezogen.

Die alliierten Stadtkommandanten haben gestern scharf gegen die Abschnürung des Sowjetsektors protestiert. Die Maßnahmen Pankows werden als ein schwerer Bruch der Vier-Mächte-Vereinbarungen über Berlin gebrandmarkt.

Die Unruhe in Ost-Berlin wächst. Immer wieder kommt es zu Zwischenfällen mit den überall patrouillierenden „Volksarmisten" und „Vopos".

Die Drahtverhaue, die an einigen Stellen durch Mauer-Absperrungen ergänzt wurden, können trotzdem nicht jede Fluchtmöglichkeit beseitigen. Die „Volkspolizei" hat Befehl erhalten, auf jeden, der flieht, zu schießen.

Unter der Berliner Bevölkerung wächst die Enttäuschung darüber, daß noch immer keine wirksamen Gegenmaßnahmen getroffen worden sind. Empörung hat ein scharfer Angriff des Bundeskanzlers auf den Regierenden Bürgermeister Willy Brandt hervorgerufen.

Mehr über das Thema Berlin auf der letzten Seite

für moderne menschen ... temagin ein modernes schmerzmittel

Blaue Gillette EXTRA ein völlig neues Rasiergefühl

M10 Aufmacher der Bild-Zeitung, 16. August 1961

Grundwissen

Deutsche Frage

Die Aufteilung Deutschlands 1945 und die in der Folgezeit sich abzeichnende dauerhafte Teilung des Landes rückte die im 19. Jahrhundert aufgekommene Deutsche Frage als das Problem einer nationalen Einheit der Deutschen wieder in den Blickpunkt der Politik. Die Aufforderung des Grundgesetzes von 1949, „in freier Selbstbestimmung die Einheit und Freiheit Deutschlands zu vollenden", konnte vor allem wegen der jahrzehntelangen Ost-West-Konfrontation erst 1990 mit der Herstellung der deutschen Einheit erfüllt werden.

17.6.1953: Aufstand gegen das DDR-Regime

Ausgehend von Arbeiterstreiks kam es am 17. Juni 1953 in vielen DDR-Orten zu Demonstrationen gegen die SED-Führung unter Walter Ulbricht, die den Aufstand durch sowjetische Truppen niederschlagen ließ. Die SED-Führung reagierte auf den Aufstand mit einem flächendeckenden Ausbau des Spitzelwesens; die Fluchtbewegung konnte sie nicht eindämmen. In der Bundesrepublik war der 17. Juni bis 1990 Nationalfeiertag („Tag der Deutschen Einheit").

1961: Mauerbau

Im August 1961 ließ die DDR-Regierung eine Mauer zwischen Ostberlin und den Westsektoren errichten, um die Massenflucht von DDR-Bürgern zu beenden. Kurz darauf wurde die gesamte innerdeutsche Grenze für Westreisen gesperrt. Der Mauerbau wurde offiziell mit „Revanchepolitik" und „Menschenhandel" Westdeutschlands begründet, war jedoch tatsächlich der Offenbarungseid des Zwangssystems. Die Mauer wurde zum Symbol der deutschen Teilung, führte aber in den folgenden Jahren zur inneren Stabilisierung der DDR.

5 Fasse die Ursachen und Folgen des Mauerbaus 1961 zusammen (Darstellungstext, M6, M7, M9).

6 Erarbeite die Aussage von M8 und nimm dazu Stellung. Achte auf die Datierung des Textes.

7 Versuche – ausgehend von M10 –, das Verhalten „des Westens" angesichts des Mauerbaus zu erklären. Gehe auf die Aussage des Aufmachers ein.

8 Erläutere den letzten Satz des Darstellungstextes Seite 122.

Deutschland und Israel – ein besonderes Verhältnis

Wiedergutmachung als Ziel

Als 1948, drei Jahre nach dem Ende des Zweiten Weltkrieges, der Staat Israel gegründet wurde, sollte er auch Zuflucht für die Überlebenden des Holocaust sein. Deutschland, damals noch unter alliierter Besatzung, war aufgrund der Ermordung von Millionen Juden in der NS-Zeit für die meisten Israeli ein feindliches Land. Schwierig gestalteten sich daher auch die ersten Kontakte zwischen Israel und der jungen Bundesrepublik. Bundeskanzler Adenauer sah seit seinem Regierungsantritt eine moralische Pflicht der Deutschen zur Anerkennung der Schuld gegenüber dem jüdischen Volk und davon ausgehend auch zu einer finanziellen Wiedergutmachung. In Israel selbst kritisierten Gegner deutscher Entschädigungszahlungen, dass erlittenes Unrecht nicht mit Geld abgegolten werden könne.

Politik „auf dünnem Eis"

Weil ein völkerrechtlicher Anspruch auf Reparationen kaum durchzusetzen war, trug die israelische Regierung ihr Anliegen einer Wiedergutmachung zunächst den Alliierten vor, die Israel rieten, sich direkt an die Bundesregierung zu wenden. Adenauer reagierte positiv, bekannte sich zu der moralischen Verantwortung Deutschlands für die Nazi-Verbrechen und hoffte zugleich auf einen Gewinn an internationalem Ansehen. Nach zunächst geheimen und schwierigen Verhandlungen kam es schließlich 1952 zu einem Wiedergutmachungsabkommen, in dem sich die Bundesrepublik verpflichtete, in den folgenden Jahren 3 Milliarden DM in Form von Warenlieferungen an Israel zu zahlen. Weitere Entschädigungsgelder flossen an Überlebende des Holocaust.
Adenauer musste um die Akzeptanz seiner Israelpolitik kämpfen, sowohl im Bundestag als auch in der Bevölkerung, denn nach einer Meinungsumfrage waren nur 11 Prozent mit Entschädigungen an Israel einverstanden, 44 Prozent fanden sie überflüssig. Mit dem Wiedergutmachungsabkommen hatte Adenauer den Grundstein für eine Partnerschaft zwischen Israel und der Bundesrepublik gelegt.

Diplomatische Beziehungen zwischen Israel und der Bundesrepublik

Trotz der Annäherung der beiden Staaten in der Reparationsfrage gab es aber keine offizielle gegenseitige Anerkennung, da die Vorbehalte in Israel gegen die Deutschen immer noch sehr groß waren. Sowohl Adenauer als auch sein Nachfolger Erhard strebten die Aufnahme diplomatischer Beziehungen an. 1965 kam es zu diesem wichtigen Schritt der Normalisierung. Alle Bundesregierungen bis heute sahen und sehen sich wegen des in deutschem Namen verübten Holocausts in einer besonderen Verantwortung für den Staat Israel.

DDR – Israel: ein gestörtes Verhältnis

Bis zu ihrem Zusammenbruch 1990 hatte die DDR den Staat Israel nicht anerkannt. Das hatte zum einen seinen Grund in den Frontstellungen des Kalten Krieges. Sowohl die Westmächte als auch die Sowjetunion bemühten sich, Einflusssphären zu schaffen und Verbündete zu gewinnen. Während die Beziehung zwischen den USA und Israel von der ersten Stunde der Staatsgründung an eng war und sich die Bundesrepublik nach Westen orientierte, wandten sich die Sowjetunion und in ihrem Gefolge die DDR den Isreal feindlich gesinnten arabischen Staaten zu. Ein zweiter Grund für die distanzierte Haltung der DDR gegenüber Israel lag in ihrem Selbstverständnis: Anders als die Bundesrepublik sah man sich nicht als Erbe des alten Deutschlands, sondern als Bollwerk des Antifaschismus und lehnte daher auch israelisch-jüdische Forderungen nach finanzieller Wiedergutmachung ab. Damit war das Verhältnis der DDR zu Israel dauerhaft belastet.

M1

Bundeskanzler Konrad Adenauer und der israelische Ministerpräsident David Ben-Gurion bei ihrem Treffen in New York, Foto, 1960

M2 Schuldanerkenntnis und Wiedergutmachung

Am 27. September 1951 sagte Bundeskanzler Adenauer in einer Regierungserklärung:

Im Namen des deutschen Volkes sind aber unsagbare Verbrechen begangen worden, die zur moralischen und materiellen Wiedergutmachung verpflichten, sowohl hinsichtlich der individuellen Schäden, die Juden erlitten haben, als auch des jüdischen Eigentums, für das heute individuell Berechtigte nicht mehr vorhanden sind. Auf diesem Gebiet sind erste Schritte getan, sehr vieles bleibt aber noch zu tun. Die Bundesregierung wird für den baldigen Abschluss der Wiedergutmachungsgesetzgebung und ihre gerechte Durchführung Sorge tragen. Ein Teil des identifizierbaren jüdischen Eigentums ist zurückerstattet. Weitere Rückerstattungen werden folgen. Hinsichtlich des Umfangs der Wiedergutmachung – in Anbetracht der ungeheuren Zerstörung jüdischer Werte durch den Nationalsozialismus ein sehr bedeutendes Problem – müssen die Grenzen berücksichtigt werden, die der deutschen Leistungsfähigkeit durch die bittere Notwendigkeit der Versorgung der zahlreichen Kriegsopfer und der Fürsorge für die Flüchtlinge und Vertriebenen gezogen sind. Die Bundesregierung ist bereit, gemeinsam mit den Vertretern des Judentums und des Staates Israel, der so viele heimatlose jüdische Flüchtlinge aufgenommen hat, eine Lösung des materiellen Wiedergutmachungsproblems herbeizuführen, um damit den Weg zur seelischen Bereinigung unendlichen Leids zu erleichtern. Sie ist tief davon durchdrungen, dass der Geist wahrer Menschlichkeit wieder lebendig und fruchtbar werden muss. Diesem Geist mit aller Kraft zu dienen, betrachtet die Bundesregierung als die vornehmste Pflicht des deutschen Volkes.

Zit. nach Jürgen Weber, Die Bundesrepublik wird souverän 1950–1955, 3. Aufl., München (Bayerische Landeszentrale für politische Bildungsarbeit) 1998, S. 369.

M3 „Die Stimmung ist frostig …“

Aus einer Darstellung über den Beginn der Wiedergutmachungsverhandlungen (21. März 1952):

Der Israeli Gerschon eröffnet die Verhandlungen mit einer langen, auf Englisch vorgetragenen Erklärung. Dann antworten die Deutschen. Die Stimmung ist frostig – bis sich irgendwann Otto Küster, der stellvertretende Leiter der deutschen Delegation, ein Herz fasst und Schinnar [israelischer Delegationsleiter] einen Zettel über den Tisch zuschiebt: „Aus Ihrem Englisch glaube ich, einen schwäbischen Akzent herauszuhören. Habe ich recht?“ Er hat recht. Schinnar ist, wie Küster, in Stuttgart aufgewachsen und hat dort sogar dieselbe Schule besucht. Bewegt schreiben die beiden Männer einige Tage später gemeinsam eine Postkarte an einen ihrer Lehrer. Fortan begegnen sich Israelis und Deutsche weniger verkrampft. Neben Englisch wird nun auch Deutsch gesprochen.

Karen Andresen, Tanker für Jerusalem. In: Spiegel special, Nr. 1, 2006, S. 119.

M4 Kontakte sind notwendig

Der Bundesgeschäftsführer der Deutsch-Israelischen Wirtschaftsvereinigung, Grisha Alroi-Arloser, äußerte sich 2005 zu den deutsch-israelischen Beziehungen:

Gerade im 40. Jahr der Aufnahme diplomatischer Beziehungen sollten beide Seiten versuchen, mehr Kontaktmöglichkeiten zu schaffen und zu nutzen. In Wirtschaft, Kultur, Wissenschaft und Forschung entstehen seit Jahren nachhaltige, enge und schließlich freundschaftliche Beziehungen, die auf Interessengemeinschaft begründet sind. Sie sind lebendig, zukunftsorientiert und belastbar. Auch unter solchen Kooperationspartnern mag es tagespolitische Meinungsverschiedenheiten geben, doch stellen sie den anderen niemals grundsätzlich infrage.

Grisha Alroi-Arloser, Deutschland und Israel aus israelischer Sicht. In: Politik und Zeitgeschichte 15/2005, Bonn, S. 13.

1 Fasse wichtige Stationen des Verhältnisses zwischen Israel und der Bundesrepublik Deutschland zusammen (Darstellungstext, M2, M3).

2 Erarbeite Unterschiede im Verhältnis der Bundesrepublik und der DDR zu Israel und nenne Gründe für die unterschiedlichen Positionen (Darstellungstext).

3 Analysiere M1 und beschreibe die Atmosphäre des Gesprächs. Achte auf Bilddetails.

4 Informiert euch in Zeitungen, Zeitschriften oder im Internet über die heutigen Beziehungen zwischen Israel und Deutschland und berichtet in der Klasse. Geht dabei von M4 aus.

Markt und Plan: zwei Wirtschaftsmodelle – und der Alltag

„Wirtschaftswunder" dank sozialer Marktwirtschaft?

„Wir sind wieder wer" – so kennzeichnete Ende der 1950er Jahre der Bundeswirtschaftsminister und spätere Bundeskanzler Ludwig Erhard (1897–1977) die Stimmung in der Bundesrepublik. 1949 hätte eine solche Bilanz sicherlich niemand vorherzusagen gewagt: Bombenschäden, Reparationsforderungen der Alliierten und die finanzielle Belastung des Staates durch die Versorgung von Witwen, Waisen und Kriegsversehrten ließen nicht auf eine positive Wirtschaftsentwicklung hoffen. Mit der Einführung der sozialen Marktwirtschaft* kam es in der Ära Adenauer jedoch zu einem rasanten Wirtschaftsaufschwung. Die Grundidee dieses Wirtschaftssystems bestand darin, dass der sich an Angebot und Nachfrage ausrichtende freie Wettbewerb durch eine Rahmengesetzgebung überwacht wird, z. B. durch das Verbot von Firmenzusammenschlüssen, wenn dadurch der Wettbewerb gefährdet würde.

Auch wenn Ludwig Erhard bis heute als „Vater" der sozialen Marktwirtschaft gilt, hing der schnelle wirtschaftliche Aufstieg der Bundesrepublik doch eng mit ihrer Integration in das westliche Bündnissystem zusammen. Der Marshallplan und die Kooperation der Bundesrepublik mit den westeuropäischen Nachbarstaaten führten dazu, dass die deutsche Wirtschaft ganz wesentlich von der steigenden Nachfrage nach Exportgütern (vor allem Kohle und Stahl, Maschinen, Autos) profitierte. Ein wichtiger Grund für den Aufschwung in der Bundesrepublik waren auch die niedrigen Löhne und die hohe Arbeitsleistung, die deutsche Produkte auf dem Weltmarkt billig machten. Der wachsende Bedarf an Arbeitskräften konnte bis Ende der 1950er Jahre durch die große Zahl der Vertriebenen und der Übersiedler aus der DDR gedeckt werden.

Bei den Bundesdeutschen wuchs der Wunsch nach Konsum: Haushaltsgeräte, Motorroller, Autos und Reisen gelten heute als Kennzeichen des „Wirtschaftswunders". Nicht jeder konnte sich diese Dinge leisten. Der Ausbau der Bundesrepublik zum Sozialstaat erlaubte allerdings mehr Bürgern als je zuvor, an der Konsumgesellschaft teilzuhaben.

M1 **Kundgebung des Deutschen Gewerkschaftsbundes**, Foto, 1. Mai 1956

M2 Soziale Marktwirtschaft (Bundesrepublik)

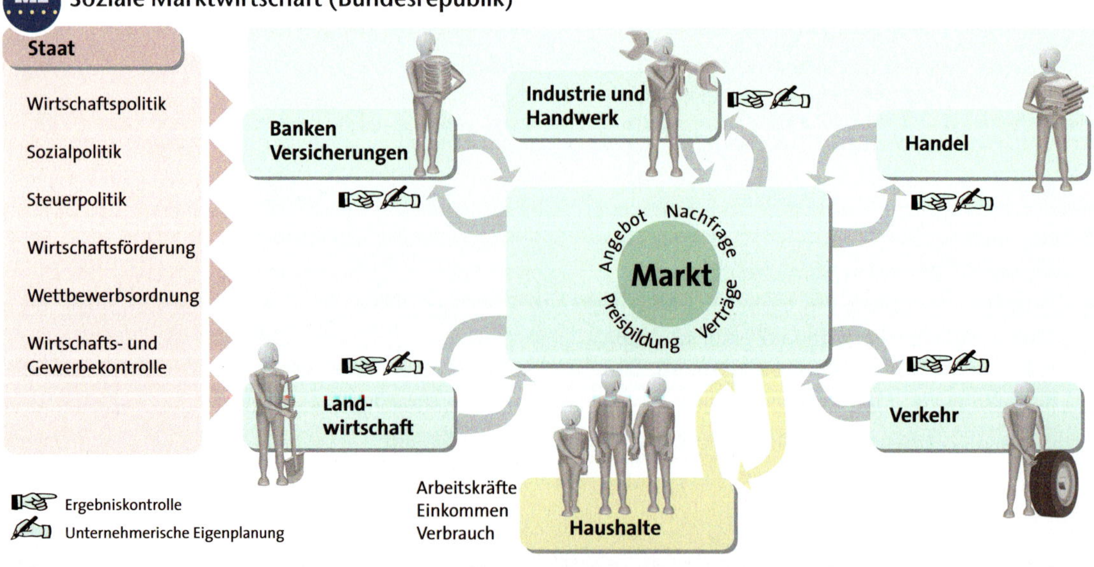

Aufbau des Sozialismus mithilfe der zentralen Planwirtschaft?

Nach der Bodenreform und der Verstaatlichung vieler Industrieanlagen in der SBZ führte die DDR-Regierung in den 1950er Jahren die Umgestaltung der Wirtschaft konsequent weiter: Sie löste private Unternehmen und landwirtschaftliche Betriebe auf und wandelte sie in „Volkseigene Betriebe" (VEB*) und „Landwirtschaftliche Produktionsgenossenschaften" (LPG*) um. Nach dem Vorbild der Sowjetunion wurde die zentrale Planwirtschaft* eingeführt: Auf der Grundlage von Fünfjahresplänen bestimmten staatliche Behörden, welche Waren und Güter in welchem Betrieb hergestellt werden sollten. Vorgeschrieben war die Produktionshöhe innerhalb eines bestimmten Zeitlimits.

Die Ausgangsbedingungen waren in der DDR schwieriger als in der Bundesrepublik: Zum einen hatte die sowjetische Besatzungsmacht die meisten Industriebetriebe demontiert und mehr Reparationen entnommen als die Besatzungsmächte in den westlichen Zonen. Zum anderen wanderten viele qualifizierte Arbeitskräfte in den Westen ab.

Bei der im Gebiet der DDR angesiedelten Industrie handelte es sich vorwiegend um die weiterverarbeitende Industrie, die auf Zulieferungen aus der westdeutschen Schwerindustrie angewiesen war. Da diese Zulieferungen ausblieben, musste der Bereich der Schwerindustrie in der DDR verstärkt ausgebaut werden – auf Kosten der Leicht- und Konsumgüterindustrie. DDR-Unternehmen waren im internationalen Wettbewerb bald benachteiligt: So stellte die DDR zwar Mitte der 1960er Jahre nach der Sowjetunion die zweitstärkste Wirtschaftsmacht im RGW (siehe S. 120) dar, aber im Weltvergleich fiel sie immer weiter zurück.

Da die Löhne staatlich festgelegt waren, konnten gute Arbeitskräfte kaum mit finanziellen Vorteilen rechnen. Um sinkende Arbeitsleistungen zu verhindern, mussten deshalb neue Anreize geschaffen werden, z. B. mit Prämien verbundene Auszeichnungen wie „Held der Arbeit" oder Sonderurlaub und bevorzugte Wohnungszuteilungen.

M3 **Bekanntmachung einer LPG** im Kreis Meißen (Sachsen), Foto, undatiert

1 Erläutere anhand von M2, M4 und der Darstellungstexte die Grundzüge der sozialen Marktwirtschaft und der zentralen Planwirtschaft.

2 Vergleiche M1 und M3. Welche Botschaften teilen sie mit? Welche Interessen stehen hinter diesen Aktionen?

M4 **Zentrale Planwirtschaft (DDR)**

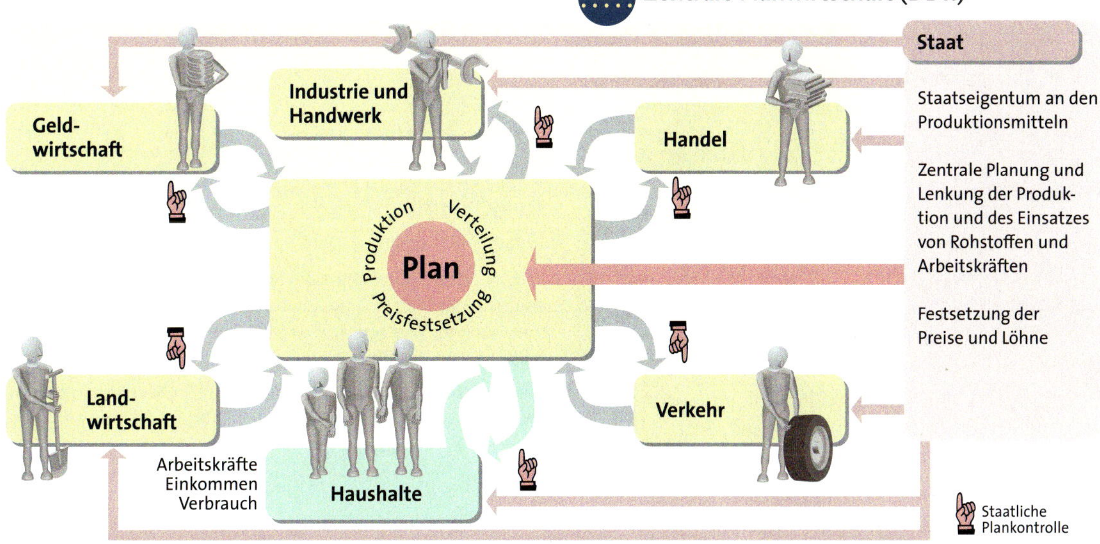

M5 **Zeitgenössische Karikatur „ohne Worte"** von Ernst Hürlimann

M6 Eine eigene Wohnung

Der Bergmann Walter Schaefer verließ 1946 das Ruhrgebiet und wechselte zu VW. Er berichtete 1988:

Zwischen 1950 und 1960, das war für mich einmal, wie soll ich sagen, wieder zu etwas zu kommen. Das heißt, wieder Eigentum zu besitzen. Nicht große Gelder anzulegen, aber eine eigene Wohnung zu haben. Ja, sich einigermaßen kleiden zu können. Ein ruhiges und glückliches Familienleben zu führen, mit den Kindern, mit der Frau. Ich bin ja 1946 hier angekommen praktisch mit nix, mit gar nichts. Ich habe einen Anzug gehabt, das heißt eine Hose, ein Hemd und eine Jacke, die ich umgebaut hatte ... 1947 hab ich geheiratet. Dann hab ich zur Miete gewohnt in einem Zimmer. Möbel waren nicht da. Dann 1955 kam ich [in die eigene Wohnung] nach Wolfsburg ... Man ging dazu über, hat Möbel gekauft. Ja, Geld war nicht da. Also dann hieß es abzahlen, abzahlen, abzahlen ... Ich habe viele Stunden gemacht damals im Werk. Die Möglichkeit war da bei uns ab 1950, dass wir kaum einen Sonnabend/Sonntag gehabt haben. Es sind Monate gewesen, wo ich 300 und 360 Stunden gemacht habe. Einmal, weil das Geld fehlte, und zum anderen eben, weil man sich was anschaffen wollte, aber auch, weil es eben nötig war, um im Werk wieder mit aufzubauen.

Monika Uliczka, Berufsbiographie und Flüchtlingsschicksal. VW-Arbeiter in der Nachkriegszeit, Hannover (Hahnsche Buchhandlung) 1993, S. 233.

M7 **Mit dem VW Käfer nach Italien.** Eine westdeutsche Familie macht Urlaub am Gardasee, Foto, 1955

M8 Ausstattung mit Konsumgütern in beiden deutschen Staaten 1969–1978

Erzeugnis	*von 100 Haushalten besaßen*			
	in der Bundesrepublik Deutschland		*in der DDR*	
	1969	*1978*	*1969*	*1978*
Pkws	45	62	11	34
Krafträder	6	9	36	54
Rundfunkgeräte	83	99	89	98
Fernsehgeräte	74	94	60	87
Kühlschränke	85	98	37	99
Waschmaschinen	61	82	38	79

In den amtlichen Berichten der DDR wurde bis 1989 regelmäßig erwähnt, dass Schwierigkeiten und Ausfälle im Angebot von Obst und Frischgemüse auftraten. In Wirklichkeit gab es fast alle Produkte zu kaufen, allerdings nicht zu jeder Zeit und an jedem Ort.

Zusammengestellt nach Zahlenspiegel, hg. v. Bundesministerium für innerdeutsche Beziehungen, Bonn, 1982.

Drum, vorwärts geht's und nicht zurück,
wer länger wartet bleibt zurück!
Für Wohlstand, Frieden, Glück,
deckt alle mit den Tisch der Republik.

M9 **„Vorwärts geht's und nicht zurück!"**, Abbildung aus einer Werbebroschüre in der DDR, 1959

M10 Mehrarbeit – wofür?

Hellmut Schönstädt, früher Diplomgartenbauingenieur, berichtete 1999 über das VEG* Gartenbau Eisenhüttenstadt:

Es waren ja meistens Frauen, die bei uns arbeiteten … Wenn im Betrieb Not am Mann war, haben in den Anfangsjahren die Frauen am Tage ihre eigentliche Arbeit gemacht und kamen nachmittags, wenn die Männer Feierabend hatten, mit ihren Männern und haben mit der Schubkarre die Erde in die Gewächshäuser reingekarrt … Sie haben mit Duldung des Betriebes Leistungen erbracht, die ihre Frauen nach dem Leistungsprinzip vergütet bekamen. Sie haben es nur gemacht, weil die Familie sich eben auch eine Waschmaschine, einen Fernseher, einen Trabbi anschaffen wollte. In unserem Betrieb wurde ja nur durch Leistungsvergütung Geld verdient, die Grundlöhne waren ja gering. Durch die spätere Möglichkeit, Jahresendprämien zu zahlen, konnten gute Arbeitsleistungen zusätzlich belohnt werden.

Zit. nach Eisenhüttenstadt, hg. von der Arbeitsgruppe Stadtgeschichte, Berlin (be.bra) 1999, S. 207.

M11 **Schaufenster in Eisenhüttenstadt**, Foto, 1967. Die Pkws konnten nur bestellt werden, oft mit einer Wartezeit von 12 bis 15 Jahren.

M12 Planwirtschaft vor Ort

Der beim Werksverkehr des Eisenhüttenkombinats (EKO) beschäftigte Lothar Ritter erinnerte sich 1994 an die Parteisitzungen, an denen er teilgenommen hat:

Ich war mehrere Jahre in der Zentralen Parteileitung im EKO, und der damalige Produktionsdirektor Kurt Schröder, der musste so am 25./26. jeden Monats über den Stand der Planerfüllung berichten. Ich saß als Vorzeigearbeiter mit da drin, damals war ich Lokführer und hab von der Ökonomie nicht allzu viel verstanden. Aber ich wusste: Wenn drei, vier Tage vor Ultimo noch 10 000 Tonnen Roheisen gefehlt hatten und am 31. wurde dann Planerfüllung gemeldet, dann war da irgendwas manipuliert worden! Das hat sich dann permanent gesteigert, und nach dem Amtsantritt von Honecker, muss man sagen, noch potenziert. Da stimmte die gemachte Erfahrung nicht mehr mit dem überein, was als Ideologie verkündet wurde.

Zit. nach Eisenhüttenstädter Lesebuch, hg. von Dagmar Semmelmann u. a., Berlin (edition bodoni) 2001, S. 95.

3 Erläutere die Entwicklung des Lebensstandards in Westdeutschland (M5 bis M8).
4 Partnerarbeit: Stellt das Zahlenmaterial von M8 graphisch dar.
5 Erarbeite die Aussageabsicht von M5.
6 Erläutere mithilfe des Darstellungstextes die Ziele der EKO-Gründung (M12).
7 Untersuche die in M10 und M12 dargestellten Arbeits- und Produktionsbedingungen.
8 Zeige, welche Probleme der Planwirtschaft in den Materialien deutlich werden. Ziehe M11 mit heran.

Der „Vierte Stamm“: Die Integration der Sudetendeutschen in Bayern

Ein schwieriger Anfang

Bayern erlebte ab den 1950er Jahren einen starken Wandel in Wirtschaft und Gesellschaft. Großen Anteil daran hatten die ca. 2 Millionen Flüchtlinge und Vertriebenen, die nach dem Zweiten Weltkrieg ins Land gekommen waren (siehe S. 98 f.). Anfangs aber wurden sie von vielen Einheimischen als Last empfunden: Es fehlte an Wohnraum, Nahrungsmitteln und Arbeitsplätzen – und jetzt sollte man noch mit den Neubürgern teilen. Hinzu kamen kulturelle Unterschiede, die das Zusammenleben zwischen Einheimischen und Neubürgern erschwerten. Die Vertriebenen ihrerseits, unter denen die Sudetendeutschen die größte Gruppe stellten, waren von Anfang an bestrebt, rasch Fuß zu fassen und sich eine Existenz aufzubauen.

Hilfe und Selbsthilfe

Die Behörden sorgten zunächst für eine „Zwangsintegration“, z. B. indem man Flüchtlinge ohne viel Rücksichtnahme bei Einheimischen einquartierte. Bald erkannten jedoch die verantwortlichen Politiker, dass die Vertriebenen ein großes Zukunftspotenzial insbesondere für eine verstärkte Industrialisierung Bayerns boten. Der Staat förderte daher den Aufbau von Vertriebenengemeinden wie Neugablonz, Traunreut oder Waldkraiburg, wo man die alten Industrien wieder ansiedelte. Staatliche Kredite halfen bei der Finanzierung von Firmengründungen. Entscheidend für die erfolgreiche wirtschaftliche Eingliederung der Vertriebenen in Bayern war aber deren Wille zur Selbsthilfe.

Von Seiten des Staates wurde bundeseinheitlich ein so genannter Lastenausgleich vorgenommen zwischen den durch Flucht und Vertreibung Geschädigten und denen, die ihren Besitzstand ganz oder überwiegend bewahrt hatten, z. B. durch bestimmte Vermögensabgaben bzw. Entschädigungszahlungen.

Modernisierungsschub durch die Neubürger

Die fortschreitende Integration trieb auch die Industrialisierung Bayerns in der Zeit des „Wirtschaftswunders“ voran. Sudetendeutsche und Schlesier kannten aus ihrer Heimat hochentwickelte Handwerkszweige und gaben Impulse für die Modernisierung Bayerns. Der Zuzug von Menschen unterschiedlicher Konfession förderte die Toleranz im Lande. Dass aus Flüchtlingen trotz aller Anfangsprobleme recht schnell geschätzte Mitbürger wurden, ist einerseits dem Engagement der Vertriebenen selbst zu verdanken, wurde aber auch von der Regierung bewusst gefördert. So erklärte man die Sudetenländer offiziell zum gleichberechtigten „vierten Stamm“ Bayerns neben den Altbayern, Franken und Schwaben.

M2 **Wohnen auf engstem Raum,** Unterkunft einer Vertriebenenfamilie im Flüchtlingslager München-Allach, Foto, 1950

M1 **Sudetendeutsche Firmenneugründung,** Müllers Karlsbader Nährmittelindustrie für Backzutaten, Pudding- und Soßenpulver in Neutraubling, Foto, um 1951. In der ehemaligen Waffenmeisterei des Flugplatzes nahm die Firma von Ernst Müller mit 53 Beschäftigten am 1. 12. 1947 die Produktion auf.

M3 Sudetendeutsche als Mitbürger

Auf dem Sudetendeutschen Tag in München 1954 verkündete der Bayerische Ministerpräsident Ehard die Übernahme der Schirmherrschaft über die Sudetendeutsche Volksgruppe:

Wir haben von Anfang an in Bayern die Auffassung vertreten, dass die Heimatvertriebenen … keine unterstützungsbedürftigen „Habenichtse", sondern vollwertige Mitbürger … sind. Wir haben … eine sudetendeutsche Initiative und Aktivität erlebt, die höchste Anerkennung verdient … Es vollzieht sich vor unseren Augen eine Umwandlung Bayerns, vergleichbar nur mit der Umwandlung des Kurfürstentums Pfalz-Bayern zum … Königreich Bayern. An dieser Umwandlung haben die Heimatvertriebenen, voran die Sudetendeutschen, einen entscheidenden Anteil … Bayern dankt … allen, die in der neuen Heimat an deren wirtschaftlichen Wiederaufbau mitgearbeitet haben.

Zit. nach Quellen zur politischen Geschichte Bayerns in der Nachkriegszeit, Bd. 1, München (Bayerische Landeszentrale für politische Bildungsarbeit) 2002, S. 542 f.

M4 Zuwanderung und wirtschaftlicher Wandel

Das Bayerische Sozialministerium untersuchte 1992 die Auswirkungen der Zuwanderung von Heimatvertriebenen:

Die … Entwicklung Bayerns … zu einem vorwiegend auf industrielle Produktion orientierten Land ist … in großem Maße auf die Veränderung der Bevölkerungszusammensetzung nach dem Zweiten Weltkrieg zurückzuführen. Die Zunahme der Bevölkerung … um rund ein Viertel führte die Defizite vor Augen, die die Landwirtschaft als Wirtschaftsbasis mit sich brachte. Die plötzlich vorhandene Nachfrage nach Gütern, Kapital und Arbeitsplätzen verlangte nach drastischen Umstrukturierungsmaßnahmen … Der überwiegende Anteil der Zuwanderer kam aus Gebieten, die wie das Sudetenland … deutlich stärker industrialisiert waren … Auch die Tatsache, dass manche strukturschwachen Gebiete Ost- und Nordbayerns mit Vertriebenen … überbesetzt waren, wirkte sich … günstig aus. … Vertriebene … waren gezwungen, in diesen Gebieten Arbeitsmöglichkeiten zu finden und … selbst zu schaffen.

Zit. nach Manfred Treml (Hg.), Geschichte des modernen Bayern, München (Bayerische Landeszentrale für politische Bildungsarbeit) 2000, S. 494 f.

M5 Emigrationen in historischer Sicht

Der Historiker Friedrich Prinz schrieb 2000:

Emigrationen (können), ganz gleich, ob sie freiwillig erfolgen oder durch Massenvertreibungen erzwungen wurden – positive Wirkungen haben, mag dies auch wegen des erfahrenen Leidens … widersinnig erscheinen. Man könnte eine Geistes- und Kulturgeschichte Europas als Geschichte von Emigrationen ganzer Völker oder … Gruppen schreiben, die ihrer neuen Heimat zum Segen gereichten. Weltgeschichtliches Paradigma[1] für die Auswirkungen von Emigrationen und Vertreibungen ist für alle Zeiten die Zerstreuung des jüdischen Volkes … im Jahre 70 n. Chr. Es war zweifellos ein schreckliches Ereignis, aber seine weitreichenden kulturellen Folgen für Europa sind unübersehbar. Ebenso wurde es für die deutsche Geschichte schicksalhaft, dass die Vertreibung der Hugenotten aus Frankreich im Jahr 1685 die deutsche Wirtschaft und Kultur ungemein bereicherte … [So] gewinnt das … Phänomen von Flucht und Vertreibung nach 1945, dessen Gewaltsamkeit keinesfalls heruntergespielt werden soll, eine andere und letztlich versöhnlichere Bedeutung.

Friedrich Prinz, Die Integration der Flüchtlinge und Vertriebenen in Bayern. Versuch einer Bilanz nach 55 Jahren, Augsburg (Haus der Bayerischen Geschichte) 2000, S. 33 ff.

1 Beispiel, Muster

1 Erarbeite anhand des Darstellungstextes, M1, M2 und M3, wie die Integration der Neubürger in Bayern gelang. Welche Ursachen dafür lassen sich erkennen?

2 Analysiere M4 unter der Fragestellung nach dem Zusammenhang zwischen Zuwanderern, Güternachfrage, Produktion und Arbeitsplätzen.

3 Erarbeite, wie der Historiker in M5 Emigrationen in der Geschichte bewertet.

4 Suche in deiner Umgebung nach Spuren der Aufbauleistung durch die Vertriebenen (z. B. Unternehmensgründungen, Neubausiedlungen nach dem Zweiten Weltkrieg).

5 Die Integration von Zuwanderern ist auch heute ein viel diskutiertes Thema. Erörtert, inwiefern beim Umgang mit aktuellen Entwicklungen historisches Wissen, z. B. über die Rolle der Sudetendeutschen in Bayern nach 1945, hilfreich sein kann.

Deutschland in der Zeit des Kalten Krieges – ein Überblick

Zusammenbruch von Staat und Gesellschaft

Seit Herbst 1944 setzte im Osten Deutschlands mit dem Vorrücken der sowjetischen Truppen eine Flucht- und Vertreibungswelle ein, die viele Opfer forderte. Nach der Kapitulation Deutschlands im Mai 1945 übernahmen die vier Siegermächte USA, Sowjetunion, Großbritannien und Frankreich die oberste Staatsgewalt in Deutschland. Auf der Potsdamer Konferenz (Juli/August 1945) legten sie die Aufteilung des ehemaligen Deutschen Reiches in vier Besatzungszonen und die Teilung Berlins in vier Sektoren fest und beschlossen die durch Flucht und Vertreibung bereits begonnene Umsiedlung der deutschen Bevölkerung aus den unter polnische bzw. russische Verwaltung gestellten Gebieten östlich der Oder und Neiße. Der Alltag der Bevölkerung war in den ersten Nachkriegsjahren durch Hunger und Wohnungsnot gekennzeichnet.

Alliierte Besatzungspolitik

Das gemeinsame Ziel der Alliierten war die Entmilitarisierung und Entnazifizierung Deutschlands. Auf der Ebene der Gemeinden und Länder durften sich deutsche Politiker seit 1945/46 am Aufbau von Staat und Wirtschaft beteiligen. Während in den Westzonen demokratische Strukturen von unten nach oben aufgebaut wurden, bestimmte in der sowjetischen Zone die Kommunistische Partei Deutschlands (KPD), 1946 mit der SPD zwangsvereinigt zur Sozialistischen Einheitspartei Deutschlands (SED), unter der Kontrolle der sowjetischen Besatzungsmacht von Anfang an das politische Geschehen. Einschneidende wirtschaftliche Maßnahmen (Bodenreform und Verstaatlichung großer Industriebetriebe) stellten die Weichen für eine künftige planwirtschaftliche Entwicklung.
Das von der US-Armee besetzte Bayern gab sich im Dezember 1946 mit der Verfassung des Freistaates Bayern eine demokratische Struktur.

Auf dem Weg zur Spaltung

Gegensätzliche Interessen und unterschiedliche ideologische Einstellungen der westlichen Alliierten einerseits und der Sowjetunion andererseits führten im Alliierten Kontrollrat schon bald zu Spannungen. Die Spaltung Deutschlands zeichnete sich ab, als die USA und Großbritannien ihre Zonen 1947 zu einem Wirtschaftsgebiet zusammenschlossen und die Westalliierten 1948 in ihren Zonen sowie in Berlin (West) eine Währungsreform durchführten, auf die die Sowjetzone mit einer eigenen Währung reagierte.
Die Sowjetunion scheiterte 1948/49 mit dem Versuch, durch die Blockade der Zugangswege zur alleinigen Herrschaft über Berlin zu gelangen.

Zwei deutsche Staaten

Im Jahre 1949 wurden auf Weisung und mit Unterstützung der Siegermächte zwei deutsche Staaten gegründet: die Bundesrepublik Deutschland mit Regierungssitz in Bonn und die Deutsche Demokratische Republik mit Regierungssitz im sowjetischen Sektor Berlins.
Die Bundesrepublik ist nach dem Grundgesetz vom 23. Mai 1949 eine parlamentarische Demokratie mit einer föderalen Struktur, in der die politischen Parteien im Wesentlichen das politische Leben bestimmen.
Der erste Bundeskanzler, Konrad Adenauer, strebte nach Souveränität und schneller Westintegration des jungen Staates.
In der DDR dominierte von Anfang an die Sozialistische Einheitspartei Deutschlands (SED) die Politik. Die Bürger stimmten dort über eine „Einheitsliste" ab, die eine Sitzverteilung zwischen der SED, den übrigen Parteien und Massenorganisationen vorgab.

1945	*1947*	*1948*	*1948/49*	*1949*
• Potsdamer Konferenz	• Marshallplan	• Währungsreform	• Berlin-Blockade	• Gründung der Bundesrepublik und der DDR

Wir wiederholen Begriffe und Methoden

Die Deutsche Frage nach 1945

Das Problem der nationalen Einheit rückte als „Deutsche Frage" nach Kriegsende wieder in den Blickpunkt der Politik, hervorgerufen durch die Teilung des Landes, deren Ende zunächst nicht absehbar war. Während sich die Bundesrepublik schnell stabilisierte, wurden in der DDR krisenhafte Entwicklungen deutlich, die sich vor allem im Aufstand vom 17. Juni 1953 und 1961 im Mauerbau zeigten.

Wirtschaft und Gesellschaft

In der Bundesrepublik wurde das Konzept der sozialen Marktwirtschaft verwirklicht: Der Staat hielt sich bei Eingriffen in das wirtschaftliche Leben zurück, gewährleistete aber die soziale Absicherung aller Bürger. In den 1950er Jahren wurde mit dem „Wirtschaftswunder" die Grundlage für einen bis dahin in Deutschland nicht gekannten Massenwohlstand geschaffen. Ein Beispiel gelungener Integration in Politik, Gesellschaft und Wirtschaft stellt die Eingliederung der Sudetendeutschen in Bayern nach 1945 dar.

In der DDR herrschte Planwirtschaft: Der Staat bestimmte über den Einsatz von Arbeitskräften und Rohstoffen und legte die Preise und Löhne fest. Das sozialistische Wirtschaftssystem sorgte zwar für Vollbeschäftigung, war aber nicht in der Lage, die Versorgung der Bevölkerung mit wichtigen Konsumgütern sicherzustellen.

Grundwissen	
Flucht und Vertreibung	S. 100
Potsdamer Konferenz	S. 107
Besatzungszonen	S. 107
Währungsreform	S. 107
1946: Bayerische Verfassung	S. 109
Entnazifizierung	S. 113
Konrad Adenauer (1876–1967)	S. 117
23. 5. 1949: Grundgesetz	S. 117
Westintegration	S. 117
1949: Gründung der beiden deutschen Staaten	S. 121
Deutsche Frage	S. 125
17. 6. 1953: Aufstand gegen das DDR-Regime	S. 125
1961: Mauerbau	S. 125

Methoden	
Mit fremdsprachigen Quellen umgehen	S. 110 f.
Zeitzeugen befragen	S. 114 f.

M1 Karikatur aus der „Baltimore Sun" (USA), 1948

1 Erschließt die Aussage der Karikatur M1 und diskutiert die folgende These des Schweizer Publizisten Allemann von 1956: „Bonn ist nicht Weimar".

17. Juni 1953
- Volksaufstand in der DDR

13. August 1961
- Bau der Berliner Mauer

Im Blickpunkt

Die „Halbstarken“ – Jugendkultur und Jugendprotest in den 1950er Jahren

Mopeds und Rock ‘n‘ Roll – „auffällige“ Jugend?

Sie trugen schwarze Lederjacken, Nietenhosen (Jeans) oder enge schwarze Hosen, bunte Hemden in Kombination mit Schlägermützen, Parallelos (Pullover mit durchgehend verlaufenden Rippen) oder großkarierte Sakkos. In ihrer Freizeit trafen sie sich allabendlich „an der Ecke“, ließen ihre Mopeds im Stand aufheulen und fuhren zuweilen „Rennen“ um die Häuserblocks: „Halbstarke“ wurden sie von den Erwachsenen genannt, meist als Synonym für männliche Jugendliche verwendet. Ihr „Cliquenverhalten“ hatte Wurzeln in der Arbeiterjugendkultur der Weimarer Republik, aber auch in Protest- und Widerstandsgruppen der NS-Zeit, wie den „Edelweißpiraten“. Die wiedergewonnene Freiheit der Nachkriegsjahre und der Einfluss amerikanischer Lebensweise und Kultur schufen jedoch eine neue Jugendkultur, als deren „Gründungshymne“ der Song „Rock Around the Clock“ des amerikanischen Sängers Bill Haley gilt – zuerst gesungen in dem Film „Die Saat der Gewalt“ von 1955. Er versetzte Jugendliche in aller Welt „in Aufruhr“ – erschien dies doch als Gelegenheit, aus der als ziemlich prüde und spießig empfundenen Erwachsenwelt auszubrechen und einmal „rund um die Uhr“ Spaß zu haben. Weltanschaulich-politische Gründe spielten keine Rolle. Mitte der fünfziger Jahre hatte fast jede Großstadt – in Europa und Nordamerika – ihren „Halbstarken-Krawall“, meistens ausgelöst durch Filmvorführungen (z. B. des Films „Außer Rand und Band“), Rock-‘n‘-Roll-Konzerte oder Rock-‘n‘-Roll-Turniere. Von vielen Erwachsenen wurde diese Entwicklung als bedrohliche „Amerikanisierung“ der westdeutschen Gesellschaft empfunden. Viele Jugendliche unterschätzten die strafrechtlichen Konsequenzen, als sie z. B. wegen Aufruhrs oder Landfriedensbruchs bestraft wurden. Zunehmende Freizeit, neue Konsummöglichkeiten und sich verbreitende Massenmedien (Zeitschriften, Rundfunk, Fernsehen) werden in der Geschichtsforschung als Rahmenbedingungen für die Spannungen und Konflikte zwischen Jugendlichen und Erwachsenen gesehen.

M1 **„Halbstarke“**, Foto von Fritz Neuwirth, 1953

M2 **Tanzveranstaltung**, Foto, 1960

M3 **Zuschauer bei einem Konzert von Bill Haley in der Bundesrepublik**, Foto, 1958

M5 „Blinde Zerstörungswut"?

Die „Westdeutsche Allgemeine Zeitung" schrieb über die Krawalle am 1. Dezember 1956 in Dortmund:

5A Letzter Lagebericht von der „Rock-and-Roll-Front" … Das Capitol[1] … steht noch – vier Schaufenster zu Bruch – sechs Autos umgeworfen – zwölf Verkehrsschilder demoliert – ein Dutzend Mülltonnen vernichtet. Eine regelrechte Schlacht zwischen Polizei und „Rock-and-Rollern" wurde am Samstagabend geschlagen: mit einem Wasserwerfer und Gummiknüppeln ging eine Hundertschaft … gegen die „außer Rand und Verstand" tobenden Jahrgänge 1938 bis 1944 vor und schlug sie in die Flucht.

Ein damals Beteiligter erinnerte sich 1989:

5B Diese Krawalle hier in Dortmund, … das wären keine geworden, wenn die Polizei sich anders verhalten hätte … Als die Leute … aus dem Kino kamen, dann stand da draußen schon die Polizei mit Wasserwerfern usw. Die ließen die Leute auch nicht abziehen, wie sie das wollten. Man drängte sie: Weitergehen! Weitergehen! Weitergehen! Und dann wurden die Leute rebellisch. Und dann wurde der Wasserwerfer eingesetzt.

M5A: Zit. nach Schock und Schöpfung, hg. v. Deutschen Werkbund und Württembergischen Kunstverein Stuttgart, Darmstadt/Neuwied (Luchterhand) 1986, S. 271. M5B: Zit. nach Nordstadtbilder, Essen, 1989, S. 245.

1 Name eines Kinos

M4 „Verbot zur Führung eines Mopeds …"

Aus der „Allgemeinen Deutschen Lehrerzeitung" (1956):

Der (bayerische) Innenminister betonte, dass vielfach besondere Gefahren von jugendlichen Kraftfahrern, insbesondere Moped- und Motorradfahrern ausgehen. Er wies daher die Polizei an, bei wiederholten Verstößen gegen die Verkehrsvorschriften ein Verbot zur Führung eines Mopeds oder die Entziehung des Führerscheins zu erwirken. Ein strafbarer Verstoß gegen die Straßenverkehrsordnung könne vorliegen, wenn das Fahren offensichtlich nicht der Errreichung des Verkehrszieles, sondern lediglich der Unterhaltung dient und dadurch andere belästigt werden, wie beim Fahren rings um die Häuserblocks. Solche Fahrten seien daher zu unterbinden.

Zit. nach Praxis Geschichte, H. 1, 1997, S. 47.

1 Beschreibe, welchen Eindruck die in M1, M2 und M3 abgebildeten Jugendlichen auf dich machen. Siehst du Bezüge zur Gegenwart?

2 Untersuche, wie in M4 und M5 jugendliches „Fehlverhalten" dargestellt wird und prüfe, ob Ursachen dafür genannt werden.

3 Erarbeite anhand des Darstellungstextes Merkmale und Verhalten der „Halbstarken". Bewerte den Begriff „Halbstarke".

4 Vorschlag für eine Gruppenarbeit: Erstellt eine Übersicht über alle Jugendkulturen (z. B. Punks, Rapper, Raver, Skins), die ihr kennt bzw. die es in eurer Schule gibt. Informiert euch über deren Ursprung und Entwicklung.
Nutzt dazu z. B. das Archiv der Jugendkulturen (www.jugendkulturen.de). Präsentiert eure Ergebnisse, z. B. in einer Ausstellung.

4. Europa und die Welt in der Zeit des Ost-West-Konflikts

Großes Bild: **„Schwerter zu Pflugscharen"**, Skulptur des russischen Künstlers Jewgenij Wutschetitsch von 1957 vor dem Gebäude der UNO in New York. Bild unten links: **„Die Kolonialvölker im Licht der Freiheitsfackel"**, sowjetisches Plakat, 1957; unten rechts: **Werbung für Europa**, Plakat von 1955. Bild oben: **„Wir – Sie"**, Karikatur, 1981

Schon in der ersten Hälfte des 20. Jahrhunderts waren Spannungen zwischen den USA und der Sowjetunion deutlich geworden, die sich nach 1945 so verstärkten, dass vom „Kalten Krieg" gesprochen wurde: Bis zur Auflösung der Sowjetunion 1990/91 bestimmte der Ost-West-Konflikt, die Gegnerschaft zwischen dem westlichen Bündnissystem um die USA und dem östlichen unter Führung der Sowjetunion, die Weltpolitik. Zwar kam es nie zu einem direkten, „heißen" Krieg zwischen den beiden Supermächten, aber um ihre außen- und militärpolitischen Interessen durchzusetzen, waren beide in vielen Teilen der Welt präsent – in Südostasien, Nahost, Mittelamerika, Afrika und in Europa.

Die mit dem Ziel der weltweiten Friedenssicherung im Jahre 1945 gegründete UNO („United Nations Organization") konnte im Laufe der Jahrzehnte die hohen Erwartungen wegen der zeitweise unüberbrückbaren Kluft zwischen den beiden Blöcken nicht erfüllen. Andererseits förderte sie aber auch das Bemühen um Dialog und Kooperation über nationale Grenzen hinweg.

Im folgenden Kapitel kannst du an ausgewählten Beispielen erarbeiten,
- worin die Ursachen des Kalten Krieges gesehen werden,
- welche Interessen die politisch und militärisch Handelnden in jener Zeit in verschiedenen Regionen und Krisengebieten verfolgten und
- welche Bemühungen zur Kooperation und Integration unternommen wurden.

1 Erläutere, welche Informationen über den Kalten Krieg du den Abbildungen entnehmen kannst.

2 Viele Menschen behaupten, dass die Weltpolitik in der Zeit des Ost-West-Konflikts „übersichtlicher" gewesen sei als heute. Was könnte mit der Aussage gemeint sein? Notiert eure Vermutungen und überprüft sie in diesem Kapitel.

Wir
Sie
UdSSR
NATO
Wir
Sie
NATO
UdSSR
Wir
EUROPA

Колониальные народы
При свете „факела свободы"

TAG DES FREIEN EUROPA
ERSTER SCHRITT: KOHLE UND STAHL

Der Ost-West-Konflikt spaltet die Welt

Anfänge des Kalten Krieges

Das zur Niederschlagung des Hitlerregimes geschlossene Zweckbündnis zwischen den USA, Großbritannien und der UdSSR hatte mit der Niederlage Deutschlands seine gemeinsame Grundlage verloren. Die schon seit der Russischen Revolution von 1917 bestehenden politischen, wirtschaftlichen und gesellschaftlichen Gegensätze zwischen der Sowjetunion und dem „Westen" mit den USA als Führungsmacht traten wieder stärker hervor, sodass ein Weiterbestehen des Bündnisses nach dem Ende des Zweiten Weltkriegs eher unwahrscheinlich erschien. Tatsächlich verschlechterte sich das Verhältnis zwischen den USA und der Sowjetunion rapide, als die sowjetische Führung Gebiete in Ost- und Südosteuropa, die die Rote Armee befreit und besetzt hatte, zu einem Schutzgürtel gegen eventuelle Angriffe der USA ausbaute. Dazu wurden diese Staaten nach sowjetischem Muster umgestaltet. Als die Sowjetregierung auch auf Staaten wie die Türkei, Griechenland und den heutigen Iran Druck ausübte, werteten die USA unter Präsident Harry S. Truman dies als Bedrohung für die westliche Welt und setzten eine Politik der Eindämmung* (engl. containment) dagegen (Truman-Doktrin siehe M2A, Marshallplan). Für fast ein halbes Jahrhundert bestimmte seit etwa 1947 der so genannte Kalte Krieg die Weltpolitik, dessen frühe Höhepunkte die Berlin-Blockade (1948/49), der Koreakrieg (1950–1953) und die Kuba-Krise (1962) waren.

M1 **„Kann dir die Hand nicht geben …"**, Karikatur aus der Stuttgarter Zeitung, 1950

M2 Konfrontation und Blockbildung

Der amerikanische Präsident Harry S. Truman äußerte sich am 12. März 1947 in einer Botschaft an den Kongress über die Weltlage:

2A In einer Anzahl von Ländern waren den Völkern kürzlich gegen ihren Willen totalitäre Regime aufgezwungen worden. Die Regierung der USA hat mehrfach gegen Zwang und Einschüchterung bei der Verletzung des Jalta-Abkommens in Polen, Rumänien und Bulgarien protestiert … Im gegenwärtigen Abschnitt der Weltgeschichte muss fast jede Nation ihre Wahl in Bezug auf ihre Lebensweise treffen. Die eine Lebensweise gründet sich auf den Willen der Mehrheit und zeichnet sich durch freie Einrichtungen, freie Wahlen, Garantie der individuellen Freiheit, Rede- und Religionsfreiheit und Freiheit vor politischer Unterdrückung aus. Die zweite Lebensweise gründet sich auf den Willen einer Minderheit, der der Mehrheit aufgezwungen wird. Terror und Unterdrückung, kontrollierte Presse und Rundfunk, fingierte Wahlen und Unterdrückung der persönlichen Freiheit sind ihre Kennzeichen … Ich glaube, dass wir den freien Völkern helfen müssen, sich ihr eigenes Geschick nach ihrer eigenen Art zu gestalten.

Das im September 1947 auf Initiative Stalins gegründete Kommunistische Informationsbüro (Kominform) gab im selben Monat die folgende Erklärung zur internationalen Lage bekannt:

2B Infolge des Zweiten Weltkriegs und in der Nachkriegsperiode sind wesentliche Änderungen in der internationalen Lage eingetreten … So sind zwei Lager entstanden: das imperialistische, antidemokratische Lager, dessen Hauptziel darin besteht, die Weltvormachtstellung des amerikanischen Imperialismus zu erreichen und die Demokratie zu zerstören, und das antiimperialistische, demokratische Lager, dessen Hauptziel es ist, den Imperialismus zu überwinden, die Demokratie zu konsolidieren und die Überreste des Faschismus zu beseitigen. Der Kampf zwischen den beiden entgegengesetzten Lagern … vollzieht sich unter den Bedingungen einer weiteren Verschärfung der allgemeinen Krise des Kapitalismus, des Niedergangs der Kräfte des Kapitalismus und der Festigung der Kräfte des Sozialismus und der Demokratie.

M2A: Zit. nach Europa-Archiv, 1947, S. 820. M2B: Zit. nach Boris Meissner (Hg.), Das Ostpakt-System. Dokumentation, Frankfurt/M. (Metzner) 1955, S. 97.

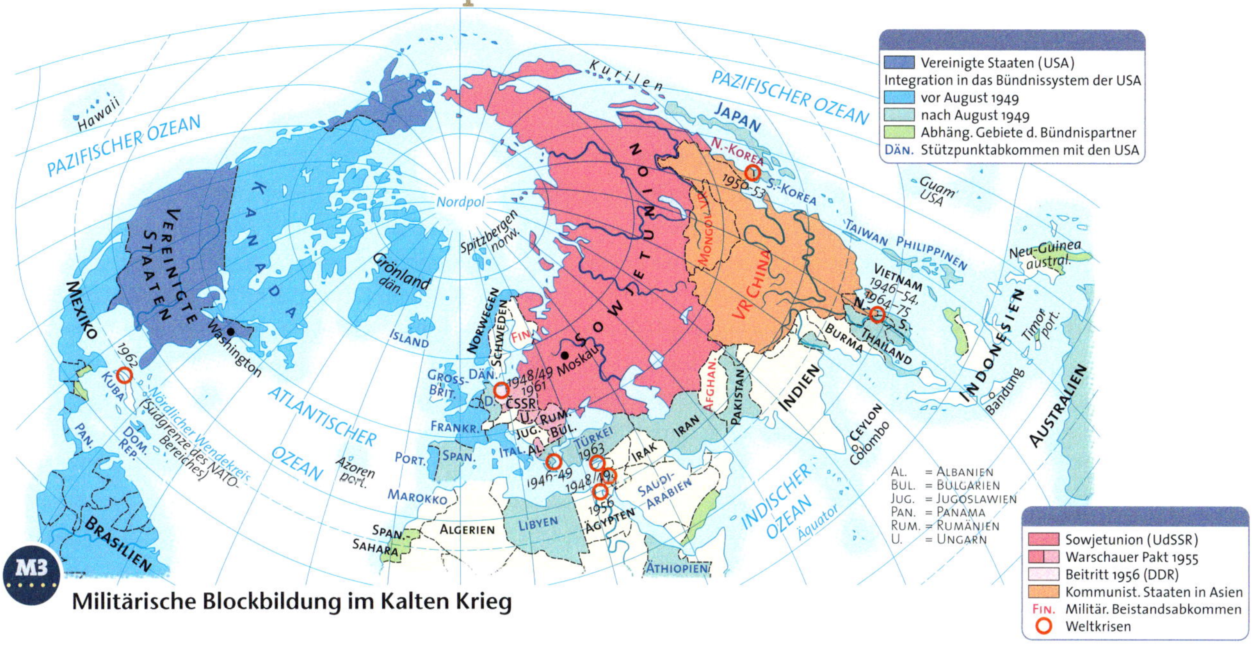

M3 Militärische Blockbildung im Kalten Krieg

M4 Der Kalte Krieg – Erklärungsversuche

Der deutsche Historiker Bernd Stöver schrieb 2006:

In der historischen Forschung wurden in den 45 Jahren der Auseinandersetzung drei Hauptdeutungen präsentiert:

(1) Nach der traditionellen Vorstellung, der frühesten Erklärung, war für die Entstehung und Forcierung des Kalten Krieges die marxistisch-leninistische Ideologie mit ihrem Anspruch auf die Weltrevolution verantwortlich. Diese habe die Sowjetunion prinzipiell auf einen aggressiven Kurs gegenüber dem Westen festgelegt …

(2) Die revisionistische Erklärung betonte seit den sechziger Jahren die amerikanische Verantwortung für die Entstehung des Kalten Krieges … Die Ursache des Konflikts müsse man … in der politisch-wirtschaftlichen Struktur der Vereinigten Staaten sehen, die auf permanente Erschließung neuer Absatz- und Rohstoffmärkte ausgerichtet sei …

(3) Beide Positionen haben sich seit den siebziger Jahren in der postrevisionistischen Interpretation des Kalten Krieges angenähert: Sie geht davon aus, dass die Fehlinterpretation beider Seiten für die rasante Entstehung der bedrohlichen Entwicklung der Auseinandersetzung maßgeblich war. Kontinuierlich habe die verfehlte Wahrnehmung falsche Entscheidungen produziert.

Bernd Stöver, Der Kalte Krieg, München (Beck) 2006, S. 9 ff.

Grundwissen

Blockbildung

Der Begriff bezeichnet die veränderte Struktur des internationalen Systems nach 1945, als sich mit den USA und der UdSSR zwei gegensätzliche Machtzentren entwickelten, die die Weltpolitik kontrollierten und mit ihren Verbündeten jeweils einen „Machtblock", den West- bzw. Ostblock, bildeten.

Kalter Krieg

Bezeichnung für eine Phase des Ost-West-Konflikts zwischen 1947 und 1990/91 (Auflösung des Ostblocks). Im Kern wird der Kalte Krieg als Auseinandersetzung („Nicht-Frieden") zwischen zwei unvereinbar erscheinenden Weltanschauungen mit ihren politischen, gesellschaftlichen und wirtschaftlichen Systemen gesehen.

1. Erarbeite aus M3 die Phasen und Krisengebiete des Kalten Krieges.
2. Untersuche anhand von M2A und M2B, welche „Bilder" die eine Seite von der anderen hatte. Achte auf Begriffe wie Freiheit und Demokratie.
3. Beschreibe mithilfe von M4 den Stand der historischen Forschung zur Erklärung des Kalten Krieges.
4. Interpretiere M1 mithilfe der Arbeitsschritte „Karikaturen entschlüsseln" im Anhang.

Bündnisse in einer geteilten Welt

Militärblöcke – Ausdruck des Kalten Krieges

Zwei Ereignisse des Jahres 1948 gaben der militärischen Blockbildung einen starken Antrieb: der gewaltsame Sturz der bürgerlich-demokratischen Regierung in der Tschechoslowakei und die sowjetische Blockade Berlins. Für die westlichen Politiker waren beide Ereignisse ein Beweis für den Expansionsdrang der Sowjetunion, vor dem sich der Westen nur durch eine gemeinsame militärische Absicherung schützen könne. Während die UdSSR ihren Machtbereich durch zweiseitige (bilaterale) „Freundschafts- und Beistandsverträge" mit allen osteuropäischen Staaten absicherte, entstand im Westen mit dem Brüsseler Vertrag (März 1948) zwischen Großbritannien, Frankreich und den Benelux-Staaten das erste Verteidigungsbündnis in Europa. Weitere westeuropäische Staaten, die sich seit dem Konflikt um den Marshallplan durch die Sowjetunion bedroht fühlten, drängten auf eine Erweiterung ihrer Sicherheitsbasis durch die USA. Sie wollten ihre Sicherheit durch eine Ankopplung an die amerikanische Atomstreitmacht erhöhen und gleichzeitig den potenziellen Gegner abschrecken.

Die während der Berlin-Krise 1948/49 begonnenen Verhandlungen über ein westliches Verteidigungsbündnis führten am 4. April 1949 in Washington zur Gründung der NATO (North Atlantic Treaty Organization), der die USA, Kanada und zehn westeuropäische Staaten beitraten. 1952 kamen die Türkei und Griechenland hinzu, 1955 trat die Bundesrepublik Deutschland bei. Bestätigt in ihrer Strategie sahen sich die USA durch die erfolgreichen Atombombenversuche der Sowjets (29. August 1949) und durch die Revolution in China (1. Oktober 1949), mit der die Kommunistische Partei unter Mao Zedong an die Macht gekommen war.

Als die Sowjetunion 1955 als Reaktion mit sechs osteuropäischen Ländern und der DDR den Warschauer Pakt als Gegenstück zur NATO bildete, war dies die deutlich sichtbare „Zementierung" der beiden Blöcke und der Beginn eines jahrzehntelangen Wettrüstens.

Für viele überraschend war, dass der Kalte Krieg nicht in Europa, sondern in Asien zu einem „heißen" Krieg eskalierte. Als 1950 in Korea von China und der UdSSR unterstützte nordkoreanische Truppen Südkorea angriffen und damit die amerikanisch-sowjetische Vereinbarung über die Teilung Koreas brachen, wurde dieses Vorgehen im Westen als kommunistische Bedrohung der „freien Welt" gedeutet. Im Auftrag der UNO griffen US-Truppen ein und drängten die nordkoreanischen Streitkräfte hinter den 38. Breitengrad zurück. 1953 wurde der ursprüngliche Zustand der Teilung wiederhergestellt. In Europa beschleunigte der Koreakrieg den Weg zur politischen Souveränität der Bundesrepublik und ihre weitere Westintegration.

M1 **„Hilfe, ich werde verfolgt"**, Karikatur von Horst Haitzinger, 1981

M2 Politisch-militärische Zusammenschlüsse 1945–1990

M3 Grundzüge der amerikanischen Außenpolitik

Der amerikanische Außenminister Dean Acheson erklärte in einer Radioansprache am 18. März 1949:

Wir haben erfahren, dass die freien Nationen eine nach der anderen einem Angriff zum Opfer fallen, wenn sie sich nicht zusammenschließen. Die Strategie des Angreifers bezweckt die Aufrechterhaltung der Spaltung zwischen seinen möglichen Opfern … Die Regierung der Vereinigten Staaten und die freien Völker Europas sind entschlossen, eine Wiederholung dieser Erfahrungen der Weltgeschichte nicht zuzulassen … In der heutigen Welt kann die Sicherheit der Vereinigten Staaten nicht im Rahmen ihrer Grenzen gewährleistet werden. Jede ernste Bedrohung des internationalen Friedens und der Sicherheit in der ganzen Welt interessiert unmittelbar die Vereinigten Staaten. Unsere Politik besteht nun darin, den freien Völkern zu helfen, ihre Integrität und ihre Unabhängigkeit aufrechtzuerhalten. Das bezieht sich nicht nur auf Westeuropa oder auf den amerikanischen Kontinent, sondern auf alle Staaten, wo die Hilfe der Vereinigten Staaten wirksam sein kann.

Zit. nach Geschichte in Quellen, Bd. 7, bearb. v. Helmut Krause und Karlheinz Reif, München (bsv) 1980, S. 387.

M4 Wirtschaftliche Abgrenzung des Ostblocks

Aus der Verlautbarung über die Gründung des Rates für gegenseitige Wirtschaftshilfe (COMECON), dem die UdSSR, Bulgarien, Ungarn, Polen, Rumänien und die Tschechoslowakei angehörten (25. Januar 1949):

Die Konferenz stellte bemerkenswerte Erfolge in den zwischen den erwähnten Ländern[1] herrschenden wirtschaftlichen Beziehungen fest … Die Konferenz hat weiter festgestellt, dass die Regierungen der Vereinigten Staaten und Großbritanniens sowie die Regierungen verschiedener anderer westeuropäischer Staaten dem Sachverhalt nach einen wirtschaftlichen Boykott gegen die volksdemokratischen Länder und gegen die UdSSR verhängt haben, weil es diese Länder nicht für möglich erachten, sich dem Diktat des Marshallplans zu unterwerfen, da dieser Plan die Souveränitätsrechte der Länder sowie die Interessen ihrer nationalen Wirtschaft verletzen würde.

B. Meissner (Hg.), Das Ostpaktsystem, Frankfurt a. M., 1955, S. 108 f. Zit. nach Geschichte in Quellen, Bd. 7, bearb. v. Helmut Krause und Karlheinz Reif, München (bsv) 1980, S. 463

1 gemeint sind die COMECON-Staaten

M5 NATO-Vertrag (1949) und Warschauer Pakt (1955)

Aus der Präambel (feierliche Erklärung als Einleitung) des NATO-Vertrags vom 4. April 1949:

5A Die vertragschließenden Parteien erklären von neuem ihren Glauben an die Ziele und Grundsätze der Satzung der Vereinten Nationen und ihren Wunsch, mit allen Völkern und allen Regierungen in Frieden zu leben. Sie sind entschlossen, die Freiheit, das gemeinsame Erbe und die Zivilisation ihrer Völker zu sichern, die sich auf die Grundsätze der Demokratie, der individuellen Freiheit und der Herrschaft des Rechts begründet …

Artikel 1. Die Parteien verpflichten sich, … jegliche internationale Streitigkeiten, in die sie verwickelt werden könnten, durch friedliche Mittel … beizulegen …

Artikel 5. Die vertragschließenden Parteien sind sich darüber einig, dass ein bewaffneter Angriff auf eine oder mehrere von ihnen in Europa oder Nordamerika als ein Angriff gegen sie alle betrachtet werden soll, und demzufolge haben sie sich dahin geeinigt, dass jede von ihnen im Falle eines solchen bewaffneten Angriffs … der Partei oder den Parteien, die derart angegriffen werden, beistehen wird.

Zit. nach Geschichte in Quellen, Bd. 7, bearb. v. Helmut Krause und Karlheinz Reif, München (bsv) 1980, S. 386.

Aus dem Warschauer Vertrag vom 15. Mai 1955:

5B *Artikel 1.* Die vertragschließenden Parteien verpflichten sich in Übereinstimmung mit der Satzung der Organisation der Vereinten Nationen, sich in ihren internationalen Beziehungen der Drohung mit Gewalt oder ihrer Anwendung zu enthalten und ihre internationalen Streitfragen mit friedlichen Mitteln so zu lösen, dass der Weltfrieden und die Sicherheit nicht gefährdet werden …

Artikel 4. Im Falle eines bewaffneten Überfalls in Europa oder auf einen oder mehrere Teilnehmerstaaten des Vertrages seitens irgendeines Staates oder einer Gruppe von Staaten wird jeder Teilnehmerstaat des Vertrages in Verwirklichung des Rechtes auf individuelle oder kollektive Selbstverteidigung … sofortigen Beistand individuell und in Verbindung mit den anderen Teilnehmerstaaten des Vertrages mit allen Mitteln … erweisen.

Zit. nach Geschichte in Quellen, Bd. 7, bearb. v. Helmut Krause und Karlheinz Reif, München (bsv) 1980, S. 464 f.

M6 Der Kalte Krieg – unvermeidlich?

Der Historiker Wilfried Loth schrieb 2002 über die „Formation der Blöcke", wobei er neue Quellen nach der teilweisen Öffnung der Archive in Russland und anderen osteuropäischen Staaten seit 1990/91 berücksichtigte:

[Die] Auseinandersetzung zwischen Ost und West wurde [seit 1947] nicht länger als bloßes machtpolitisches Ringen um Einflusssphären und Sicherheitsansprüche verstanden, sondern immer mehr als existenzieller Kampf zwischen gegensätzlichen Gesellschaftsordnungen und Lebensformen … Unter diesen Voraussetzungen mussten die auf die Teilungsentscheidungen folgende Organisation der beiden Lager – die Gründung der NATO, der Bundesrepublik Deutschland und der ersten europäischen Institutionen im Westen sowie der stärkere Zugriff der Sowjetunion auf die verbündeten Staaten, die Gründung der DDR und des COMECON im Osten – den Charakter einer Blockbildung annehmen. Obwohl es zunächst auf beiden Seiten nicht an Unsicherheit darüber fehlte, wie das eigene Lager organisiert und der Schutz vor der Gegenseite garantiert werden sollte, führte jede Krise der beiderseitigen Beziehungen … zu weiterer Verschärfung der Polarisierung …
Die Gesamtaussage kann daher im Wesentlichen unverändert bleiben: Der Kalte Krieg war angesichts der machtpolitischen Konstellation, zu der der Zweite Weltkrieg im Ergebnis geführt hatte, durchaus wahrscheinlich, aber er war nicht unvermeidlich.
Eine kooperativere Nachkriegsordnung war denkbar, sie lag im Sicherheitsinteresse der Sowjetunion ebenso wie im Interesse an der Durchsetzung westlicher Prinzipien. Dass sie nicht gelang, ist in erster Linie den Kurzsichtigkeiten westlicher Politik zu verdanken, doch hat auch die Politik Stalins … höchst aktiv zum Scheitern der Kooperation beigetragen. Den westlichen Politikern ist zugute zu halten, dass Stärke und Regenerationsfähigkeit des liberalen Systems nach den Weltkriegskatastrophen nicht so deutlich zu erkennen waren, wie es sich im Nachhinein gezeigt hat. Ihre Leistungen bei der Schaffung der „westlichen Welt" sind in vieler Hinsicht beeindruckend. Gleichwohl bleibt zu bedauern, dass sie vielfach nicht genauer hinsahen und wenig Anstrengungen unternahmen, die sowjetische Tendenz zur Selbstisolation zu unterlaufen.

Wilfried Loth, Die Teilung der Welt, 10. Aufl., München (dtv) 2002, S. 224 u. 338 f.

Grundwissen

NATO

Der Bündnisvertrag der NATO-Staaten wurde am 4. April 1949 geschlossen und besitzt bis heute Gültigkeit. Die Unterzeichner betonen ihren Wunsch nach weltweitem Frieden, zeigen sich aber auch entschlossen, die demokratischen Grundrechte sowie das kulturelle Erbe und den Wohlstand ihrer Länder gemeinsam zu verteidigen.
Im Vertrag verpflichten sie sich, den Frieden in der Welt nicht zu gefährden und internationale Konflikte ohne Gewaltanwendung zu lösen. Um die einzelnen Mitgliedsstaaten gegen Angriffe schützen zu können, wollen sie einzeln, aber auch gemeinsam ihre militärische Stärke so ausbauen, dass die nationale Sicherheit wie auch die der Bündnispartner gewährleistet ist.
Falls einer der Staaten angegriffen werden sollte, unterstützen ihn die anderen.

Grundwissen

Warschauer Pakt

Der „Vertrag über Freundschaft, Zusammenarbeit und gegenseitigen Beistand" wurde am 15. Mai 1955 zwischen der Sowjetunion und den meisten osteuropäischen Staaten geschlossen und existierte bis 1992. Er wurde – im Gegensatz zur NATO – ergänzt durch bilaterale Freundschafts- und Beistandspakte der einzelnen Mitgliedsstaaten.
Die Unterzeichner versicherten, dass sie zum Weltfrieden beitragen und Streitfragen auf diplomatischem Weg klären würden. Sie erklärten sich zu internationaler Zusammenarbeit im Sinne der Friedenssicherung bereit. Wenn eines der Mitglieder angegriffen würde, so verpflichteten sich alle anderen, diesem beizustehen. Die Staaten des Warschauer Paktes beschickten aus ihren nationalen Streitkräften ein gemeinsames Kommando. Darüber hinaus war vereinbart, alle Maßnahmen zu unterstützen, die das Bündnis stark genug machten.

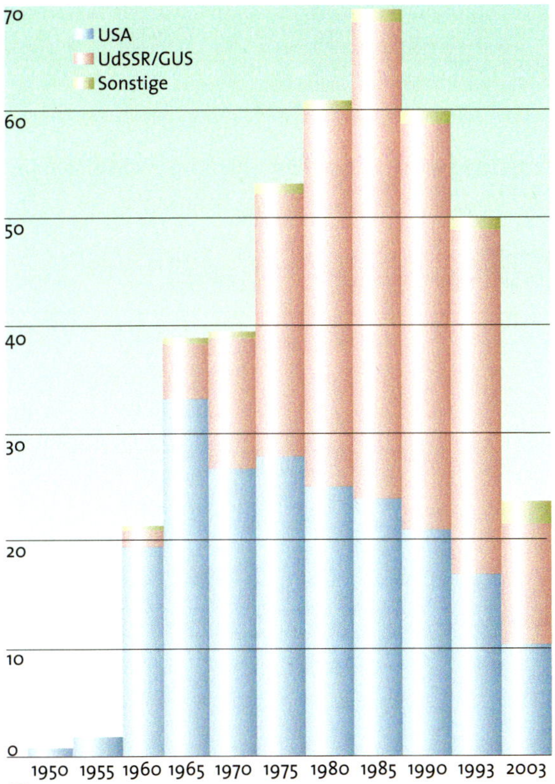

M7 Zahl der weltweit vorhandenen nuklearen Sprengköpfe 1945–2003

1 Erarbeite anhand des Darstellungstextes die weltweiten Folgen der militärischen Blockbildung.

2 Fasse die Grundzüge der amerikanischen Außenpolitik mit eigenen Worten zusammen (M3).

3 Stelle fest, wie die Haltung der sowjetischen Politik zum Marshall-Plan begründet wurde (M4), und nimm Stellung. Ziehe die Informationen zum Marshall-Plan (S. 105) mit heran.

4 Vergleiche die Aussagen von M1, S. 140 und M1, S. 142.

5 Führe einen inhaltlichen und sprachlichen Vergleich der beiden Auszüge zum NATO-Vertrag und zum Warschauer Vertrag durch (M5A und M5B).

6 Beantworte die Frage in der Überschrift zu M6.

7 Prüfe, welchem der Erklärungsversuche in M4 (S. 141) die Position des Autors von M6 zugeordnet werden kann, und beurteile seine Aussagen.

8 Beschreibe anhand von M2 die Bündnisstruktur in Europa zwischen 1945 und 1990.

9 Erörtere, inwiefern sich an einer Darstellung wie M7 Bedrohungspotenziale erkennen lassen und welche Faktoren neben der atomaren Abschreckung eine Rolle gespielt haben könnten. Nimm die Seiten 140 bis 145 zu Hilfe.

M1 **Plakat aus der Bundesrepublik Deutschland,** 1951. Herr „Ohne-mich“: Gegner einer Wiederaufrüstung in Westdeutschland

M2 **Plakat aus der Bundesrepublik Deutschland,** 1952

Feindbilder im Kalten Krieg

Bilder und Worte als Waffen

Als in den 1980er Jahren zwischen Ost und West wieder über Abrüstung verhandelt wurde, schrieb der Schweizer Historiker und Politikwissenschaftler Daniel Frei 1985 in seinem Buch „Feindbilder und Abrüstung“: „Die meisten Kommentatoren befassen sich mit der Zahl und Leistungsfähigkeit der Waffen – ... Doch wichtiger als die Sprengköpfe sind die Köpfe der Menschen ... Das Bild, das jede Seite sich vom Gegner macht, bestimmt auch den Gang der Verhandlungen.“

Mit der politischen Teilung Deutschlands und Europas nach 1945 und der Einschränkung und Verhinderung des gegenseitigen Informationsaustausches, z. B. durch Pressemedien, verfestigten sich die „Bilder“ vom Gegenüber. Ungenaue Kenntnisse und vorschnelle Bewertungen – gesteigert durch gezielte Propaganda auf beiden Seiten – förderten in der Phase des Kalten Krieges die Entstehung von Feindbildern. Die Ursachen für die Verzerrung und Verfälschung von Wahrnehmungsmustern im historisch-politischen Bereich sind bislang unzureichend erforscht. Offensichtlich werden in politischen Konfliktsituationen vereinfachende und verfälschende Wahrnehmungen ausgelöst, die dann ein bestimmtes Bild vom Gegner hervorbringen. Im Fall des Ost-West-Konflikts muss von tieferen Konfliktursachen ausgegangen werden, die in den Feindbildern oft nicht mehr erkennbar oder verdeckt sind. Feindbilder scheinen ein Eigenleben zu entwickeln.

M3 **Der Zusammenhang zwischen Konflikt, Rüstung und Feindbild**

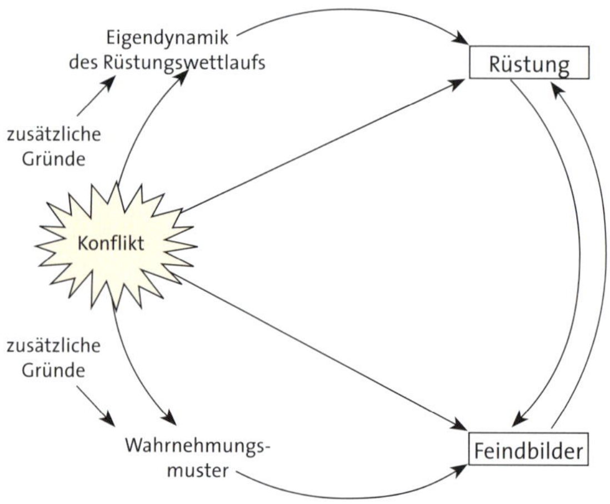

1 Erarbeite anhand von M1, M2, M5 und M6 die hier dargestellten Feindbilder im Kalten Krieg. Achte besonders auf die Bildelemente und deren (symbolische) Bedeutung und formuliere zu jedem Bild eine zusammenfassende Aussage.

M4 „Spiegelbildlichkeit der Argumente“

Der Historiker Wolfgang Bickel schrieb 1991:

Hervorstechendes Merkmal des Vorgangs [der Entstehung von Feindbildern] ist die Spiegelbildlichkeit der Argumente. Schematisch erfolgt eine Zuordnung, die sich selbst Rechtschaffenheit, Friedensliebe, Reinheit, die Vorstellung, unschuldig bedroht zu sein, zuspricht, im jeweiligen anderen den Vertreter des Bösen, der Feindseligkeit, des Todes sieht. Auffallend ist das hohe Maß an Aggressivität, das sich mit der Versicherung, unschuldig zu sein, schlecht verträgt … Die einzelnen Denkoperationen im Rahmen des Freund-Feind-Gefüges von der Konstruktion einer Rakete bis zur Kalkulation der Wirkung eines Erstschlages mögen von rationaler Klarheit sein – die Grundstruktur ist total irrational. Die Sicht ist dermaßen beschränkt, dass es nicht auffällt, in welchem Maße die Zuteilung der Attribute des Bösen „an den Gegner“ und die Vorbereitung seiner Vernichtung doch den Tatbestand der Bosheit bereits erfüllen … Im Zentrum jenes globalen Vorgangs, des Kalten Krieges …, stehen also psychische Prozesse. Und von entscheidender Bedeutung ist hierbei die mangelnde Fähigkeit und Bereitschaft, das Unakzeptable in sich zu erkennen und die Verantwortung dafür zu übernehmen. Akzeptabel werden Arglist und Aggressivität erst, wenn sie im Dienst einer so genannten guten Sache als Gutes getarnt aufsteigen dürfen – und hierzu braucht man den Feind. Im Kampf für die gute Sache ist es verdienstvoll, zu töten – was ja dann auch legalisiert und im tiefsten Sinne sanktioniert ist …
Es muss generell davon ausgegangen werden, dass, soweit menschliche Überlieferung zurückreicht, Gefühle sozialer Solidarität und gesellschaftlicher Zugehörigkeit immer auch durch Feindbilder aufgebaut werden. Dies scheint sich zudem ohne bewusste Steuerung zu vollziehen. Dabei bietet sich als Feind jemand an, der nicht zur Gruppe gehört, dessen Aussehen als fremd, dessen Verhalten als unberechenbar erscheint … Kommt nun eine lebhafte Vorstellung hinzu, dieses Fremde bedränge die Gruppe und hindere sie in ihrem Lebensraum, dann werden ungewöhnliche Energien freigesetzt mit dem Ziel, koste es, was es wolle, sich der Bedrohung zu entledigen.

Wolfgang Bickel, „Seien wir doch ehrlich …“. Vom Bild des Feindes im Kalten Krieg. In: Praxis Geschichte, H. 5, 1991, S. 28.

M5 Plakat aus der DDR, 1950.
Anspielung auf einen angeblichen Kartoffelkaferabwurf der Amerikaner über der DDR.

M6 Plakat aus der DDR, 1952.
Dargestellt sind (von vorn) Truman, Churchill und Adenauer.

2 Erläutere die „Spiegelbildlichkeit der Argumente“ (M4) und untersuche, wie der Autor die Entstehung von Feindbildern erklärt.

3 Stelle einen Bezug zwischen M4 und den Plakaten (Aufgabe 1) her. Nimm den Darstellungstext zu Hilfe.

4 Setzt euch mit dem Modell M3 auseinander.

5 Überlege, wo sich in der Gegenwart Ansätze für Feindbilder zeigen. Bedenke deine eigene Sichtweise.

6 Stelle zusammen, welche Möglichkeiten du siehst, Feindbilder in der Politik abzubauen.

Die Bewegung der blockfreien Staaten

Das Beispiel Jugoslawien

Als ein Ergebnis des Zweiten Weltkrieges wurde Jugoslawien, ein aus sechs Republiken bestehender Bundesstaat, in seinen Vorkriegsgrenzen wiederhergestellt. Das Land hatte sich unter dem Anführer der kommunistischen Partisanenbewegung Josip Broz („Tito") mit nur geringer sowjetischer Unterstützung vom deutschen und italienischen Eroberungsregime befreit. Obwohl Jugoslawien zunächst dem sowjetischen Machtblock (Kominform) angehörte, kam es im Frühjahr 1948 wegen sowjetischer Einmischungen in die Innenpolitik Jugoslawiens zum Bruch mit Moskau. Im Juni 1949 beschloss die Kominform formal den Ausschluss Jugoslawiens. Dem Druck der UdSSR setzte Tito ein eigenes Sozialismusmodell entgegen und sicherte seine unabhängige Politik durch Kontakte zum Westen und Zusammenarbeit mit blockfreien Staaten ab. Trotz Aussöhnung mit der sowjetischen Führung nach Stalins Tod (1953) hielt sich Tito dem sowjetischen Militärblock fern. Das ermöglichte ihm, sich als einer der Führer einer neuen Bewegung der blockfreien Staaten zu profilieren.

Die Bewegung der blockfreien Staaten

Den ersten Schritt zur Organisierung der Bewegung der blockfreien Staaten bildete die Bandung-Konferenz in Indonesien (1955). An ihr nahmen 340 Delegierte aus 23 Ländern Asiens, aber erst sechs Länder Afrikas teil, da die Welle der Entkolonialisierung Afrika erst in den 1960er Jahren erfasste. Die Vertreter der Blockfreien repräsentierten zusammen rund 1,4 Milliarden Menschen, das waren ca. 55 Prozent der Weltbevölkerung. Die Bewegung wurde vom ägyptischen Präsidenten Gamal Abdel Nasser (1918–1964), dem indonesischen Präsidenten Sukarno (1901–1970), dem indischen Ministerpräsidenten Jawaharlal Nehru (1889–1964) und dem jugoslawischen Präsidenten Josip Broz Tito (1892–1980) angeführt. An der 1. Gipfelkonferenz der Blockfreien in Belgrad 1961 nahmen 28 Staatsoberhäupter teil. Bedeutend war ihr Einfluss auf die Bemühungen um Entspannung, Frieden, Konfliktlösung und Entkolonialisierung. Wegen eines fehlenden institutionellen Rahmens blieb ihre Handlungsfähigkeit jedoch begrenzt.

M1 Blockfreiheit und Kalter Krieg

Auf der 4. Konferenz der Staats- und Regierungschefs nichtpaktgebundener Länder in Algier (1973) zog Tito die folgende Bilanz zur Bewegung der blockfreien Staaten:

Die ständig zunehmende Zahl der Länder, die sich für die Politik der Nichtpaktgebundenheit entschieden haben, ist ein überzeugender Beweis für die Tatsache, dass diese Politik einen machtvollen Durchbruch in der Welt erzielt hat …

Wenn wir in diesem Augenblick auf die vergangene Periode und den Beitrag der nichtpaktgebundenen Länder bei der Lösung der brennenden Probleme der Gegenwart zurückschauen und den Blick in die Zukunft richten, so werden in unseren Gedanken und Erinnerungen die Gestalten der großen Baumeister des Friedens und Pioniere der Nichtpaktgebundenheit wieder lebendig …, die in der Politik der Nichtpaktgebundenheit den Weg zu einer besseren und gerechteren Welt sahen …

Ich glaube, wir sind uns darüber einig, dass die nichtpaktgebundenen Länder die Entwicklung der internationalen Beziehungen nicht als Beobachter verfolgen, sondern an ihnen als aktive Mitgestalter und oft auch als Initiatoren wertvoller Lösungen teilnehmen.

Erinnern wir uns der Tatsache, dass die Belgrader Konferenz [1961] an die durch den Kalten Krieg entzweiten Großmächte den Appell richtete, sich zumindest zusammenzusetzen und Verhandlungen aufzunehmen. Das war ein Ausdruck der Besorgnis der Menschheit und eine Stimme ihres Gewissens, die nicht ohne Widerhall blieb.

Wenn in der Zwischenzeit der Kalte Krieg seine Schärfe verloren hat, wenn in den Beziehungen zwischen den Großmächten die Konfrontation in vieler Hinsicht durch Verhandlungen und Übereinkommen abgelöst wurde, wenn sich die Situation in einigen Teilen der Welt verbessert hat, dann sind in diesen Prozess auch unsere Bemühungen mit eingeflossen …

Die bedeutendste Verbesserung der Situation wurde in Europa erzielt.

Josip Broz Tito, Ausgewählte Reden, Berlin (Dietz) 1976, S. 177 f.

M2 **Die „Großen Drei" der Bewegung der blockfreien Staaten:** Ägyptens Staatspräsident Gamal Abdel Nasser, Indiens Premier Jawaharlal Nehru und Josip Broz Tito (von links), Foto, 1956

M3 Die Konferenz von Bandung

Aus der Abschluss-Erklärung der Konferenz von Bandung (Indonesien), 1955:

Auf der Konferenz wurden Mittel und Wege erörtert, mit deren Hilfe die Völker Asiens und Afrikas beste wirtschaftliche, kulturelle und politische Zusammenarbeit erzielen können …

1. Die Asiatisch-Afrikanische Konferenz erklärte ihre volle Unterstützung für die fundamentalen Prinzipien der Menschenrechte, wie sie in der Charta der Vereinten Nationen festgelegt sind … Die Konferenz äußerte ihre volle Unterstützung für die Prinzipien der Selbstbestimmung der Völker und Nationen …

2. Die Asiatisch-Afrikanische Konferenz bedauert die Politik und Praxis von Rassentrennung und -diskriminierung, die in großen Teilen Afrikas und anderen Teilen der Welt die Grundlage der Regierungspolitik und der menschlichen Beziehungen darstellt …

Die Konferenz kam überein zu erklären,

a) dass der Kolonialismus in allen seinen Formen ein Übel ist, das so schnell wie möglich ausgerottet werden muss;

b) dass die Unterwerfung von Völkern unter fremdes Joch, unter ausländische Herrschaft und Ausbeutung eine Verleugnung der fundamentalen Menschenrechte darstellt …;

c) die Sache der Freiheit und Unabhängigkeit all dieser Völker zu unterstützen;

d) dass sie an die betreffenden Mächte appelliert, all diesen Völkern Freiheit und Unabhängigkeit zu gewähren.

Zit. nach Geschichte in Quellen, Bd. 7, bearb. v. Helmut Krause und Karlheinz Reif, München (bsv) 1980 S. 619 f.

M4 Indien und die Gefahr des Kommunismus

Den so genannten Neutralismus Indiens begründete ein indischer Politiker für nordamerikanische Leser (Januar 1954):

Indien meint genauso bestimmt wie die USA, dass der Kommunismus eine Gefahr sei, aber es fühlt, dass die Gefahr nur dann bedrohlich werden wird, wenn die freien Nationen Asiens unfähig sind, ihr wirtschaftliches und politisches Leben auf einer gesunden, tragfähigen Grundlage zu organisieren. Der Wettlauf zwischen Demokratie und Kommunismus muss im inneren Gefüge eines jeden Staates ausgefochten werden. Falls Indien und die Nationen Südasiens ihren Lebensstandard verbessern können, den Aufbau ihrer jeweiligen Gesellschaft modernisieren, ihre Rohstoffquellen am vorteilhaftesten nutzen, den breiten Massen Erziehung und Gesundheit bieten, dann werden sie fähig sein, den Kommunismus zu besiegen. In diesem Kampf befindet sich Indien, und es will ihn nicht verlieren.

Zit. nach Heinrich Bodensieck, Der Kalte Krieg, Weltpolitik 1945–1962, 3. Aufl., Stuttgart (Klett) 1981, S. 91.

1 Beschreibe anhand des Darstellungstextes die Position Jugoslawiens zwischen Ost und West.

2 Prüfe, warum in der Bildunterschrift zu M2 von den „Großen Drei" der Bewegung der Blockfreien die Rede ist. Nimm den Darstellungstext zu Hilfe.

3 Fasse anhand von M3 in Stichworten die Ziele der Konferenz von Bandung zusammen und nimm Stellung.

4 Untersuche, wie Tito im Rückblick die Politik der blockfreien Länder bewertet und worin er vor allem die Leistungen der Blockfreien-Bewegung sieht (M1).

5 Vergleiche die Position des indischen Politikers zur Einschätzung des Kommunismus mit der US-amerikanischen Position der fünfziger Jahre. Ziehe die Seiten 142 bis 145 heran.

6 Erörtere zusammenfassend, welche Faktoren einer weltpolitisch bedeutenderen Rolle der Bewegung der Blockfreien in den 50er und 60er Jahren entgegenstanden.

Der Europa-Gedanke im 20. Jahrhundert

Ein gemeinsames Europa schaffen

Initiativen für die Öffnung der Grenzen und die Zusammenarbeit der Staaten in Europa gab es bereits nach dem Ersten Weltkrieg, verstärkt nach dem Zweiten Weltkrieg. Dabei bewegten die Menschen vorwiegend folgende Fragen: Wie können Frieden, Wohlstand und Demokratie gesichert werden? Wie können ein Rückfall in den Nationalismus und künftige Kriege verhindert werden? Wie lässt sich Europa stärken, sodass es neben den USA und der Sowjetunion als dritte Kraft die Weltpolitik mitbestimmen kann? Und wie soll das „Bündnis Europa" organisiert werden: als „Staatenbund", in dem die Staaten in möglichst vielen Politikbereichen eng zusammenarbeiten, aber ihre nationale Souveränität behalten, oder vielleicht als „Bundesstaat", dessen Entscheidungen denen der nationalen Regierungen übergeordnet sind, oder – bescheidener – als eine „europäische Wirtschaftsgemeinschaft"?

M1 Europa – als Wirtschaftsgemeinschaft?

Der Industriemanager Walther Rathenau (1867–1921) äußerte sich 1913, ein Jahr vor dem Ausbruch des Ersten Weltkrieges und neun Jahre, bevor er in der Weimarer Republik Außenminister wurde, über die Stellung Deutschlands in der Weltpolitik und Weltwirtschaft:

Es bleibt eine letzte Möglichkeit: die Erstrebung eines mitteleuropäischen Zollvereins, dem sich wohl oder übel, über kurz oder lang die westlichen Staaten anschließen würden … Die Aufgabe, den Ländern unserer europäischen Zone die wirtschaftliche Freizügigkeit zu schaffen, ist schwer; … aber das Ziel würde eine wirtschaftliche Einheit schaffen, die der amerikanischen ebenbürtig, vielleicht überlegen wäre, und innerhalb des Bandes würde es zurückgebliebene, stockende und unproduktive Landesteile nicht mehr geben. Gleichzeitig aber wäre dem nationalistischen Hass der Nationen der schärfste Stachel genommen. Verschmilzt die Wirtschaft Europas zur Gemeinschaft, und das wird früher geschehen als wir denken, so verschmilzt auch die Politik. Das ist nicht der Weltfriede, nicht die Abrüstung und nicht die Erschlaffung, aber es ist die Milderung der Konflikte, Kräfteersparnis und solidarische Zivilisation.

Zit. nach Traute Petersen, Europa, Bamberg (Buchner) 1998, S. 37.

M2 Europa – als Zusammenfassung souveräner Staaten?

Der französische Außenminister Aristide Briand (1862 bis 1932) schrieb in einer Denkschrift im Mai 1930:

Niemand zweifelt heutzutage daran, dass der Mangel an Zusammenhalt in der Gruppierung der materiellen und moralischen Kräfte Europas praktisch das ernstere Hindernis für die Fortentwicklung und die Wirksamkeit aller politischen und rechtlichen Institutionen darstellt, auf die man die ersten Anfänge einer weltumspannenden Organisation des Friedens zu gründen sucht. Diese Zersplitterung der Kräfte beschränkt in Europa nicht minder bedenklich die Möglichkeiten für eine Erweiterung des Wirtschaftsmarktes, die Intensivierungs- und Verbesserungsversuche auf dem Gebiet der industriellen Produktion und dadurch auch aller Garantien gegen die Krisen auf dem Arbeitsmarkt, welche Quellen politischer wie sozialer Schwankungen sind. Die Gefahr einer solchen Zerstückelung wird noch vermehrt durch die große Ausdehnung der neuen Grenzen …, die durch die Friedensverträge geschaffen werden mussten, damit den nationalen Bestrebungen in Europa Genüge getan wurde …
Das Werk der Zusammenfassung Europas entspricht Notwendigkeiten, die dringend und lebenswichtig genug sind, um dieser Zusammenfassung ihren Selbstzweck in wahrhaft positiver Arbeit zu geben, die sich niemals gegen irgendjemand richten kann und richten lässt. Ganz im Gegenteil, dieses Werk muss in vollem freundschaftlichen Vertrauen, oft sogar in Zusammenarbeit mit allen anderen Staaten oder Staatengruppen betrieben werden, die an der universalen Gestaltung des Friedens genug aufrichtiges Interesse haben, um zu erkennen, wie wichtig es ist, dass in Europa eine größere Einheitlichkeit geschaffen wird; die ferner die heutigen Gesetze der internationalen Wirtschaft klar genug verstehen, um die Stabilität, die für die Entwicklung ihres eigenen wirtschaftlichen Austausches unerlässlich ist, in der besseren Gestaltung eines vereinfachten Europas zu suchen, das eben dadurch der ständigen Gefahr von Konflikten entrückt wird … Die Verständigung zwischen europäischen Staaten muss auf dem Boden unbedingter Souveränität und völliger politischer Unabhängigkeit erfolgen.

Hagen Schulze/Ina Ulrike Paul (Hg.), Europäische Geschichte, München (bsv) 1994, S. 381.

M3 Europa – als föderativer Zusammenschluss?

Aus einer Programmschrift von europäischen Widerstandsgruppen gegen Hitler, 20. Mai 1944:

Indem sie [die Widerstandsgruppen] die wesentlichen Bestimmungen der Atlantik-Charta* sich zu eigen machen, erklären sie, dass das Leben der Völker, die sie vertreten, auf die Achtung der Person, die Sicherheit, die soziale Gerechtigkeit, die umfassende Nutzung der wirtschaftlichen Hilfsquellen zugunsten der Gemeinschaft in ihrer Gesamtheit und die autonome Entfaltung des internationalen Lebens begründet sein muss.

II. Diese Ziele können nur erreicht werden, wenn die verschiedenen Länder der Welt sich bereit erklären, das Dogma der absoluten Staatssouveränität abzustreifen, indem sie sich einer gemeinsamen Bundesorganisation eingliedern …

III. Der Frieden in Europa stellt den Schlüssel zum Frieden in der Welt dar. Tatsächlich ist Europa im Zeitraum einer einzigen Generation das Auslösezentrum zweier Weltkriege geworden, wobei hierfür wesentlich maßgebend war, dass auf diesem Kontinent 30 souveräne Staaten existieren. Es ist unerlässlich, gegen diese Anarchie anzugehen, indem eine föderale Union für die europäischen Völker geschaffen wird.

Nur ein föderativer Zusammenschluss wird die Teilnahme des deutschen Volkes am europäischen Leben gestatten, ohne dass es wieder zur Gefahr für andere Völker wird.

Nur ein föderativer Zusammenschluss wird es gestatten, die Probleme der Grenzziehung in Gebieten mit gemischter Bevölkerung zu lösen.

Zit. nach Walter Lipgens (Hg.), Europa-Föderationspläne der Widerstandsbewegungen 1940–1945, München, 1968, S. 395 ff.

M4 **Der „Sowjetstier"**, Karikatur von Erich Schilling, 1943, aus dem „Simplizissimus", Nr. 49, vom 8. Dezember 1943. Nach dem griechischen Mythos ist Europa der Kontinent, an dessen Ufer die Prinzessin „Europa" mit Zeus landete, der – in einen Stier verwandelt – die Tochter des Königs Agenor aus dem asiatischen Tyros (im heutigen Libanon) entführt hatte. Der Mythos von Europa und dem Stier ist in der Kunst und der Literatur häufig verarbeitet worden.

M5 **Der „Raub der Europa"**, Gemälde von Max Beckmann (1884–1950), 1933

1. Erarbeite anhand von M1, M2 und M3 die Vorstellungen der Autoren zum Europa-Gedanken.
2. Vergleiche die Vorstellungen in M1 bis M3 miteinander. Beachte dabei die folgenden Gesichtspunkte: geschichtlicher Hintergrund, Verhältnis Wirtschaft/Politik, eigenstaatliche Souveränität.
3. Analysiere M4 und M5. Nimm die entsprechenden methodischen Anleitungen zu Hilfe (siehe Anhang).

Erste Schritte zur Einigung Europas

Vom Europarat zur Europäischen Gemeinschaft

Nachdem die Gründung eines westdeutschen Staates realisiert war, unternahmen westeuropäische Politiker, unter ihnen vor allem französische, den ersten Versuch einer politischen Einigung Europas. Mit der Gründung des Europarats (1949), in dem auch die Bundesrepublik Deutschland vertreten war, sollten die Weichen für eine politische Neuordnung Europas gestellt werden. Als es jedoch darum ging, den Europarat mit Machtbefugnissen auszustatten, waren die meisten Mitgliedsstaaten nicht bereit, auf nationale Souveränitätsrechte zu verzichten. So blieb der Europarat eine beratende Versammlung – ohne Durchsetzungskraft und politische Einigungsperspektive.

Stärkere Impulse für Einigungsbestrebungen gingen im Nachkriegseuropa von wirtschaftlichen Faktoren aus: Weil die Vergabe der amerikanischen Hilfsgelder koordiniert werden musste, ergab sich für die Staaten, die am „European Recovery Program" teilnahmen, die Notwendigkeit zusammenzuarbeiten: 1948 wurde die OEEC (Organization for Economic European Co-Operation) eingerichtet. Sie förderte den Einigungsprozess, z. B. die 1951 von den Beneluxländern, Frankreich, Italien und der Bundesrepublik Deutschland gegründete Europäische Gemeinschaft für Kohle und Stahl (EGKS). Die Idee für diese Montanunion hatte der französische Außenminister Robert Schuman (1886–1963). Unter der Aufsicht und Leitung einer internationalen Behörde sollte ein gemeinsamer Markt für Kohle, Eisenerz und Stahl geschaffen werden.

Der deutsche Bundeskanzler Konrad Adenauer (1876 bis 1967) setzte sich sehr für den europäischen Zusammenschluss ein, hoffte er doch, dass die Bundesrepublik auf diesem Wege gleichberechtigt in die westeuropäische Staatengemeinschaft integriert werden könnte.

Die Gründungsurkunde der „Europäischen Wirtschaftsgemeinschaft" (EWG) bilden die „Römischen Verträge" von 1957, mit denen zugleich auch eine Zusammenarbeit in der Atomenergie beschlossen wurde (Europäische Atomgemeinschaft – EURATOM). EGKS, EWG und EURATOM wurden 1967 zur Europäischen Gemeinschaft (EG) zusammengefasst.

M1 **Deutsch-französische Grenze,** Foto. Am 7. August 1950 trafen sich dort 300 Jugendliche aus acht Ländern. Sie rissen Grenzpfähle heraus, verbrannten sie und forderten eine europäische Regierung.

M2 „Vereinigte Staaten von Europa"?

Der britische Politiker Winston Churchill (1874–1965), Premierminister 1940–1945 und 1951–1955, sagte in einer Rede am 19. September 1946 in Zürich:

Wir müssen etwas wie die Vereinigten Staaten von Europa schaffen. Nur so können Hunderte von Millionen schwer arbeitender Menschen wieder die einfachen Freuden und Hoffnungen zurückgewinnen, die das Leben lebenswert machen … Ich spreche jetzt etwas aus, das sie in Erstaunen setzen wird. Der erste Schritt bei der Neugründung der europäischen Familie muss eine Partnerschaft zwischen Frankreich und Deutschland sein. Nur auf diese Weise kann Frankreich die moralische Führung Europas wiedererlangen. Es gibt kein Wiederaufleben Europas ohne ein geistig großes Frankreich und ein geistig großes Deutschland. Die Struktur der Vereinigten Staaten von Europa … muss so sein, dass die materielle Stärke eines einzelnen Staates von weniger großer Bedeutung ist. Kleine Nationen zählen ebenso viel wie große und erwerben sich ihre Ehre durch ihren Beitrag zu der gemeinsamen Sache.

Einigung und Spaltung Europas 1942–1965, hg. von C. Gasteyger, Frankfurt a. M. (Fischer) 1965, S. 41f.

M3 **Hinein! – „Voilà, Johnny, an dem sollten Sie sich ein Beispiel nehmen!“**, Karikatur von Hanns Erich Köhler, 1950

M4 Ungeduld mit „Europa“?

Der belgische Politiker Paul Henri Spaak (1899–1972) erläuterte 1951 in einer Rede die Gründe für seinen Rücktritt als Präsident der Versammlung des Europarats:

Da gibt es Deutsche, die Europa erst schaffen wollen, wenn sie die Einheit Deutschlands wiederhergestellt haben. Da gibt es Belgier, die Europa erst verwirklichen wollen, wenn England mittut. Da gibt es Franzosen, die Europa nicht schaffen wollen, wenn sie dabei den Deutschen in einem Dialog gegenüberstehen. Die Engländer wollen Europa solange nicht schaffen, bis sie eine Lösung mit dem Commonwealth gefunden haben. … Das Europa, von dem wir hier sprechen, ist einmal ein Europa, das wir schwer haben verstümmeln lassen. Ein Europa ohne Polen, ohne Tschechoslowakei, ohne Ungarn, ohne den Balkan, ohne Ostdeutschland! Das Europa, von dem wir hier sprechen, ist ferner ein Europa, das seit fünf Jahren in der Angst vor den Russen und von der Wohltätigkeit der Amerikaner lebt. Angesichts eines solchen Schauspiels sind wir unbewegt, so, als ob die Geschichte warten würde, so, … als ob wir die Ewigkeit vor uns hätten.

Zit. nach Claus Schönduve/Christel Ruppert, Eine Idee setzt sich durch, Hangelar (Verlag Heinrich Warnecke) 1964, S. 167f.

M5 Die Europäische Gemeinschaft für Kohle und Stahl (EGKS)

Die Präambel (Einleitung) des am 18. April 1951 ausgefertigten Vertrags führte die Vertreter der sechs beteiligten Staaten auf und nannte als deren Ziele:

In der Überzeugung, dass der Beitrag, den ein organisiertes und lebendiges Europa für die Zivilisation leisten kann, zur Aufrechterhaltung friedlicher Beziehungen unerlässlich ist,
In dem Bewusstsein, dass Europa nur durch konkrete Leistungen, die zunächst eine tatsächliche Verbundenheit schaffen, …
In dem Bemühen, durch die Ausweitung ihrer Grundproduktionen zur Hebung des Lebensstandards und zum Fortschritt der Werke des Friedens beizutragen,
Entschlossen, an die Stelle der jahrhundertealten Rivalitäten einen Zusammenschluss ihrer wesentlichen Interessen zu setzen, durch die Errichtung einer wirtschaftlichen Gemeinschaft den ersten Grundstein für eine weitere und vertiefte Gemeinschaft unter Völkern zu legen, … und die institutionellen Grundlagen zu schaffen, die einem nunmehr allen gemeinsamen Schicksal die Richtung weisen können,
Haben [wir] beschlossen, eine Europäische Gemeinschaft für Kohle und Stahl zu gründen.

Zit. nach Europa-Recht, 11. Aufl., München (dtv) 1991, S. 164.

1 Schildere deinen Eindruck von dem Vorgang, den M1 wiedergibt und zeige den geschichtlichen Hintergrund der Aktion auf.
2 Beschreibe anhand des Darstellungstextes die Anfänge der westeuropäischen Einigung. Achte auf die Motive der Beteiligten.
3 Beurteile die Position Churchills (M2) zur Frage der europäischen Einigung. Beachte die Datierung der Rede.
4 Erarbeite die Kernaussage des Autors von M4 und stelle einen Bezug zu M3 her.
5 Untersuche, welche „Lehren“ aus der bisherigen Geschichte Europas in M5 gezogen werden.
6 Erörtere, ob der Vertrag über die Montanunion (M5) als Wegbereiter für eine Einigung Europas zu bewerten ist. Ziehe den Darstellungstext mit heran.

M6 **Staatsbesuch Konrad Adenauers beim französischen Staatspräsidenten Charles de Gaulle** anlässlich des deutsch-französischen Freundschaftsvertrages, Foto, 1963

M8 **Karikatur zur europäischen Einigung**, um 1980

M7 Über die Wirtschaft nach Europa?

Auszug aus den „Römischen Verträgen", mit denen 1957 die Europäische Wirtschaftsgemeinschaft (EWG) gegründet wurde:

Artikel 3: Die Tätigkeit der Gemeinschaft … umfasst:
a) die Abschaffung der Zölle und mengenmäßigen Beschränkungen bei der Ein- und Ausfuhr von Waren sowie aller sonstigen Maßnahmen gleicher Wirkung zwischen den Mitgliedsstaaten;
b) die Einführung eines gemeinsamen Zolltarifs und einer gemeinsamen Handelspolitik gegenüber dritten Ländern;
c) die Einführung einer gemeinsamen Politik auf dem Gebiet der Landwirtschaft; …
e) die Einführung einer gemeinsamen Politik auf dem Gebiet des Verkehrs;
f) die Errichtung eines Systems, das den Wettbewerb innerhalb des Gemeinsamen Marktes vor Verfälschungen schützt; …
h) die Angleichung der innerstaatlichen Rechtsvorschriften, soweit dies für das ordnungsgemäße Funktionieren des Gemeinsamen Marktes erforderlich ist;
i) die Schaffung eines Europäischen Sozialfonds, um die Beschäftigungsmöglichkeiten der Arbeitnehmer zu verbessern und zur Hebung der Lebenshaltung beizutragen.

Zit. nach Europa. Verträge und Gesetze, Bonn, 1972, S. 75 f.

M9 Deutsch-französische Zusammenarbeit

Aus dem deutsch-französischen Vertrag über Zusammenarbeit vom 22. Januar 1963:

I. Organisation: 1. Die Staats- und Regierungschefs geben nach Bedarf die erforderlichen Weisungen und verfolgen die Ausführung des im Folgenden festgelegten Programms. Sie treten zu diesem Zwecke zusammen, so oft es erforderlich ist und grundsätzlich mindestens zweimal im Jahr.
2. Die Außenminister tragen für die Ausführung des Programms in seiner Gesamtheit Sorge. Sie treten mindestens alle drei Monate zusammen …
3. Zwischen den zuständigen Behörden beider Staaten finden regelmäßige Zusammenkünfte auf den Gebieten der Verteidigung, der Erziehung und der Jugendfragen statt.
II. Auswärtige Angelegenheiten: 1. Die beiden Regierungen konsultieren [beraten] sich vor jeder Entscheidung in allen wichtigen Fragen der Außenpolitik und in erster Linie in den Fragen von gemeinsamem Interesse, um so weit wie möglich zu einer gleichgerichteten Handlung zu gelangen …
4. Die beiden Regierungen prüfen gemeinsam die Mittel und Wege dazu, ihre Zusammenarbeit im Rahmen des Gemeinsamen Marktes und in anderen wichtigen Bereichen der Wirtschaftspolitik, zum Beispiel der Land- und Forstwirtschaftspolitik, der Energiepolitik, der Verkehrs- und Transportfragen, der industriellen Entwicklung …, zu verstärken.

Zit. nach Walter Wulf, Geschichtliche Quellenhefte, Heft 11c, 4. Aufl., Frankfurt/M. (Diesterweg) 1974, S. 82 f.

M10 Großbritannien plant, der EWG beizutreten

Der französische Staatspräsident Charles de Gaulle sagte in einer Pressekonferenz am 14. Januar 1963:

10A Ich frage, wie kann man nun England, so wie es ist, in dieses System einfügen? Man hat manchmal annehmen können, dass unsere englischen Freunde sich mit ihrem Antrag auf Beitritt zum gemeinsamen Markt so weit umstellen würden, dass sie sich alle Bedingungen auferlegen würden, die von den Sechs schon ... praktiziert werden. Aber die große Frage ist und bleibt, ob Großbritannien sich gegenwärtig wie der Kontinent ... in den Rahmen eines wahrhaft gemeinsamen Zolltarifs einfügen kann, ob es auf die Vorzugszölle gegenüber dem Commonwealth verzichten und aufhören kann zu fordern, dass seine Landwirtschaft bevorzugt werden muss ... Es ist jedoch nicht unmöglich, dass England sich eines Tages genügend umstellt, ... in welchem Falle die Sechs die Tür öffnen würden und Frankreich würde keine Einwände erheben.

Zit. nach Walter Lipgens, Die europäische Integration, Stuttgart (Klett) 1983, S. 93 f.

Der Premierminister Harold MacMillan begründete den Entschluss im Unterhaus am 31. Juli 1962

10B In unserer modernen Welt führt die Tendenz, dass sich größere Gruppen von Nationen bilden, die im gemeinsamen Interesse handeln, zu einer größeren Einheit und verleiht uns somit Stärke im Kampf um die Freiheit. Ich glaube, dass es sowohl unsere Pflicht ist als auch in unserem Interesse liegt, zu dieser Stärke beizutragen, indem wir ... Zielen Rechnung tragen, die zur Konzeption einer europäischen Einheit führten und im Vertrag von Rom niedergelegt sind ... Die britische Regierung ist daher nach langen und ernsten Überlegungen zu dem Schluss gekommen, dass Großbritannien richtig handle, wenn es ... die Aufnahme von Verhandlungen beantragt mit dem Ziel eines Beitritts in die Gemeinschaft, sofern befriedigende Vereinbarungen getroffen werden können zur Berücksichtigung der Erfordernisse Großbritanniens, des Commonwealth und der EFTA[1].

Zit. nach Europa-Archiv 16, 1961.

1 EFTA: European Free Trade Association, gegründet 1960 von Großbritannien, Norwegen, Dänemark, Schweden, der Schweiz, Österreich und Portugal als „Gegengewicht" zur EWG; die Einzelstaaten der EFTA behielten die Souveränität über ihre Wirtschafts- und Handelspolitik.

Grundwissen

Deutsch-französischer Freundschaftsvertrag

Der deutsch-französische Vertrag von 1963 über Zusammenarbeit zielte auf eine Verbesserung der Beziehungen zwischen beiden Ländern durch regelmäßige gemeinsame Beratungen der Regierungen über Außen- und Wirtschaftspolitik sowie Fragen von gemeinsamen Interessen. Das Ziel war ein möglichst gleichgerichtetes politisches Handeln. Der Vertrag wird als ein Meilenstein für das Ende der „Erbfeindschaft" zwischen Frankreich und Deutschland angesehen.

Einigung Europas

Der Gedanke der europäischen Einigung richtete sich nach den beiden Weltkriegen vor allem auf die Überwindung des Nationalismus und die Verhinderung künftiger Kriege in Europa. Die erste Phase konkreter Einigungsbestrebungen war gekennzeichnet von der deutsch-französischen Aussöhnung sowie der Gründung gemeinsamer, vor allem wirtschaftlich ausgerichteter Organisationen, die zusammen mit EURATOM 1967 zur Europäischen Gemeinschaft (EG) zusammengeschlossen wurden.

7 Beschreibe, welche Weiterentwicklung in der Zusammenarbeit der EWG-Staaten (M7) gegenüber der EGKS (M5) festzustellen ist.

8 Erarbeite, wie die deutsch-französische Zusammenarbeit organisiert und gestaltet werden sollte (M6, M9). Unterscheide zwischen Gesprächen (Treffen), Konsultationen und Zielen künftiger Zusammenarbeit.

9 Vergleiche, wie in M10A und M10B zum Beitritt Großbritanniens Stellung genommen wird. Nenne die wesentlichen „Hindernisse" eines Beitritts.

10 Erarbeite die Aussage der Karikatur M8 und prüfe, ob es auf den Seiten 152 bis 155 Belege dafür gibt.

11 Erörtert in der Klasse, warum die politische Integration Westeuropas langsamer voranging als die wirtschaftliche. Nutzt dazu die Informationen und Materialien der Seiten 152 bis 155.

Publizistische Texte analysieren

Information und Meinung

Publizistische Texte werden verfasst, um Leser von Zeitungen, Zeitschriften usw. zu informieren. Auch wenn sie den Sachtexten zugeordnet werden, sind sie eigentlich nicht sachlich: Ihre Autoren wählen gezielt einzelne Informationen aus, setzen sie miteinander in Verbindung und vermitteln so ihre Sicht der Wirklichkeit. Darüber hinaus arbeiten sie ganz bewusst mit sprachlichen Mitteln, um die Meinung der Leser zu beeinflussen. Um dies zu erkennen und kritisch zu prüfen, bietet sich ein zweistufiges Verfahren an: das Analysieren des Textes und das Beurteilen seiner Aussage. Die drei Zeitungsartikel M1, M3 und M4 entstanden nach der Bundestagsdebatte über die Annahme des so genannten Schumanplan-Gesetzes.

Arbeitsschritte: Publizistische Texte hinterfragen

1. Schritt: Den Text analysieren

Lies zunächst den Text und kläre unbekannte Begriffe. Erarbeite dann den Text mithilfe des Modells zur Analyse von Textquellen (siehe Anhang). Beachte, dass sich nicht alle Fragen des Modells anwenden bzw. beantworten lassen.

2. Schritt: Die Textaussage beurteilen

Prüfe anhand der folgenden Fragen, welche Erkenntnisse sich aus dem Text gewinnen lassen:

– Welchen Standort lässt die Argumentation des Autors erkennen? Vertritt er eine bestimmte politische, gesellschaftliche Position? Wenn ja, woran lässt sich diese festmachen (Textbelege)?

– Versucht der Autor, die Meinung der Leser zu beeinflussen? Wenn ja, wie? Ist die Beeinflussung auffällig oder versteckt?

– Spiegelt die Textaussage die Meinung vieler oder nur weniger Leser? Wie und wo kann dies überprüft werden?

Internet-Tipp

Dokumente und Hintergrundinformationen zur Geschichte der europäischen Einigung findest du auf der Homepage der EU: **www.europa.eu.int**

M1 „Alles Große ist ein Wagnis“

Unter dieser Überschrift kommentierte die „Badische Zeitung“ vom 12./13. Januar 1952 die Annahme des Schumanplans:

Im Grundsatz sind zwar alle überzeugt, dass eine Erweiterung des Wirtschaftsgebietes große Vorteile bringt. Diese Vorteile lassen sich aber nicht von vornherein genau bemessen, während sich die Übergangsschwierigkeiten eher belegen lassen. Daher stand am Anfang der Debatte im Bonner Bundestag auch das Wort Dr. Adenauers: „Alles Große ist ein Wagnis. Auch die Gründung eines neuen Europas ist kein risikofreies Unternehmen.“ … Auch von den Befürwortern … wurden gewisse Risiken nicht in Abrede gestellt. Ihr Appell war im Grunde ein Appell zum kühnen Mut, zum Vertrauen auf die Wandelbarkeit der Zukunft. (Haben wir sie nicht in den noch nicht sieben Jahren seit Kriegsende zu unserem Vorteil gründlich erfahren?) Es wirkt in der Tat wie ein Mangel an Selbstvertrauen, wenn man die Möglichkeiten der Montanunion nur danach bewertet, wo und wie man unter Umständen darin „überfahren“ werden könnte … Da die Abstimmung am Freitag nun das Ja erbracht hat, werden wohl die Deutschen aller Richtungen, vielleicht mit der einzigen Ausnahme der Kommunisten, den Wunsch haben, dass aus dem Schumanplan das Beste gemacht werde, dass er der Keim sei, aus dem ein besseres Europa als das alte erwachse, und dass wir in absehbarer Zeit auch die Blüte erleben.

Badische Zeitung vom 12./13. 1. 1952, S. 3.

1 Erarbeite M1, M3 und M4 entsprechend den Hinweisen zum ersten Schritt.

2 Nutze Ergebnisse der Textanalyse, um den zweiten Schritt vergleichend durchzuführen.

3 Versuche, Erklärungen zu finden für Unterschiede, die dir aufgefallen sind.

M2 **Nach der Unterzeichnung des Schumanplans in Paris,** Foto, 1951. Der französische Außenminister Robert Schuman hält das Schlussdokument in den Händen; neben ihm die Vertreter Belgiens, Luxemburgs, Italiens, der Bundesrepublik Deutschland (Konrad Adenauer) und der Niederlande (von links nach rechts).

M3 „Eine Fahrt ins Ungewisse?"

Unter dieser Überschrift äußerte sich der Journalist Erich Dombrowski in der „Frankfurter Allgemeinen Zeitung" am 12. Januar 1952 folgendermaßen:

Der Bundeskanzler hat als Wortführer des Schumanplans im Parlament den bezeichnenden Satz gesprochen: Alles Große ist ein Wagnis. Das ist eine den Willen beflügelnde Einstellung, von der sich auch Bismarck leiten ließ, als er nach dem deutschen Bruderkrieg daranging, aus der deutschen Kleinstaaterei ... ein zusammenfassendes Deutsches Reich zu schaffen. Vieles musste er, als weitblickender Staatsmann, in Kauf nehmen, um das Ganze zustande zu bringen ... Das ist heute, auf einer höheren Ebene, auch mit Europa der Fall ... Eingegliedert in die Schutz- und Abwehrfront des Westens, wird das deutsche Volk, fortan in freier Selbstbestimmung, nunmehr vor die Aufgabe gestellt, seine riesigen sozialen Pflichten mit den Lasten auszugleichen, die ihm als Glied des militärischen Sicherungsgürtels Europas erwachsen. Das ist ein wirtschaftliches Problem, das ist ein finanzielles Problem ...

Die Steigerung unserer Warenausfuhr ... ist zum erheblichen Teil darauf zurückzuführen, dass das westliche Ausland sich industriell auf die Rüstung umgestellt hat und dadurch in der Befriedigung des zivilen Verbrauchs Lücken entstanden sind, in die wir gegenwärtig mit unserem Export hineinschlüpfen ...

Es ist uns ... eine gewisse Frist zum inneren Ausbau und zur inneren Festigung unserer Wirtschaft gegeben, die ... ihre wirkliche Probe zu bestehen haben wird, wenn sich die internationalen Markt- und Absatzverhältnisse ... wieder normalisieren.

So ist denn ein klar sehender und willensstarker Mann am Steuerruder des Schiffes notwendig, um diese Fahrt ins Ungewisse erfolgreich zu bestehen.

Frankfurter Allgemeine Zeitung vom 12. 1. 1952, S. 1.

M4 Europas Vertragsgebäude

In der „Frankfurter Rundschau" schrieb der Journalist Hans Henrich am 12. Januar 1952:

Mit einer Mehrheit von drei Fünfteln hat sich der Deutsche Bundestag für den politischen Glauben an Europa entschieden; zwei Fünftel seiner Mitglieder verharrten in der Skepsis ... Sieht man von den wenigen Kommunisten ab, so hatte man ... den Eindruck, dass alle Mitglieder des Hohen Hauses ehrlich die europäische Einheit wollten, unabhängig davon, ob sie den Schumanplan als geeignetes Instrument dafür hielten oder nicht ...

Der politische Grundgedanke des Planes ist grandios: Die entscheidenden Völker des europäischen Kontinents vereinigen ihre Grundstoffindustrien und schalten damit jede Möglichkeit aus, jemals wieder Krieg zu führen. Wenn dieses Ziel der gemeinsamen Produktion und des gemeinsamen Marktes wirklich erreicht wird, dann hat die letzte Stunde jener furchtbaren Überlieferung an Kleinstaaterei und europäischer Selbstzerfleischung geschlagen. Dr. Adenauer und die hinter ihm stehenden Parteien waren der Ansicht, dass dieses Ziel durch das Vertragswerk erreicht würde und dass deshalb, trotz mancher Bedenken im Einzelnen, das politische Bekenntnis zu ihm allein entscheidend sei.

Frankfurter Rundschau vom 12. 1. 1952, S. 2.

Aus Kolonien werden Staaten

Unabhängig – in welche Zukunft?

In Lateinamerika waren es die Napoleonischen Kriege zu Beginn des 19. Jahrhunderts, in Asien und Afrika der Erste und vor allem der Zweite Weltkrieg, die in den Kolonien die Menschen zur Befreiung ihres Landes mobilisierten. Auch hofften die Menschen, die sich für die Befreiung einsetzten, auf das 1941 von dem amerikanischen Präsidenten F. D. Roosevelt und dem britischen Premierminister Winston Churchill in der Atlantik-Charta festgeschriebene Selbstbestimmungsrecht der Völker. Dazu kam, dass sich gebildete gesellschaftliche Gruppen in den Kolonien die Menschen- und Bürgerrechtsideale der „Mutterländer" zu eigen machten. Beschleunigt wurde die Entkolonialisierung (auch: Dekolonialisierung oder Dekolonisation genannt) im Kalten Krieg teilweise dadurch, dass antikolonialen Strömungen nachgegeben wurde, um diese nicht der sich antikolonialistisch bzw. antiimperialistisch gebenden Sowjetunion zu überlassen.

Von den Freiheitskämpfen der englischen und spanischen Kolonien in Amerika Ende des 18. und Anfang des 19. Jahrhunderts abgesehen, umfasste der Entkolonialisierungsprozess etwa die zweite Hälfte des 20. Jahrhunderts. Von den afrikanischen Kolonien südlich der Sahara erreichte als erste die Unabhängigkeitsbewegung der Goldküste 1957 mit der Gründung Ghanas ihr Ziel. Die meisten anderen afrikanischen Staaten konnten solche Erfolge erst in den 1960er Jahren feiern. Den Abschluss dieses Vorgangs dokumentiert das Ende des Treuhandausschusses der UNO im Jahre 1994 mit den ersten freien Wahlen für alle Einwohner Südafrikas.

Nicht überall verlief der Prozess friedlich. Was zunächst als Befreiung und durch die UNO-Mitgliedschaft als Anerkennung ihrer Selbstständigkeit erschien, brachte bald neue Probleme und enttäuschte Hoffnungen: Oft blieb die wirtschaftliche Abhängigkeit der jungen Staaten von ihren ehemaligen Kolonialmächten oder von ausländischer Hilfe (z. B. Entwicklungshilfe) erhalten. Aus der willkürlichen Grenzziehung der Kolonialzeit ergeben sich bis heute immer wieder ethnische Konflikte, Bürgerkriege, Militärrevolten, Überbevölkerung und Massenarmut. Spannungen zwischen kleinen, selbst ernannten politischen Eliten und der übrigen Bevölkerung belasten bis in die Gegenwart hinein die Entwicklung und Stabilität vieler ehemaliger Kolonien.

M1 **Niederländische Soldaten mit gefangenen indonesischen Freischärlern,** Foto, 1947. Der Versuch, das niederländische Kolonialreich in Südostasien wieder zu errichten, scheiterte schnell.

Vorschlag für eine Gruppenarbeit

Die Seiten 158 bis 163 könnt ihr in Gruppen bearbeiten. Jede Gruppe übernimmt eine Seite.

1. Erarbeitet die Materialien (Plakat, Quellentext, Statistik, Foto usw.) mithilfe der jeweils passenden Methode, formuliert die wesentlichen Aussagen und stellt eure Ergebnisse in der Klasse vor.
2. Erörtert gemeinsam die Frage, ob die Entkolonialisierung als „Neubeginn der Geschichte" dieser Länder gesehen werden kann.

M2 Auf dem Weg in die Unabhängigkeit: Burma

Aus der Kolonialdebatte im britischen Unterhaus vom 20. Dezember 1946:

2A Premierminister Attlee:

Ich möchte für Burma wiederholen, was ich schon für Indien ausführte. Wir wollen nicht irgendein unwilliges Volk im Commonwealth und Empire festhalten. Es ist Sache des burmesischen Volkes, über seine eigene Zukunft zu entscheiden ... Die Regierung Seiner Majestät wünscht und beabsichtigt, den Zeitplan zu beschleunigen, nach dem Burma seine Unabhängigkeit erreichen soll, ob innerhalb oder außerhalb des Commonwealth. Um des burmesischen Volkes willen ist es äußerst wichtig, dass sich dieser Fortschritt in geordneter Form, wenn auch schnell, vollzieht ...

Zit. nach Geschichte in Quellen, Bd. 7, bearb. v. Helmut Krause und Karlheinz Reif, München (bsv) 1980, S. 618.

2B Oppositionsführer Churchill:

In den Tagen der großen Regierung Lord Chathams hieß es, dass einer sehr früh am Morgen aufstehen müsse, um nicht einige Gewinne und Gebietserwerbungen zu versäumen, die damals unser Glück kennzeichneten. Die nicht weniger bemerkenswerte Regierung des ehrenwerten Gentleman auf der Gegenseite zeichnet sich durch eine Ansammlung umgekehrter Erfahrungen aus. Das Britische Empire scheint beinahe so rasch dahinzuschmelzen wie die amerikanische Anleihe. Ständig und ohne Skrupel verschleudern wir, was viele Generationen mit Mühe, Verwaltungskunst und Opfergeist gewannen. Im Falle Burmas ist es kaum ein Jahr her, seit die herrliche Leistung der 14. Armee, seit enorme Opfer an Blut und Gut – Opfer an britischem Blut und an indischem Blut – die Japaner zur Übergabe zwangen, sie vernichteten oder vertrieben. Das Land wurde befreit. Und jetzt, kaum ein Jahr später, erleben wir diese außergewöhnliche Hast: Wir suchen nach den notwendigen Maßnahmen, um endgültig und für immer aus Burma zu verschwinden.

Zit. nach Geschichte in Quellen, Bd. 7, bearb. v. Helmut Krause und Karlheinz Reif, München (bsv) 1980, S. 619.

M3 Wiedergeburt Asiens?

Der indische Ministerpräsident und Außenminister Jawaharlal Nehru (1889–1964) sagte in einer Rede vor der Universität von Kalifornien am 31. Oktober 1949:

Auf der Weltbühne hat sich ein äußerst wichtiger Wandel vollzogen: die Wiedergeburt Asiens ... Die Welt ist voller ungelöster Probleme. Vielleicht lassen sie sich alle als Teile eines einzigen Problems betrachten. Dieses Problem ist nicht zu lösen, wenn man sich nicht die volle Bedeutung der asiatischen Wiedergeburt vor Augen hält, denn Asien wird unvermeidlicherweise eine wachsende Rolle in der Weltpolitik spielen. Asien, in seinem Wachstum gehemmt, hat es mit zwei der wichtigsten Seiten des Weltproblems zu tun – mit der politischen und mit der wirtschaftlichen ... der Kampf um die politische Freiheit, hat eine gewisse Priorität ... Aber da die politische Befreiung sich verzögert, ist das wirtschaftliche Problem genauso wichtig und dringend geworden. An erster Stelle steht also die nationale Freiheit. Die meisten asiatischen Länder haben sie bereits erkämpft, aber einige sind noch immer der kolonialen Herrschaft unterworfen ... Ebenso wichtig ist die Versorgung der breiten Masse, in ihrem eigenen Interesse und im Interesse des Weltfriedens und der Stabilität. Dazu gehört eine allmähliche Industrialisierung dieser Länder, bei der die Vereinigten Staaten eine wesentliche Rolle spielen können.

Zit. nach Geschichte in Quellen, Bd. 7, bearb. v. Helmut Krause und Karlheinz Reif, München (bsv) 1980, S. 624 f.

M4 **„Tanz in die Unabhängigkeit"**, Foto, März 1957. Der erste Staatspräsident von Ghana, Kwame Nkrumah, beim Tanz mit der Herzogin von Kent, die bei den Unabhängigkeitsfeierlichkeiten im Jahre 1957 die britische Königin vertrat.

M5 **Junge Nigerianer feiern die Unabhängigkeit** ihres Staates von der britischen Kolonialherrschaft am 1. Oktober 1960, Foto

M6 Analphabeten in ehemaligen Kolonien

In Prozent der Einwohner, ab 15 Jahren (1998):

	männlich	*weiblich*
Algerien	24	46
Ghana	22	40
Indien	33	57
Indonesien	9	20
Namibia	18	20
Niger	78	93
Pakistan	42	71
Ruanda	29	43
Südafrika	15	16
Tansania	17	36
Togo	28	62

Zusammengestellt nach Weltentwicklungsbericht 2000/01 – Bekämpfung der Armut – veröff. für die Weltbank, Bonn (UNO-Verlag) 2001, S. 328.

M7 Entkolonialisierung – „schwieriges Erbe“

Der Historiker Gerhard Henke-Bockschatz schrieb 2004 über die Entkolonialisierung:

Die ... Ex-Kolonien übernahmen im Allgemeinen eine staatliche Herrschaft, deren Grundlage ... von den Ex-Kolonialherren gemäß deren Interessen und Zwecken eingerichtet worden war. Die Frage, ob dies der Lebensweise der Menschen überhaupt entsprach, wurde nicht gestellt. Das eigentliche Problem der Menschen in den ehemaligen Kolonien sah man darin, dass sie von fremden und nicht von eigenen Herren regiert wurden. Auch die ökonomischen Probleme wurden aus diesem Grunde oft verkannt. Aus der auf Subsistenz[1] orientierten Lebensweise der meisten Menschen in den unabhängig gewordenen Staaten war bis dahin weder eine konkurrenzfähige Volkswirtschaft noch das Bedürfnis nach einem Territorialstaat und nach einer Nation entstanden. Nach der Erringung der Unabhängigkeit zeigte sich schnell, dass der gemeinsame politische Wille nur auf der Ablehnung der Kolonialmacht beruhte. War dieser ausgeschaltet, drohte die Gesellschaft in Ethnien und Clans zu zerfallen. Nur in wenigen Ländern und oft nur für eine kurze Zeit entstand deshalb eine bürgerliche Demokratie europäischen Zuschnitts ... In der Regel ließen die Regierungen aber keine oppositionellen Parteien zu, sondern organisierten das politische Leben in Einparteiensystemen ... Das Ende der direkten Fremdherrschaft war noch lange nicht das Ende der materiellen Benutzungs- und Ausbeutungsverhältnisse ...

Rückblickend fällt das Urteil über die Hoffnungen und Befürchtungen, die einst mit der Entkolonialisierung verbunden waren, ernüchternd aus. Die Versuche, einen eigenen „dritten Weg“ zwischen Kapitalismus und Sozialismus zu finden, sind fehlgeschlagen. Die meisten Länder ... sind heutzutage politisch und wirtschaftlich stärker abhängig denn je. ... Vielerorts kann nicht einmal das Gewaltmonopol [des Staates] nach innen aufrechterhalten werden. Staaten zerfallen – oftmals entlang ethnischer Unterscheidungslinien – in Herrschaftsbereiche selbsternannter Warlords.

Gerhard Henke-Bockschatz, Entkolonialisierung. In: Geschichte lernen, H. 99, 2004, S. 19 ff.

1 Weitgehende Produktion für den Eigenverbrauch und nicht für den Markt, z. B. in einer wenig entwickelten Landwirtschaft

M8 Die Dekolonisation 1945–1990

M9 Sowjetischer Kolonialismus?

Der Premierminister Ceylons, Sir John Kotelawala, äußerte sich auf einer Sitzung während der Konferenz von Bandung 1955:

Wenn wir den Kolonialismus vereint bekämpfen, sollte es auch unsere Pflicht sein, offen zu erklären, dass wir uns dem sowjetischen Kolonialismus ebenso sehr widersetzen wie dem westlichen Imperialismus. Die erste und offenkundigste Form ist der westliche Kolonialismus. Wir alle kennen diese Form und lehnen sie ab. Aber es gibt noch eine andere Form des Kolonialismus, über die sich viele der hier vertretenen Konferenzteilnehmer vielleicht weniger im Klaren sind und für die sie vielleicht den Begriff „Kolonialismus" überhaupt nicht gelten lassen möchten. Denken Sie zum Beispiel an die Satellitenstaaten unter kommunistischer Herrschaft in Zentral- und Osteuropa: Ungarn, Rumänien, Bulgarien, Albanien, die Tschechoslowakei, Lettland, Litauen, Estland und Polen! Sind diese Länder nicht ebenso sehr Kolonien wie die Kolonialgeschichte in Afrika und Asien?

Zit. nach Geschichte in Quellen, Bd. 7, bearb. v. Helmut Krause und Karlheinz Reif, München (bsv) 1980, S. 621.

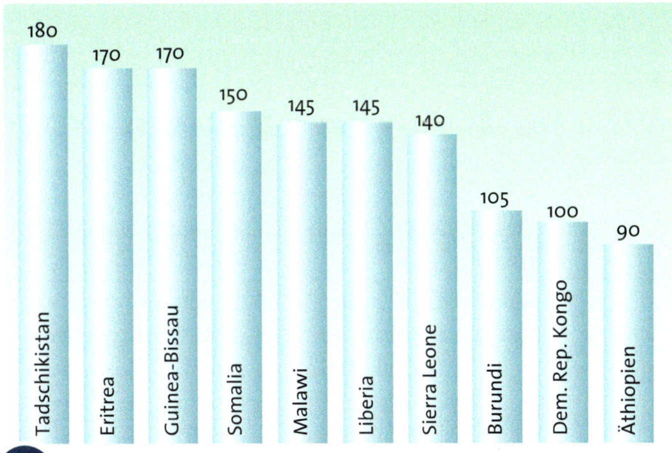

M10 **Aufstellung der zehn ärmsten Länder der Erde** (in Bruttosozialprodukt pro Kopf und Jahr, US-Dollar). Stand: 2006. Zum Vergleich: Das Bruttosozialprodukt pro Kopf beträgt in der EU etwa 25 000 US-Dollar.

Links zur Dekolonisation

www.un.org/Depts/dpi/decolonization
www.users.erols.com/mwhite28/20century.htm
www.atlas-historique.net/index.htm

Entkolonialisierung – das Beispiel Indien

Unabhängigkeit – in zwei Staaten

Indiens Unabhängigkeitsbewegung spielte bei der Entkolonialisierung eine Vorreiterrolle, denn seit den zwanziger Jahren des vorigen Jahrhunderts verlieh sie unter der Führung Mahatma Gandhis (1869–1948) ihrem Anspruch durch gewaltlosen Widerstand erheblichen Nachdruck: Britische Importwaren wurden boykottiert oder vernichtet, Steuerforderungen ignoriert. Zwar konnte sich die Kolonialregierung noch auf einflussreiche Inder stützen, die von der Zusammenarbeit mit den Briten profitierten, aber der Widerstand in der Bevölkerung wuchs: Zum einen verfügte die Regierung seit Ende des Ersten Weltkriegs nur noch über eine zahlenmäßig kleine bewaffnete Truppe, zum anderen war es ihr nicht gelungen, durch Modernisierungsmaßnahmen die Armut im Lande zu bekämpfen. Als es 1942 zu Protestaktionen zugunsten der Unabhängigkeit kam, erfassten diese Unruhen schnell das ganze Land.

Im Juni 1945 schließlich bestimmte die neu gewählte Regierung in London, dass Indien unabhängig werden sollte. Die Verfassung musste allerdings von Hindus und Muslimen gemeinsam verabschiedet werden. Das erwies sich als unmöglich, denn die beiden Gruppen waren zu keiner Verständigung bereit. Wieder kam es zu schweren Auseinandersetzungen, die Tausende das Leben kostete.

1947 wurde die britische Kronkolonie für unabhängig erklärt – und geteilt: Die Staaten Indien und Pakistan entstanden.

M1 Wie wird Indiens Zukunft aussehen?

Gopal Krishna Gokhale, Führer des gemäßigten Flügels der indischen Kongresspartei, die für die Unabhängigkeit kämpfte, schrieb zu Beginn des 20. Jahrhunderts an einen englischen Freund:

1A Wir haben endlose Spaltungen und Unterteilungen im Lande, die große Masse des Volkes ist unwissend und hängt so zäh … an alten Denkweisen und Gefühlen, dass sie allem Wandel zuwider ist und den Wandel der Dinge nicht einmal versteht. Wir haben 70 Millionen Mohammedaner, die allen nationalen Bestrebungen mehr oder weniger feindselig gegenüberstehen, und alle Macht ist in den Händen einer Gruppe hier nicht verwurzelter ausländischer Beamter … Aus dieser Masse soll ein starkes, freies, einiges und demokratisches Indien entstehen, das in der Lage ist, einen würdigen Platz unter den Nationen der Welt einzunehmen. Man kann leicht an der Aufgabe, dieses Indien zu schaffen, verzweifeln, und ich weiß nicht, ob es gelingen wird. Doch wir können alle auf dieses Ziel hinarbeiten.

M1A und M1B: Zit. nach Dieter Rothermund, Der Freiheitskampf Indiens, Stuttgart (Klett) 1981, S. 29 f.

Der Politiker Jawaharlal Nehru (1889–1964), von 1947 bis 1964 Premierminister Indiens, sagte 1929 in einer Ansprache vor der Kongresspartei, deren Präsident er im selben Jahr geworden war:

1B Das Problem der Gleichheit blieb ungelöst. Indien ignorierte es mit Absicht und baute seine Gesellschaftsordnung auf das Fundament der Ungleichheit … Ich muss offen bekennen, dass ich ein Sozialist und Republikaner bin und nicht an Könige und Fürsten glaube und auch nicht an jene Ordnung, die die modernen Könige der Industrie hervorbringt, die größere Macht über Glück und Leben der Menschen haben als die Könige früherer Zeiten und deren Methoden ebenso ausbeuterisch sind wie die der alten Aristokratie. Ich sehe jedoch ein, dass ein Verband von der Zusammensetzung des Nationalkongresses unter den gegenwärtigen Umständen kein sozialistisches Programm annehmen kann. Wir wollen uns nur vor Augen halten, dass die Philosophie des Sozialismus die gesamte Gesellschaftsstruktur der Welt durchdrungen hat … Indien muss auch diesen Weg beschreiten, wenn es seine Armut und Ungleichheit überwinden will, es [sollte allerdings] seine eigenen Methoden entwickeln und das Ideal dem Geiste seines Volkes anpassen.

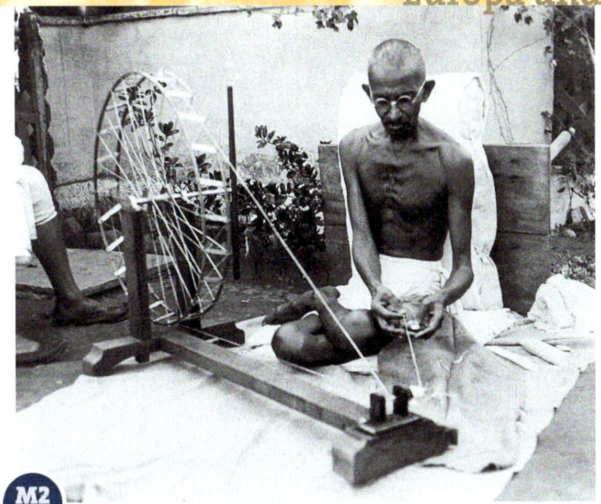

M2 **Mahatma Gandhi** zeigt im Rahmen seiner Boykottmaßnahmen gegen die Kolonialregierung den Gebrauch des Handspinnrads, Foto, um 1930

M3 Was prägt die Hauptstadt Indiens heute?

Der Wissenschaftler Thomas Krafft schrieb 1996 über Delhi:

Die aktuelle Entwicklung Old Delhis ist geprägt durch eine alle historischen Strukturen überformende Kommerzialisierung … Zwischen 1961 und 1981 hat sich die Anzahl der Handelsunternehmen … versiebenfacht, die der Betriebe des produzierenden Gewerbes … verdreifacht und auch zu Beginn der 1990er Jahre hält dieser Trend weiter an … Die Verdrängung der Wohnbevölkerung der Altstadt … verläuft nicht einheitlich. … Während bei Hindus, Jains und Sikhs[1] die Abwanderungsbereitschaft bei gleichem Sozialstatus und Familienstand annähernd gleich groß ist, ist das Beharrungsvermögen bei den Muslimen in der Altstadt sehr ausgeprägt … Bei den in der Altstadt verbliebenen Muslimen handelt es sich überwiegend um den wirtschaftlich schwächsten Teil der Bevölkerung, der weitgehend noch den traditionellen Strukturen verhaftet bleibt … Die islamischen Fundamentalisten gewinnen … in den letzten Jahren zunehmend Anhänger innerhalb der Altstadt. Die Hindufundamentalisten … finden dagegen zumindest finanzielle Unterstützung bei den (zu über 90 % nichtmuslimischen) Großhändlern, die nicht zuletzt aus ökonomischen Interessen an einer Reduzierung der muslimischen Bevölkerung in der Altstadt interessiert sind.

Thomas Krafft, Delhi. In: Geographische Rundschau 48/1996, H. 2, S. 110 f.

1 Religionsgruppen

Mahatma („große Seele") Gandhi

Gandhi wurde am 2. Oktober 1869 als Mohandas Karamchand Gandhi in Porbandar als Sohn vornehmer Hindus geboren. Er studierte in England Jura und arbeitete in Bombay als Rechtsanwalt. Von 1893 bis 1914 war er Führer der Inder in Südafrika, von 1920 an kämpfte er für die Befreiung Indiens von der britischen Herrschaft. Gandhi war ein tief religiöser und den Traditionen verpflichteter Mensch. Sein Handeln zeichnete sich durch geschicktes politisches Taktieren aus und zielte auf eine Selbstständigkeit Indiens. Aus dieser Haltung heraus entwickelte er die Methode des waffenlosen Kampfes: die Verweigerung der Zusammenarbeit und den Ungehorsam gegenüber der Kolonialregierung („non-cooperation" und „civil disobedience"). Achtmal kam er dafür ins Gefängnis; durch konsequentes Fasten erzwang er mehrfach seine Freilassung. Als langjähriger Präsident der Kongresspartei bemühte er sich um die Einigung zwischen Hindus und Muslimen, konnte aber die Teilung des Landes nicht verhindern. Am 30. Januar 1948 wurde Mahatma Gandhi in Delhi von einem fanatischen Hindu ermordet.

Grundwissen

Entkolonialisierung

Die Entkolonialisierung (Dekolonialisierung) umfasst im engeren Sinne die Zeit der zweiten Hälfte des 20. Jahrhunderts. Die Aufhebung kolonialer Herrschaft seit 1945, besonders die Gründung unabhängiger Staaten in Asien und Afrika, hatte ihre Ursachen vor allem in der Forderung der Atlantik-Charta (1941) nach dem Selbstbestimmungsrecht aller Völker, in der Schwächung der Kolonialmächte durch den Zweiten Weltkrieg und in gebildeten Eliten aus den Kolonien, die Unabhängigkeitsbewegungen gründeten und anführten. Dazu beschleunigte der Kalte Krieg mit seiner Konkurrenz der Ost-West-Mächte um die Gunst der „Dritte-Welt-Länder" den Prozess der Entkolonialisierung. Ethnische Konflikte, oft durch die willkürliche Grenzziehung der Kolonialmächte bedingt, Bürgerkriege, Militärrevolten, Überbevölkerung und Massenarmut sowie fortbestehende wirtschaftliche Abhängigkeit von den „entwickelten" Ländern bereiten vielen jungen Staaten Probleme.

Der Nord-Süd-Konflikt im Kalten Krieg

Unterschiedliche Interessenlagen

In Anlehnung an den Ost-West-Konflikt entstand unter dem Eindruck der spannungsreichen Unterschiede zwischen den ehemaligen Kolonien („Entwicklungsländer") und den Kolonialmächten („Industrieländer") der Begriff Nord-Süd-Konflikt, hergeleitet von der Tatsache, dass die Industrieländer überwiegend auf der nördlichen Erdhalbkugel, die Entwicklungsländer dagegen auf der südlichen Halbkugel liegen.

Der Prozess der Entkolonialisierung stand in der Zeit nach dem Zweiten Weltkrieg in einem engen Zusammenhang mit dem Kalten Krieg. Da in vielen Unabhängigkeitsbewegungen Kommunisten eine wichtige Rolle spielten, verschärfte diese Tatsache die Spannungen zwischen den beiden Großmächten. Obwohl die USA für das Selbstbestimmungsrecht der Völker eintraten, ließen sie jedoch keinen Zweifel daran aufkommen, dass sie es nicht hinnehmen würden, wenn die jungen, aus der Dekolonialisierung hervorgegangenen Staaten sich dem (kapitalistischen) Weltmarkt entziehen und eine enge Zusammenarbeit mit kommunistischen Ländern wie z. B. mit China oder mit der Sowjetunion eingingen.

Die amerikanische Strategie einer weltweiten Eindämmung des Kommunismus ließ sich jedoch auch nicht mit einer fortdauernden Unterdrückung der Unabhängigkeitsbewegungen in den Kolonien durch die „alten" Kolonialmächte wie Großbritannien und Frankreich vereinbaren. Sie wurden von den USA zu Zugeständnissen an die Unabhängigkeitsbewegungen gedrängt.

Die jungen Staaten der Dritten Welt versuchten, angesichts der übermächtig erscheinenden Ost-West-Mächte zu kooperieren und sich gegenseitig zu unterstützen. Solche Zusammenschlüsse wie die „Bewegung der blockfreien Staaten" (siehe S. 148 f.), die „Organization of African Unity" (OAU, gegründet 1963) und die Zusammenarbeit in der UNO erwiesen sich jedoch als zu schwach, um die eigenen Interessen zu bündeln und wirksam durchsetzen zu können.

Die gegenwärtig drängendsten Probleme der Entwicklungsländer, ihre teilweise gefährdete staatliche Einheit, die schwache Stellung auf dem Weltmarkt, Armut, unzureichende Ernährung und unwürdige soziale Lebensbedingungen, dürften wohl nur in gemeinsamen Anstrengungen aller Staaten, gemeinsam mit der UNO, zu lösen sein.

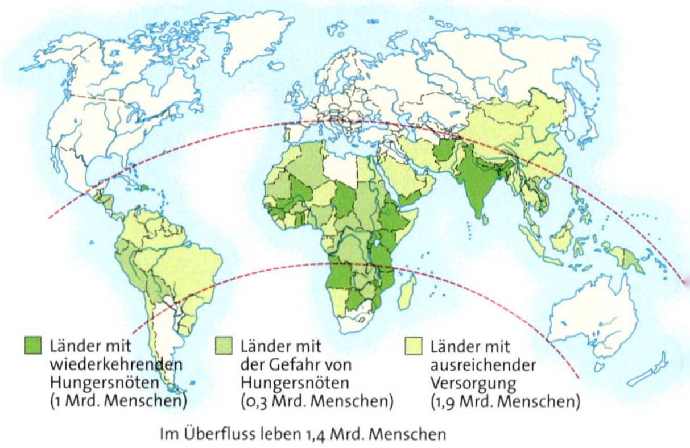

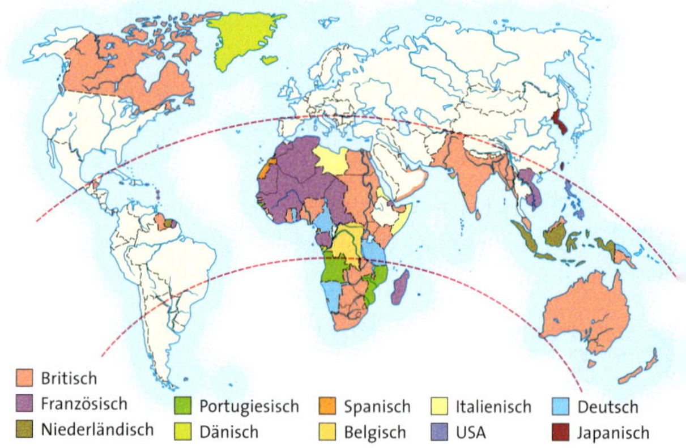

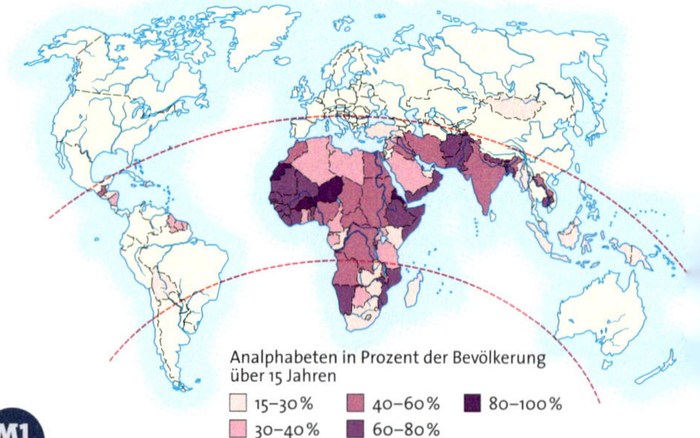

M1 **Faktoren des Nord-Süd-Konflikts.** Von oben nach unten: Hungergürtel um 1990; Gürtel der kolonialen Abhängigkeit 1914; Gürtel des Analphabetentums um 1990.

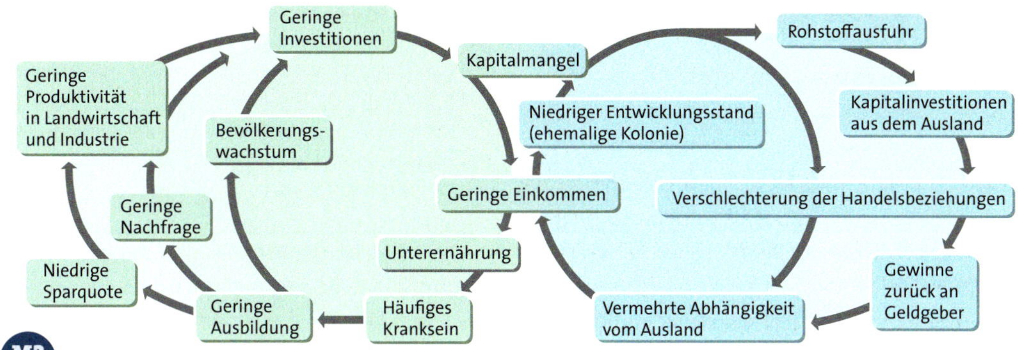

M2 Die beiden Teufelskreise der Armut

M3 Ein „afrikanischer Weg"?

Aus der Botschaft des Präsidenten der afrikanischen Republik Senegal, Leopold Sedar Senghor, zum Unabhängigkeitstag am 5. April 1961:

Die Regierung Mamadu Dia hat sich 1957 an die Arbeit gemacht. Sie versuchte, die Nation zu bilden auf dem afrikanischen Weg zum Sozialismus. Ich sage „afrikanischer Weg". Es handelt sich darum, aus den Wolken der Ideologien zu den konkreten Realitäten des Landes herabzusteigen … Es geht um einen Sozialismus, der sich stützt auf die afrikanischen, die senegalesischen Realitäten … Der Mensch ist Grundlage und Ziel unserer Politik. Daher die überragende Bedeutung der kulturellen Entwicklung und der Elitenbildung. In fünf Jahren hat sich die Zahl der Schüler in Volksschulen, höheren Schulen und technischen Schulen verdoppelt; an der Universität Dakar hat sie sich verdreifacht …

Es ist heute Mode, auf das alte Europa zu schelten, auf West und Ost. Senegal weigert sich, diese Mode mitzumachen, so sehr wir auch in der Vergangenheit zu denen gehört haben, die am leidenschaftlichsten und erfolgreichsten gegen den Kolonialismus gekämpft haben. Wir werden uns weiter aus Europa die Instrumente unserer Befreiung holen: einige seiner Werte und seiner Techniken, vor allem seine Methoden des Sozialismus … Der Kolonialismus ist verurteilt, lassen wir ihn sterben. … Genauer: Wir haben die Bindungen umgewandelt, die uns mit dem alten Mutterland verbanden. Aus den Bindungen der Abhängigkeit haben wir Bindungen der Gleichheit in der Kooperation gemacht.

Zit. nach Geschichte in Quellen, Bd. 7, bearb. v. Helmut Krause und Karlheinz Reif, München (bsv) 1980, S. 627 f.

Grundwissen

Nord-Süd-Konflikt

Der Nord-Süd-Konflikt wird als Bezeichnung für die Gegensätze verwendet, die sich aus dem politischen, wirtschaftlichen und sozialen Gefälle zwischen den Industriestaaten im Norden der Erde einerseits und den im Süden liegenden Entwicklungsländern Afrikas, Asiens und Lateinamerikas andererseits nach dem Zweiten Weltkrieg ergaben. Die Kennzeichnung Nord-Süd gibt dabei nur eine grobe geographische Abgrenzung an. Deutlich wurde das Nord-Süd-Gefälle im Zuge der Entkolonialisierung und durch innere und äußere Bedingungen der jungen Staaten wie starkes Wachstum der Bevölkerungen, Nahrungsmittelknappheit, fehlende Industrialisierung, geringer Bildungsstand, mangelnde Konkurrenzfähigkeit auf den Weltmärkten, Ausbeutung von Rohstoffressourcen durch die Industriestaaten und nachteilige Handelsbeziehungen.

1 Beschreibe M1 und erörtere, inwieweit sich die Bezeichnung „Gürtel der kolonialen Abhängigkeit" für die Darstellungen verwenden lässt.

2 Erarbeite anhand des Darstellungstextes die unterschiedlichen Interessenlagen der vom Nord-Süd-Konflikt betroffenen bzw. an ihm beteiligten Staaten. Nimm zum letzten Satz Stellung.

3 Analysiere M3 mithilfe der Methode Textquellenanalyse im Anhang und beurteile die Position des Autors.

4 Beschreibe M2 und prüfe, welche der genannten Faktoren sich in den Materialien der Seiten 158 bis 165 wiederfinden lassen.

Palästina: zwei Völker in einem Land?

Ansprüche auf Palästina

Gegenwärtig ist kaum eine Region der Erde so spannungs- und konfliktbeladen wie der Nahe Osten. Hass und Angst, Starrsinn und Misstrauen bestimmen das Denken vieler Menschen und das Handeln der politisch Verantwortlichen. In diesem Raum stoßen verschiedene Konfliktfelder aufeinander, wie religiöse, ethnische und nationale Ansprüche, aber auch Großmachtinteressen – allesamt in längerer Entwicklung wie zu einem anscheinend unauflösbaren Knoten miteinander verschlungen. Seit Beginn des 20. Jahrhunderts geht es – vereinfacht formuliert – um das Lebensrecht zweier sich als Völker oder Nationen verstehenden Gruppen in ein und demselben Raum.

Eine Heimat in Palästina finden – dieser Gedanke bestimmte das ganze 20. Jahrhundert hindurch einen Konflikt, der Tausende von Juden und Arabern das Leben gekostet hat und der bis heute nicht beigelegt ist.

Eine große Zahl von Juden, die sich vom Antisemitismus in den europäischen Staaten bedroht fühlten, wanderten seit Ende des 19. Jahrhunderts nach Palästina ein, um nach der Idee ihres Vordenkers Theodor Herzl einen eigenen Staat im „Land ihrer Väter" zu gründen. Auf der anderen Seite gab es – nach dem Zusammenbruch des Osmanischen Reiches 1920/22 – die Hoffnungen und Erwartungen der in Palästina lebenden arabischen Bevölkerung auf Unabhängigkeit und nationale Selbstbestimmung.

M1 **Der 1. Weltkongress der Zionisten in Basel 1897**, Foto eines Gemäldes. In der Bildmitte Theodor Herzl.

M2 Die Idee eines „Judenstaates"

Der österreichische Schriftsteller jüdischer Herkunft Theodor Herzl (1860–1904) gilt als Begründer des politischen Zionismus* (Zion = Burgberg im Südwesten der Altstadt Jerusalems), einer Bewegung zur Gründung eines jüdischen Staates in Palästina. In seinem Buch „Der Judenstaat" schrieb er 1896:

Ich glaube den Antisemitismus, der eine vielfach komplizierte Bewegung ist, zu verstehen. Ich betrachte diese Bewegung als Jude, aber ohne Hass und Furcht. … Ich halte die Judenfrage weder für eine soziale noch für eine religiöse, wenn sie sich auch noch so und anders färbt. Sie ist eine nationale Frage, und um sie zu lösen, müssen wir sie vor allem zu einer politischen Weltfrage machen, die im Rate der Kulturvölker zu regeln sein wird.

Wir sind ein Volk, ein Volk.

Wir haben überall ehrlich versucht, in der uns umgebenden Volksgemeinschaft unterzugehen[1] und nur den Glauben unserer Väter zu bewahren. Man lässt es nicht zu. Vergebens sind wir treue und an manchen Orten sogar überschwängliche Patrioten, vergebens bringen wir dieselben Opfer an Gut und Blut wie unsere Mitbürger, vergebens bemühen wir uns, den Ruhm unserer Vaterländer in Künsten und Wissenschaften, ihren Reichtum durch Handel und Verkehr zu erhöhen …

Wir sind ein Volk – der Feind macht uns ohne unseren Willen dazu, wie das immer in der Geschichte so war. In der Bedrängnis stehen wir zusammen, und da entdecken wir plötzlich unsere Kraft. Ja, wir haben die Kraft, einen Staat, und zwar einen Musterstaat, zu bilden. Wir haben alle menschlichen und sachlichen Mittel, die dazu nötig sind …

Palästina ist unsere unvergessliche historische Heimat. Der Name allein wäre ein gewaltig ergreifender Sammelruf für unser Volk. Wenn Seine Majestät der Sultan uns Palästina gäbe, könnten wir uns dafür anheischig machen [sich bemühen], die Finanzen der Türkei gänzlich zu regeln. Für Europa würden wir dort ein Stück des Walles gegen Asien bilden … Wir würden als neutraler Staat im Zusammenhang bleiben mit ganz Europa, das unsere Existenz garantieren müsste.

Zit. nach Elmar Krautkrämer, Krieg ohne Ende?, Darmstadt (Primus) 2003, S. 159f.

1 hier im Sinne von eingliedern

M3 Eine jüdisch-nationale Staatsgründung?

Erklärung des Rabbiner-Verbandes in Deutschland zur Absicht Herzls, in Deutschland einen Zionistenkongress zu veranstalten, 6. Juli 1897:

1. Die Bestrebungen so genannter Zionisten, in Palästina einen jüdisch-nationalen Staat zu gründen, widersprechen den messianischen Verheißungen des Judenthums, wie sie in der heiligen Schrift und den späteren Religionsquellen verzeichnet sind.
2. Das Judenthum verpflichtet seine Bekenner, dem Vaterlande, dem sie angehören, mit aller Hingebung zu dienen und dessen nationale Interessen mit ganzem Herzen und mit allen Kräften zu fördern.
3. Mit dieser Verpflichtung aber stehen nicht in Widerspruch jene edlen Bestrebungen, welche auf die Kolonisation Palästinas durch jüdische Ackerbauern abzielen, weil sie zur Gründung eines nationalen Staates keinerlei Bedeutung haben.

Heiko Haumann (Hg.), Der erste Zionistenkongress von 1897 – Ursachen, Bedeutung, Aktualität, Basel, 1997, S. 128. Zit. nach Erik Petry, Zionismus. In: Geschichte lernen, H. 83, 2001, S. 35.

M4 Die Balfour-Erklärung von 1917

In Erwartung jüdischer Unterstützung in der für England kritischen Phase des Ersten Weltkriegs – noch vor dem Eingreifen der USA – gab der britische Außenminister Balfour am 2. November 1917 eine Erklärung ab:

Mein lieber Lord Rothschild,
zu meiner großen Genugtuung übermittle ich Ihnen namens S.M. Regierung die folgende Sympathie-Erklärung für die jüdisch-nationalen Bestrebungen, die vom Kabinett geprüft und gebilligt worden ist. Seiner Majestät Regierung betrachtet die Schaffung einer nationalen Heimstätte in Palästina für das jüdische Volk mit Wohlwollen und wird die größten Anstrengungen machen, um die Erreichung dieses Zieles zu erleichtern, wobei klar verstanden wird, dass nichts getan werden soll, was die bürgerlichen und religiösen Rechte bestehender nichtjüdischer Gemeinschaften in Palästina oder die Rechte und die politische Stellung der Juden in irgendeinem anderen Lande beeinträchtigen könnte.
Ich bitte Sie, diese Erklärung zur Kenntnis der zionistischen Föderation zu bringen.

Zit. nach Geschichte in Quellen, Bd. 7, bearb. v. Helmut Krause und Karlheinz Reif, München (bsv) 1980, S. 609.

M5 **Arabische Bäuerinnen tragen Gemüse zum Markt**, Foto, um 1900

M6 Das Palästina-Mandat des Völkerbunds

Die Balfour-Erklärung wurde Bestandteil des Völkerbundsmandats über Palästina. Der Völkerbundsrat beschloss am 24. Juli 1922 den Mandatsauftrag an Großbritannien:

Artikel 4: Eine angemessene jüdische Vertretung (Jewish Agency) soll als eine öffentliche Körperschaft anerkannt werden, mit dem Zweck, die Verwaltung Palästinas in solchen wirtschaftlichen, sozialen und anderen Gelegenheiten zu beraten und mit ihr zusammenwirken, die die Errichtung einer jüdischen nationalen Heimstätte und die Interessen der jüdischen Bevölkerung betreffen … Die Zionistische Organisation soll … im Einvernehmen mit Seiner Britischen Majestät Regierung Schritte unternehmen, um die Mitarbeit aller Juden zu sichern, die gewillt sind, bei der Errichtung der jüdischen nationalen Heimstätte zu helfen …
(Nach Artikel 11 sollte nur die Jewish Agency das Recht „über die Errichtung und Ausführung irgendwelcher Naturschätze des Lands" erhalten; für die arabische Seite sah das Mandat dieses Recht nicht vor.)

Zit. nach Elmar Krautkrämer, Krieg ohne Ende?, Darmstadt (Primus) 2003, S. 161.

1. Stelle anhand des Darstellungstextes die Ausgangsbedingung für den Konflikt in Palästina dar.
2. Erarbeite mithilfe von M1 und M2 die Ziele und Motive Herzls für einen „Judenstaat".
3. Setze M3 in einen Bezug zu M2.
4. Analysiere M4 und erörtere, welche Bedeutung die Erklärung für die zionistische Bewegung hatte.
5. Informiere dich – ausgehend von M5 – über die Lage Palästinas zu Beginn des 20. Jahrhunderts: Politik, Gesellschaft, Wirtschaft (Lexikon, Internet).

Der Konflikt um Palästina in der Mandatszeit

Wem gehört Palästina?

Für Großbritannien war Palästina von zentraler Bedeutung, konnte aus dieser Region doch der Suezkanal von Osten abgesichert und eine Ausgangsbasis für den Landweg von Ägypten nach Indien sichergestellt werden. In der Zeit des an Großbritannien übertragenen Mandats des Völkerbunds über Palästina (1920–1948) kam es in unterschiedlicher Intensität immer wieder zu Spannungen und Auseinandersetzungen zwischen Arabern und Juden. Beide Seiten beanspruchten das Land – für die einen war es „Palästina“, für die anderen „Erez Israel“ (Erez = das Land). Der sich gegenseitig verstärkende israelische und arabische Nationalismus wurde durch die unklare Haltung der britischen Politik in der Zeit des Ersten Weltkrieges und danach geschürt. Die britische Regierung hatte, um alle Kräfte gegen die Mittelmächte zu mobilisieren, sowohl der jüdischen als auch der arabischen Seite Zusicherungen über eine künftige staatliche Selbstständigkeit gemacht.

Am Vorabend des Zweiten Weltkrieges änderte Großbritannien seine eher projüdische Politik und unterstützte die arabische Seite in ihren Forderungen, die unter dem Einfluss der Judenverfolgungen immer stärker werdende jüdische Einwanderung zu begrenzen. Die Juden reagierten verbittert. Geheime jüdische Kampfgruppen, wie „Hagana“, „Irgun“ und „Sternbande“, verübten Attentate gegen britische Verwaltungseinrichtungen und Politiker. Zwei Jahre nach dem Ende des Zweiten Weltkrieges gab Großbritannien sein Palästinamandat an die Vereinten Nationen (UNO) zurück.

M1 **Palästinensische Orangenverkäufer um 1930**, Foto

M2 **Israelische Siedler in den 1920er Jahren des 20. Jahrhunderts**, Foto

M3 Palästina – rückständig und menschenleer?

Abba Eban (1915–2002), in Südafrika geboren, in England erzogen und ausgebildet, war israelischer Botschafter und Mitglied des Parlaments (Knesset) sowie verschiedener israelischer Regierungen. Er schrieb 1974:

Das Land lag auf weite Strecken hin verödet – teils infolge von Vernachlässigung, teils infolge von Feindeinfällen und inneren Kriegen. Obwohl in den hundert Jahren zwischen 1730 und 1830 im Zuge einer neuen Einwanderungswelle jüdische Gelehrte und Rabbiner, Geschäftsleute und Handwerker nach Palästina gekommen waren, blieb das Land doch weitgehend rückständig und menschenleer, woran die Unfähigkeit und Gleichgültigkeit der Machthaber ebenso schuld war wie die Apathie der Bewohner … Das Land galt als verarmt, ungesund, dürr und versumpft, jedenfalls als heruntergekommen. Aber das Jahr 1882 brachte auch einen Wendepunkt in der Geschichte Palästinas. In diesem Jahre traf eine Gruppe von Biluim … aus Russland ein. Sie ließen sich als erste moderne Siedler nieder und gründeten Gedera, Rishon le-Zion, Petach Tikwa und andernorts landwirtschaftliche Kolonien.

Zit. nach Markus Kübler, Ein Land – zwei Geschichten. In: Geschichte lernen, H. 83, 2001, S. 56.

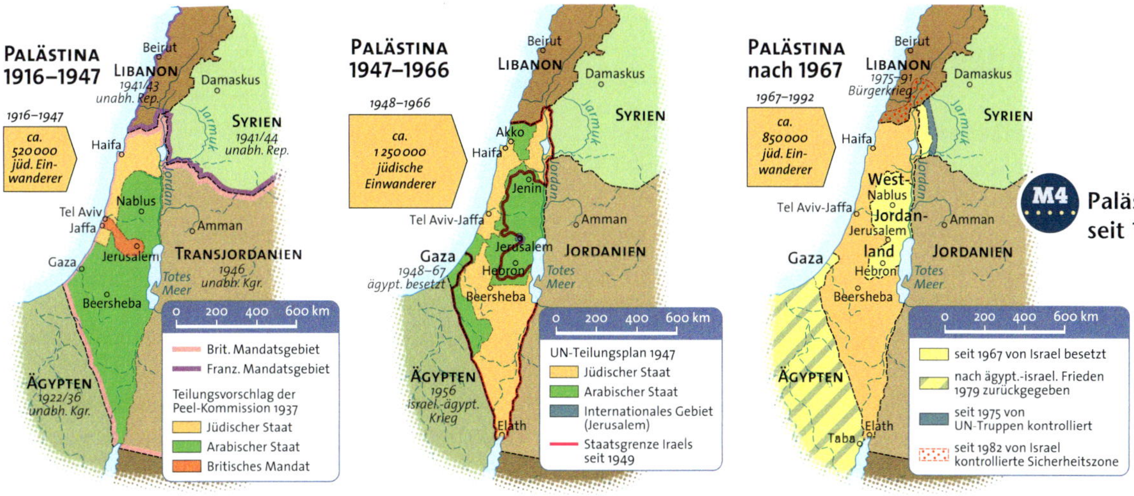

M4 Palästina/Israel seit 1916

M5 Palästina – fruchtbares Exportland?

Sami Hadawi, Palästinenser, geboren in Jerusalem/Al Quds, war von 1955 bis 1965 als Berater der UNO in den USA tätig, danach als Dozent in Beirut (Libanon). Er schrieb 1977:

Das Heilige Land war bereits seit den Kreuzzügen für seine Olivenbäume und seine Olivenöl-Herstellung berühmt; und lange bevor 1920 die zionistische Einwanderung begann, war Palästina als Exportland für Zitrusfrüchte bekannt und nicht zuletzt für die Jaffa-Orange berühmt. Es ist nicht genau festzustellen, wann man mit dem Anbau von Zitrusfrüchten in Palästina begann, aber es ist belegt, dass schon bis 1912/13 die Araber 1 608 570 Kisten Orangen im Wert von 297 700 (Pfund) Sterling oder 1 488 500 Dollar nach Europa exportierten.
In der Hügelregion ist das Land mit Olivengärten, Weinbergen und Obstbäumen bedeckt; während man im Süden Getreide anbaute, erntete man im Jordantal Obst und Gemüse. Jeder Meter fruchtbaren Bodens wurde voll ausgenutzt; immer mehr kleine Flächen in den felsigen Gebieten wurden für den Obstbau erschlossen.

Sami Hadawi, Bittere Ernte, Palästina 1914–1967, Rastatt, 1977, S. 27 f. Zit. nach Markus Kübler, Ein Land – zwei Geschichten. In: Geschichte lernen, H. 83, 2001, S. 56.

M6 Ausbruch des jüdisch-arabischen Konflikts

Der Historiker Elmar Krautkrämer schrieb 2004:

Als die dritte Alija [Einwanderungswelle] eingesetzt hatte, wurden viele Araber von der Furcht ergriffen, dass die Einwanderung eines Tages zur jüdischen Majorität führen könnte. Das schürte den schon länger wachsenden Antizionismus, der in blutigen Ausschreitungen 1920 und 1921 seinen Ausdruck fand. Eine britische Untersuchungskommission gab der Balfour-Deklaration und der zionistischen Propaganda die Mitschuld an den Vorfällen … Inzwischen hatten die gut 600 jüdischen Siedlungen miteinander Kontakt aufgenommen und bildeten zusammen ein Gemeinwesen, den Jischuv mit der Jewish Agency an der Spitze. Die Araber versäumten es, eine vergleichbare Institution zu gründen …
Im August 1929 kam es zu einem heftigen arabisch-jüdischen Zusammenstoß in Jerusalem … Die Unruhen griffen auch auf andere Städte über. … Die Ereignisse leiteten eine tiefe Feindschaft zwischen den beiden ethnischen Gruppen und Religionen ein …
Eine britische Kommission … kam zu dem Ergebnis, dass die Teilung Palästinas ein Weg zum Frieden sei.

Elmar Krautkrämer, Der israelisch-palästinensische Konflikt. In: Aus Politik und Zeitgeschichte, Bonn (Bundeszentrale für politische Bildung) Beilage 20/2004, S. 3 f.

1 In der Geschichtsschreibung wurde das Land Palästina vor der jüdischen Einwanderung lange Zeit als menschenleeres und rückständiges Land bezeichnet. Überprüfe diese These mithilfe von M1 bis M3 und M5.

2 Erarbeite mithilfe des Darstellungstextes und M4 (linke Karte) die Palästinapolitik Großbritanniens und die territorialen Pläne und Entwicklungen von 1916 bis 1947.

3 Stelle fest, wie der Autor von M6 die Entstehung des jüdisch-arabischen Konflikts erklärt. Ziehe zur Balfour-Deklaration den Faktenkasten auf S. 173 heran.

Die Gründung des Staates Israel

Der neue Staat entsteht und behauptet sich

Nach dem Scheitern der britischen Mandatspolitik sah ein Plan der UNO die Teilung Palästinas in einen jüdischen und einen arabischen Staat vor. Ein binationaler palästinensischer Staat hatte zuvor nicht die Zustimmung der israelischen bzw. arabischen Seite gefunden. Der von der UNO-Vollversammlung beschlossene Zwei-Staaten-Plan wurde nur von einem Teil der Juden (Jewish Agency) angenommen, von den Zionisten, aber auch von den Palästinensern und den arabischen Staaten abgelehnt.

Die Jewish Agency bildete im April 1947 einen provisorischen Volksrat (Parlament) und eine provisorische Regierung. Zionisten besetzten die Ortschaften des der jüdischen Seite zugesprochenen Gebiets und erweiterten es eigenmächtig, verbunden mit Massakern der „Irgun" und der „Sternbande", die bis Ende 1948 zur Flucht und Vertreibung von etwa 600 000 bis 750 000 Arabern führten. Nachdem am 14. Mai 1948 der letzte britische Hochkommissar Palästina verlassen hatte, rief der spätere israelische Ministerpräsident Ben Gurion im jüdischen Volksrat den Staat Israel aus. In der Nacht darauf begannen die Armeen Ägyptens, Transjordaniens, Syriens, des Libanon und des Irak einen Krieg gegen Israel, in dem der neue Staat sich jedoch militärisch behaupten konnte und sein Territorium gegenüber dem UNO-Plan um 21 Prozent erweiterte. Israel wurde schnell von den Großmächten und weiteren Regierungen anerkannt, nicht jedoch von den arabischen Staaten.

M1 **Bevin: „Los, reite Du ihn jetzt!"**, Karikatur vom 12. April 1947. Großbritannien (Außenminister Bevin) kündigt im April 1947 seine Mandatsherrschaft auf und übergibt das Palästinaproblem der UNO.

M2 Israel erklärt seine Unabhängigkeit

Am 14. Mai 1948 erfolgte die offizielle Gründung des Staates Israel durch den jüdischen Nationalrat. In der Unabhängigkeitserklärung hieß es:

Im Lande Israel trat das jüdische Volk ins Leben, hier wurde sein geistiges, religiöses und politisches Antlitz geformt: hier führte es sein Leben in staatlicher Selbstständigkeit; hier schuf es nationale und allmenschliche Kulturgüter und schenkte der Welt das unvergängliche Buch der Bücher …

In historischer und überlieferter Verbundenheit erstrebten die Juden aller Zeiten die Wiedergewinnung ihrer alten Heimat; in Scharen kehrten Pioniere, Wagemutige und Helden der letzten Generation heim in ihr Land. Sie brachten die Wüste zum Blühen, … bauten Städte und Dörfer, schufen ein im Wachstum begriffenes Siedlungswerk mit eigener Wirtschaft und Kultur, friedliebend und wehrfähig, das allen Bewohnern des Landes die Segnungen des Fortschritts bringt und sich nach staatlicher Selbstständigkeit sehnt …

Die Katastrophe, die in unseren Tagen über das jüdische Volk hereinbrach und der Millionen Juden in Europa zum Opfer fielen, bewies erneut und eindringlich, dass es unerlässlich ist, die Frage des heimat- und staatenlosen jüdischen Volkes durch Wiedererrichtung des jüdischen Staates im Lande Israel zu lösen … Das jüdische Volk hat gleich allen anderen Völkern das natürliche Recht, ein selbstständiges Leben in einem souveränen Staat zu führen.

Der Staat Israel … wird im Geiste der Propheten Israels auf den Grundlagen der Freiheit, der Gleichheit und des Friedens gegründet sein; er wird allen seinen Bürgern volle soziale und und politische Gleichberechtigung ohne Unterschied der Religionen, der Rasse und des Geschlechts gewähren … Wir rufen – selbst während des seit Monaten geführten blutigen Angriffes – die im Staate Israel lebenden Angehörigen des arabischen Volkes auf, den Frieden zu bewahren und sich am Aufbau des Staates … zu beteiligen.

Zit. nach Mathias Pophanken, Der Unabhängigkeitskrieg Israels und das Schicksal der Palästinenser. In: Geschichte lernen, H. 83, 2001, S. 40.

M3 Wer soll in Palästina herrschen?

Aus der Erklärung der 1945 von 21 arabischen Staaten gegründeten Arabischen Liga[1], 15. Mai 1948:

Palästina war ein Teil des früheren Osmanischen Reiches … Die überwältigende Mehrheit der Bevölkerung Palästinas war arabisch … Beim Ausbruch des Ersten Weltkrieges, als die Alliierten erklärten, für die Befreiung aller Völker zu kämpfen, schlossen sich die Araber ihnen an und kämpften an ihrer Seite mit der Aussicht, ihre nationalen Ziele und ihre Unabhängigkeit zu erreichen. England verpflichtete sich, die Unabhängigkeit der arabischen Länder in Asien, einschließlich Palästinas, anzuerkennen … Als der Krieg zu Ende war, hielt sich England nicht an sein Versprechen. Stattdessen wurde Palästina von den Alliierten unter das Mandatssystem gestellt mit England als Mandatsmacht … Mit dem jetzigen Ende des britischen Mandats … erklären die Regierungen der arabischen Staaten Folgendes:
Erstens: Dass die Herrschaft in Palästina im Einklang mit dem Völkerbundsvertrag und der Charta der Vereinten Nationen an seine Einwohner zurückgegeben werden sollte und dass allein die Palästinenser das Recht haben, ihre Zukunft zu bestimmen.
Zweitens: Sicherheit und Ordnung sind in Palästina zerstört worden. Die zionistische Aggression hatte zur Folge, dass bis jetzt mehr als eine Viertelmillion Araber flüchteten und Zuflucht in den arabischen Nachbarstaaten suchten. Die Ereignisse in Palästina haben die aggressiven Absichten und imperialistischen Pläne der Zionisten aufgedeckt, einschließlich der von ihnen begangenen Gräueltaten gegen friedliche arabische Einwohner, vor allem in Deir Jassin, Tiberias und anderen Orten[2].

Zit. nach Mathias Pophanken, Der Unabhängigkeitskrieg Israels und das Schicksal der Palästinenser. In: Geschichte lernen, H. 83, 2001, S. 41.

M4 Haganakämpfer vertreiben Palästinenser aus Haifa, Foto, Mai 1948

M5 Verpasste Chance auf Frieden?

Der Historiker Elmar Krautkrämer schrieb 2003 zur Frage eines möglichen Friedens zwischen Israelis und Arabern nach 1949:

Dass keine Friedensverträge folgten, war in erster Linie auf das Flüchtlingsproblem zurückzuführen. Das Flüchtlingsproblem gab dem Hass und der Verbitterung der arabischen Seite ständig neue Nahrung. Man kann die These vertreten, dass damals von der UNO und den Großmächten die Chance zur Befriedung des Nahen Ostens vertan wurde. Das Ausbleiben einer Entschädigung für die Palästinenser tat ein Übriges. Was das Schicksal der Westbank [Westjordanland] anbelangt, so war für Israel deren Angliederung an Jordanien akzeptabler als die Errichtung eines Palästinenserstaates dort, zumal Abdullah [König von Jordanien] grundsätzlich nicht abgeneigt schien, mit Israel zu einem Modus Vivendi [Verständigung] zu kommen.

Elmar Krautkrämer, Krieg ohne Ende?, Darmstadt (Primus) 2003, S. 50.

1 Entschlüssle M1 und nenne die wichtigsten Faktoren des israelisch-palästinensischen Konflikts.
2 Erarbeite anhand von M2 das Selbstverständnis des neuen Staates und vergleiche mit M3.
3 Diskutiere den Aussagewert der Bildquelle M4 auf der Grundlage deiner bisherigen Kenntnisse.
4 Beantworte die Frage in der Überschrift zu M5.
5 Partnerarbeit: Schreibt jeweils einen Kommentar aus israelischer bzw. arabischer Perspektive zur Staatsgründung Israels und vergleicht die Argumente.

1 Zusammenschluss von 21 arabischen Staaten und (ab 1964) der Palästinensischen Befreiungsorganisation (PLO). Ziel ist eine allgemeine Zusammenarbeit der Mitgliedsstaaten.
2 Massaker an der arabischen Bevölkerung (am 8. Mai 1949 in Deir Yassin mit 250 Ermordeten, die meisten Frauen und Kinder) führten zu einer Fluchtwelle der arabischen Bevölkerung aus den künftig israelischen Gebieten. In der Forschung ist unbestritten, dass die Araber durch verschiedene Methoden zur Flucht bzw. Auswanderung getrieben wurden. Bei einer arabischen Vergeltungsaktion auf einen jüdischen Konvoi unter der Fahne des Roten Kreuzes wurden 77 Ärzte, Krankenschwestern und Helfer ermordet.

Der Nahostkonflikt bis zum Sechs-Tage-Krieg 1967

Krieg um den neuen Staat

Das palästinensische Flüchtlingsproblem ist seit 1948/49 ein Kernproblem der internationalen Nahostpolitik geblieben. Ein Beschluss der UN-Vollversammlung vom Dezember 1949 zur Wiederaufnahme der Flüchtlinge durch Israel wurde nicht umgesetzt. Die arabischen Staaten ihrerseits taten wenig zur Integration der Flüchtlinge. Zu einer politischen Organisierung der Palästinenser kam es erst 1964 mit der Gründung der Palästinensischen Befreiungsorganisation (PLO).

Nach gewaltsamen Konflikten um die Wasserversorgung (See Genezareth und Quellflüsse des Jordan) und einem Aufruf der PLO zum „Heiligen Krieg" gegen Israel eskalierte der Nahostkonflikt nach 1964 derart, dass Israel am 5. Juni 1967 einen Überraschungsschlag der Luftstreitkräfte gegen Ägypten begann, weiteres Territorium eroberte, Ost-Jerusalem mit dem Westteil vereinigte und zur Hauptstadt Israels erklärte. Bemühungen der UNO um Ausgleich und Frieden blieben erfolglos.

M2 **Israelische Soldaten an der Klagemauer in Jerusalem** nach der Eroberung des Ostteils der Stadt, Foto, 1967

M1 Palästina den Palästinensern!

Aus der Charta, die der palästinensische Nationalrat, das oberste Vertretungsorgan der PLO, auf der Konferenz in Kairo vom 10. bis 17. Juli 1968 annahm:

3. Das palästinensisch-arabische Volk besitzt ein legales Recht auf sein Vaterland, und sobald dessen Befreiung vollendet ist, wird es das Selbstbestimmungsrecht allein und nach eigenem Willen und seiner eigenen Wahl ausüben …

10. Fedajin-Aktionen[1] bilden den Kern des palästinensischen Volkskriegs um die Befreiung …

14. Das Schicksal der arabischen Nation, ja sogar die Existenz des Arabertums, hängt vom Schicksal der Palästinenserfrage ab …

19. Die Teilung Palästinas 1947 und die Gründung Israels ist von Grund auf null und nichtig, … weil dies im Gegensatz zum Willen des palästinensischen Volkes und seines natürlichen Rechtes auf sein Vaterland geschah.

Zit. nach Rolf Tophoven (Hg.), Der israelisch-arabische Konflikt, 5. Aufl., Bonn (Bundeszentrale für politische Bildung) 1991, S. 64.

1 (arab.) Fedajin = Freiheitskämpfer

M3 Zerstörte Träume?

Der Historiker und Journalist Rolf Tophoven schrieb 1991 über die Rolle der PLO nach dem Sechs-Tage-Krieg von 1967:

Nach der Niederlage wurde die Masse der Palästinenserflüchtlinge ihrer schon 20 Jahre andauernden Illusion beraubt, sie bräuchten nur in ihren Lagern zu sitzen und abzuwarten, bis ihre arabischen Brüder die Schande von 1948 auslöschen würden. Der von den arabischen Staaten … jahrelang versprochenen Lösung des Palästinenserproblems waren neues Flüchtlingselend, Besetzung statt Befreiung gefolgt … Der Juni-Krieg zerstörte die Träume der Palästinenser von arabischer Einheit und großarabischem Reich. Der frühere jordanische Außenminister Tukan, einer der führenden Palästinenser in Westjordanien, zog das Fazit: „Der Juni-Krieg brachte für uns einen wesentlichen Impuls. Die palästinensische Persönlichkeit entstand nach dem Krieg." …
Während die arabische Welt noch vom Schock der Niederlage gelähmt war, unternahmen die palästinensischen Guerillas bereits kurz nach Kriegsende neue politische und militärische Initiativen gegen Israel.

Rolf Tophoven, Fedajin – Guerilla ohne Grenzen, München (Bernard & Gräfe) 1975, S. 19 f. Zit. nach Rolf Tophoven (Hg.), Der israelisch-arabische Konflikt, 5. Aufl., Bonn (Bundeszentrale für politische Bildung) 1991, S. 62 f.

Chronik des Nahostkonflikts 1887–1968

1887 Baseler Programm der zionistischen Weltorganisation: Beschluss zur Besiedlung Palästinas.
1916 Sykes-Pikot-Abkommen: Aufteilung des Nahen Ostens in ein französisches und britisches Interessengebiet.
1917 Balfour-Deklaration: Zusage Großbritanniens für eine jüdische „nationale Heimstätte" in Palästina.
1916–1947 ca. 520 000 jüdische Einwanderer
1920 Errichtung eines britischen Völkerbundsmandats (= im Auftrag des Völkerbunds verwaltete ehemalige Kolonien) über Palästina; arabische Unruhen in Jerusalem.
1936–1939 Großer arabischer Aufstand gegen Briten und Juden.
1947 Beschluss der britischen Regierung, das Mandat zu beenden und das Palästinaproblem der UNO zu übergeben; UN-Vollversammlung beschließt Teilung Palästinas in einen jüdischen und einen palästinensischen Staat.
1948–1966 ca. 1 250 000 jüdische Einwanderer
1948/49 Die Gründung des Staates Israel (14. Mai 1948) löst den 1. Nahostkrieg aus. Flucht und Vertreibung der arabischen Bevölkerung.
1956 2. Nahostkrieg: Britisch/französisch-ägyptischer Konflikt um die Verstaatlichung des Suezkanals durch Ägypten. Israel besetzt den Gazastreifen* und die Sinai-Halbinsel.
1957 Rückzug Israels aus dem Sinai und dem Gazastreifen.
1959 Yassir Arafat (1929–2005), der spätere Führer der Palästinenser, übernimmt die Führung der Fatah (palästinensische Kampforganisation).
1964 Gründung der Palästinensischen Befreiungsorganisation (PLO), dessen Kern die Fatah bildet.
1967 3. Nahostkrieg (Sechs-Tage-Krieg); Israel siegt über Ägypten, Syrien und Jordanien; Besetzung arabischer Gebiete durch israelische Truppen. Beginn der israelischen Siedlungspolitik.
1968 Die PLO spricht Israel das Existenzrecht ab und fordert die Wiedergewinnung Palästinas durch bewaffneten Kampf.

M4 **Die Altstadt von Jerusalem mit dem Felsendom und der Klagemauer**, Foto, 2000

Grundwissen

Nahostkonflikt
Als Nahostkonflikt werden allgemein die politischen und militärischen Auseinandersetzungen zwischen dem Staat Israel und seinen arabischen Nachbarstaaten sowie der Palästinensischen Befreiungsorganisation (PLO) bezeichnet. Im Kern geht es um die staatliche Organisation im früheren britischen Mandatsgebiet Palästina und in der Folge um das Existenzrecht des Staates Israel und einen künftigen staatlichen Zusammenschluss der palästinensisch-arabischen Bevölkerung.

1. Beschreibe anhand des Darstellungstextes und des Faktenkastens die Entwicklung im Nahen Osten bis 1967.
2. Erarbeite das Selbstverständnis und die Ziele der PLO und setze dich mit den Thesen von M1 auseinander.
3. Prüfe, ob die Überschrift zu M3 zutrifft und welche Folgen des Krieges von 1967 damit nicht erfasst werden.
4. M2 erlangte in den Medien und der Öffentlichkeit Israels eine geradezu symbolhafte Bedeutung. Nenne mögliche Gründe. Nimm M4 zu Hilfe.
5. Partnerarbeit: Erarbeitet anhand der Seiten 166 bis 173 Gründe für die Entstehung und den Verlauf des Nahostkonflikts bis 1967. Notiert offene Fragen.

Die UNO – Macht oder Ohnmacht?

Anspruch und Wirklichkeit

1945 gründeten in San Francisco Delegationen von 51 Staaten die „United Nations Organization" (UNO). Als Vorbild diente ihnen der nach dem Ersten Weltkrieg in Genf gegründete Völkerbund. Die UNO sollte eine stärkere Stellung erhalten als der Völkerbund – unter anderem dadurch, dass ein Sicherheitsrat geschaffen wurde, in den neben Frankreich, Großbritannien und China beide Supermächte, USA und Sowjetunion (heute: Russland), als ständige Mitglieder berufen wurden. Allerdings hatten schon die Vorgespräche der fünf Mitglieder unterschiedliche, ja gegensätzliche Auffassungen über eine künftige Weltfriedensordnung erkennen lassen. Deshalb wurde bestimmt, dass alle Entscheidungen des Sicherheitsrats einstimmig getroffen werden müssen. In den Jahrzehnten des Kalten Krieges war der Sicherheitsrat kaum handlungsfähig: Über 270-mal legte einer der fünf Staaten sein Veto ein; 82-mal nahmen die USA, 124-mal nahm die Sowjetunion dieses Recht in Anspruch.

Seit Ende der 1980er Jahre stieg die Zahl der Einsätze von UN-Friedenstruppen, der so genannten Blauhelme, deutlich an. Die Gremien der UNO müssen sich heute vor allem mit regionalen Konflikten, Bürgerkriegen und Menschenrechtsverletzungen (z. B. Kriegsverbrechen) befassen.

Ob der UNO eine ähnliche Entwicklung wie dem gescheiterten Völkerbund droht, ist gegenwärtig so umstritten wie schon in der Zeit des Kalten Krieges. Die Hoffnungen und Erwartungen sind jedoch groß, dass sie in der Weltpolitik künftig eine bedeutendere Rolle einnehmen wird als in der Vergangenheit.

M2 Die Charta der UNO

Am 26. Juni 1945 unterzeichneten 51 Staaten die Gründungscharta der Vereinten Nationen:

Artikel 1 Die Vereinten Nationen setzen sich folgende Ziele:

1. Den Weltfrieden und die internationale Sicherheit zu wahren …
2. freundschaftliche, auf der Achtung vor dem Grundsatz der Gleichberechtigung und Selbstbestimmung der Völker beruhende Beziehungen zwischen den Nationen zu entwickeln …
3. eine internationale Zusammenarbeit herbeizuführen, um internationale Probleme … zu lösen und die Achtung vor den Menschenrechten und Grundfreiheiten für alle ohne Unterschied der Rasse, des Geschlechts, der Sprache oder der Religion zu fördern und zu festigen …

Artikel 2 Die Organisation und ihre Mitglieder handeln … nach folgenden Grundsätzen:

1. Die Organisation beruht auf dem Grundsatz der … Gleichheit aller ihrer Mitglieder …
3. Alle Mitglieder legen ihre internationalen Streitigkeiten durch friedliche Mittel so bei, dass der Weltfriede, die internationale Sicherheit und die Gerechtigkeit nicht gefährdet werden.
4. Alle Mitglieder unterlassen … jede gegen die territoriale Unversehrtheit oder die politische Unabhängigkeit eines Staates gerichtete … Androhung oder Anwendung von Gewalt.
5. Alle Mitglieder leisten den Vereinten Nationen jeglichen Beistand bei jeder Maßnahme, welche die Organisation im Einklang mit dieser Charta ergreift.

Zit. nach Günther Unser, Die UNO, 4. Aufl., München (Beck/dtv) 1988, S. 232.

M1 **Die Mitglieder der UNO 1945–1962.** Neutrale: Finnland, Schweden, Österreich seit Aufnahme in die UNO; ferner mitgezählt Jugoslawien seit 1949, Kuba seit 1959

	1945	*1950*	*1956*	*1959*	*1960*	*1961*	*1962*
Afrikanische Staaten	3	3	7	9	25	28	32
Asiatische Staaten	9	16	22	23	23	24	24
Amerikanische Staaten	23	23	23	23	23	23	25
Europäische Staaten	14	16	26	26	27	27	27
Ozeanische Staaten	2	2	2	2	2	2	2
Mitglieder	*51*	*60*	*80*	*83*	*100*	*104*	*110*
davon: Sowjetblock	6	5	9	9	9	10	10
Neutrale	0	2	4	5	5	5	5

Nichtmitglieder (1962): Schweiz, Andorra, Liechtenstein, Monaco, San Marino, Vatikan, Bundesrepublik Deutschland, (Nord-)Koreanische VR, (Süd-)Korea, Demokratische Republik Vietnam, (Süd-)Vietnam, VR China, DDR

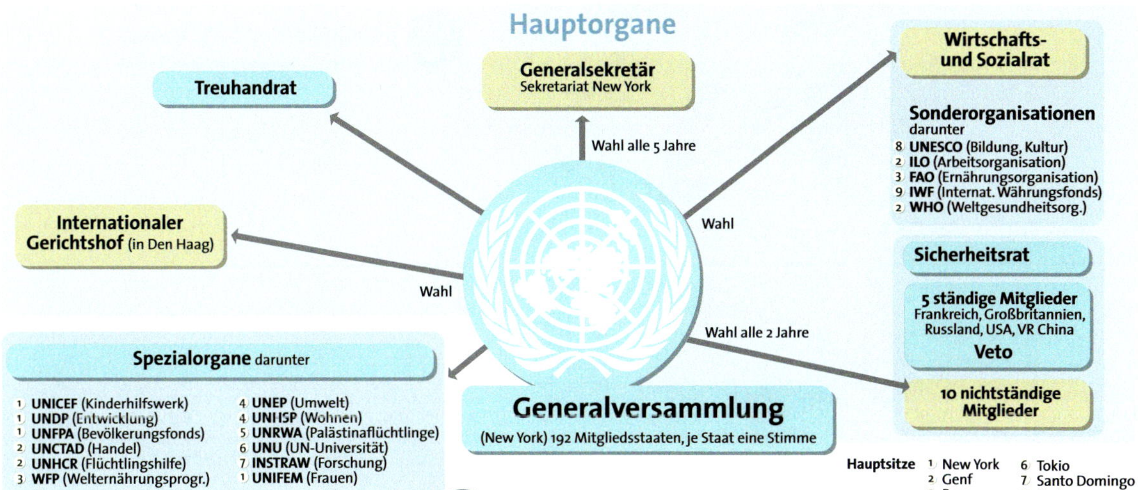

M3 Organisation der UNO (Stand: 2007)

M4 Mehrheitsbeschlüsse – ein Problem?

In der englischen Zeitschrift „The Times" hieß es über die Einrichtung von Mehrheitsbeschlüssen in der UNO, 9.12.1949:

Der in der Tat revolutionäre Gedanke in den Satzungen der Vereinten Nationen ist die Anwendung des Mehrheitsbeschlusses bei der Entscheidung grundsätzlicher Fragen ... Der Missbrauch des Vetorechts durch die Sowjetunion im Sicherheitsrat hat der Vollversammlung eine weit schwerere Last aufgebürdet, als dies jemals beabsichtigt war, obwohl viele der kleineren Nationen sehr dafür waren, sie diese versuchsweise tragen zu lassen ... Die Gefahren einer solchen Entwicklung blieben aber den Westmächten auch aus dem Grunde verborgen, weil die Mehrheit der Vollversammlung in den meisten Fragen immer auf ihrer Seite gegen die Sowjetunion und ihre Vasallen stand. Heute wird jedoch deutlich, dass es nicht nur eine Art der Mehrheit gibt. Es steht z. B. eine Mehrheit der kleineren Nationen den Großmächten, eine Mehrheit derjenigen Länder, die über keine Kolonien verfügen, den Kolonialmächten und ... eine recht beachtenswerte Mehrheit nichteuropäischer Länder den alten Nationen Europas gegenüber ... Man kann wohl sagen, dass dies schließlich nur ein demokratisches Verfahren und dass es die Pflicht der Minderheit ist, sich dem Willen der Mehrheit zu fügen. Die Vollversammlung der Vereinten Nationen indessen ist kein Parlament, sondern eine Konferenz souveräner Staaten, die außerhalb ihres eigenen Hoheitsgebiets keine Verantwortlichkeit oder Befugnis besitzen. Nicht nur wissen die südamerikanischen Staaten wenig über Palästina, Libyen oder Nigeria, sondern sie interessieren sich auch wenig für das, was dort geschieht.

Zit. nach Heinrich Bodensieck, Der Kalte Krieg, Stuttgart (Klett) 1981, S. 25.

Friedensmissionen der UNO 1947–1967

1947–51 Griechenland: Spezialkommission zur Verhinderung ausländischer Einmischung in den Bürgerkrieg
1950–53 Korea: Alliierte Streitmacht der UNO (38 500 Soldaten unter Oberkommando der USA)
1956–67 Ägypten: Überwachung des Waffenstillstands nach dem Suez-Krieg 1956 (6 000 Soldaten)
1958 Libanon: Beobachtung des US-Truppenabzugs
1960–64 Kongo: Militär-Intervention im Kongo-Konflikt (20 000 Soldaten)
1962–63 Westliches Neuguinea: UN-Verwaltung überwacht den Übergang in die Unabhängigkeit
1963–64 Nordjemen: Beobachtermission (Grenzzwischenfälle Nordjemen und Saudi-Arabien)
1967 Naher Osten: Waffenstillstandsüberwachung

M5 **Jubiläums-Konzert**, Karikatur von Fritz Behrendt, 1995

M6 Die UNO und der Kalte Krieg

Der Politikwissenschaftler Klaus Dieter Wolf schrieb 2005:

Die erste fundamentale Krise der gerade erst gegründeten Organisation resultierte daraus, dass der Beginn des Kalten Krieges der Gründungsidee der Vereinten Nationen schon bald den Boden entzog. Für die in Kapitel VII der Charta vorgesehenen „Maßnahmen bei Bedrohung oder Bruch des Friedens und bei Angriffshandlungen" fehlte mit der veränderten Interessenlage der Siegermächte des Zweiten Weltkrieges der erforderliche Konsens zwischen den ständigen Mitgliedern des Sicherheitsrats. Während der bis zum Ende der achtziger Jahre andauernden Blockkonfrontation … verhinderte das Instrument des Vetorechts jegliche Beschlüsse, die das weltpolitische Interesse der beiden Lager in seinem Kern berührten. Zwar wurde 1950 vom Sicherheitsrat die Entsendung von Streitkräften nach Korea beschlossen. Die war jedoch nur möglich, weil die Sowjetunion vorübergehend nicht mehr an den Sitzungen teilgenommen hatte … Die Großmächte blockierten sich nicht nur gegenseitig im Sicherheitsrat, sondern betrieben fortan ihre Sicherheitspolitik primär außerhalb der UNO. Nur drei Jahre nach deren Gründung riefen die Westmächte mit der NATO eine Allianz ins Leben, mit der sie wieder in die überwunden geglaubte Logik des Machtgleichgewichts zwischen gegeneinander gerichteten Militärbündnissen zurückfielen. Der Ostblock zog mit dem Warschauer Pakt unmittelbar nach.

Klaus Dieter Wolf, Die UNO, München (Beck) 2005, S. 32 f.

M7 Zum Jubiläum: Kein Grund zum Jubeln?

1995 konnten die Vereinten Nationen auf 50 Jahre Bestehen zurückblicken. Der Journalist Axel Veiel zog am 24. Juni 1995 in der „Stuttgarter Zeitung" Bilanz:

Wenn die Geladenen am Montag in San Francisco auf die Weltorganisation anstoßen …, wird man darüber hinwegsehen, dass die 185 Mitgliedsstaaten der UN … die Organisation am Rande der Zahlungsunfähigkeit dahinvegetieren lassen …
Die Vereinten Nationen sind reformbedürftig. In einer gründlich veränderten Welt müssen sie noch immer mit dem Handwerkszeug auskommen, mit dem ihre Väter sie einst ausstatteten … [In der Charta] ist etwa verankert, dass die Siegermächte des Zweiten Weltkriegs im UN-Sicherheitsrat das Privileg ständiger Mitgliedschaft und eines Vetorechts genießen, was 50 Jahre später in einem veränderten Kräftefeld nicht recht einleuchten will. Und auch die in der Praxis freilich zunehmend missachtete Selbstbeschränkung, wonach sich die Vereinten Nationen nicht in innerstaatliche Konflikte einmischen dürfen, passt schlecht in eine Zeit, da Kriege fast ausschließlich Bürgerkriege sind. Während man solchen Regelungen anmerkt, dass sie aus einer anderen Epoche stammen, trifft dies für das vornehmste Ziel der Völkergemeinschaft nicht zu: Die … Verpflichtung, gemeinsam Maßnahmen zur Wahrung des Weltfriedens und der internationalen Sicherheit zu treffen, hat nichts von ihrer Aktualität eingebüßt.

Stuttgarter Zeitung vom 24. 6. 1995.

SPUN: Schüler-Planspiel United Nations

Das Planspiel SPUN ist 1997 von der Friedrich-Ebert-Stiftung und der Universität Siegen als landesweites Projekt gestartet worden. Dabei können Schülerinnen und Schüler einmal im Jahr eine Sitzungswoche der Vereinten Nationen nachvollziehen. Sie übernehmen dazu die „Patenschaft" für Mitgliedsländer der UN oder für NGOs (Non-Governmental Organizations), die zwar nicht abstimmen dürfen, aber in den Ausschüssen Mitspracherecht haben. Die Jugendlichen vertreten in Delegationen von bis zu fünf Personen „ihre" Länder in den Ausschüssen (z. B. der Abrüstungskommission, der Menschenrechtskommission, im Sicherheitsrat) und in der Generalversammlung. Das Regelwerk der Sitzungen wie auch das Entscheidungsverfahren insgesamt entsprechen denen der UNO. Im Unterschied zur UN-Versammlung ist bei SPUN Deutsch die Konferenzsprache. Wer am Planspiel teilnimmt, lernt nicht nur Fakten und Daten über die UNO kennen, sondern sammelt vielfältige Erfahrungen: im Umgang mit Multimedia, bei der Recherche, Aufarbeitung und Präsentation von Informationen, bei „Redegefechten" (Argumentation, Rhetorik) oder auch in der Pressearbeit. An dem Planspiel können Schülerinnen und Schüler (mindestens 16 Jahre alt) aus Gymnasien in Deutschland und deutschen Schulen im Ausland teilnehmen. Die Anmeldung erfolgt über die SPUN-Homepage: http://www.spun.de

M8 Frieden schaffen – aber wie?

Als der Generalsekretär der UNO, Kofi A. Annan, am 10. Dezember 2001 in Oslo den Friedensnobelpreis entgegennahm, sagte er:

In diesem neuen Jahrhundert müssen wir von der Erkenntnis ausgehen, dass der Friede nicht nur Staaten und Völkern, sondern jedem einzelnen Mitglied dieser Gemeinschaften gehört. Die Souveränität der Staaten darf nicht länger als Schutzschild für schwere Menschenrechtsverletzungen missbraucht werden. Der Friede muss in der täglichen Existenz jedes Menschen in Not real und greifbar werden. Um den Frieden muss man sich vor allem deshalb bemühen, weil er für jedes Mitglied der Menschheitsfamilie die Voraussetzung für ein Leben in Würde und Sicherheit ist …

Aus dieser Vision der Rolle der Vereinten Nationen im nächsten Jahrhundert ergeben sich drei entscheidende Prioritäten für die Zukunft: die Beseitigung der Armut, die Verhinderung von Konflikten und die Förderung der Demokratie. Nur in einer Welt frei von Armut können alle Männer und Frauen das Beste aus ihren Fähigkeiten herausholen. Nur wo die Rechte des Einzelnen geachtet werden, können Meinungsverschiedenheiten politisch behandelt und friedlich beigelegt werden. Nur in einem demokratischen Umfeld, das auf der Achtung der Vielfalt und auf Dialog beruht, können individuelle Selbstverwirklichung und Selbstregierung gesichert und die Vereinigungsfreiheit garantiert werden.

Zit. nach UNIC-Bonn – Pressemitteilungen Nr. 439.

Grundwissen

UNO

Die UNO wurde 1945 als Nachfolgeorganisation des Völkerbundes gegründet. Ihr Hauptsitz ist New York. Der UNO gehören 192 Mitglieder an (Stand: 2007). Wichtigste Ziele der UNO sind die Erhaltung des Weltfriedens und der internationalen Sicherheit, die friedliche Schlichtung von Streitigkeiten, die freundschaftliche Zusammenarbeit ihrer Mitglieder und der Schutz der Menschenrechte und Grundfreiheiten. Die Mitgliedsstaaten bekennen sich zur Gleichheit aller Staaten, zu Gewaltverzicht, Vertragstreue und zum Selbstbestimmungsrecht der Völker.

1. Erarbeite die Ziele und Grundsätze der UNO (M2).
2. Erläutere anhand von M1 die Entwicklung der UNO bis 1962.
3. Beschreibe mithilfe von M3 die Organisation der UNO und erschließe ihre wichtigsten Aufgaben.
4. Erarbeite anhand des Faktenkastens, wo UN-Friedensmissionen stattfanden. Stelle einen Bezug zur Politik der Großmächte im Kalten Krieg her (M6).
5. Beantworte die Überschrift in M4.
6. Erarbeite aus M7 die Position des Autors zur UNO. Nimm dazu Stellung.
7. Entschlüssle M5 (Methode siehe Anhang).
8. Vergleiche die Ziele der UNO nach M8 mit denen der UN-Charta von 1945 (M2).

Informationen aus dem Internet bewerten

Die UNO – reformfähig?

Zum Thema UNO wird im Kapitel 4 die Forderung nach einer Reform der Vereinten Nationen erhoben (S.177, M8), wenn sie in der künftigen Weltordnung noch eine bedeutende Rolle spielen soll. Die Suche nach gedruckter Fachliteratur zu aktuellen Fragen erweist sich zumeist als schwierig und langwierig.
Eine Internetrecherche bietet die Möglichkeit, ohne auf den Druck aktueller Untersuchungen warten zu müssen, den gegenwärtigen Stand der Diskussion, wie z. B. um die Reform der UNO, zu ermitteln. Voraussetzung dafür ist jedoch, geeignete Internetadressen und geeignete Informationen zu erhalten. Die Arbeitsschritte auf dieser Methodenseite sollen dir helfen, zu einer präzisen Fragestellung Informationen auszuwählen und zu bewerten. Schwerpunkt ist hier die Nutzung der Informationen, nicht die Beschaffung.

Fragen zur Bewertung von Internet-Informationen

Fragen zum Urheber (Autor)

1. Ist der Urheber (Autor) der Information (des Materials) angegeben?
2. Steht eine bestimmte Institution (z. B. eine Universität) dahinter?
3. Lässt sich das Verhältnis des Autors zum Sachverhalt erkennen (z. B. eine wissenschaftliche Arbeit)?
4. Wird eine bestimmte Position vertreten?

Fragen zum Material

5. Ist ein Datum der Erstellung (Aktualisierung) angegeben?
6. Entspricht das Material fachlichen (wissenschaftlichen) Ansprüchen?
7. Ist die Information schlüssig oder widersprüchlich?
8. Enthält das Material Quellen als Belege für die Aussagen?
9. Gibt es weiterführende Hinweise (Quellen, Literatur, Links)?

Fragen zum User

10. Werden Empfänger oder Zielgruppen genannt?
11. Ist die wiederholte Erreichbarkeit des Servers, bei dem das Material liegt, mit einiger Sicherheit gewährleistet?
12. Steht die Ladezeit in einem gerechtfertigten Verhältnis zum Informationsumfang?

Arbeitsschritte Informationen aus dem Internet bewerten

1. Schritt: Suchziel festlegen und Adressen bereitstellen

Formuliere das Suchziel nicht zu breit, wenn du über Suchmaschinen gehst (z. B. www.google.de) bzw. Metasuchmaschinen (z. B. www.metager.de). Bei konkreten Internetadressen (z. B. www.uno.de) ist es wichtig, nach weiterführenden Links zur gestellten Aufgabe zu suchen.

2. Schritt: Suche durchführen und Material auswählen

Grenze die Suchbegriffe ein, verwende Begriffe ausgeschrieben oder auch in ihrer Abkürzung. Notiere die „abgehakten" Adressen, um eine unnötige Mehrfachsuche zu vermeiden (Musterformular M2 benutzen). Kläre, wie du die Informationen sichern willst (z. B. sofort ausdrucken, speichern, über E-Mail schicken lassen, handschriftliche Notizen anfertigen). Entscheide möglichst in einem ersten Schritt (online) mithilfe des Kastens, welche Informationen du nicht festhalten willst, wenn z. B. Urheber (Autor) fehlen und es sich offensichtlich um anonyme oder nur scheinbar seriöse Informationen handelt. Achte auf polemische, propagandistische Begriffe, die eine sachliche Information erschweren.

3. Schritt: Material bewerten und auswerten

Sichte und bewerte das Material anhand der Fragen im Kasten.
Nicht alle Fragen werden sich beantworten lassen. Besonders wichtig sind aber Angaben zu den Fragen 1, 2, 5, 8 und 12.

4. Schritt: Ergebnisse formulieren und präsentieren

Die Ergebnisse der Recherche sollten in einem zusammenfassenden Text und – wenn möglich und sinnvoll – mit graphischen Elementen präsentiert werden.

M1 UNO-Reform – aber wie?

Jörg Fisch, Professor für Geschichte an der Universität Zürich (Schweiz), schrieb am 20. Juli 2005 im schweizerischen „Tages-Anzeiger“:

Statt auf ihr undemokratisches Veto zu verzichten, weigern sich die Vetomächte, über ihr Privileg auch nur zu reden. Das fällt nicht zuletzt deswegen leicht, weil die Reformvorschläge der andern Seite kaum weniger undemokratisch sind. Sie laufen in erster Linie auf eine Erhöhung der Zahl der ständigen Mitglieder hinaus. Begründet wird diese Forderung mit der Bedeutung einiger Staaten, mit ihrem wirtschaftlichen Gewicht, mit dem Umfang ihrer Zahlungen an die Weltorganisation, mit ihrem Engagement in deren Operationen, allgemein mit ihrer Macht … Wie sähe eine demokratische Regelung aus? Zuerst müssten die Stimmen der Staaten gemäss ihrer Bevölkerungszahl gewichtet und danach ein arbeitsfähiger Sicherheitsrat aus einer begrenzten Zahl von Mitgliedern gewählt werden. Der Einwand, ein solcher Vorschlag sei unrealistisch, weil er die Machtverhältnisse ignoriere, trifft zweifellos zu. Nur sollte man dann auch offen zugeben, dass das Ziel nichts mit einer demokratischen Weltordnung zu tun hat … Solange die demokratischen Staaten eine krass undemokratische Weltordnung aufrechterhalten, sollten sie sich mit Demokratiepredigten zurückhalten.

www.tagesanzeiger.ch/dyn/news/print/ausland/52067.html

M2 Ausschnitte aus Listen mit Internetlinks bei Metacrawler unter dem Suchwort UNO-Reform

M3 Vorschlag für ein Musterformular zur Internetrecherche

Thema	*Suchbegriff*	*Recherche (bei Adresse)*	*Ergebnis*	*Ausdruck/ Gespeichert unter*

Internet-Tipp

www.metager.de
www.metacrawler.de
www.google.de
www.altavista.de
www.lycos.de
www.uno.de
www.unric.org
www.un.org

Vorschlag für eine Gruppenarbeit

Führt anhand der Arbeitsschritte in sechs Gruppen eine Internetrecherche zur Geschichte
a) des Völkerbundes und
b) der UNO durch.
Stellt eure Ergebnisse in der Klasse vor.

Themenvorschläge:
1. Gründung und Struktur
2. Ziele
3. Wirkungen

1 Prüfe anhand von M1 und M2, welche ersten Informationen die Internetlinks für eine Recherche zur Reform der UNO liefern.

2 Führe mithilfe der Arbeitsschritte und der Internet-Tipps eine Internetrecherche zum Stand des Reformprozesses der UNO durch. Stelle deine Ergebnisse in der Klasse vor.

Der Kongo-Konflikt 1960–1965 und die UNO

Koloniale Belastungen

Auf der Berliner Kongokonferenz 1884/85 wurde der Kongo dem belgischen König Leopold II. als Privatbesitz zuerkannt. Bei der wirtschaftlichen Ausbeutung der afrikanischen Kolonie mit ihren besonders im Osten und Süden (Katanga) vorkommenden Bodenschätzen kam es zu schweren Übergriffen auf die kongolesische Bevölkerung („Kongogräuel"), die weltweit Empörung und Proteste auslösten und den König 1908 zum Verkauf der Kolonie an den belgischen Staat zwangen. Wiederholte Aufstände und Rebellionen wurden von der Kolonialarmee brutal niedergeschlagen. Die belgische Kolonialpolitik ging davon aus, dass die Weißen in den Kongo gingen, um die „unmündigen, kindlichen Wilden" aufzuklären und zu bilden. Eigenverantwortliches politisches Handeln wurde der einheimischen Bevölkerung vorenthalten. Auch Versuche, sich von der Zentralregierung in Leopoldville (heute Kinshasa) abzuspalten, wurden niedergeschlagen.

Zu früh in die Unabhängigkeit?

Im Zuge der Entkolonialisierungsbewegung nach dem Zweiten Weltkrieg erhofften sich auch die Kongolesen größere Freiheiten. Eine langsam entstehende selbstbewusste schwarze Mittelschicht unterstützte die Unabhängigkeitsbewegung. Nach Unruhen Anfang 1959 stimmte die belgische Regierung überstürzt einer Unabhängigkeit des Kongo zum 30. Juni 1960 zu.

Ein wesentlicher Grund der belgischen Regierung, den Kongo völlig unvorbereitet in die Unabhängigkeit zu entlassen, lag wohl darin, die tatsächliche Kontrolle über die Minen in Katanga und das von Belgiern beherrschte Offizierskorps und den öffentlichen Dienst zu behalten. Als aus den landesweiten Wahlen im Mai 1960 Patrice Lumumba (1925–1961) als Sieger hervorging, versuchte die belgische Regierung, ihn von der Macht fernzuhalten, weil sie in ihm einen Nationalisten und wohl auch Kommunisten sah. Im Juni 1960 gelang jedoch die Regierungsbildung unter der Führung Lumumbas. Presseberichte über Plünderungen und Morde führten zu Panik unter den Belgiern im Land, die fluchtartig das Land verließen. Der öffentliche Dienst brach zusammen, der Zentralregierung fehlten die Machtmittel, um das Land zu regieren.

Der UN-Einsatz – eine gescheiterte Mission?

Lumumba brach im Juli 1960 die Beziehungen zu Belgien ab und ersuchte die UNO um Hilfe, die bereits am 18. Juli erste UN-Truppen entsandte. Ein Hilfeersuchen Lumumbas auch an die Sowjetunion erwies sich als fatal, denn es verstärkte die Befürchtung im Westen, die UdSSR könne Zugang zu den Bodenschätzen im „Machtvakuum Kongo" erhalten. Auf Druck der belgischen Regierung wurde Lumumba abgesetzt, wenig später an seinen „Erzfeind" Tschombé, den Ministerpräsidenten der Provinz Katanga, ausgeliefert und am 17. Januar 1961 ermordet. Der vom UN-Sicherheitsrat im Februar 1961 als „Verbrechen" bezeichnete Vorgang ist bis heute nicht völlig aufgeklärt. Schuldige wurden bislang nicht bestraft. Die UNO übernahm zunächst die Verwaltung des Kongo. 1963 konnte sie schließlich die Abspaltungsversuche Katangas stoppen und beendete ihren Einsatz 1964. Eine anhaltende innenpolitische Stabilisierung des Landes gelang ihr nicht. In dieser instabilen Situation ergriff 1965 General Mobutu die Macht durch einen Militärputsch (Gründung der 2. Republik; ab 1971 in Zaire umbenannt).

M1 Kongo 1960

M2 **Schwedische UNO-Soldaten für den Kongo-Einsatz nach ihrer Landung in Elisabethville,** Foto, 1960. 1961 waren etwa 20000 Blauhelm-Soldaten im Einsatz.

M3 Patrice Lumumba zur Unabhängigkeit

Aus einer im offiziellen Programm der Unabhängigkeitsfeier vom 30. Juni 1960 nicht vorgesehenen Rede des kongolesischen Ministerpräsidenten Patrice Lumumba, in der er zunächst betont, dass die Unabhängigkeit zwar im Einverständnis mit Belgien proklamiert worden sei, aber nur durch einen alltäglichen, mit „Idealismus und heißem Herzen" geführten Kampf erreicht wurde:

Wir haben erleben müssen, dass man uns verhöhnte, beleidigte, schlug, tagaus, tagein, von morgens bis abends, nur weil wir Neger waren. Niemand von uns wird je vergessen, dass man einen Schwarzen selbstverständlich duzte – nicht etwa, weil man ihn als Freund betrachtete, sondern weil das ehrbare Sie den Weißen vorbehalten war. Wir haben erleben müssen, dass man unser Land beraubte, aufgrund irgendwelcher Texte, die sich Gesetze nannten, aber in Wahrheit nur das Recht des Stärkeren verbrieften. Wir haben erleben müssen, dass für Weiße und Schwarze nie das gleiche Recht galt … Wir haben erleben müssen, wie unsäglich Menschen zugesetzt wurde, die sich offen zu ihrer politischen Meinung oder ihrem Glauben bekannten … Auch die Erschießungen, denen so viele unserer Brüder zum Opfer fielen, wird niemand von uns je vergessen, die Kerker, in die man gnadenlos alle warf, deren einziges Verbrechen es war, sich nicht länger einer Justiz fügen zu wollen, die das Geschäft der Unterdrücker und Ausbeuter besorgte.

Ludo De Witte, Regierungsauftrag Mord. Der Tod Lumumbas und die Kongo-Krise, Leipzig (Forum Verlag) 2001, S. 30.

M4 Eine neue Rolle der UNO

In einer Darstellung über die Demokratische Republik Kongo von 2006 hieß es über den Einsatz von UN-Truppen im Kongo 1960–1964:

In der Nacht vom 13. auf den 14. Juli 1960 schlugen Sicherheitsrat und Generalsekretär der Vereinten Nationen (UN) ein neues Kapitel in der Geschichte der Weltorganisation auf. Auf dringliche Bitten des Premierministers der Demokratischen Republik Kongo um Unterstützung und auf Vorschlag des Generalsekretärs beschloss der Sicherheitsrat in einer Dringlichkeitssitzung die Resolution 143. Einerseits sollte Belgien sämtliche Truppen aus dem Land abziehen und andererseits der Generalsekretär der UN alle notwendigen Schritte unternehmen, um die kongolesische Regierung … dabei zu unterstützen, dass die nationalen Sicherheitskräfte ihre Aufgaben erfüllen könnten. Mit der Resolution 143 begann das System militärischer Friedenssicherung der Vereinten Nationen. Zwar hatte es seit Juni 1948 Einsätze von Soldaten unter ihrem Mandat gegeben, die der Friedenswahrung dienten. Doch die erste große, gleichzeitig militärische und zivile Operation … war die „Opération des Nations Unies au Congo" (ONUC). Weil sie bereits 1961 ein friedensschaffendes Mandat bekam, ragt sie unter allen friedensbewahrenden Maßnahmen der UN heraus und schlägt einen Bogen vom klassischen „Peacekeeping" zu den „Peace Support Operations" seit 1990 … Die überaus rasche Stationierung der ONUC konnte allerdings den Ausbruch der „Kongo-Wirren" nicht verhindern.

Thomas Breitwieder, Friedensbemühungen der UNO. In: Demokratische Republik Kongo, hg. v. Bernhard Chiari und Dieter H. Kollmer, Paderborn (Schöningh) 2006, S. 117 ff.

1. Beschreibe anhand von M1 das Kongogebiet um 1960. Achte auf die Verteilung der Bodenschätze.
2. Analysiere M3 und stelle einen Bezug zum Darstellungstext her. Nimm zum Redeausschnitt Stellung.
3. Begründe, inwiefern im Kongo von einer neuen Rolle der UNO gesprochen werden kann (M2, M4).
4. Nimm zu folgender These Stellung: Der UNO-Einsatz im Kongo war eine gescheiterte Mission.
5. In der Demokratischen Republik Kongo fanden 2006 die ersten freien Wahlen seit 1960 statt. Informiere dich über den Ausgang der Wahlen und den gegenwärtigen Zustand des Landes (Internet).

Europa und die Welt in der Zeit des Ost-West-Konflikts – ein Überblick

Blockbildung und Kalter Krieg

Über vier Jahrzehnte bestimmten der so genannte Kalte Krieg, das Wettrüsten der Supermächte und die Angst vor einem Atomkrieg die Weltpolitik. Während die USA die demokratischen Staaten (West-)Europas in ihren Einflussbereich zogen und diese Verbindung erst durch finanzielle und wirtschaftliche Hilfe, später durch politische und militärische Zusammenarbeit (NATO) förderten und sicherten, band die Sowjetunion die Staaten Osteuropas und die DDR ohne demokratische Legitimation in das sozialistische Bündnissystem ein (u. a. Warschauer Pakt).

Die Blockbildung begann mit der Vertiefung der Gegensätze zwischen den USA und der UdSSR in den ersten Jahren nach dem Zweiten Weltkrieg. Als Hauptursache des Kalten Krieges gilt in der Geschichtsforschung die Fehleinschätzung der Interessen und Motive der jeweils anderen Seite, verbunden mit einer Verfestigung der gegenseitig konstruierten Feindbilder.

Die Bewegung blockfreier Staaten ging von der Bandung-Konferenz (1955) aus und repräsentierte in den sechziger Jahren mehr als die Hälfte der Weltbevölkerung. Ihre Ziele (Konfliktlösung, Entspannung, Frieden und Entkolonialisierung) konnte sie wegen ihrer begrenzten Handlungsfähigkeit jedoch nicht erreichen.

Anfänge der europäischen Einigung

Bemühungen um eine Einigung (West-)Europas richteten sich in der Zeit nach dem Zweiten Weltkrieg vor allem darauf, einen neuen Krieg zu verhindern und den Nationalismus zu überwinden.

Der „Europa-Gedanke" konzentrierte sich im 20. Jahrhundert auf die Frage eines wirtschaftlichen und politischen Zusammenschlusses der Staaten. Erste politische Schritte waren nach 1945 die Gründung des Europarates (1949) und – entscheidender – die Vereinigung von sechs westeuropäischen Staaten zur Europäischen Gemeinschaft für Kohle und Stahl (EGKS) 1951, die 1957 mit den „Römischen Verträgen" zur „Europäischen Wirtschaftsgemeinschaft" (EWG) weiterentwickelt wurde. Als „Motor" dieses frühen Einigungsprozesses wird die deutsch-französische Aussöhnung gesehen, die sich im deutsch-französischen Freundschaftsvertrag (1963) manifestiert.

Entkolonialisierung

Ihre moralische und völkerrechtliche Legitimation fand die Entkolonialisierungsbewegung in der Forderung der Atlantik-Charta von 1941 nach dem Selbstbestimmungsrecht aller Völker. Die entscheidende Phase der Entkolonialisierung lag in der zweiten Hälfte des 20. Jahrhunderts. Indien nahm dabei seit den zwanziger Jahren eine Vorreiterrolle ein.

Die Wege zur Befreiung waren unterschiedlich, in der Mehrzahl jedoch geprägt von Unruhen, von Kämpfen rivalisierender Volks- und Bevölkerungsgruppen oder Parteien. Gemeinsam war im Grunde allen, dass der politischen Unabhängigkeit nicht die wirtschaftliche folgte: Es blieb die Bindung an die früheren Kolonialmächte, den Weltmarkt, ausländische Kredite, an Aufträge und Entwicklungshilfe. Als Lasten der Kolonialzeit blieben häufig Spannungen bis hin zu blutigen Kämpfen zwischen sozialen Schichten, ethnischen oder religiösen Gruppen.

Für die sich aus dem politischen, wirtschaftlichen und sozialen Gefälle zwischen den „Industrieländern" und den „Entwicklungsländern" ergebenden Spannungen und Konflikte wird die Bezeichnung „Nord-Süd-Konflikt" verwendet.

1945	1947	1948	1949	1955	1957
• Gründung der UNO	• Indien wird unabhängig	• Gründung des Staates Israel	• Gründung der NATO und des RWG	• Bandung-Konferenz • Gründung des Warschauer Pakts	• Gründung der EWG

Wir wiederholen Begriffe und Methoden

Anfänge des Nahostkonflikts

Der Beginn des Nahostkonflikts und der späteren kriegerischen Auseinandersetzungen zwischen Juden (Israelis) und Arabern wird markiert durch die jüdische Einwanderung nach Palästina seit der Wende zum 20. Jahrhundert. Weitere Faktoren vermischten sich zu einer bis heute unauflösbaren Gemengelage:

- die Gründung des Staates Israel (1948) nach dem Scheitern des Teilungsplans der UNO,
- die Flucht und Vertreibung großer Teile der arabischen Bevölkerung,
- die folgenden Nahost-Kriege mit den arabischen Nachbarn,
- die fehlende Bereitschaft der arabischen Seite zur Lösung der Flüchtlingsfrage,
- die Verteilung der Ressourcen des Landes (z. B. Wasser, fruchtbarer Boden),
- die Herrschaft über die Stadt Jerusalem und nicht zuletzt
- die politischen Interessen der Großmächte im Nahen Osten.

Die UNO

Auch die 1945 gegründeten Vereinten Nationen (UNO) konnten die im Kalten Krieg bestehenden Spannungen und Konflikte nicht lösen. Die Ziele der UNO, den Weltfrieden zu sichern und internationale Sicherheit sowie die Gleichberechtigung und Selbstbestimmung aller Völker zu erreichen, bilden auch gegenwärtig die Grundlage weltpolitischer Hoffnungen und Erwartungen.

Am Beispiel des Kongo-Einsatzes der UNO (1960–1964), der ersten zivilen und militärischen (friedensschaffenden) Mission, lässt sich erkennen, wie sehr ihr Erfolg bzw. Misserfolg von den vorgefundenen Konfliktbedingungen und den Interessen der Mitgliedsstaaten, vor allem der Großmächte, abhängt.

Grundwissen	
Blockbildung	S. 141
Kalter Krieg	S. 141
NATO	S. 145
Warschauer Pakt	S. 145
Deutsch-französischer Freundschaftsvertrag	S. 155
Einigung Europas	S. 155
Entkolonialisierung	S. 163
Nord-Süd-Konflikt	S. 165
Nahostkonflikt	S. 173
UNO	S. 177

Methoden	
Publizistische Texte hinterfragen	S. 156 f.
Informationen aus dem Internet bewerten	S. 178 f.

M1 **Palästina**, Karikatur von Fritz Behrendt, 1948

1 Analysiere M1. Nimm die Methode „Karikaturen entschlüsseln" im Anhang zu Hilfe.

2 Diskutiert – ausgehend von M1 – das Problem des Nahostkonflikts jeweils aus der Perspektive der Israelis, der Palästinenser, der arabischen Nachbarn und der UNO. Zieht das Kapitel 4 heran.

1963
• Deutsch-französischer Freundschaftsvertrag

1960–1965
• Kongo-Konflikt

Kapitel 1: Totalitäre Herrschaftssysteme nach dem Ersten Weltkrieg

M1 „… der Freiheit müde"?

Benito Mussolini schrieb 1923 über „Macht und Zustimmung":

Nehmt irgendeiner Regierung die Macht – und das heißt die physische, die bewaffnete Macht – und lasst ihr nur ihre unsterblichen Prinzipien, so wird diese Regierung der ersten organisierten Gruppe ausgeliefert sein, die entschlossen ist, sie niederzuschlagen.

Der Faschismus wirft diese gegen das Leben gerichteten Theorien auf den Schutthaufen … Die Wahrheit, die heute jedem ins Auge springt, der nicht die Binde des Dogmatismus[1] trägt, ist die, dass die Menschen der Freiheit müde sind. Sie haben eine Orgie[2] daraus gemacht. Die Freiheit ist heute nicht mehr die keusche und strenge Jungfrau, für welche Generationen der ersten Hälfte des vergangenen Jahrhunderts kämpften und starben. Für die unerschrockene, unruhige und herbe Jugend, die auf die Morgenröte der neuen Geschichtsstunde stößt, gibt es andere Worte, die eine viel größere Faszination ausüben, und das sind die Worte: Ordnung, Hierarchie, Disziplin.

Dieser arme italienische Liberalismus, der für eine größere Freiheit seufzt und kämpft, ist auf merkwürdige Weise verspätet. Er ist vollständig von jedem Verstehen und jeder Chance entfernt. Man spricht von Saatkörnern, für die einst der Frühling kommen wird. Witzige Einfälle! Manche Saatkörner sterben unter der winterlichen Decke. Der Faschismus, der keine Furcht hatte, sich reaktionär zu nennen, als viele der heutigen Liberalen noch dem triumphierenden Untier (= Sozialismus) gewogen waren, schreckt heute in keiner Weise davor zurück, sich illiberal und antiliberal zu nennen … Man möge also ein für allemal zur Kenntnis nehmen, dass der Faschismus keine Idole kennt und keine Fetische anbetet: Er ist über den mehr oder weniger verwesten Leichnam der Göttin Freiheit hinweggestiegen, und er wird, falls es sich als notwendig erweist, in aller Ruhe noch einmal darüber hinwegsteigen.

Zit. nach Ernst Nolte, Der Faschismus. Von Mussolini bis Hitler, München, 1968, S. 85 f.

1 Von festen Lehr- oder Glaubenssätzen abhängiges Denken
2 Ausschweifung, Übertreibung

M2 „Genosse Lenin reinigt die Erde von Unrat", Plakat von V. Deni, 1920

1 Entschlüssle M2 mithilfe der Methoden „Karikaturen entschlüsseln" und „Politische Plakate untersuchen" im Anhang.
2 Formuliere zusammenfassend, welcher Anspruch mit den Zielen des Sowjetkommunismus verbunden war und stelle dem die sowjetische Wirklichkeit gegenüber. Nimm die Seiten 14 bis 17 zu Hilfe.
3 Erkläre, warum das sowjetische Herrschaftssystem auf Manipulation und Fälschung von Bildern zurückgriff.
4 Stelle Merkmale des Faschismus (M1) zusammen und erkläre seinen Aufstieg in Europa nach dem Ersten Weltkrieg (S. 20–23).
5 Erarbeite Unterschiede und Gemeinsamkeiten zwischen Kommunismus und Faschismus.

Kapitel 2: Nationalsozialismus und Zweiter Weltkrieg

M1 **„Deutschland"**, Plakat, 1937. Zu sehen sind das Olympiastadion in Berlin, der Reichsadler auf dem Parteitagsgelände in Nürnberg und das Haus der Kunst in München.

M2 **Im Innern des Holocaust-Turms im Jüdischen Museum Berlin**, Foto, 2001

1 Erläutere, welche Bedeutung den „neuen Wahrzeichen" zukam und welche Rolle die genannten Städte für die NS-Bewegung spielten (M1).
2 Inwiefern spiegelt sich die nationalsozialistische Ideologie in den Bauwerken (M1) wider?
3 Beschreibe die Wirkung, die der Holocaust-Turm auf dich ausübt (M2).
4 Skizziere die Stationen der nationalsozialistischen Rassenpolitik und setze diese Politik in Beziehung zur NS-Außenpolitik (S. 68–77).
5 Geht in einer Diskussionsrunde der Frage nach, welche Formen der Auseinandersetzung mit der NS-Geschichte möglich und notwendig sind.

Kapitel 3: Deutschland in der Zeit des Kalten Krieges

M1 **„Zwei Volk, zwei Reich, zwei Führer“**, Karikatur aus dem „Simpl“, 1949

M3 **Plakat zur Bundestagswahl 1953**, veröffentlicht durch: Die Waage. Gemeinschaft zur Förderung des Sozialen Ausgleichs e. V., Köln

M2 **Propaganda in der DDR**, Foto, 1959

1 Erschließe die Aussageabsicht der Karikatur M1. Nimm die Seiten 116/117 und 120/121 zu Hilfe.

2 Erörtere, inwiefern die Gründung der beiden deutschen Staaten auf die alliierte Besatzungspolitik zurückzuführen ist (S. 104–109).

3 Erkläre die Bedeutung des Begriffs „Deutsche Frage“ (S. 122–125).

4 Bewerte, welche Bedeutung der Aufstand vom 17. Juni 1953 und der Mauerbau 1961 in der DDR für das deutsch-deutsche Verhältnis hatten.

5 Zeige – ausgehend von M2 und M3 – an den Begriffen „Markt“ und „Plan“ die Unterschiedlichkeit der Wirtschaftssysteme in beiden deutschen Staaten.

Kapitel 4: Europa und die Welt in der Zeit des Ost-West-Konflikts

M1 „Was soll in Bezug auf Russland geschehen?“

Aus einem Telegramm des britischen Premierministers Winston Churchill (1874–1965) an den amerikanischen Präsidenten Harry S. Truman (1884–1972) vom 12. Mai 1945:

1. Die Lage in Europa beunruhigt mich zutiefst. Ich erfahre, dass die Hälfte der in Europa stehenden amerikanischen Fliegerkräfte bereits die Verlegung nach dem Fernen Osten eingeleitet hat … Es liegt offen zutage, dass unsere bewaffnete Macht auf dem europäischen Kontinent binnen kurzem dahinschwinden wird …

2. Was aber soll dann in Bezug auf Russland geschehen? Ich habe mich stets um die Freundschaft der Russen bemüht; aber ihre falsche Auslegung der Jalta-Beschlüsse, ihre Haltung gegen Polen, ihr überwältigender Einfluss auf dem Balkan bis hinunter nach Griechenland, … die Verkoppelung ihrer Macht mit der Besetzung und Kontrolle so ungeheurer und weiter Gebiete, die von ihnen inspirierte kommunistische Taktik in so vielen Ländern und vor allem ihre Fähigkeit, lange Zeit große Armeen im Felde stehen zu lassen, beunruhigen mich ebenso sehr wie Sie …

3. Ein eiserner Vorhang ist vor ihrer Front niedergegangen. Was dahinter vorgeht, wissen wir nicht. Es ist kaum zu bezweifeln, dass der gesamte Raum östlich der Linie Lübeck-Triest-Korfu schon binnen kurzem völlig in ihrer Hand sein wird. Zu alldem kommen noch die weiten Gebiete, die die amerikanischen Armeen zwischen Eisenach und der Elbe erobert haben, die aber, wie ich annehmen muss, nach der Räumung durch Ihre Truppen in ein paar Wochen gleichfalls der russischen Machtsphäre einverleibt sein werden …

4. Die Aufmerksamkeit unserer Völker aber wird sich mit der Bestrafung Deutschlands, das ohnehin ruiniert und ohnmächtig darniederliegt, beschäftigen, sodass die Russen, falls es ihnen beliebt, innerhalb sehr kurzer Zeit bis an die Küsten der Nordsee und des Atlantik vormarschieren können.

5. … Um zusammenzufassen: Das Problem, mit Russland zu einer Regelung zu kommen, ehe unsere Kraft geschwunden ist, scheint mir jedes andere in den Schatten zu stellen.

Zit. nach Rudolf Renz u. a., USA und UdSSR, Hannover (Schroedel) 1996, S. 162 f.

M2 **Entwurf für ein Siegerdenkmal**, Schweizer Illustrierte, 11. April 1945. Die Karikatur zeigt Stalin auf der einen, Roosevelt und Churchill auf der anderen Seite.

M3 **Karikatur aus der sowjetischen Zeitschrift „Krokodil“**, 1952. Der Franzose zu dem Amerikaner: „Ich erhebe keine Einwände gegen unseren gemeinsamen Dienst in der NATO, wenn Sie mir garantieren, dass dieser Bursche Vegetarier geworden ist.“

1 Analysiere M1 mithilfe der Methode „Schriftliche Quellen analysieren“ (S. 78/79) und stelle einen Bezug zu M2 her.

2 Prüfe, welche Aussagen des Autors von M1 sich in den Nachkriegsjahren als eher zutreffend bzw. nicht zutreffend erwiesen haben. Nimm die Seiten 140 bis 147 zu Hilfe.

3 Entschlüssle M3 und stelle dar, wie sich das Verhältnis Deutschland-Frankreich in der Nachkriegszeit entwickelt hat.

4 Erläutere: Einigung Europas; Entkolonialisierung.

5 Beurteile und begründe: Der Nahostkonflikt ist ein historischer Konflikt.

1. Einführung: Der Mensch als Teil der Geschichte

Quelle

Geschichtliche (historische) Quellen sind Überlieferungen, aus denen wir Kenntnisse über das Vergangene gewinnen können. Mithilfe der so genannten „Quellenkritik" wird geprüft, ob eine Textquelle oder ein Gegenstand echt ist. Gibt es zum Beispiel von einer überlieferten Handschrift mehrere Exemplare, muss untersucht werden, ob sie sich unterscheiden und welche als die erste Fassung gelten kann und warum sie vielleicht geändert wurde. Es werden verschiedene Arten von Quellen unterschieden:
- Überreste, z. B. Gebäude, Schmuck, Werkzeuge
- schriftliche Quellen, z. B. Urkunden, Akten, Rechtssammlungen, Briefe, Großmutters Kochbuch
- mündliche Quellen, z. B. erzählte Lebenserinnerungen, Sagen, Volkslieder
- Bildquellen, z. B. Gemälde, Zeichnungen, Drucke, Fotos, Filme, Videos, CD-ROMs
- Traditionen, z. B. religiöse Feste, Volksfeste, Bräuche

2. Menschen in vorgeschichtlicher Zeit

Vor etwa 2 Millionen Jahren: Auftreten des Frühmenschen

Frühmenschen bzw. Urmenschen, wie Homo habilis und Homo erectus, traten vor etwa 2 Millionen Jahren auf. Sie stellten einfache Werkzeuge her. Der Homo erectus nutzte das Feuer.

Seit etwa 10 000 v. Chr.: Übergang zur Sesshaftigkeit

Der Ursprung der Sesshaftigkeit liegt im Vorderen Orient. Der Beginn des Ackerbaus war mit dem Übergang zur sesshaften Lebensweise verbunden. Mit der Sesshaftigkeit war auch die Entwicklung unterschiedlicher sozialer Gruppen und Besitzverhältnisse verbunden, d. h. die Menschen ließen sich an einem Ort nieder und bauten feste Häuser.

Altsteinzeit

Die Altsteinzeit (= Paläolithikum) ist die älteste und längste Epoche in der Geschichte der Menschen. Sie begann vor etwa 2 Millionen Jahren in Afrika und dauerte bis zum Ende der letzten Eiszeit um 10000 v. Chr.

Die Menschen der Altsteinzeit entwickelten eine wildbeuterische, nicht dauerhaft sesshafte Lebensweise, die durch Jagd und Sammeltätigkeit gekennzeichnet war. Sie stellten einfache Werkzeuge her – vorwiegend aus Stein (Feuerstein, Quarz, Quarzit). Der Faustkeil gilt als das am weitesten verbreitete Steinwerkzeug.

Archäologie

Die Archäologie (griech. Altertumskunde) ist eine Wissenschaft, die sich mit Überresten aus Ausgrabungen beschäftigt. Erst seit etwa 5000 Jahren gibt es schriftliche Quellen. Wenn wir über die Zeit davor etwas erfahren wollen, sind wir auf Erkenntnisse der Archäologen angewiesen. In der Archäologie werden die Forschungserkenntnisse auch mithilfe naturwissenschaftlicher Methoden und moderner Technik gewonnen.

Bronzezeit

Die neuen Werkstoffe aus Metall veränderten das Leben der Menschen gewaltig. Deshalb benennen wir geschichtliche Zeiträume nach dem bevorzugten Metall: zwischen 1800 und ca. 1000 v. Chr. Bronzezeit in Mitteleuropa.
Ab ca. 1000 v. Chr. wurden Werkzeuge, Geräte und Waffen aus Eisen üblich: Eisenzeit.

Jungsteinzeit

Die Epoche der Jungsteinzeit (= Neolithikum) begann nach dem Ende der letzten Kaltzeit im Vorderen Orient um 9000 v. Chr., in Mitteleuropa um 5500 v. Chr., und endete um 1800 v. Chr. Merkmale der Jungsteinzeit: verfeinerte Steinwerkzeuge und -geräte, befestigte Siedlungen, Haustierhaltung, Ackerbau mit vom Rind gezogenen Pflug, Tongefäße- und Keramikproduktion.

3. Ägypten – eine frühe Hochkultur

Ab 3000 v. Chr.: Hochkultur in Ägypten
Die ersten Hochkulturen entstanden ab etwa 3000 v. Chr. in Ägypten und den sumerischen Stadtstaaten in Mesopotamien. Merkmale einer Hochkultur sind: ein Staat mit zentraler Verwaltung und Regierung, Religion, Arbeitsteilung, Kenntnis einer Schrift, Zeitrechnung, Kunst, Architektur, Anfänge von Wissenschaft und Technik. Hochkulturen entwickelten sich häufig an großen Flüssen (Nil, Euphrat und Tigris, Indus, Hwangho).

Hieroglyphen/Papyrus
Als Schriftzeichen benutzten die Ägypter Hieroglyphen. Das sind kleine Bilder und Symbole, die mit Pinsel und Tinte auf Papyrusblätter gezeichnet oder in andere Materialien (z. B. Leder, Holz oder Stein) eingeritzt wurden. Erst vor etwa 200 Jahren gelang es, die Hieroglyphenschrift zu entschlüsseln.

Pharao
Die königlichen Herrscher Ägyptens wurden Pharaonen genannt. Ihre besondere Stellung an der Spitze des Staates wurde mit außergewöhnlichen Fähigkeiten begründet. Nach der Vorstellung der Ägypter galt ein Pharao als übermenschliches Wesen. Deshalb wurde er wie ein Gott verehrt (Gottkönig).

Polytheismus/Monotheismus – Judentum
Mit Polytheismus bezeichnet man Religionen, in denen mehrere Götter verehrt werden. Ihnen wurden unterschiedliche Aufgaben zugeschrieben. Die ägyptische Religion ist ein Beispiel für diese Glaubensauffassung. Dagegen wird in monotheistischen Religionen nur ein Gott anerkannt. Das Judentum ist die erste dieser monotheistischen Religionen. Das Christentum und der Islam haben diesen Grundsatz vom Judentum übernommen.

Pyramide
An erster Stelle der sieben Weltwunder werden allgemein die ägyptischen Pyramiden genannt. Es handelt sich dabei um Grabmäler für die Pharaonen. Die Cheopspyramide ist mit einer Höhe von heute 137 Metern die mächtigste Steinkonstruktion der Welt. Bisher ist nicht genau geklärt, mit welchen Techniken die Ägypter diese gewaltigen Bauwerke errichtet haben.

4. Die griechisch-hellenistische Welt

5. Jahrhundert v. Chr.: Blütezeit Athens

Die Ausformung der Demokratie machte Athen zu einem Staat, der auch für die modernen Staaten unserer Zeit als Vorbild dienen kann. Nicht umsonst stammen die Begriffe Politik (von Polis) und Demokratie aus dem Griechischen. Politik und Wirtschaft schufen beste Voraussetzungen für ein Staatswesen, das für viele Menschen beste Entfaltungsmöglichkeiten bot. In Kunst und Kultur, Staatslehre, Geschichtsschreibung und Philosophie wurden Werke hervorgebracht, die wir als „klassisch" bezeichnen.

Antike

Mit dem Ausdruck Antike bezeichnet man allgemein die politische Geschichte des klassischen Altertums. Damit werden aber nicht nur die besonderen Ereignisse der griechischen (und römischen) Geschichte angesprochen, sondern auch die hervorragenden kulturellen Leistungen dieser Völker, wie z. B. deren Literatur und Philosophie, die bis in unsere Gegenwart hereinwirken.

Aristokratie

Nach dem griechischen Wort aristoi (= die Besten) und kratein (= herrschen) die Bezeichnung dafür, dass die Herrschaft in einem Staat von einer adligen Oberschicht ausgeübt wird.

Demokratie

Nach den griechischen Wörtern demos (= Volk) und kratein (= herrschen) Bezeichnung für eine Staatsform, in der das Volk über die Politik eines Staates entscheidet. In vielen griechischen Stadtstaaten nahmen alle männlichen Bürger an den Beratungen und Beschlüssen der Polis teil. In den meisten modernen demokratischen Staaten dagegen wählen alle erwachsenen Männer und Frauen ein Parlament, das ihre Interessen vertritt.

Hellenismus

Der Begriff Hellenismus (griech. Hellas = Griechenland) bezeichnet eine Epoche der griechischen Geschichte. Sie begann mit der Regierung Alexanders des Großen und dauerte bis zur Eroberung der Diadochenreiche durch die Römer (1. Jh. v. Chr.). In einigen Bereichen beeinflusste die griechische Kultur das Leben in den Städten von Ägypten bis zur Grenze Indiens und vermischte sich mit der Lebensweise der einheimischen Bevölkerung. Diese Mischkultur wird als hellenistische Kultur bezeichnet. Weil die Griechen auf teilweise wesentlich ältere Kulturen trafen, die sehr eigenständig waren, setzten sie sich nicht völlig durch.

Ilias und Odyssee

Der Dichter Homer gilt als der älteste Dichter in Europa. Er lebte in der Zeit zwischen ca. 750 und 650 v. Chr. Als Geburtsort wird die Stadt Smyrna in Kleinasien vermutet. Seine bekanntesten Werke sind die beiden Epen „Ilias" und „Odyssee". Die darin beschriebenen Helden dienten besonders der griechischen Oberschicht als Vorbild.

Kolonisation

Mangel an fruchtbarem Boden und Übervölkerung in ihrer Heimat führten zur Ausbreitung der Griechen an den Küsten des Mittelmeeres und des Schwarzen Meeres. Dieser Vorgang begann bereits im 8. Jahrhundert v. Chr. und dauerte mehrere Jahrhunderte. Trotz der räumlichen Entfernung blieben die Kolonien durch Handelsbeziehungen und die gemeinsame Kultur mit ihrer Heimat verbunden.

Olympische Spiele

Sportliche Wettkämpfe von griechischen Männern aus allen Landesteilen, die seit 776 v. Chr. alle vier Jahre zu Ehren des Göttervaters Zeus stattfanden und für das Zusammengehörigkeitsgefühl eine große Bedeutung hatten. Im 5. Jahrhundert n. Chr. wurden die „heidnischen" Spiele abgeschafft; erst 1896 kam es zu den ersten Olympischen Spielen der Neuzeit.

Polis

Das griechische Wort Polis (Pl.: Poleis) heißt übersetzt „Stadtstaat". Im Gegensatz zu einem Flächenstaat (zum Beispiel dem alten Ägypten) bezeichnet die Polis einen Staat im Altertum, der auf eine Stadt und ihre nähere Umgebung begrenzt war. Ihre Einwohner verstanden sich als eine Gemeinschaft. Jede Polis war wirtschaftlich und politisch selbstständig. Eine übergeordnete Regierung gab es nicht.

Sklaventum

Nach griechischem Recht waren Sklaven eine „Sache", über die ihr Besitzer frei verfügen konnte. Sie wurden als Kriegsgefangene in das Land gebracht und konnten gekauft werden (Sklavenmarkt). Meist wurden sie in besonders belastenden Arbeitsbereichen eingesetzt. Ihre Kinder erwartete dasselbe Schicksal.

5. Das Imperium Romanum

753 v. Chr.: der Sage nach Gründung Roms

Nach der Überlieferung der alten römischen Geschichtsschreiber wird die Gründung Roms auf das Jahr 753 v. Chr. datiert. In diesem Jahr soll die Stadt der Sage nach durch Romulus, der als erster König Roms gilt, gegründet worden sein. Da die Stadtgründung nicht wissenschaftlich exakt nachweisbar ist, sondern auf einer Mischung von Wahrem und Erfundenem beruht, spricht die Geschichtsforschung von einem Gründungsmythos.

Übergang Roms von der Republik zur Monarchie im 1. Jh. v. Chr.: der Prinzipat

„Prinzipat" bedeutet Vorherrschaft und ist abgeleitet von lateinisch „princeps": der Erste im Staat. Der Prinzipat wurde als Herrschaftsform von Augustus eingeführt und war nach außen eine Republik, tatsächlich aber eine Monarchie. Augustus beendete den Machtkampf in Rom und setzte dem zerstrittenen Senat den „ersten Bürger" als politische Führung entgegen. Für Augustus und seine Nachfolger wird auch der Begriff „Kaiser" (abgeleitet von „Caesar") verwendet.

Um Christi Geburt: Zeitalter des Augustus

Augustus (63 v. Chr. – 14 n. Chr.) wird wegen der Sicherung des Friedens im Römischen Reich als Garant einer stabilen Staats- und Gesellschaftsordnung angesehen (Pax Augusta). Dennoch blieben die Spannungen zwischen Friedenserhalt und Weltherrschaft bestehen. Er förderte Kunst und Literatur und bemühte sich, altrömische Lebensart und Religiosität zu bewahren. Begünstigt durch die Selbstdarstellungen auf Münzen und das Statuen- und Reliefbauprogramm, erscheint Augustus als Begründer eines nach ihm benannten Zeitalters.

Diktator

In besonderen Krisenfällen (Krieg, Unruhen) konnte auf Vorschlag des Senats ein Diktator ernannt werden. Seine Amtszeit, die Diktatur, war auf sechs Monate beschränkt.
Die Herrschaft der Diktatoren in der späten Republik, wie Sulla und Caesar, ging jedoch weit über das ursprüngliche Amt hinaus, denn Amtsdauer und Machtfülle waren nicht mehr beschränkt. Unter Diktatur wird in unserer Zeit die Ausübung uneingeschränkter Macht durch eine oder mehrere Personen in einem Staat verstanden.

Kaiserzeit (Christi Geburt – 500 n. Chr.)

Die Kaiserzeit, beginnend mit Augustus, war in den ersten beiden nachchristlichen Jahrhunderten gekennzeichnet von dem Ziel der Herrscher, Eintracht im Inneren und Frieden nach außen zu sichern. Das Zusammenwachsen des Reiches wurde vor allem durch die Rechtssicherheit und die Ausweitung des römischen Bürgerrechts gefördert.

Konsul

Die Konsuln waren die obersten Beamten. Sie führten die Regierungsgeschäfte und hatten im Krieg den Oberbefehl. Konsul konnte nur werden, wer über lange politische Erfahrung verfügte.

Limes

(lat. Grenze). Während der römischen Kaiserzeit wurde die Grenze des Reiches durch Wehrbauten, wie Wälle, Gräben, Wachttürme und Kastelle, gesichert. Der obergermanisch-rätische Limes, der die Donau mit dem Main und dem Rhein verbindet, ist mit einer Länge von etwa 550 km das größte europäische Bodendenkmal.

Patrizier

Die Patrizier bildeten wie die Plebejer einen eigenen Stand, eine gesellschaftliche Gruppe, die durch rechtliche Bestimmungen klar von anderen Gruppen getrennt war. Die Patrizier gehörten dem Geburtsadel an und besaßen nach dem Sturz des Königs zunächst die alleinige Macht.

Republik

In der Geschichte Roms wurde die etruskische Königsherrschaft um 510 v. Chr. durch die Herrschaft des Adels abgelöst. Rom wurde zu einer Republik (lat. res publica = öffentliche Sache, im Gegensatz zur res privata = Sache des Einzelnen). Der Begriff „Republik" bezeichnet eine Staatsform, in der kein König herrscht. Die Macht wird vom Volk oder von einem Teil des Volkes, zum Beispiel von Adligen, ausgeübt.

Senat

Der Begriff ist von lat. „senex" = Greis abgeleitet und bedeutet „Rat der Alten". Er hatte in der römischen Republik praktisch die Leitung des Staates in der Hand, rechtlich aber kaum Befugnisse.

6. Von der Antike zum Mittelalter

Um 500 n. Chr.: Ende des Weströmischen Reiches

476 n. Chr. erlosch mit der Absetzung des letzten Kaisers Romulus Augustulus durch den germanischen Truppenführer Odoaker das Weströmische Reich. Für manche Historiker endet mit diesem Datum die Antike. Allerdings verdeckt diese Zeitgrenze, dass vieles aus dem römischen Weltreich weiterlebte. So blieb die lateinische Sprache; Grundsätze des römischen Rechts wurden später wieder aufgenommen. Auch waren die römischen Kaiser Vorbilder für spätere Herrscher. Und bis heute nennt sich eine christliche Konfession römisch-katholisch.

Christentum

Die auf Jesus Christus (= „der Gesalbte"), sein Leben und seine Lehre gegründete Religion.

Islam

(arab. islam = Hingabe an Gott, Ergebung in Gottes Willen). Ein Gläubiger wird Muslim genannt, das heißt übersetzt „Der sich Gott unterwirft". Der Islam bekennt sich wie Judentum und Christentum zu einem Gott. Grundlage des Islams ist der Koran („Verkündigung"), der in 114 Suren (= Abschnitte) geteilt ist und Erzählungen, Lobpreisungen und Gleichnisse enthält. Wer fromm leben will, hat die fünf Grundpflichten des Islams zu erfüllen:

1. das Glaubensbekenntnis: „Es ist kein Gott außer Allah, und Mohammed ist sein Prophet!",
2. die täglichen Pflichtgebete: am Morgen, Mittag, Nachmittag, bei Sonnenuntergang und in der Nacht mit Blick gen Mekka,
3. das gesetzliche Almosengeben für die Armen,
4. das Fasten im Monat Ramadan – von Sonnenaufgang bis Sonnenuntergang,
5. die Pilgerfahrt nach Mekka, die jeder Muslim einmal im Leben zur Kaaba unternehmen soll, sofern er sie sich finanziell leisten kann.

Mittelalter

Bezeichnung für den Zeitraum zwischen Antike und Neuzeit. Das Ende des Weströmischen Reichs 476 n. Chr. und die Gründung des Frankenreichs um 500 bedeutet für viele Historiker den Beginn des Mittelalters. Es endet um 1500 in einer Zeit religiöser Umwälzungen (1517 Reformation), wichtiger Erfindungen und der Entdeckung Amerikas (1492).

Reichsbildung der Franken

Als das Weströmische Reich in der Völkerwanderung zerfiel, entstanden auf seinem Gebiet mehrere Germanenreiche. Aber nur das Reich der Franken, die seit dem 3. Jahrhundert n. Chr. in Gallien eingedrungen waren, konnte sich dauerhaft behaupten. Zunächst waren die Franken Verbündete der Römer, doch König Chlodwig I. (482–511) aus der Familie der Merowinger gelang es, den letzten römischen Herrscher Galliens sowie die übrigen Frankenkönige auszuschalten und andere germanische Reiche zu besiegen. Durch den Übertritt zum Christentum gewann Chlodwig in der Kirche eine wichtige Herrschaftsstütze. Er schuf so die Grundlage für die Verschmelzung der germanischen und der christlich-römischen Kultur. Das fränkische Großreich wurde zur Keimzelle der heutigen Staaten Frankreich und Deutschland.

Staatsreligion

Religion, die im ganzen Staat als verbindlich gilt. Gläubige anderer Religionen werden benachteiligt oder verfolgt. 391 wurde das Christentum durch Kaiser Theodosius zur alleinigen Staatsreligion im Römischen Reich erhoben.

1. Wer herrschte im mittelalterlichen Europa?

800: Kaiserkrönung Karls des Großen

Am Weihnachtstag des Jahres 800 krönte Papst Leo III. in Rom Karl den Großen zum Kaiser. Die römischen Adligen bestätigten die Krönung. Karl verstand sich als Diener und Beschützer der römischen Kirche. Erst nach jahrelangen Verhandlungen akzeptierte der oströmische Kaiser Karl den Großen als gleichberechtigten Herrscher.

1077: Heinrich IV. in Canossa

Heinrich IV. (1053–1106) unternahm den „Gang nach Canossa", um die Lösung vom Kirchenbann des Papstes zu erreichen. Nach Vermittlung durch die Markgräfin Mathilde erreichte Heinrich sein Ziel. Ein Kompromiss wurde 1122 mit dem Wormser Konkordat gefunden. Der Grundkonflikt zwischen Kirche und weltlicher Macht war damit jedoch noch nicht gelöst.

Herzog

Bei den germanischen Stämmen war ein Herzog der erwählte Heerführer, später wurde daraus ein dauerhaftes Amt, z. B. der Anführer eines Stammes (Stammesherzogtum).

Investitur/Investiturstreit

Als Investitur (von lat. investire = bekleiden) wird die feierliche Einsetzung von hohen Geistlichen in ihr Amt im Mittelalter bezeichnet. Der König wies die Bischöfe, Äbte und Äbtissinnen mit den Investitursymbolen Ring und Stab in ihre Ämter und damit in ihre Machtbefugnisse ein. Die Könige begründeten ihre Mitwirkung damit, dass die Bischöfe mit der Verwaltung des königlichen Besitzes betraut waren. Mit der Kirchenreform im 11. Jahrhundert versuchte die Kirche, den Einfluss der Könige auf kirchenpolitische Angelegenheiten erheblich einzuschränken. Der Investiturstreit zwischen Papst und weltlichen Herrschern dauerte mehrere Jahrzehnte an. Seinen Höhepunkt hatte er in der Auseinandersetzung zwischen Kaiser Heinrich IV. und Papst Gregor VII.

Kaiser

Karls Krönung zum Kaiser (entstanden aus dem lateinischen Beinamen „Caesar" der römischen Kaiser) begründete das mittelalterliche Kaisertum, indem es an das antike römische Kaisertum anknüpfte und zugleich an den Krönungsort Rom und die Krönung durch den Papst gebunden war.

König

Adliger, der gegenüber den Herzögen über die höheren Herrschaftsrechte verfügte. Die Ursprünge des Königtums liegen im „Heerkönigtum" (Heerführer).

Kreuzzug

Im weiteren Sinne ist unter einem Kreuzzug ein von der Kirche im Mittelalter geförderter Kriegszug gegen „Heiden" (Ungläubige) und Ketzer (vom rechten Glauben Abgewichene) zu verstehen. Ziel war die Ausbreitung oder Wiederherstellung des katholischen Glaubens. Vom Ende des 11. (1095 Kreuzzugsaufruf Papst Urbans II.) bis zum Ende des 13. Jahrhunderts (1291 völlige Vertreibung der Kreuzritter aus Palästina) waren die Kreuzzüge kriegerische Unternehmungen, um das Heilige Land zurückzuerobern. In der Kreuzzugsidee verband sich der Gedanke der Pilgerfahrt und des Kampfes gegen die „Heiden" mit dem Ziel, das Heilige Grab in Jerusalem zu befreien. Militärische Gewalt und der „Opfertod" wurden dabei als Akt der Buße gerechtfertigt.

Lehnswesen: Lehnsherr und Vasall

Das Lehen war ein vom Herrn an den Lehnsmann (Vasall) lebenslang geliehenes Gut, für das der Vasall dem Herrn Dienste zu leisten hatte. Lehnsherr und Vasall begaben sich in ein gegenseitiges Pflicht- und Treueverhältnis: Der Herr nahm den Vasallen unter seinen Schutz, verlangte dafür aber im Frieden Rat und im Kriegsfall militärische Hilfe. Als Gegenleistung belohnte der Herr den Vasallen mit einem Lehen. Das Lehen konnte Land sein, aber auch ein Amt oder ein bestimmtes Recht. Grafen, Markgrafen, Herzöge, Bischöfe und Äbte waren Vasallen des Königs (Kronvasallen), die Ämter in der Reichsverwaltung ausübten.
Die Kronvasallen konnten Königsgüter, Ämter und Eigenbesitz an kleinere Vasallen weitergeben, die dann ihrem unmittelbaren Lehnsherrn, aber nicht mehr dem König zu Treue verpflichtet waren.

Reichskirche

Otto I. stärkte die Verbindung des Königtums mit der Kirche, indem er Bistümer und Abteien fast nur noch Geistlichen übertrug, die zuvor am Königshof tätig waren. Sie stützten, wie zum Beispiel sein Bruder Brun, die Macht des Königs. Als Gegenleistung erhielten sie Lehnsgebiete, die sie verwalteten. Die enge Verbindung von Königtum und Kirche wird heute als „Reichskirchensystem" bezeichnet.

Staufer

Schwäbisches Geschlecht, benannt nach der Stammburg Hohenstaufen. Die Staufer gelangten 1138 mit Konrad III. auf den deutschen Königsthron. Bis 1254 folgten u. a. Friedrich I. und Friedrich II. Ihre Macht im Reich war vor allem durch den reichen Grundbesitz im Elsass, in Schwaben und Franken begründet.

2. Lebensformen und Lebensräume im Mittelalter

Adel

(von ahd. edili = die Edelsten). Bezeichnung für die Schicht mächtiger Familien, die im Mittelalter durch ihre Abstammung und durch Grundbesitz besondere Rechte gegenüber der übrigen Bevölkerung beanspruchte. Die Adligen genossen ein hohes Ansehen in der Gesellschaft und übernahmen oft militärische Dienste und Verwaltungsaufgaben für den König. Sie zahlten keine Steuern. Zum Adel zählten z. B. die Grafen, die Herzöge und später die Ritter. Die Vorrechte des Adels wurden in Europa schrittweise mit der Entwicklung der Demokratie in England und mit der Französischen Revolution (1789) abgeschafft.

Bürger

Der Begriff Bürger bezog sich im Mittelalter auf eine städtische Bevölkerungsgruppe. Bürger hatten das Recht auf Grundbesitz und konnten ihren Wohnsitz frei wechseln. Alle Bürger unterstanden dem Stadtrecht. Dies galt für Männer und Frauen.
Nur die männlichen Vollbürger waren berechtigt, den Rat der Stadt zu wählen und Ämter zu besetzen. Juden waren meist vom Bürgerrecht ausgeschlossen, ebenso Gesellen, Mägde und Tagelöhner. Heute werden alle mit vollen politischen Rechten, z. B. dem Wahlrecht, ausgestatteten Einwohner eines Staates Bürger genannt – unabhängig davon, ob sie auf dem Land oder in einer Stadt leben.

Ghetto

Abgegrenztes Stadtviertel der Juden; oft erinnern noch heute Straßennamen wie „Judengasse" daran. Im Laufe des Mittelalters wurde der jüdische Wohnbereich in vielen Städten durch Mauern und Tore umgeben, die man abends verschloss. Juden und Christen lebten dadurch weitgehend isoliert voneinander.

Grundherrschaft

Der Grundherr, z. B. ein Adliger, ein Kloster oder ein Bischof, verfügte über das Obereigentum an Grund und Boden. Er überließ abhängigen Bauern, den Grundholden (= Hörigen), Land zur Bewirtschaftung. Für den Schutz, den der Grundherr gewährte, waren die Hörigen zu Abgaben und Frondiensten verpflichtet. Gänzlich unfreie Bauern, die Leibeigenen, arbeiteten auf dem Herrenland bzw. auf Fronhöfen, die den Mittelpunkt einer Grundherrschaft bildeten. Zwar änderten sich die Form der Abhängigkeit und die Art der Abgaben im Lauf des Mittelalters, doch die Grundherrschaft bestimmte die Wirtschaftsweise und das Leben der Bauern bis ins 19. Jahrhundert.

Patrizier

Patrizier waren Angehörige der städtischen Oberschicht im mittelalterlichen Europa. Zum Patriziat gehörten einflussreiche bürgerliche und adlige Familien, meistens Kaufleute und Großgrundbesitzer. Die Patrizier fühlten sich den Adelsfamilien auf dem Land ebenbürtig. Bis ins 14. Jahrhundert waren allein die Patrizier berechtigt, hohe städtische Ämter zu bekleiden und sich in den regierenden Rat der Stadt wählen zu lassen. Der Anteil der Patrizier betrug in den meisten Städten nicht mehr als 5 bis 10 Prozent der Gesamtbevölkerung.

Reichsstadt

Im alten Deutschen Reich (bis 1806) gab es Städte, die unmittelbar dem König bzw. Kaiser unterstanden. Diese Reichsstädte zahlten zwar Steuern und sollten die Politik des Herrschers unterstützen, die inneren Angelegenheiten konnte der Rat der Stadt jedoch selbst regeln. Reichsstädte entstanden häufig aus Siedlungen um eine Königspfalz oder -burg, z. B. Nürnberg. Einigen Städten, deren Stadtherr ursprünglich ein Bischof war, gelang es, die Reichsunmittelbarkeit zu erkämpfen, z. B. Augsburg und Regensburg. Da der König nur selten anwesend war, empfanden sich die Reichsstädte oft als frei.

Ritter

Die Ritter waren die beritten und gepanzert in den Kampf ziehenden Krieger des Mittelalters. Der Ritterstand bildete sich aus dem alten, Grund besitzenden Adel und den ursprünglich unfreien Dienstmannen, die für ihre Herren kämpften. Ab dem 12. Jahrhundert verband die Ritter, vom einfachen Ministerialen bis hinauf zum König, ein gemeinsames Ideal: Kriegsdienst und Treue gegenüber dem Herrn, Schutz der Kirche und der Armen sowie eine kultivierte, „ritterliche" Lebensart.

Stadtrecht

Durch die Verleihung des Stadtrechts an eine Siedlung schuf der Stadtgründer einen eigenen Rechtsbezirk. In der Gründungsurkunde wurden die in der Stadt geltenden Privilegien, z. B. das Recht, einen Markt abzuhalten, sowie Rechtsgrundsätze für das Zusammenleben der Bürger und die Pflichten gegenüber dem Stadtherrn festgelegt.

Ständewesen

Im Mittelalter und in der frühen Neuzeit bestimmte die Geburt, zu welchem gesellschaftlichen Stand ein Mensch gehörte. Während sich im frühen Mittelalter die Gesellschaft in Adlige sowie Freie und Unfreie teilte, setzte sich die Kirche seit dem 11. Jahrhundert mit ihrer „Dreiständelehre" (Klerus, Adel und Bauern) durch. Im Laufe des Mittelalters kamen die Bürger in den entstehenden Städten zum dritten Stand hinzu. Zu keinem Stand gehörten z. B. Arme, Tagelöhner und die Minderheit der Juden. Die Zugehörigkeit zu einem Stand galt als gottgewollt. Sie bestimmte den Zugang zu Berufen, Rechten und Bildungsmöglichkeiten, aber auch die Möglichkeiten politischer Macht. Nur in seltenen Ausnahmefällen konnte man in einen anderen Stand wechseln. Ein wichtiges Merkmal einer ständischen Gesellschaft ist die politische und soziale Ungleichheit zwischen den einzelnen Ständen.

Zunft

Im Mittelalter schlossen sich Menschen oft zu Hilfsgemeinschaften, so genannten Gilden, zusammen. Häufig taten dies Menschen, die in einer Stadt dasselbe Gewerbe ausübten. Ein Beispiel für eine Gilde ist die Zunft, der die Handwerksmeister eines Berufs beitreten mussten (= Zunftzwang). Die Zunft regelte die Arbeitsverhältnisse und sicherte die wirtschaftliche Existenz der einzelnen Handwerker durch die Verhinderung von Konkurrenz. Die Zunftmitgliedschaft prägte aber auch die alltägliche Lebensführung. Zünfte entstanden im 12. Jh. und wurden im 19. Jh. abgeschafft. Heute schließen sich Handwerker zur Förderung gemeinsamer gewerblicher Interessen in Innungen zusammen.

3. Die Herausbildung der frühneuzeitlichen Staatenwelt

1453: Eroberung Konstantinopels

Die Eroberung der Hauptstadt des Byzantinischen Reiches bedeutete das Ende des Oströmischen Reiches. Sie sicherte den Herrschern des Osmanischen Reiches die Kontrolle des Zugangs zum Schwarzen Meer und des Landweges nach Indien.

Goldene Bulle

Reichsgesetz zur Königswahl, das 1356 von Kaiser Karl IV. erlassen wurde und bis 1806 gültig war. Das königliche Goldsiegel („Bulle") gab der Urkunde ihren Namen.
In dem Gesetz wurde u. a. festgelegt:
1. die Zusammensetzung des Kurfürstenkollegs (drei geistliche und vier weltliche Fürsten),
2. das Wahlverfahren,
3. die Rechte der Kurfürsten,
4. die Durchführung der Reichstage.

Kurfürsten

Den Kurfürsten (Kur = Wahl) stand das Recht der Königswahl zu. Ab 1257, später bestätigt durch die Goldene Bulle von 1356, war es der feste Kreis der drei geistlichen und vier weltlichen Kurfürsten. Die Wahl war ein wesentlicher Bestandteil der politischen Anerkennung des neuen Herrschers.

Ostsiedlung

Deutsche Siedler folgten dem Ruf deutscher und polnischer Fürsten und gründeten seit dem 11. Jahrhundert Dörfer und Städte zwischen Elbe und Oder sowie auf polnischem Herrschaftsgebiet. Die gewaltsame Gründung eines deutschen Ordensstaates belastete die zumeist friedlichen Beziehungen zwischen Deutschen und Polen.

Territorialstaat

Der spätmittelalterlich-frühneuzeitliche Territorialstaat, ein möglichst geschlossenes Herrschaftsgebiet, löst den auf das Lehnswesen gegründeten „Personenverbandsstaat" ab. Herrschaft wird nun zur umfassenden obrigkeitlichen Gewalt, die andere Herrschaftsträger (Adel, Geistlichkeit, Städte) zurückdrängt.

4. Neue geistige und räumliche Horizonte

1492: Entdeckung Amerikas
Im Jahr 1492 unternahm der Genueser Christoph Kolumbus im Auftrag des spanischen Königs eine Expedition, um den Seeweg nach Indien zu suchen. Als Kolumbus am 12. Oktober 1492 an Land ging, betrat er nicht – wie er irrtümlich annahm – Indien, sondern einen bis dahin nicht bekannten Kontinent, den man später Amerika nannte. Diese Entdeckung war so bedeutend, dass sie als Beginn eines neuen Zeitalters (Neuzeit) bezeichnet wird.

1517: Beginn der Reformation
(von lat. reformatio = Umgestaltung, Erneuerung). Unter Reformation wird heute zumeist Luthers Kritik an der Kirche verstanden, die er im Jahr 1517 durch die Veröffentlichung seiner 95 Thesen zum ersten Mal publik machte. Eigentlich ist mit dem Begriff Reformation die Wiederherstellung eines ursprünglichen Zustands gemeint. Die Reformation im 16. Jahrhundert hatte das Ziel, die Reinheit des Glaubens und die Form der Kirche wiederherzustellen. Sie führte am Ende zu einer Spaltung der Kirche in Katholiken und Protestanten. Aus der Reformationsbewegung entstanden die lutherischen Kirchen.

1618–1648: Der Dreißigjährige Krieg
Was man 1618 noch als einen Krieg um Glaubensfragen ansehen konnte, entwickelte sich zu einem europäischen Machtkampf in zweierlei Hinsicht: Einerseits wollten protestantische Reichsfürsten ihre Unabhängigkeit gegenüber dem Kaiser durchsetzen, andererseits kämpften die Länder zunehmend um ihre Machtstellung in Europa.

Humanismus
Mit dem Begriff wird eine Lebensanschauung bezeichnet, die unter den Gelehrten im Zeitalter der Renaissance vorherrschte. Die Humanisten traten für eine umfassende Bildung des Menschen ein. Sie studierten die Quellen der antiken Schriftsteller und beschäftigten sich wissenschaftlich mit Sprachen, Geschichte und Philosophie. Der Humanismus begann im 14. Jahrhundert in Italien und breitete sich von dort im Laufe der beiden folgenden Jahrhunderte nach Frankreich, Spanien, England und Deutschland aus.

Martin Luther
Die Lehre von Martin Luther (1483–1546) richtete sich darauf, die Bibel (das Wort Gottes) zur Grundlage des Glaubens und der Theologie zu machen (innere Kritik) und die sittlichen Schwächen der Kirche zu beseitigen (äußere Kritik).

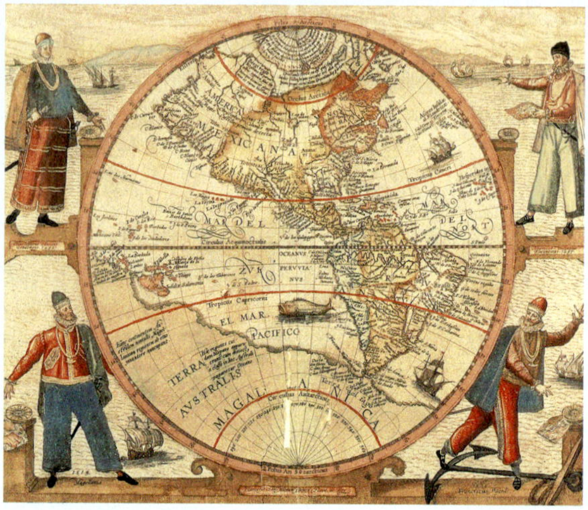

Neuzeit
Die Fortschritte, die im 14. und 15. Jahrhundert erreicht wurden, veranlassten Historiker im 19. Jahrhundert dazu, die Zeit ab etwa 1500 als Neuzeit zu bezeichnen. Es handelt sich hier um die Benennung der Epoche, die auf die Antike und das Mittelalter folgt. Dabei geht man von der Auffassung aus, dass die Entwicklung eines neuen Menschenbildes (Renaissance und Humanismus), die Erfindung des Buchdrucks, die Entdeckungen und die Reformation die Grundlagen der modernen Zeit darstellen.

Renaissance
Bezeichnung für die Wiederentdeckung der antiken Sprache und Kultur. Die Entwicklung begann im ausgehenden 13. Jahrhundert in Italien und breitete sich über 300 Jahre lang in ganz Europa aus. Maler, Bildhauer und Architekten schufen einen neuen Kunststil, nach dem Körper und Bewegungen möglichst wirklichkeitsnah dargestellt wurden. Diese Zeitspanne wird heute als Übergang vom Mittelalter zur Neuzeit gesehen.

Westfälischer Friede
Mit dem Westfälischen Frieden von 1648 wurde der Dreißigjährige Krieg beendet. Katholiken, Lutheraner und Calvinisten waren jetzt gleichberechtigt: Das Prinzip, wonach sich die Untertanen nach der Konfession des Fürsten richten mussten, wurde abgeschwächt. Dieses Friedensabkommen zeigt weitere wesentliche Veränderungen an: Die Rangordnung der europäischen Mächte hat sich zu Ungunsten des Deutschen Reiches verschoben.
Innerhalb des Reiches bildeten die Reichsstände (Kurfürsten, weitere weltliche und geistliche Fürsten sowie Reichsstädte, die unmittelbar dem Kaiser unterstellt waren) ein starkes Gegengewicht zum Kaiser. Sie herrschten in ihren Gebieten weitgehend selbstständig. Im „Immerwährenden Reichstag" tagten die Ständevertreter seit 1663 in Regensburg.

5. Die Zeit des Absolutismus

Absolutismus

(von lat. legibus absolutus = von den Gesetzen losgelöst). Bezeichnung für eine Regierungsform, die ihren Höhepunkt im 17. und 18. Jahrhundert fand. Der Monarch beanspruchte die uneingeschränkte Macht ohne Mitwirkung der Stände, weil er sich als Stellvertreter Gottes auf Erden verstand. Der Herrscher leitete die Verwaltung, gleichzeitig gingen von ihm die Gesetzgebung und die Rechtsprechung aus.

Gleichgewichtspolitik

Außenpolitische Zielsetzung seit dem 18. Jahrhundert, nach der ein Gleichgewicht der europäischen Mächte (balance of power) sichergestellt werden sollte. Vor allem England vertrat dieses Prinzip, um die Vormacht eines Staates auf dem europäischen Kontinent zu verhindern.

Hegemoniestreben

Streben nach einer Vorrangstellung vor anderen Staaten in politischer, wirtschaftlicher und kultureller Hinsicht. Seit dem 17. Jahrhundert ein wichtiges Prinzip in der europäischen Außenpolitik.

Konstitutionelle Monarchie

Die konstitutionelle Monarchie ist eine Form der Staatsverfassung, in der die absolute Macht des Monarchen durch eine Verfassung (Konstitution) beschränkt wird. Sie wurde zuerst in England mit der Bill of Rights von 1689 verwirklicht. Der Monarch wurde in der Gesetzgebung und in der Aufstellung des Staatshaushaltes vom Parlament abhängig.

Merkantilismus

Der Merkantilismus war die vorherrschende Wirtschaftspolitik in der Zeit des Absolutismus. Er hatte das Ziel, die Ausfuhr des Staates zu erhöhen und die Einfuhr zu beschränken. Die Überschüsse aus dem Handel – vor allem durch die Ausfuhr hochwertiger Fertigwaren – wurden als entscheidend für die Erhöhung des Reichtums des Staates betrachtet. Kritiker des Merkantilismus bemängelten die einseitige Ausrichtung auf den Export von Fertigwaren.

Parlament

(von franz. parler = reden). Bezeichung für eine Volksvertretung, die aus einer oder zwei Kammern besteht. Das erste Parlament entstand in England im ausgehenden 13. Jahrhundert – als eine Folge der Magna Charta. Die Königsmacht wurde durch diese Versammlung eingeschränkt.

Stehendes Heer

Das stehende Heer bildete eine wichtige Säule der absolutistischen Herrschaft. Es bestand auch in Friedenszeiten und machte den König unabhängig von einer Unterstützung des Adels.

1. Die Französische Revolution und Europa

14. 7. 1789: Beginn der Französischen Revolution
Die Erstürmung der Bastille am 14. Juli 1789 sahen Zeitgenossen und Nachwelt als Auftakt und Symbol der Französischen Revolution.
Eine Revolution (lat. revolutio = Umwälzung) ist ein absichtlicher, meist gewaltsamer und rascher Umsturz einer bestehenden politischen und gesellschaftlichen Ordnung.
Ein solch tiefgreifender Wandel beschränkt sich nicht nur auf ein Ereignis. So kamen in Frankreich verschiedene Entwicklungen zusammen: 1. Die Revolution der Nationalversammlung, die eine Verfassung ausarbeitet und die Privilegien von Adel und Klerus aufhebt. 2. Die Revolution in Paris mit dem Sturm auf die Bastille. 3. Die Revolution der Bauern, die zum Ende der Leibeigenschaft führt.

1806: Ende des Heiligen Römischen Reichs
1806 verbündeten sich 16 deutsche Staaten politisch und militärisch mit Napoleon im „Rheinbund" und erklärten ihren Austritt aus dem Heiligen Römischen Reich Deutscher Nation. Der deutsche Kaiser Franz I. legte deshalb die Kaiserkrone nieder und nannte sich nur noch „Kaiser von Österreich". Damit endete das Reich, das seit der Kaiserkrönung Ottos des Großen (962) bestanden hatte.

Aufklärung
Bezeichnung für eine Denkrichtung in Europa im 17. und 18. Jahrhundert. Die Aufklärer wollten „das Licht der Vernunft" gegen kirchliche, feudale und absolutistische Traditionen verbreiten. Zentrale Gedanken waren die Auffassung von der Freiheit und Gleichheit aller Menschen und von der Toleranz gegenüber anderen Meinungen. Mittel zur Durchsetzung der Aufklärung waren vor allem Wissenschaft und Erziehung. Mit der Aufklärung verbindet sich ein optimistischer Glaube an den Fortschritt und die Kraft der Vernunft. Die Aufklärung war kein geschlossenes Denksystem, hatte jedoch enorme Auswirkungen: Die Ideen der Aufklärer haben entscheidend zum Umsturz der politischen und gesellschaftlichen Verhältnisse in Frankreich und anderen Ländern um 1800 beigetragen.

Bürgertum
In Mittelalter und Früher Neuzeit die freien, vollberechtigten Stadtbewohner, meist Kaufleute und Handwerker; ab dem 18. Jahrhundert Angehörige einer durch Besitz, Bildung und Einstellungen gekennzeichneten Schicht, die sich von Adel, Klerus, Bauern und Arbeitern abhebt. Im 19. und 20. Jahrhundert gelten Unternehmer und Geschäftsleute als Besitzbürger, zu den Bildungsbürgern zählen Freiberufler, höhere Beamte oder Angestellte mit akademischer Bildung; Kleinbürger sind Handwerker oder Kleinhändler. Der Begriff „Staatsbürger" meint dagegen alle Einwohner eines Staates

mit gleichen „bürgerlichen" Rechten, z. B. vor Gericht oder bei Wahlen.

Code civil
Französisches Gesetzbuch von 1804, nach dem Auftraggeber auch „Code Napoléon" genannt. Der Code civil garantierte wichtige Errungenschaften der Französischen Revolution, wie die persönliche Freiheit und die Gleichheit vor dem Gesetz, und beeinflusste viele bis heute gültige Gesetzbücher, z. B. das Bürgerliche Gesetzbuch der Bundesrepublik Deutschland.

Gewaltenteilung
Aufteilung der staatlichen Gewalt in
- gesetzgebende Gewalt (Legislative)
- gesetzesvollziehende, ausführende Gewalt (Exekutive)
- rechtsprechende Gewalt (Judikative)

Die Gewaltenteilung soll die Machtkonzentration in einer Person oder einer Institution verhindern.

Kaisertum Napoleons
Nach einer Volksabstimmung krönte sich Napoleon Bonaparte 1804 zum „Kaiser der Franzosen". Frankreich wurde damit nach den Revolutionsjahren wieder Monarchie. Napoleon sah sich als Nachfolger Kaiser Karls des Großen und wollte mit dem Kaisertitel auch seine Macht nach außen demonstrieren. Nach militärischen Niederlagen wurde Napoleon 1814 als Kaiser abgesetzt und nach Elba, später nach St. Helena verbannt, wo er auch starb.

Menschenrechte
Kernstück der Naturrechtslehre sind die Menschenrechte, also Rechte, die jeder Mensch unabhängig von seiner Stellung in Staat, Gesellschaft, Familie, Beruf, Religion und Kultur allein schon durch seine Geburt besitzt. Menschenrechte gelten ohne Rücksicht auf Hautfarbe, Geschlecht, Sprache, politische oder weltanschauliche Vorstellungen, nationale oder

soziale Herkunft. Zu den Menschenrechten zählen das Recht auf Leben, die Gleichheit aller Menschen, die Freiheit des Glaubens und das Recht auf freie Meinungsäußerung.

Montgelas
Maximilian Joseph Graf von Montgelas (1759–1838) stammte aus einer bayerisch-savoyischen Adelsfamilie. Während seines Studiums in Frankreich kam er mit den Ideen der Aufklärung in Berührung. Als wichtigster Berater und Staatsminister des Kurfürsten und späteren Königs Max Josef war er verantwortlich für die inneren Reformen in Bayern am Anfang des 19. Jahrhunderts. Montgelas gilt als Schöpfer des modernen bayerischen Staates.

Nation
Eine große Gruppe von Menschen, die sich durch ihre Sprache, Kultur, Geschichte oder durch eine Verfassung verbunden fühlt. Nationen haben oder wollen eine gemeinsame staatliche Organisation und grenzen sich von anderen Nationen ab.

Nationalversammlung
Bezeichnung für eine gewählte Volksvertretung, die eine Verfassung für den Staat erarbeiten soll.

Verfassung
Eine Verfassung beschreibt die grundlegende Ordnung eines Staates und legt die Rechte und Pflichten der Bürger sowie die Aufgaben der verschiedenen Staatsorgane, z. B. des Parlaments und der Regierung, fest. Eine demokratische Verfassung wird meist schriftlich festgehalten, garantiert die Menschenrechte und regelt die Aufteilung der staatlichen Gewalt.

Volkssouveränität
Ein Grundprinzip der Demokratie: Alle Staatsgewalt geht vom Volk aus, das seinen Willen direkt oder indirekt über gewählte Abgeordnete zur Geltung bringt. Die Volkssouveränität wird nur durch die in der Verfasssung festgelegten Menschenrechte beschränkt.

2. Einigkeit und Freiheit – Deutschland 1815 bis 1849

1815: Wiener Kongress
Nach dem Ende der napoleonischen Herrschaft wurde eine Neuordnung Europas erforderlich. Diese bewerkstelligten führende Staatsmänner Europas auf dem Wiener Kongress (1814/15).
Drei Prinzipien bestimmten die Beschlüsse:
1. Restauration: Damit ist die Wiederherstellung der politischen Verhältnisse gemeint, wie sie vor der Französischen Revolution herrschten.
2. Legitimität: Damit versuchten die ehemaligen aristokratischen Herrscherhäuser, ihren Herrschaftsanspruch zu begründen.
3. Solidarität: Um gegen die neuen Ideen (Freiheitsstreben und Nationalismus) wirksam vorgehen zu können, schlossen sich die Fürsten zusammen (Heilige Allianz zwischen Österreich, Russland und Preußen).

1832: Hambacher Fest
Das Hambacher Fest erlangte als „deutsches Nationalfest" und politische Demonstration einen beachtlichen Zulauf. Die Verbindung der Forderungen nach einem starken Nationalstaat und nach Zusicherung weitreichender Freiheitsrechte erwies sich als eine Klammer für alle oppositionellen Kräfte. Auch in der Ablehnung der Fürstenmacht waren sich die Teilnehmer einig, was die alten Herrschaftsträger in Unruhe versetzte.

1848/49: Revolution in Deutschland
In mehreren deutschen Staaten kam es im März 1848 zu revolutionären Unruhen. In Wien und Berlin starben bei Barrikadenkämpfen zahlreiche Revolutionäre, die sich für Freiheit und nationale Einheit einsetzten. Die Paulskirchenversammlung – das erste gewählte gesamtdeutsche Parlament – sah sich vor die Aufgabe gestellt, eine Verfassung zu erarbeiten und die Einzelstaaten zu einer Einheit zusammenzuführen. Als die Entscheidung für eine konstitutionelle Monarchie ge-

fallen war, lehnte der als Staatsoberhaupt vorgesehene preußische König die ihm angetragene Kaiserkrone ab.
Damit war die Paulskirchenversammlung gescheitert. Die alten Herrschaftsträger konnten in der Folgezeit durch den rücksichtslosen Einsatz des Militärs ihre Macht zurückerobern.

Deutscher Bund

Lockerer Zusammenschluss der deutschen Staaten seit 1815; es fehlte eine einheitliche Regierung ebenso wie eine Verfassung. Zentrales Organ war die Bundesversammlung in Frankfurt, von der allerdings keine starke politische Wirksamkeit ausging.

Liberalismus

Mit dem Begriff Liberalismus wird eine politische Bewegung bezeichnet, die sich in Deutschland nach dem Wiener Kongress herausbildete. Das zentrale Anliegen war die Sicherung der Freiheitsrechte des Einzelnen. Insofern wandten sich die Liberalen gegen jede Bevormundung durch den Staat. Um die persönlichen Rechte gewährleisten zu können, drängten sie auf den Erlass einer Verfassung, in der die Grundrechte verbrieft sein sollten. Im Laufe des 19. Jahrhunderts spielten die Liberalen in den politischen Auseinandersetzungen eine wichtige Rolle, ohne jedoch ihre Ziele vollständig durchsetzen zu können.

Nationalismus

Politische Bewegung, die darauf beruht, dass sich die in einem bestimmten Gebiet zusammenlebenden Menschen ihrer Gemeinsamkeiten als Nation bewusst werden (z. B. Sprache, Kultur, Geschichte) und sich von anderen „Nationen" abgrenzen. In Deutschland erwachte das Nationalbewusstsein im Zusammenhang mit den Befreiungskriegen gegen die napoleonische Fremdherrschaft.

3. Leben in Deutschland 1850–1918

1871: Reichsgründung

Die Gründung des Deutschen Reiches im Januar 1871 erfolgte durch die Proklamation (amtliche Verkündigung, Ausrufung) des preußischen Königs Wilhelm I. zum Deutschen Kaiser. Nach längeren Verhandlungen mit den süddeutschen Staaten gelang damit die Gründung eines Nationalstaates – als „kleindeutsche" Lösung.

Arbeiterbewegung

Gesamtheit der Organisationen der Industriearbeiter, die mit der Industrialisierung und dem kapitalistischen Wirtschaftssystems seit Beginn des 19. Jahrhunderts in Europa entstanden. Die Arbeiterbewegung entwickelte sich zu einer Massenbewegung mit Arbeiterparteien und Gewerkschaften. Sie verstand sich als „Klassenbewegung", in sich jedoch stark differenziert, mit z. B. traditionellen Handwerkern und „modernen" Industriearbeitern. Hauptziele der Arbeiterbewegung waren die Verbesserung der wirtschaftlichen und sozialen Lage der Arbeiterschaft sowie die politische Emanzipation in einem demokratischen Staat.

Bismarck

Otto von Bismarck (1815–1898) entstammte einer alten preußischen Landadelfamilie und wurde im Sinne konservativer, monarchisch geprägter Werte erzogen. Als konservativer Abgeordneter im preußischen Landtag tat er sich dort als Kämpfer gegen die Revolution von 1848 hervor. 1862 berief ihn König Wilhelm I. zum preußischen Ministerpräsidenten. Bismarcks aggressive Kriegspolitik nach außen und seine geschickte Diplomatie gegenüber den deutschen Fürsten führten 1871 zur Gründung des Deutschen Kaiserreichs, dessen Politik er als Reichskanzler bis 1890 bestimmte.

Deutsches Kaiserreich

Unter dem amtlichen Namen „Deutsches Reich" wurde mit der Gründung eines deutschen Staates 1871 an die Tradition des „alten" (deutschen) Reiches vom Mittelalter bis 1806 angeknüpft. Innerhalb der Grenzen des Deutschen Reiches („Kaiserreich" 1871–1918) lebten etwa 42,5 Millionen Einwohner. Das Kaiserreich, unter der Dominanz des preußischen Staates (Bismarck) begründet, war schon zur Zeit seiner Gründung politisch umstritten.

Industrielle Revolution

Als „Industrielle Revolution" werden die tiefgreifenden technischen, wirtschaftlichen und sozialen Veränderungen bezeichnet, die in der zweiten Hälfte des 18. Jahrhunderts in England und im übrigen Europa im 19. Jahrhundert begannen. Wesentliche Merkmale waren der Einsatz von Maschinen, die Arbeitsteilung und die Massenproduktion in den entstehenden Fabriken. Der Begriff „Revolution" wird wegen des für zeitgenössische Beobachter schnellen Verlaufs und der drastischen Veränderung der Arbeits- und Lebensweise vieler Menschen verwendet. Mit „Industrialisierung" wird der längerfristige Wandel seit dem 18. Jahrhundert in Europa und weltweit bezeichnet.

„Kulturkampf"

Bezeichnung des liberalen Abgeordneten Virchow von 1873 für den grundlegenden Konflikt zwischen dem Deutschen Reich und der katholischen Kirche um die (Neu-)Bestimmung des Verhältnisses von Staat und Kirche. Bismarck scheiterte am Widerstand der katholischen Kirche.

Parteien

(lat. pars = Teil). In der Politik der Zusammenschluss von Menschen mit gemeinsamen politischen Vorstellungen und Zielen. Merkmale einer Partei sind: 1. dauerhafte Organisation, 2. Parteiprogramme, 3. Wille zur Einflussnahme, z. B. durch Wahlen und Teilnahme an der Regierungsgewalt. Parteien im modernen Sinne entstanden mit dem Parlamentarismus seit der Mitte des 19. Jahrhunderts aus Wahlvereinen und politischen Klubs.

Reichstag

Der Reichstag von 1871 wurde als Volksvertretung nach dem gleichen, geheimen, direkten Mehrheitswahlrecht von Männern über 25 Jahre gewählt. Er hatte in der Verfassung gegenüber dem Kaiser und dem Bundesrat eine schwache Stellung. Alleiniger Inhaber der Souveränität blieb der Kaiser. Die Regierung war dem Parlament gegenüber nicht verantwortlich. Lediglich der Staatshaushalt (ohne Militäretat) wurde von ihm allein beschlossen.

Soziale Frage

Unter sozialer Frage wird die wirtschaftliche und soziale Notlage der entstehenden Industriearbeiterschaft in der frühen Industrialisierung verstanden, vor allem: unsichere Arbeitsplätze, häufige Arbeitslosigkeit, niedrige Löhne, überlange Arbeitszeiten, fehlende soziale Sicherung und Wohnungselend.

Sozialgesetzgebung

Von Bismarck 1883 bis 1889 als „Antwort" auf die „soziale Frage" und die Arbeiterbewegung eingeführte Gesetze zur Kranken-, Unfall- und Rentenversicherung. Beginn moderner staatlicher Sozialpolitik.

Sozialismus

(von lat. socius = Genosse). Sozialismus wurde als politisches „Gegenmodell" zum „bürgerlichen Liberalismus" entworfen und stellt die Interessen der Gemeinschaft und Gesellschaft über die Rechte des Individuums. An die Stelle des Privateigentums an Produktionsmitteln tritt das Volkseigentum. Die Gleichheit aller Menschen innerhalb der Gesellschaft gilt als eines der obersten Ziele. Sozialistische Ideen wurden als Ziele einer Reform des Liberalismus/Kapitalismus von der europäischen Arbeiterbewegung des 19. und 20. Jahrhunderts aufgenommen, z. B. in der Sozialdemokratie und den Gewerkschaften, jedoch mit der Idee der Demokratie verbunden. Die Verwirklichung sozialistischer Ideen in Herrschaftssystemen im 20. Jahrhundert (z. B. in der Sowjetunion) scheiterte vor allem an mangelnder Freiheit für die Menschen und an wirtschaftlicher Ineffektivität des sozialistischen Systems. Als Kommunismus wurde – vereinfacht formuliert – die „Endstufe" der sozialistischen Gesellschaft verstanden.

Sozialistengesetz

Von Reichskanzler von Bismarck 1878 durchgesetztes „Sondergesetz" zur Unterdrückung der Sozialdemokratie (Auflösung von Vereinen, Ausweisungen, Druckverbote). Das Gesetz wurde 1890 aufgehoben.

4. Imperialismus und Erster Weltkrieg

1914–1918: Erster Weltkrieg

Der Erste Weltkrieg unterscheidet sich grundlegend von bisherigen Kriegen durch: die Zahl seiner Opfer (etwa zehn Millionen Tote, 20 Millionen Verwundete und Invaliden), das Ausmaß der Zerstörung, die militärisch-territoriale Ausdehnung, den Einsatz von Millionenheeren und einer gewaltigen Militärmaschinerie mit Luft- und Panzerwaffen. Unmittelbarer Kriegsanlass war das Attentat von Sarajewo. Langfristige Ursachen liegen in machtpolitischen Gegensätzen und Interessenkonflikten im europäischen Staatensystem und Rivalitäten, die sich aus der imperialistischen Politik ergaben.

Attentat von Sarajewo

Das Attentat auf den österreichischen Thronfolger Erzherzog Ferdinand am 28. Juni 1914 wurde zum Anlass für den Beginn des Ersten Weltkrieges. Aus regionalen Spannungen auf dem Balkan wurde eine kriegerische Auseinandersetzung zwischen den europäischen Großmächten.

Imperialismus

Als Imperialismus wird die Herrschaft eines infolge seiner industriellen Entwicklung weiterentwickelten Staates über weniger entwickelte Länder bezeichnet. Die Epoche des Imperialismus umfasst den Zeitraum zwischen 1880 und 1918. Während dieser Zeit betrieben die europäischen Großmächte eine Politik des expansiven (sich ausdehnenden) Nationalismus. Imperiale Herrschaft wurde „direkt" (Besetzung und Einrichtung einer Kolonialregierung) oder „indirekt" (Kontrolle über die eingesetzte einheimische Regierung) ausgeübt.

Lenin

Deckname von Wladimir Iljitsch Uljanow (1870–1924), russischer Revolutionär und Politiker, unter dessen Führung gemeinsam mit Leo Trotzki die Russische Revolution (Oktober 1917) durchgeführt wurde.

Russische Revolution

Die Russische Revolution von 1917 stellt einen bedeutenden Einschnitt in der Geschichte des 20. Jahrhunderts dar. Sie führte zum Sturz des Zaren, zu einer radikalen Umwälzung der Machtverhältnisse in Russland und schließlich zur bolschewistischen Einparteienherrschaft. Sie wird als Ausgangspunkt des späteren Ost-West-Konflikts gesehen.

Vertrag von Versailles

Der Versailler Vertrag vom 28. Juni 1919 beendete den Ersten Weltkrieg völkerrechtlich zwischen dem Deutschen Reich und den Siegermächten. Er sprach Deutschland die Alleinschuld am Ersten Weltkrieg zu, bestimmte die neuen Grenzen Deutschlands und regelte Reparationszahlungen und Rüstungsbegrenzungen.

Völkerbund

Staatenvereinigung von 1920 bis 1946 (Auflösung nach Gründung der UNO) zur Sicherung des Weltfriedens und zur wirtschaftlichen und kulturellen Zusammenarbeit. Erste Mitglieder: die Siegermächte des Ersten Weltkrieges (ohne USA) und 13 neutrale Staaten. Die Wirksamkeit des Völkerbundes wird allgemein als gering beurteilt.

Wilhelm II. (1859–1941)

Deutscher Kaiser und König von Preußen (1888 bis 1918), ältester Sohn Kaiser Friedrichs III. (1888), Enkel von Wilhelm I., Deutscher Kaiser 1871–1888. Wilhelm II. geriet nach seiner Thronbesteigung rasch in Konflikt mit Bismarck. Forsches Auftreten nach außen („Säbelrasseln") und äußerer Pomp überspielten die inneren Spannungen und Konflikte der deutschen Gesellschaft. Wilhelm II. wurde nach Auffassungen in der Geschichtsforschung seinem selbst auferlegten Führungsanspruch nicht gerecht, seine Politik führte in den Ersten Weltkrieg. Nach dem Sturz der Monarchie 1918 ging er ins Exil in die Niederlande.

5. Die Weimarer Republik

1918: Novemberrevolution

Umsturz der politischen Machtverhältnisse in Deutschland am 9. November 1918 und in den folgenden Wochen. Sturz der Monarchie, Ausrufung der Republik, Zurückdrängen des Rätesystems zugunsten einer parlamentarischen Demokratie.

1923: Hitlerputsch

Der Hitlerputsch vom 8./9. November stellte eine starke Gefährdung der Weimarer Demokratie im Krisenjahr 1923 dar. Der Putsch scheiterte am Widerstand der bayerischen Landespolizei. Das milde Urteil – immerhin waren vier Polizisten erschossen, Banknoten geraubt und Geiseln genommen worden – zeugt von starker Voreingenommenheit des Gerichts gegenüber den Angeklagten.

Inflation

Inflation, lat. „Aufblähung", ist eine anhaltende Geldentwertung, die durch eine starke Vermehrung der umlaufenden Geldmenge gegenüber dem Güterumlauf entsteht. Als Folge steigen die Preise, es setzt eine Flucht in Sachwerte ein, wie z. B. in den Anfangsjahren der Weimarer Republik. Die Inflation wird am Anstieg des allgemeinen Preisniveaus gemessen. Bei über 50 Prozent Preisanstieg in einem Jahr wird von „Hyper-Inflation" gesprochen. Mit der Stabilisierung der Währung ab November 1923 war eine Billion Papiermark nur noch eine Goldmark wert.

Weimarer Verfassung

Die Weimarer Verfassung trat am 11. August 1919 in Kraft. Deutschland wurde damit eine parlamentarische Republik, in der die Staatsgewalt vom Volke ausging, repräsentiert durch die gewählten Abgeordneten des Reichstags.

2. Nationalsozialismus und Zweiter Weltkrieg

1929: Weltwirtschaftskrise

Am „Schwarzen Freitag" (Börsenkrach am 25. Oktober 1929 in New York) wurde offenkundig, dass sich die Weltwirtschaft in einer tiefen Krise befand. In einer Art Spekulationsrausch wollten viele mit Aktien das große Geld machen, obwohl sich der konjunkturelle Einbruch durch Überproduktion und Absatzschwierigkeiten abgezeichnet hatte. Die Folgen waren Konkurse und ein ungeahnter Anstieg der Arbeitslosigkeit, der viele Staaten in eine soziale und politische Krise stürzte.

30. 1. 1933: Hitler wird Reichskanzler

Aus den Wahlen des Jahres 1932 ging die NSDAP als stärkste Partei hervor. Da die bisherigen Präsidialkabinette gescheitert waren, wollten der Reichspräsident und seine Berater Adolf Hitler für ihre politischen Ziele einspannen. Deshalb wurde er zum Reichskanzler ernannt. In Hitlers Regierung waren die NSDAP-Mitglieder zwar in der Minderheit, doch hatte Hitler jetzt auf scheinbar legalem Weg eine Position erreicht, die es ihm ermöglichte, seine Ziele zu verfolgen.

1933: „Ermächtigungsgesetz"

Das „Gesetz zur Behebung der Not von Volk und Reich" (Ermächtigungsgesetz) vom 23. März 1933 hob die Gewaltenteilung auf. Der Regierung wurde damit unumschränkte Gesetzgebungsvollmacht eingeräumt. Eine Bindung der Regierung an Parlamentsbeschlüsse gab es jetzt nicht mehr, was ein willkürliches Handeln des Staatsapparats ermöglichte und die Gewalteinteilung aufhob .

9./10. 11. 1938: Pogromnacht

Dass auf die Entrechtung die Verfolgung folgen würden, musste die jüdische Bevölkerung im November 1938 schmerzlich erfahren. Neben der materiellen Schädigung, die vielen Juden die wirtschaftliche Existenz kostete, bedeuteten die Brandanschläge auf die Synagogen einen massiven Angriff auf die religiöse Identität der Juden.

1. 9. 1939: Beginn des Zweiten Weltkriegs

Mit dem Überfall auf Polen begann der Zweite Weltkrieg. Großbritannien und Frankreich hielten sich an die gegenüber Polen abgegebenen Garantien und erklärten Deutschland den Krieg, der sich rasch zu einem Weltkrieg ausweitete.

20. 7. 1944: Attentat auf Hitler

Das Attentat auf Hitler wurde im „Kreisauer Kreis" von langer Hand geplant. Dieser Gruppe gehörten Militärs wie Graf Schenk von Stauffenberg ebenso an wie der ehemalige Bürgermeister von Leipzig, Carl Gördeler, oder der Großgrundbesitzer Graf James von Moltke, auf dessen Gut Kreisau mehrere Treffen stattfanden. Wie durch ein Wunder überlebte

Hitler einen Bombenanschlag, was den deutschen Widerstand insgesamt erheblich schwächte.

8./9. 5. 1945: Bedingungslose Kapitulation

Nach der Umklammerung Berlins durch sowjetische Truppen beging Hitler am 30. April 1945 im Bunker der Reichskanzlei Selbstmord. Die Führung der deutschen Wehrmacht unterzeichnete in der Nacht vom 8. auf den 9. Mai 1945 die bedingungslose Kapitulation. Damit war der Untergang des „Dritten Reiches" besiegelt.

Antisemitismus

Antijüdische Bewegung seit der zweiten Hälfte des 19. Jahrhunderts. Der Antisemitismus knüpfte an die religiös begründete antike und mittelalterliche Judenfeindschaft an, bekam aber durch die völkisch-rassische Komponente eine neue „Qualität". Nach diesem rassisch begründeten Antisemitismus, der Bestandteil der NS-Ideologie war, galten die Juden als „minderwertig".

„Drittes Reich"

Bezeichnung für das nationalsozialistische Deutschland (1933–1945). Mit diesem Begriff wird eine Beziehung zum Heiligen Römischen Reich Deutscher Nation (962–1806) und zum Deutschen Kaiserreich (1871–1918) hergestellt und gleichzeitig eine Vollendung der deutschen Geschichte durch den Nationalsozialismus propagiert.

„Gleichschaltung"

Politisches Schlagwort aus der Zeit der nationalsozialistischen „Machtergreifung". Ziel der Nationalsozialisten war es, die gesamte Bevölkerung in ihrem Denken und Handeln auf die Ziele der NSDAP einzuschwören. Um eine Vereinheitlichung des politischen, wirtschaftlichen, sozialen und kulturellen Lebens zu erreichen, wurden 1933/34 zahlreiche Institutionen und Organisationen verboten (z. B. andere Parteien, Gewerkschaften) oder in bestehende oder neu gegründete NS-Organisationen eingegliedert. Grundlegendes

Ziel: die Aufhebung des Pluralismus in Staat und Gesellschaft zugunsten des Bewusstseins einer einheitlichen „Volksgemeinschaft“.

Konzentrations- und Vernichtungslager

Massenlager, in denen Menschen, die den rassistischen, ideologischen und politischen, aber auch vorgeblich sozialen Vorstellungen der Nationalsozialisten nicht entsprachen, in Haft genommen, misshandelt und ermordet wurden. Ab 1938 wurden Häftlinge zur Zwangsarbeit für SS und Rüstungsindustrie eingesetzt.
Seit 1941 wurden in den besetzten Gebieten im Osten Vernichtungslager eingerichtet, in denen die Nazis bis zum Frühjahr 1945 zwischen 5 und 6 Millionen Juden und eine halbe Million weiterer Personen – größtenteils in Gaskammern – umbrachten.

„Machtergreifung“

Der Begriff „Machtergreifung“ beschreibt die politischen Veränderungen seit 1933, an deren Ende 1934 die Festigung der nationalsozialistischen Herrschaft stand. Erste Stationen der „Machtergreifung“ waren die Ernennung Hitlers zum Reichskanzler (30. Januar 1933), die „Reichstagsbrandverordnung“ (28. Februar 1933), das „Ermächtigungsgesetz“ (23. März 1933) und die Gleichschaltungsgesetze (Frühjahr 1933). Sie alle setzten grundlegende Bestimmungen der Weimarer Verfassung außer Kraft. In der Geschichtswissenschaft werden anstelle des Begriffes „Machtergreifung“ auch die Bezeichnungen „Machtübertragung“ und „Machtübergabe“ verwendet.

Münchner Abkommen

Der britische Premierminister Chamberlain und der französische Ministerpräsident Daladier stimmten bei einem Treffen in München am 29. September 1938 Hitler und Mussolini einer Abtretung der von Deutschen besiedelten Randgebiete der Tschechoslowakei (Sudetenland) an Deutschland zu. Ein tschechoslowakischer Vertreter war an diesem Abkommen nicht beteiligt. Großbritannien und Frankreich erhofften sich von diesem Zugeständnis, dass Deutschland nun keine weiteren Gebietsansprüche mehr erheben würde.

Nationalsozialismus

Rechtsradikale politische Bewegung und Ideologie, die 1933 zum Aufbau einer Diktatur und zum Verlust der demokratischen Freiheiten in Deutschland führte. Ein extremer Nationalismus, Rassismus und Expansionismus sind grundlegende Elemente des Nationalsozialismus.

„Nürnberger Gesetze“

Die Ausgrenzung und Entrechtung der Juden vollzog sich mit vielen diffamierenden und schikanösen Maßnahmen. Den markantesten Punkt der Entrechtung stellen die „Nürnberger Gesetze“ (1935) dar, wonach eheliche Verbindungen und geschlechtliche Beziehungen zwischen Juden und so genannten Ariern unter Strafe gestellt wurden.

Systematische Vernichtung der Juden (Holocaust, Shoah)

Auf die Phasen der Entrechtung (z. B. Nürnberger Gesetze) und Verfolgung (z. B. Reichspogromnacht) folgte die physische Ermordung von Millionen Juden in Vernichtungslagern. Das Lager Auschwitz wurde als ein Ort des systematischen Mordens zum Inbegriff der menschenverachtenden Rassenpolitik der Nationalsozialisten. Gaskammern und Krematorien waren die Einrichtungen, in denen die Vernichtung vollzogen wurde. Die Deportation der Juden in die Vernichtungslager begann 1941. Das Phänomen des Völkermords an den Juden haben die Nationalsozialisten mit dem Begriff „Endlösung“ verschleiert. In der Geschichtsschreibung taucht häufig der Begiff Holocaust auf, der aus dem Griechischen stammt und auf die totale Verbrennung der Menschen hinweist. Die überlebenden Juden sprechen meist von der Shoah: Dieses hebräische Wort bedeutet so viel wie „einzigartiges Opfer, totale Zerstörung“. Unbestritten stellt der Völkermord eine konsequente Umsetzung der NS-Rassenideologie dar. Die Auseinandersetzung mit der Frage nach Schuld und Verantwortung ist eine Aufgabe, mit der sich auch die gegenwärtige Generation auseinandersetzen muss.

Widerstand

In der Antike und im Mittelalter richtete sich der Widerstand vorwiegend gegen den Missbrauch von staatlicher Gewalt durch Tyrannen und gegen die Willkür monarchischer oder kirchlicher Gewalt. In der Neuzeit versteht man das Widerstandsrecht als Teil der Menschenrechte; es dient seit dem 20. Jahrhundert vor allem zur Rechtfertigung der Abwehr diktatorischer staatlicher Gewalt. Die Formen des Widerstands gegen die NS-Herrschaft waren vielfältig; unterschiedlich waren auch die Zielsetzungen der einzelnen Gruppen, die ebenso erfolglos blieben wie die Aktionen Einzelner.

3. Deutschland in der Zeit des Kalten Krieges

1946: Bayerische Verfassung
Im Dezember 1946 trat nach einem Volksentscheid und nach Zustimmung der Militärregierung die bis heute gültige Verfassung des Freistaats Bayern in Kraft. Damit wurde nach der Willkürherrschaft der Nationalsozialisten die Grundlage für einen demokratischen Rechtsstaat geschaffen.

24. 5. 1949: Grundgesetz
Am 24. Mai 1949 trat das Grundgesetz der Bundesrepublik in Kraft, das die Grundsätze der Menschenwürde, des demokratischen Rechtsstaates und der Bundesstaatlichkeit festschrieb. Ursprünglich nur als Provisorium bis zur Wiedererlangung der staatlichen Einheit Deutschlands gedacht, ist es seit 1990 (mit einigen Veränderungen) weiter gültig.

1949: Gründung der beiden deutschen Staaten
1949 kam es auf Initiative der Besatzungsmächte zur Gründung von zwei Staaten auf deutschem Boden. Auf die Inkraftsetzung des Grundgesetzes und die Entstehung der Bundesrepublik Deutschland als parlamentarisch-demokratischer Staat im Mai 1949 antwortete die Sowjetunion mit der Gründung der Deutschen Demokratischen Republik (DDR) im Oktober 1949 auf dem Gebiet der sowjetisch besetzten Zone. Unter der Zielsetzung des Aufbaus einer sozialistischen Gesellschaft wurde die DDR zu einer zentralistisch regierten Parteidiktatur der SED. Die Bildung zweier deutscher Staaten beruhte maßgeblich auf dem Ost-West-Gegensatz.

17. 6. 1953: Aufstand gegen das DDR-Regime
Ausgehend von Arbeiterstreiks kam es am 17. Juni 1953 in vielen DDR-Orten zu Demonstrationen gegen die SED-Führung unter Walter Ulbricht, die den Aufstand durch sowjetische Truppen niederschlagen ließ. Die SED-Führung reagierte auf den Aufstand mit einem flächendeckenden Ausbau des Spitzelwesens, die Fluchtbewegung konnte sie nicht eindämmen. In der Bundesrepublik war der 17. Juni bis 1990 Nationalfeiertag („Tag der Deutschen Einheit").

1961: Mauerbau
Im August 1961 ließ die DDR-Regierung eine Mauer zwischen Ostberlin und den Westsektoren errichten, um die Massenflucht von DDR-Bürgern zu beenden. Kurz darauf wurde die gesamte innerdeutsche Grenze für Westreisen gesperrt. Der Mauerbau wurde offiziell mit „Revanchepolitik" und „Menschenhandel" Westdeutschlands begründet, war jedoch tatsächlich der Offenbarungseid des Zwangssystems. Die Mauer wurde zum Symbol der deutschen Teilung, führte aber in den folgenden Jahren zur inneren Stabilisierung der DDR.

Besatzungszonen
Noch während des Zweiten Weltkrieges hatten Roosevelt (USA), Churchill (GB) und Stalin (UdSSR) vereinbart, Deutschland nach dessen bedingungsloser Kapitulation in drei Besatzungszonen aufzuteilen. Großbritannien und die USA traten aus ihrem Anteil Gebiete für eine vierte, die französische Zone ab. Berlin wurde in vier Sektoren geteilt.

Deutsche Frage
Die Aufteilung Deutschlands 1945 und die in der Folgezeit sich abzeichnende dauerhafte Teilung des Landes rückte die im 19. Jahrhundert aufgekommene Deutsche Frage als das Problem einer nationalen Einheit der Deutschen wieder in den Blickpunkt der Politik. Die Aufforderung des Grundgesetzes von 1949, „in freier Selbstbestimmung die Einheit und Freiheit Deutschlands zu vollenden", konnte vor allem wegen der jahrzehntelangen Ost-West-Konfrontation erst 1990 mit der Herstellung der deutschen Einheit erfüllt werden.

Entnazifizierung
Nach dem Zweiten Weltkrieg versuchten die Siegermächte, die deutsche Gesellschaft vom Nationalsozialismus zu säubern. Maßnahmen waren neben der gerichtlichen Verfolgung von Kriegsverbrechern (Nürnberger Prozesse) u. a. die Entfernung ehemaliger Nationalsozialisten aus einflussreichen Positionen und die Umerziehung der Bevölkerung durch Schule und Medien. Bis 1954 wurde die Entnazifizierung durch „Schlussgesetze" beendet.

Flucht und Vertreibung
Im Herbst 1944 begann die Flucht der deutschen Bevölkerung nach Westen aus Furcht vor der Sowjetarmee und als Opfer „wilder" Vertreibungen. Die planmäßige Umsiedlung der Deutschen östlich von Oder und Neiße aus Ungarn und der Tschechoslowakei begann 1946. Dazu kam eine Fluchtwelle aus der Sowjetunion in die westlichen Zonen. Insgesamt verloren etwa 18 Millionen Deutsche ihre Heimat.

Konrad Adenauer (1876–1967)

Adenauer war von 1917 bis 1933 als Mitglied der Zentrumspartei Oberbürgermeister von Köln, wurde in der NS-Zeit mehrmals verhaftet, 1945 durch die Amerikaner wieder eingesetzt, jedoch erneut durch die Briten aus dem Amt entlassen. 1946 wurde er Vorsitzender der CDU in der britischen Zone, 1948/1949 Präsident des Parlamentarischen Rates und war Bundeskanzler von September 1949 bis zu seinem Rücktritt 1963. Adenauer gilt als der wichtigste Politiker in den Anfangsjahren der Bundesrepublik Deutschland.

Potsdamer Konferenz

Auf der Potsdamer Konferenz (17. Juli bis 2. August 1945) vereinbarten die Sowjetunion, die USA und Großbritannien: Deutschland wird in vier Besatzungszonen geteilt, die Hauptstadt Berlin in vier Sektoren. In den einzelnen Zonen haben die jeweiligen Militärbefehlshaber die oberste Gewalt. Ein Alliierter Kontrollrat fällt Entscheidungen, die Deutschland als Ganzes betreffen.

Reparationen entnimmt jede Besatzungsmacht aus ihrer Zone (Demontage, Geldleistungen aus Guthaben oder laufender Produktion).

Die deutsche Bevölkerung aus den Gebieten östlich der Oder-Neiße-Grenze (polnische Verwaltung) und Nordostpreußen (sowjetische Verwaltung) wird nach Deutschland umgesiedelt.

In Deutschland soll in begrenztem Umfang ein politisches Leben entstehen: Parteien, Gewerkschaften und Verbände werden zugelassen. Voraussetzung ist die gründliche Entnazifizierung der Bevölkerung.

Währungsreform

Im Juni 1948 führten die Westalliierten in ihren Zonen und in Berlin (West) die Deutsche Mark, unmittelbar darauf die sowjetischen Machthaber in der SBZ und Berlin (Ost) die DM-Ost als neue Währungen ein. In den Westzonen gilt die Währungsreform als wichtiger Faktor für die positive wirtschaftliche Entwicklung im Westen Deutschlands. Die Währungsreformen vertieften die sich anbahnende Spaltung Deutschlands in Ost und West.

Westintegration

Nach der Gründung der Bundesrepublik Deutschland 1949 strebte Bundeskanzler Adenauer die baldige Integration in die westliche Staatengemeinschaft an, um so für den neuen Staat die Souveränität zu erlangen. 1955 erhielt die Bundesrepublik in den Pariser Verträgen die innere Unabhängigkeit und trat dem westlichen Militärbündnis NATO bei. Allerdings behielten sich die drei Westalliierten die Entscheidung in allen Fragen vor, die Deutschland als Ganzes betrafen.

4. Europa und die Welt in der Zeit des Ost-West-Konflikts

Blockbildung

Der Begriff bezeichnet die veränderte Struktur des internationalen Systems nach 1945, als sich mit den USA und der UdSSR zwei gegensätzliche Machtzentren herausbildeten, die die Weltpolitik kontrollierten und mit ihren Verbündeten jeweils einen „Machtblock", den West- bzw. Ostblock, bildeten.

Deutsch-französischer Freundschaftsvertrag

Der deutsch-französische Vertrag von 1963 über Zusammenarbeit zielte auf eine Verbesserung der Beziehungen zwischen beiden Ländern durch regelmäßige gemeinsame Beratungen der Regierungen über Außen- und Wirtschaftspolitik sowie Fragen von gemeinsamen Interessen. Das Ziel war ein möglichst gleichgerichtetes politisches Handeln. Der Vertrag wird als ein Meilenstein für das Ende der „Erbfeindschaft" zwischen Frankreich und Deutschland angesehen.

Einigung Europas

Der Gedanke der europäischen Einigung richtete sich nach den beiden Weltkriegen vor allem auf die Überwindung des Nationalismus und die Verhinderung künftiger Kriege in Europa. Die erste Phase konkreter Einigungsbestrebungen war gekennzeichnet von der deutsch-französischen Aussöhnung sowie der Gründung gemeinsamer, vor allem wirtschaftlich ausgerichteter Organisationen, die zusammen mit EURATOM 1967 zur Europäischen Gemeinschaft (EG) zusammengeschlossen wurden.

Entkolonialisierung

Die Entkolonialisierung (Dekolonialisierung) umfasst im engeren Sinne die Zeit der zweiten Hälfte des 20. Jahrhunderts. Die Aufhebung kolonialer Herrschaft seit 1945, besonders die Gründung unabhängiger Staaten in Asien und Afrika, hatte ihre Ursachen vor allem in der Forderung der Atlantik-Charta (1941) nach dem Selbstbestimmungsrecht aller Völker, in der Schwächung der Kolonialmächte durch den Zweiten Weltkrieg und in gebildeten Eliten aus den Kolonien, die Unabhängigkeitsbewegungen gründeten und anführten. Dazu beschleunigte der Kalte Krieg mit seiner Konkurrenz der Ost-West-Mächte um die Gunst der „Dritte-Welt-Länder“ den Prozess der Entkolonialisierung. Ethnische Konflikte, oft durch die willkürliche Grenzziehung der Kolonialmächte bedingt, Bürgerkriege, Militärrevolten, Überbevölkerung und Massenarmut sowie fortbestehende wirtschaftliche Abhängigkeit von den „entwickelten“ Ländern bereiten vielen jungen Staaten Probleme.

Kalter Krieg

Bezeichnung für eine Phase des Ost-West-Konflikts zwischen 1947 und 1990/91 (Auflösung des Ostblocks). Im Kern wird der Kalte Krieg als Auseinandersetzung („Nicht-Frieden“) zwischen zwei unvereinbar erscheinenden Weltanschauungen mit ihren politischen, gesellschaftlichen und wirtschaftlichen Systemen gesehen.

Nahostkonflikt

Als Nahostkonflikt werden allgemein die politischen und militärischen Auseinandersetzungen zwischen dem Staat Israel und seinen arabischen Nachbarstaaten sowie der Palästinensischen Befreiungsorganisation (PLO) bezeichnet. Im Kern geht es um die staatliche Organisation im früheren britischen Mandatsgebiet Palästina und in der Folge um das Existenzrecht des Staates Israel und einen künftigen staatlichen Zusammenschluss der palästinensisch-arabischen Bevölkerung.

NATO-Vertrag

Der Bündnisvertrag der NATO-Staaten wurde am 4. April 1949 geschlossen und besitzt bis heute Gültigkeit. Die Unterzeichner betonen ihren Wunsch nach weltweitem Frieden, zeigen sich aber auch entschlossen, die demokratischen Grundrechte sowie das kulturelle Erbe und den Wohlstand ihrer Länder gemeinsam zu verteidigen.
Im Vertrag verpflichten sie sich, den Frieden in der Welt nicht zu gefährden und internationale Konflikte ohne Gewaltanwendung zu lösen. Um die einzelnen Mitgliedsstaaten gegen Angriffe schützen zu können, wollen sie einzeln, aber auch gemeinsam ihre militärische Stärke so ausbauen, dass die nationale Sicherheit wie auch die der Bündnispartner gewährleistet ist.
Falls einer der Staaten angegriffen werden sollte, unterstützen ihn die anderen, „um die Sicherheit des nordatlantischen Gebiets wiederherzustellen und aufrechtzuerhalten“.

Nord-Süd-Konflikt

Der Nord-Süd-Konflikt wird als Bezeichnung für die Gegensätze verwendet, die sich aus dem politischen, wirtschaftlichen und sozialen Gefälle zwischen den Industriestaaten im Norden der Erde einerseits und den im Süden liegenden Entwicklungsländern Afrikas, Asiens und Lateinamerikas andererseits nach dem Zweiten Weltkrieg ergaben. Die Kennzeichnung Nord-Süd gibt dabei nur eine grobe geographische Abgrenzung an. Deutlich wurde das Nord-Süd-Gefälle im Zuge der Entkolonialisierung und durch innere und äußere Bedingungen der jungen Staaten wie starkes Wachstum der Bevölkerungen, Nahrungsmittelknappheit, fehlende Industrialisierung, geringer Bildungsstand, mangelnde Konkurrenzfähigkeit auf den Weltmärkten, Ausbeutung von Rohstoffressourcen durch die Industriestaaten, nachteilige Handelsbeziehungen.

UNO

Die UNO wurde 1945 als Nachfolgeorganisation des Völkerbundes gegründet. Ihr Hauptsitz ist New York. Der UNO gehören 192 Mitglieder an (Stand: 2007). Wichtigste Ziele der UNO sind die Erhaltung des Weltfriedens und der internationalen Sicherheit, die friedliche Schlichtung von Streitigkeiten, die freundschaftliche Zusammenarbeit ihrer Mitglieder und der Schutz der Menschenrechte und Grundfreiheiten. Die Mitgliedsstaaten bekennen sich zur Gleichheit aller Staaten, zu Gewaltverzicht, Vertragstreue und zum Selbstbestimmungsrecht der Völker.

Warschauer Vertrag

Der „Vertrag über Freundschaft, Zusammenarbeit und gegenseitigen Beistand“ wurde am 15. Mai 1955 zwischen der Sowjetunion und den meisten osteuropäischen Staaten geschlossen und existierte bis 1992. Er wurde – im Gegensatz zur NATO – ergänzt durch bilaterale Freundschafts- und Beistandspakte der einzelnen Mitgliedsstaaten.
Die Unterzeichner versichern, dass sie zum Weltfrieden beitragen und Streitfragen auf diplomatischem Weg klären würden. Sie erklärten sich zu internationaler Zusammenarbeit im Sinne der Friedenssicherung bereit. Wenn eines der Mitglieder angegriffen würde, so verpflichteten sich alle anderen, diesem beizustehen. Die Staaten des Warschauer Paktes beschickten aus ihren nationalen Streitkräften ein gemeinsames Kommando. Darüber hinaus war vereinbart, alle Maßnahmen zu unterstützen, die das Bündnis stark genug machten, „die friedliche Arbeit ihrer Völker zu sichern“.

Informationen beschaffen

Benutzung einer Bibliothek (Bd. 1)

1. Schritt: Besuch vereinbaren
Am besten sprecht ihr eine Führung ab. Dabei werden häufig auch Übungen zur Benutzung der Kataloge und Ausleihe der Bücher angeboten.

2. Schritt: Katalog suchen
Der „Katalog" ist ein Verzeichnis, in dem alle Bücher der Bibliothek aufgezeichnet sind. Meist sind es Schränke, in denen in vielen Schubladen Tausende von Karteikarten stecken. Sie enthalten alle Angaben zu den Büchern, die auch zur Ausleihe nötig sind. Inzwischen ist die Suche nach Buchtiteln in den meisten Bibliotheken auch mit dem Computer möglich.

3. Schritt: Katalog benutzen
Es gibt immer einen Autoren- und einen Schlagwortkatalog. Der Autorenkatalog hilft, wenn euch der Autor des Buches bekannt ist. Der Schlagwortkatalog erleichtert den Einstieg in ein Thema – zum Beispiel zur „Höhlenmalerei".

4. Schritt: Informationen festhalten
Bücher müsst ihr nach einer bestimmten Zeit zurückgeben. Notizen aus den Büchern, Fotokopien, Skizzen usw. solltet ihr deshalb nach Stichwörtern ordnen und zum Beispiel in einem Hefter sammeln.

Im Archiv recherchieren (Bd. 3)

1. Schritt: Genaue Eingrenzung des Themas
Vor dem Archivbesuch solltet ihr das Thema der Recherche inhaltlich und zeitlich genau eingrenzen, damit ihr im Archiv gezielt suchen könnt.

2. Schritt: Archivbesuch vorbereiten
Erkundigt euch nach den Öffnungszeiten des Archivs und fragt vor einem Besuch nach, ob dort Material zu eurem Thema zu finden ist. Vielleicht legt euch der Archivar oder die Archivarin die gesuchten Dokumente (Archivalien) zu einem bestimmten Thema heraus. Ansonsten könnt ihr im Archiv mithilfe von Findbüchern, in denen alle Akten aufgelistet sind, die Schriftstücke in den Lesesaal bestellen. Dafür wird aber Hilfe notwendig sein.

3. Schritt: Archivalien sichten und auswählen
Bei den Archivalien handelt es sich meistens um einmalige Originale, die ihr in den Händen haltet. Geht entsprechend sorgsam damit um. Fragt nach, ob ihr die für euch interessanten Schriftstücke kopieren dürft oder einen Kopierauftrag erteilen könnt (evtl. Kosten!). Bei Quellen aus dem 20. Jahrhundert ist das zum Teil möglich. Ansonsten notiert interessante Sachverhalte und Daten bzw. schreibt das Schriftstück wortwörtlich ab. Nutzt dazu die Methode „Sachtexte exzerpieren". Notiert immer die vollständige Quellenangabe und den Fundort. Dabei sind euch die Archivmitarbeiter behilflich.

4. Schritt: Ergebnisse auswerten und präsentieren
Tragt die Ergebnisse eurer Archivrecherche zusammen und stellt die gefundenen Quellen der Klasse vor. Geht dabei ein auf:
– Fundort, Quellenart (z. B. Brief, Urkunde), Autor, Adressat, Entstehungszeit, Inhalt, Besonderheiten wie Unterstreichungen usw.
– Aussagewert der Quelle, bezogen auf euer Thema bzw. eure Untersuchungsfragen; bei einer Zeitung z. B. Parteizeitung oder überparteilich?
Berichtet auch, was bei der Suche ergiebig war und wo Probleme lagen (z. B. Lesbarkeit von Quellen).
Entscheidet über die Form der Präsentation, z. B. Wandzeitung, Ausstellungstafeln, Computerpräsentation.

Virtuelle Archive nutzen (S. 86 f.)

1. Schritt: Themenfindung
– Suche nach virtuellen Archiven. Nimm evtl. eine Suchmaschine zu Hilfe.
– Verschaffe dir einen groben Überblick über das vorhandene Quellenmaterial. Überprüfe, nach welchen Gesichtspunkten der Bestand gegliedert ist.
– Entwickle eine Fragestellung. Schätze anhand des Quellenbestands ab, auf welche Fragen du anhand der Quellenlage Antworten bekommen kannst.

2. Schritt: Auswertung
– Beachte die Herkunft der Quellen. Gibt es Angaben, woher die Quellen stammen? Sind die Angaben glaubwürdig?
– Überprüfe die Inhalte der Quellen. Werden die Quellen gekürzt? In welchem Verhältnis stehen sie zum Text des Bearbeiters?
– Bewerte die Auswahl der Quellen. Ist die Auswahl der Quellen zielführend? Werden mehrere Perspektiven berücksichtigt? Welche Fragen bleiben offen?

3. Schritt: Präsentation
– Lege die Präsentationsform fest (z. B. Wandzeitung, Schautafel, Powerpoint).
– Berichte über die Archivarbeit. Welche Schwierigkeiten und Probleme traten auf?
– Erläutere Inhalte. Welche gesicherten Ergebnisse konnten erreicht werden?
– Bewerte das Arbeitsergebnis. Wären die Ergebnisse auch über andere Informationsquellen zu erreichen gewesen? Welche Vorteile hat das „virtuelle Archiv"?

Das Internet nutzen (Bd. 1)

1. Schritt: Suche durchführen
Du lässt zunächst eine Internet-Suchmaschine nach dem Stichwort „Kelten" suchen. Solche Suchmaschinen sind zum Beispiel Altavista (www.altavista.de), Google (www.google.de) oder die spezielle Kinder-Suchmaschine www.blinde-kuh.de. Wenn du die Internetadresse eingibst, erscheint eine Startseite mit einem Suchfeld, in das du den Begriff schreibst, über den du dich informieren möchtest.

2. Schritt: Suchabsicht festlegen, Überblick über das Suchergebnis bekommen
Damit du nicht planlos im Internet surfst, solltest du vorher genau festlegen, worüber du Informationen finden möchtest. Deine Fragen könnten z. B. lauten: Welche neuen Erkenntnisse haben Archäologen über die Kelten? Welche Museen informieren über die Kelten? Wo gibt es in der Nähe meines

Wohnortes Spuren der Kelten? Du erhältst mithilfe der Suchmaschine eine Auswahl von Internetadressen. Meist ist die Zahl der „Treffer" sehr hoch, sodass du zuerst einmal einen Überblick bekommen musst, welche Internetseiten für dich Interessantes bieten.
Lies also zuerst die Überschriften und die Kurzerläuterungen in der Liste und überlege, welche Adressen für dich brauchbar sind.

3. Schritt: Ergebnisse ordnen
Wenn du entschieden hast, dass eine Webseite für dich interessant sein könnte, liest du dort die angebotenen Informationen. Achte dabei aber nicht nur auf die Bilder und Texte, sondern prüfe auch, wer die Seite verfasst hat. Handelt es sich um ein Unternehmen, das nur ein Produkt verkaufen will? Stehen die Informationen auf einer privaten Homepage oder sind es Veröffentlichungen einer Gemeinde, einer staatlichen Einrichtung (z. B. Museum)?

4. Schritt: Informationen speichern
Wenn du über das Wissen, das du durch deine Internetsuche neu erworben hast, länger verfügen willst, musst du die Informationen in geeigneter Weise speichern: Du kannst z. B. auf deinem PC die Adressen interessanter Webseiten als Favoriten sammeln, Texte und Bilder als Dateien speichern oder ausdrucken. Manchmal ist es auch sinnvoll, sich handschriftliche Notizen zu machen.

Informationen aus dem Internet bewerten (S. 178 f.)

1. Schritt: Suchziel festlegen und Adressen bereitstellen
Formuliere das Suchziel nicht zu breit, wenn du über Suchmaschinen gehst (z. B. www.google.de) bzw. Metasuchmaschinen (z. B. www.metager.de). Bei konkreten Internetadressen (z. B. www.uno.de) ist es wichtig, nach weiterführenden Links zur gestellten Aufgabe zu suchen.

2. Schritt: Suche durchführen und Material auswählen
Grenze die Suchbegriffe ein, verwende Begriffe ausgeschrieben oder auch in ihrer Abkürzung. Notiere die „abgehakten" Adressen, um eine unnötige Mehrfachsuche zu vermeiden. Kläre, wie du die Informationen sichern willst (z. B. sofort ausdrucken, speichern, über E-Mail schicken lassen, handschriftliche Notizen anfertigen). Entscheide möglichst in einem ersten Schritt (online) mithilfe des Kastens, welche Informationen du nicht festhalten willst, wenn z. B. Urheber (Autor) fehlen und es sich offensichtlich um anonyme oder nur scheinbar seriöse Informationen handelt. Achte auf polemische, propagandistische Begriffe, die eine sachliche Information erschweren.

3. Schritt: Material bewerten und auswerten
Sichte und bewerte das Material anhand präziser Fragestellungen.

4. Schritt: Ergebnisse formulieren und präsentieren
Die Ergebnisse der Recherche sollten in einem zusammenfassenden Text und – wenn möglich – mit graphischen Elementen präsentiert werden.

Orte erkunden

Eine Exkursion durchführen (Bd. 1)

1. Schritt: Informationen besorgen
Beschafft euch zunächst Informationen bei der Verwaltung der Institution, die ihr besuchen wollt.

2. Schritt: Organisation
Klärt, welcher Termin infrage kommt, und ermittelt Fahrzeiten und Fahrpreise der günstigsten Verkehrsmittel. Stellt vor der endgültigen Entscheidung fest, was die Fahrt wohl insgesamt kosten wird.

3. Schritt: Themen in der Schule vorbereiten
Sichtet das Informationsmaterial, entscheidet euch, ob ihr ein vom Museum eventuell angebotenes Projekt durchführen oder eigene Schwerpunkte erarbeiten wollt. Teilt euch in Gruppen ein, die vor Ort „Forschungsfragen" nachgehen werden. Diese Fragen solltet ihr vor eurem Besuch bereits formulieren. Ihr solltet euch aber auch offen halten für Themen oder Fragen, auf die ihr erst dort stoßt bzw. die ihr während des Besuchs als interessant erkennt.

4. Schritt: Orientierung und Entdeckungen
Verschafft euch vor Ort gemeinsam bei einem Rundgang einen ersten Überblick. Die einzelnen Gruppen können als Experten schon Informationen geben. Anschließend gehen die Gruppen an die Arbeit: Notizen, Skizzen, Fotos, eventuell auch ein Video anfertigen.

5. Schritt: Befunde auswerten und dokumentieren
Wertet eure Arbeitsergebnisse in der Schule aus. Jede Gruppe berichtet. Entscheidet, wie ihr eure Ergebnisse dokumentieren wollt. Einige Anregungen:
- ein Exkursionsbuch anlegen,
- eine Wandzeitung erstellen,
- Spielszenen (Hörspiel) produzieren,
- eine Reportage für die Schülerzeitung erstellen.

Interviews führen

Experten befragen (Bd. 1)

1. Schritt: Fragen sammeln
- Notiert alle Fragen, die euch einfallen.
- Stellt sie zu einem Fragenkatalog zusammen. Überlegt dabei, welche sich einem gemeinsamen Thema zuordnen lassen (z. B. Motive für den Klostereintritt, Tagesablauf, Zusammenleben im Kloster usw.).

2. Schritt: Kontakt aufnehmen
- Besprecht, wen und wie viele Personen ihr einladen wollt (z. B. Mönch oder Nonne, junges Ordensmitglied oder Äbtissin).
- Nehmt telefonisch oder brieflich Kontakt auf und übergebt euren Fragenkatalog, damit die Experten sich vorbereiten können.

3. Schritt: Befragung vorbereiten
- Einigt euch mit den Experten auf Termin und zeitlichen Rahmen des Treffens (eine Befragung sollte nicht länger als zwei Stunden dauern!).
- Legt vorher fest, wer die Gesprächsführung übernimmt (Schüler/-in oder Lehrkraft).

– Bereitet den Raum vor (Stuhlkreis, Anordnung der Tische in U-Form)

4. Schritt: Befragung durchführen

– Die Gesprächsleitung begrüßt die Gäste und stellt sie vor. Jeder von euch stellt ein Namensschild vor sich oder nennt seinen Namen, wenn er sich zum ersten Mal meldet.

– Die Gesprächsleitung achtet darauf, dass der Fragenkatalog beantwortet wird. Wenn etwas unklar bleibt, könnt ihr nachfragen.

– Am Ende dankt ihr dem Experten (evtl. mit einem kleinen Geschenk).

– Wenn der Gast einverstanden ist, könnt ihr das Gespräch auf Tonband oder Video aufzeichnen. Für die Auswertung genügt es allerdings, wenn zwei von euch Protokoll führen.

5. Schritt: Antworten auswerten

Überprüft anhand des Fragenkatalogs, welche Antworten ihr erhalten habt. Sind Lücken geblieben? Warum? Diskutiert anschließend in der Klasse, ob sich der Expertenbesuch gelohnt hat.

Zeitzeugen befragen (S. 114 f.)

1. Schritt: Befragung vorbereiten

– Thema der Befragung klären und einen inhaltlichen Überblick verschaffen (Schul-/Sachbücher, Internet).

– Zeitzeugen finden (Familie, Bekannte, über die Stadtverwaltung, im Stadtarchiv, bei Kirchen, Parteien oder Gewerkschaften, Annonce in der Lokalzeitung).

– Ort, Zeit und Ablauf des Gesprächs klären (mehrere Zeitzeugen gleichzeitig einladen?).

– Fragen vorbereiten. Entscheiden, ob eher offene Fragen („Bitte erzählen Sie uns etwas über das Kriegsende.") gestellt oder nach einer festen Fragenanordnung vorgegangen werden soll.

2. Schritt: Befragung durchführen

– Für eine angenehme Atmosphäre sorgen, Begrüßung; Gesprächsleitung und Dauer der Befragung absprechen. Fotos (mit Einverständnis!) machen.

– Je nach Absprache und Vereinbarung Aufnahmegeräte starten und/oder Protokoll führen.

– Die Befragung von einer Kleingruppe durchführen lassen.

– Kurze Fragen stellen, nicht mehrere hintereinander.

– Reine Entscheidungsfragen (Ja- oder Nein-Antwort) möglichst vermeiden, damit differenziertere Antworten möglich sind (teils-teils, sowohl – als auch …).

– Dank, Verabschiedung.

3. Schritt: Ergebnisse auswerten, bewerten und präsentieren

– Die Auswertung geschieht am besten in Gruppen.

– Eindrücke austauschen (Verständlichkeit, Glaubwürdigkeit der Aussagen/Erzählung).

– Informationen mit den bisherigen Kenntnissen vergleichen.

– Stimmen Antworten und Hypothesen bzw. Fakten überein?

– Welchen Erkenntnisgewinn gibt es nach der Befragung?

– Eigene Gesprächsführung (Fragen, Gesprächsführung) kritisch bewerten.

– Auf Präsentation einigen (Text/Bilddokumentation: Mappe, Ausstellung, Ton-, Videodokumentation).

Gegenstände, Texte, Bilder, Karten, Kunstwerke untersuchen

Entschlüsselung eines Bildes (Bd. 1)

1. Schritt: Die Einzelheiten des Bildes erfassen

Beschreibe die Einzelheiten des Bildes, indem du folgende Fragen beantwortest:

– Welche Personen sind dargestellt?

– Wie sind sie gekleidet?

– Welche weiteren Gegenstände oder Tiere sind zu sehen?

– Wo befinden sich die Personen und Gegenstände?

2. Schritt: Die Zusammenhänge erklären

Überlege, in welcher Beziehung die abgebildeten Personen, Tiere oder Gegenstände zueinander stehen. Findest du Merkmale, die auf bestimmte Eigenschaften, Beruf, gesellschaftliche Stellung der dargestellten Personen hinweisen?

3. Schritt: Zusätzliche Informationen über das Bild heranziehen

In der Bildlegende findest du wichtige Hinweise. Sie gibt dir Auskunft darüber, wer wann für wen warum ein Bild gemalt hat. Manchmal hat das Bild auch einen Titel.

Weitere Fragen lassen sich oft durch eine zusätzliche Textquelle klären.

Bilder vergleichen (Bd. 2)

1. Schritt: Einzelne Bildelemente erfassen

Sieh dir jedes Bild genau an und erarbeite die Einzelheiten nach den folgenden Arbeitsschritten:

– Welche Personen werden gezeigt? Wie sind sie dargestellt (im Profil, von vorne, als Porträt, Brustbild usw.)? Wie sind sie ausgestattet (Kleidung, Schmuck, evtl. Rangabzeichen, Herrschaftszeichen usw.)?

– Welche Gegenstände sind abgebildet?

– Wo befinden sich die Personen und Gegenstände?

– Wie ist der Hintergrund gestaltet (Farben, Text usw.)?

– Welches Material wurde zur Herstellung verwendet?

2. Schritt: Bildelemente zusammenfügen

– Wie gehören die Bildelemente zusammen?
– Welche erste Deutung ergibt sich beim Zusammenfügen der Elemente?
– Welche Fragen bleiben offen?

3. Schritt: Gemeinsamkeiten und Unterschiede erarbeiten

Notiere die Unterschiede, die du zwischen beiden Bildern gefunden hast (Tabelle).

4. Schritt: Die Aussage der Bilder erschließen

Um die unterschiedliche Aussage der Bilder zu verstehen, stellst du Wer-, Wann-, Warum-, Wozu-Fragen:
– Wer sind die Personen, die dargestellt sind? Waren sie z. B. arm, berühmt, mächtig oder reich?
– Wie zeigt sich die Einstellung des Künstlers zu den abgebildeten Personen?
– Lebten die abgebildeten Personen wirklich?
– Unter welchen Bedingungen sind die Bilder entstanden?
Informationen über Künstler, Auftraggeber und Absicht findest du z. B. in der Bildlegende.

5. Schritt: Gesamtaussage vergleichen

Versuche, mithilfe des ersten und dritten Arbeitsschrittes jeweils die Aussage der beiden Bilder wiederzugeben. Mache deutlich, was der Künstler jeweils ausdrücken wollte. Weise insbesondere auf Unterschiede zwischen beiden Bildern hin und finde eine Erklärung.

Historiengemälde deuten (Bd. 3)

1. Schritt: Das Bild beschreiben

– Welches Ereignis ist dargestellt?
– An welchem Ort spielt sich das Geschehen ab?
– Welche Personen sind zu sehen? Welche stehen im Mittelpunkt?

2. Schritt: Die Entstehung des Bildes untersuchen

– Wer hat es gemalt?
– Wer hat es in Auftrag gegeben?
– Für welchen Zweck wurde es geschaffen?
– Welcher Zeitraum liegt zwischen dem Ereignis und der Entstehung des Bildes?
– Hat der Maler das Geschehen selbst miterlebt?

3. Schritt: Bild und Wirklichkeit vergleichen

– Suche nach Abbildungen (Fotos, Gemälde, Zeichnungen usw.), die das gleiche Ereignis zeigen.
– Ziehe gegebenenfalls schriftliche Informationen und Quellen heran.

4. Schritt: Die Bildaussage erschließen

– Was wollte der Maler dem Betrachter zeigen? Berücksichtige, ob es Abweichungen zwischen Bild- und weiteren Quellenaussagen gibt.
– Welche Wirkung wollte der Künstler beim Publikum erreichen?
– Welche Informationen erhalten wir über das zentrale Thema des Bildes hinaus, die z. B. Aufschluss geben über politische, gesellschaftliche Verhältnisse oder über die Kultur (zur Zeit des dargestellten Ereignisses bzw. des Künstlers)?

Karikaturen entschlüsseln (Bd. 3)

1. Schritt: Den ersten Eindruck festhalten

Notiere, was dir bei der Betrachtung der Karikatur zuerst auffällt.
Wie ist deine erste Reaktion?

2. Schritt: Ideen sammeln („Brainstorming")

Sammle alle Ideen und Gedanken, die dir beim Betrachten der Karikatur einfallen.

3. Schritt: Die Einzelheiten beschreiben

Welche Personen und Sachverhalte sind erkennbar? Achte auf Gesichtsausdruck, Körperhaltung, Kleidung und kennzeichnende Gegenstände. Welche Symbole werden verwendet? Achte auf einzelne Wörter und/oder die Bildunterschrift.

4. Schritt: Die Bedeutung klären

Welche Bedeutung haben die Personen und Gegenstände? Auf welche Bildteile bezieht sich der Text? (Evtl. in einer Tabelle notieren.)

5. Schritt: Die Aussage der Karikatur formulieren

Fasse in wenigen Sätzen zusammen: Auf welche Situation, auf welches Ereignis bezieht sich die Karikatur? Was sagt die Karikatur über das Thema aus? Wie beurteilt der Zeichner das Thema? Welche Wirkung könnte die Karikatur haben?

Politische Plakate untersuchen (Bd. 3)

1. Schritt: Erste Eindrücke und Informationen festhalten

Was fällt unmittelbar auf? Wer ist der „Autor" (Zeichner), wer der Auftraggeber?

2. Schritt: Einzelne Elemente analysieren

Welche Details sind zu erkennen? Welche besonderen Merkmale enthält die Darstellung (Farben, Größe, Proportionen, Statik, Dynamik)? Lassen sich Symbole, Stereotypen, bildhafte Vergleiche finden? In welchem Verhältnis stehen Bild und Text? Welcher Texttyp liegt vor, welche Schriftarten? Wie sind die Beziehungen der Elemente zueinander (z. B. Fotomontage, Collage)?

3. Schritt: Eine Gesamtaussage formulieren und kritisch bewerten

Welcher Gesamteindruck ergibt sich? Wie lässt sich die Analyse zusammenfassen? Welche vermutliche Wirkung soll erzielt werden (z. B. informierend, argumentierend, appellierend)? Wie lässt sich das Plakat in den historischen Zusammenhang einordnen?

Ein Flugblatt analysieren (Bd. 3)

1. Schritt: Das „Bildprogramm" erschließen (falls vorhanden)

– Welche Personen sind dargestellt? Wen verkörpern sie?
– Welche Gegenstände sind zu erkennen? Welche Bedeutung haben sie?
– In welcher Beziehung stehen Personen und Gegenstände zueinander?

2. Schritt: Textstellen inhaltlich erfassen

– Welche zentralen Botschaften werden vermittelt (Schlagworte, Überschriften, Hervorhebungen)?

– Welche Detailinformationen werden gegeben?
– Welche sprachlichen Mittel werden eingesetzt?

3. Schritt: Die politische Intention klären
– Welche politischen Ziele sollen vermittelt werden?
– Gegen wen richten sich die Forderungen?
– Können die Verfasser einem politischen Lager zugeordnet werden?

4. Schritt: Die historische Bedeutung beurteilen
– Treffen die politischen Aussagen wichtige Probleme der Zeit?
– Wie ist der Wahrheitsgehalt der zentralen Aussage zu bewerten?
– Welche Wirkung könnte das Flugblatt ausgelöst haben?

Fotos analysieren (S. 18 f.)

1. Schritt: Fragen zum Fotografen klären
– Lässt sich der Entstehungszeitpunkt bzw. der Entstehungszusammenhang des Fotos feststellen?
– Wer hat das Foto angefertigt?
– Lässt sich ein bestimmter Anlass, ein Motiv für die Aufnahme feststellen?
– In wessen Auftrag wurde fotografiert?

2. Schritt: Fragen zum Foto
– Was ist auf dem Bild dargestellt?
– Welche Details (Lupe!) könnten wichtig sein?
– Lässt sich ein bestimmtes „Thema" erkennen?
– Gibt die Bildunterschrift Hilfen?
– Welche Bildtechnik ist zu erkennen (Figuren, Gegenstände, Perspektive, Brennweite, Komposition, Entfernung, Ausschnitt)?
– Wurde das Bild bearbeitet (Montage, Beschnitt, Retusche)?
– Welche zusätzlichen Informationen sind zur weiteren Analyse notwendig?

3. Schritt: Aussage und Deutung
– Welcher Eindruck entsteht zunächst?
– Welche Gesamtaussage (Deutung) lässt sich formulieren?
– Welche Fragen bleiben offen?

Ein Denkmal untersuchen (Bd. 2)

1. Einzelheiten erfassen
– Was ist dargestellt? Welche Einzelheiten sind zu erkennen?
– Aus welchen Teilen besteht das Denkmal?
– Aus welchem Material ist es gefertigt?
– Mit welchen Gegenständen stehen die dargestellten Personen in Beziehung?
– Gibt es Darstellungsweisen, die für ein Denkmal typisch sind?

2. Zusammenhänge erklären
– In welcher Haltung (Pose) wird die Figur dargestellt?
– In welchem Verhältnis stehen die Figuren zueinander? Wird durch die Zuordnung eine Rangordnung zum Ausdruck gebracht?
– Welche Informationen werden durch die Darstellung vermittelt? Welche Anhaltspunkte weisen auf geschichtliche Ereignisse hin?

3. „Aussagen" beurteilen
– Wann, wo und für welchen Zweck wurde das Denkmal erstellt? Inwiefern spiegelt sich in der Gestaltung die Entstehungszeit (Kunstepoche) wider?
– Welches Bild soll den Nachkommen präsentiert werden? Entspricht dieses Bild den historischen Ereignissen? Vergleiche dazu die Entstehungszeit mit den geschichtlichen Ereignissen.

Kriegerdenkmäler erkunden (Bd. 3)

1. Schritt: Erkundigungen einziehen
– Informiert euch, ob es in eurer Gemeinde oder den Nachbargemeinden noch Kriegerdenkmäler zum Ersten Weltkrieg gibt.

2. Schritt: Die Bedeutung klären und Einzelheiten beschreiben
– Stellt fest, warum das Denkmal errichtet wurde: zur Mahnung, als Aufforderung zur Nachahmung, zur Verherrlichung der „Kriegshelden"?
– Schreibt dazu die Inschriften auf dem Denkmal ab oder fotografiert sie. Beachtet, aus welchem Material das Denkmal ist und welche Symbole verwendet wurden (Adler, Stahlhelme, Waffen, Ölzweig, Taube etc.).
– Beachtet ferner, wie die Figuren dargestellt wurden: sterbend, in aufrechter Haltung usw.
– Klärt, ob das Denkmal nach seiner Aufstellung verändert wurde (Restaurierung, Umsetzung, Verunstaltung usw.).

3. Schritt: Lokale Details festhalten
Häufig findet sich auf diesen Denkmälern auch ein Verzeichnis aller Gefallenen dieses Ortes. Dann könnt ihr zusätzlich noch folgende Fragen beantworten:
– Wie viele Männer dieses Ortes starben als Soldaten im Krieg?
– Wie alt war der Jüngste, wie alt der Älteste?
– Wenn auf dem Denkmal angegeben ist, wo die Soldaten gefallen sind, fertigt eine Karte an und tragt die Orte ein.

Ein Bauwerk als Quelle (Bd. 3)

1. Schritt: Die Lage und das Erscheinungsbild erfassen
– An welchem Ort befindet sich das Bauwerk (im Zentrum einer Stadt, in der freien Landschaft, auf einer Anhöhe etc.)?
– Wie „verhält" sich das Bauwerk zu seiner Umgebung? (Passt es sich an? Dominiert es die Umgebung? Muss es erst „entdeckt" werden?)
– Aus welchen Materialien ist das Bauwerk gefertigt? (Unterscheidet es sich in diesem Punkt von den Bauwerken im Umfeld?)
– Welche architektonischen Merkmale sind festzustellen?

2. Schritt: Die Baugeschichte klären
– Wer ist der Initiator des Bauwerks? Woher stammen die finanziellen Mittel?
– In welchem Zeitraum wurde das Bauwerk errichtet? Welche Rückschlüsse lassen sich aus der Bauzeit ziehen?
– Welcher technische Aufwand war nötig? Welche Mittel standen den Menschen damals zur Verfügung?

3. Schritt: Das Geschichtsbild ergründen
– Aus welchem Grund ließ der Bauherr das Bauwerk errichten? Handelt es sich

dabei um ein persönliches oder um ein öffentliches Anliegen?
– Welche geschichtlichen Ideen werden durch die Architektur bzw. die Ausgestaltung vermittelt?
– In welchem Verhältnis steht der Baustil zum Thema des Bauwerks?

4. Schritt: Die spezifische Absicht erörtern
– Welche Antworten gibt das Bauwerk auf die Fragen der Zeit?
– Welche Botschaften will es vermitteln?
– Sind diese gerechtfertigt?
– Welches Selbstverständnis des Erbauers wird dokumentiert?
– Welche Verbindungen zwischen dem Bauherrn und dem Denkmal werden hergestellt?

Monumentalarchitektur analysieren (S. 56 f.)

1. Schritt: Lage und Positionierung im Umfeld erfassen
– In welcher Umgebung befindet sich das Monument? Steht es in einer Stadt oder in der freien Landschaft?
– Hat der Platz oder die Umgebung eine besondere geschichtliche Bedeutung?
– Befindet sich das Monument in einem bestimmten Ensemble und wie „verhält" es sich zu den anderen Bauwerken in der Umgebung?

2. Schritt: Baugeschichte untersuchen
– Wer ist der Auftraggeber?
– Wann wurde das Bauwerk errichtet? Welcher Zeitraum war zum Bau erforderlich?
– Wer waren die führenden Architekten/Künstler?
– Welche technischen Mittel waren zum Bau erforderlich?

3. Schritt: Stilistische und architektonische Kennzeichen erfassen
– Welche Stilmittel werden aufgegriffen und welche historischen Vorläufer gibt es? Sind einzelne Merkmale besonders dominant?
– Gibt es ungewöhnliche Neuansätze?
– Wie ist der künstlerische Wert zu beurteilen?

4. Schritt: Sinn und Bedeutung des Denkmals bewerten
– Welche Wirkung hat das Denkmal auf den Betrachter?
– Zu welchem Zweck wurde das Denkmal errichtet?
– Welche historischen Assoziationen sollten damit bewirkt werden?
– Welche Denkweisen lassen sich aus der Gestaltung ableiten?
– Welche Bedeutung hatte das Denkmal für die damaligen Zeitgenossen, welchen Stellenwert hat es heute?

Einen historischen Sachverhalt klären (Bd. 2)

1. Schritt: Material zusammentragen und suchen
– Lege fest, worüber du Informationen finden willst (z. B. Gründungsdatum deiner Stadt, Geschichte einer besonderen Sehenswürdigkeit).
– Schul- und Stadtbibliotheken bieten immer Literatur über die eigene Stadt und die Heimatregion an. Informationen über Städte findest du auch in Lexika und Reiseführern. Wie man in einer Bibliothek recherchiert, kannst du im Anhang nachlesen.
– Viele Städte haben eine Internetseite, von der aus man sich durch weitere Informationen klicken kann. Die Internetadressen sind meist nach folgendem Muster aufgebaut:
www.nuernberg.de;
www.augsburg.de.
Du kannst aber auch mit einer Suchmaschine arbeiten (siehe Methode „Das Internet nutzen").
– Wer Geschichte anschaulich erfahren will, kann sich auch im Stadtmuseum, im Stadtarchiv oder bei Informationsstellen der Stadt, z. B. im Fremdenverkehrsbüro, auf die Suche machen. Oft gibt es hier Broschüren oder Ausstellungskataloge zur Geschichte der Stadt.

2. Schritt: Material sichern
– Sichere die gefundenen Materialien, indem du Texte kopierst oder wichtige Aspekte stichpunktartig notierst, Internet-Dateien herunterlädst und auf dem PC speicherst oder sofort ausdruckst.
– Wenn du viele Informationen gesammelt hast, empfiehlt es sich, die Materialien in einem Schnellhefter oder Ordner aufzuheben.

3. Schritt: Materialien auswählen
– Überprüfe, welche Informationen doppelt, unwichtig, veraltet oder vermutlich fehlerhaft sind. Sortiere diesen „Infomüll" aus.
– Überlege, welche Informationen sich für dein Vorhaben (Referat o. Ä.) eignen.

4. Schritt: Ergebnisse vergleichen und bewerten
– Bewerte nach der Recherche die verschiedenen Informationsquellen:
Wie lange hat die Suche jeweils gedauert?
Hast du die Antworten auf die Fragen bekommen, die du gestellt hast?
Wo siehst du Vorteile, welche Nachteile ergeben sich aus der jeweiligen Informationsquelle?

Einen Historienfilm untersuchen (Bd. 2)

1. Schritt: Beobachtungshinweise klären
– Was wird in der Szene dargestellt?
– Welche Personen treten auf?
– In welcher Beziehung stehen die Personen zueinander?
– In welcher Umgebung handeln die Personen?
– Welche Handlung wird durch die Abfolge der Bilder erzählt?
– Wie wird etwas dargestellt?
Welche Position nimmt die Kamera ein (z. B. Nahaufnahme)?
– An welchen Stellen wird ein Schnitt (Unterbrechung einer Aufnahme) gemacht?
– Welche Musik wird eingesetzt?

2. Schritt: Beobachtungen zusammenfassen
Legt eine Tabelle an:
Bildebene
– Handlungsort
– Personen
– Geschehen
– Kameraführung
– Farbgebung
– Licht
– Schnitte

Sprache
- inhaltliche Aussagen der Personen
- Sprechweise (z. B. aggressiv, fordernd, belehrend, eingeschüchtert, sachlich erzählend)

Ton
- Wirkung der Musik (z. B. untermalend, dramatisierend)
- Hervorhebung von Geräuschen (z. B. Prasseln eines Feuers)

3. Schritt: Vergleich mit historischen Quellen
- Wie verhält sich die Darstellung zu historisch belegten Quellen?
- Welche Ausschnitte werden gezeigt, welche werden ausgespart?
- Welche Mittel werden im Film eingesetzt, um Aufmerksamkeit und Spannung zu erregen?

Propagandistisches Film-, Bild- und Tonmaterial analysieren (S. 50 f.)

1. Schritt: Historischen Kontext klären
- In welcher Zeit ist das Dokument entstanden?
- Nimmt es Bezug auf ein ganz konkretes historisches Ereignis oder behandelt es ein allgemeines Thema?
- In welchem Bezug stehen die Entstehungszeit des Dokuments und das dargestellte Geschehen?

2. Schritt: Gattung festlegen und Funktion klären
- Handelt es sich z. B. um eine Rundfunkansprache, einen Nachrichtenbeitrag, Dokumentarfilm, Propaganda- bzw. Werbefilm?
- Welche Adressaten sollen erreicht werden?
- Welche Wirkung wird mit der Gattung generell angestrebt?

3. Schritt: Propagandistische Mittel untersuchen

Textanalyse:
- Wortwahl (z. B. Leerformeln, Schlagwörter; Superlative)
- Rhetorische Figuren (einschließlich Wirkung)
- Argumentationsstruktur (Behauptungen; Beweise/Begründungen)

Bildanalyse:
- Personendarstellungen (z. B. Auftreten; Gestus)
- Filmtechnische Mittel (Farbgebung, Kameraführung, Ton)

4. Schritt: Folgen von Propaganda bewerten
- Positive Selbstdarstellung (Überbewertung der eigenen Leistung)
- Abwertung anderer (Aufbau und Verfestigung von Feindbildern)
- Mobilisierung von Massen

Auswertung einer Geschichtskarte (Bd. 1)

1. Schritt: Das Thema einer Karte ermitteln

In der Regel haben Karten eine Überschrift, die das Thema der Karte angibt. Die Überschrift enthält fast immer eine Angabe über den dargestellten Zeitpunkt oder Zeitraum. Manche Karten zeigen zum Beispiel, wie die Landschaft ausgesehen hat, andere geben Auskunft über Städtegründungen, die Landwirtschaft oder die Bevölkerung eines Gebietes.

Wenn du dich über das Thema und die Zeitangabe orientiert hast, stellst du eine Frage, die du mit der Karte beantworten möchtest. Zum Beispiel: Wie haben die Griechen in dieser Landschaft gelebt?

2. Schritt: Die Kartenlegende deuten

In der Kartenlegende werden alle Farben, Schattierungen und Zeichen erklärt, die auf der Karte zu sehen sind. Kartenlegenden sind nicht immer gleich ausführlich. Einige erklären sämtliche Kartenelemente, andere nur die Besonderheiten der gerade abgebildeten Karte.

3. Schritt: Den Maßstab feststellen

Wichtig für den Umgang mit Karten ist eine genaue Vorstellung von den dargestellten Entfernungen. Hier hilft die Maßstableiste in der Legende weiter. Mit diesem Kartenelement kannst du zum Beispiel ermitteln, wie groß die Entfernung zwischen zwei Städten ist. Bei Geschichtskarten ist der Maßstab oft in Form einer Entfernungsleiste mit Kilometerangaben dargestellt.

4. Schritt: Die Aussagen der Karte zusammenfassen

Beschreibe die Zeichen und die Farbgebung der Karte. Damit erhältst du eine Vorstellung von den Bedingungen in dem abgebildeten Gebiet.

Überlege, wie die Geschichtskarte deine Frage aus dem 1. Schritt beantwortet. In unserem Beispiel kannst du Aussagen über die Wohnmöglichkeiten und Verkehrsverbindungen in Griechenland machen.

5. Schritt: Weitere Informationen beschaffen

Am Ende der Kartenarbeit solltest du kritisch prüfen, ob deine Frage ausreichend beantwortet ist. Um beispielsweise genaueres Wissen über das Leben in der griechischen Landschaft zu erhalten, kannst du dich in Reiseführern aus deiner Stadtbibliothek und im Internet informieren.

Eine Geschichtskarte lesen (Bd. 2)

1. Schritt: Grundelemente erkennen

Orientiere dich auf der Karte und erschließe die dargestellten Themen. Beachte den Maßstab!

Kläre mithilfe der Legende, welche Farben und Symbole verwendet werden und welche Bedeutung sie haben.

2. Schritt: Veränderungen untersuchen

Prüfe, welcher Zeitraum dargestellt und in welche Phasen er gegliedert ist. Werden Gründe für die Veränderung deutlich (z. B. Kriege, Katastrophen, Wanderungen, Stadtgründungen o. Ä.)?

3. Schritt: Glaubwürdigkeit prüfen

Wie Textquellen oder Bilder sind auch Karten mit einer bestimmten Absicht verfasst. Prüfe mithilfe ergänzender Informationen, ob die verwendeten Symbole, Farben, Ortsbezeichnungen oder Begriffe geeignet sind, die geschichtliche Entwicklung deutlich zu machen.

4. Schritt: Ergänzende Informationen beschaffen

Sammle Informationen über die abgebildete Region (Lexika, Schul- und Sachbücher, Internet). Du kannst dir auch eine moderne Karte von dem Gebiet beschaffen und z. B. Vermutungen anstellen, wie die Vergangenheit sich auf die Gegenwart auswirkt.

Historische Karten lesen und vergleichen (Bd. 2)

1. Schritt: Jede Karte einzeln erschließen

Untersuche jede Karte einzeln:
- Was ist das Thema der Karte (Inhalt, Raum und Zeit)?
- Welche Informationen gibt die Bildunterschrift?
- Ist die Karte genordet?
- Welches Gebiet ist dargestellt, wo ist z. B. Land oder Wasser?
- Welche Zeichen, Symbole, Farben sind zu erkennen? Was könnten sie bedeuten?
- Zu welchem Zweck könnte die Karte angefertigt worden sein; gab es z. B. Auftraggeber?
- Welche Gesamtaussage hat die Karte?
- Welche Fragen sind nur mithilfe weiterer Informationen zu beantworten?

2. Schritt: Gemeinsamkeiten und Unterschiede feststellen

Vergleiche die Einzelheiten der beiden Karten, z. B. die Datierung, die Art der Darstellung, das Land-Wasser-Verhältnis, die Küstenverläufe, die Lage von Inseln.

Vergleiche dann die Gesamtaussage beider Karten.

3. Schritt: Ergebnisse auswerten
- Gibt es Veränderungen (z. B. im geographischen Kenntnisstand)?
- Was bedeuten die Veränderungen für das Weltbild in der damaligen Zeit?
- Welche Folgen hatte der veränderte Kenntnisstand (z. B. für die Politik, für die Seefahrt, für die Wirtschaft, die Wissenschaft)?
- Welche weiteren Informationen über die Karten hinaus sind noch vorhanden (z. B. in Begleittexten zu den Karten, in Sachbüchern)?

Textquellen vergleichen (Bd. 2)

1. Schritt: Jede Quelle einzeln erschließen

Nimm dazu die Anleitungen im Anhang zu Hilfe.

2. Schritt: Glaubwürdigkeit der Texte überprüfen

Kläre folgende Fragen:
- Wann sind die Texte geschrieben worden? Wie groß ist der zeitliche Abstand zwischen Ereignis und Bericht? Waren die Autoren Augenzeugen? Wenn nicht: Wen geben sie als Informanten an?
- Ist eine Wertung zu erkennen?

3. Schritt: Inhalte vergleichen

Stelle fest,
- welche Informationen übereinstimmen,
- ob es Einzelheiten gibt, die nicht in allen Texten erscheinen bzw. unterschiedlich genau oder ausführlich wiedergegeben werden,
- ob das, was berichtet wird, logisch ist oder Unstimmigkeiten enthält.

4. Schritt: Weitere Informationen sammeln

Um die Aussagen der Texte zu überprüfen bzw. Fragen zu klären, musst du weitere Quellen und wissenschaftliche Informationen (z. B. Lexika, Sachbücher) heranziehen.

5. Schritt: Ergebnisse formulieren

Vergleiche die Notizen aus den einzelnen Arbeitsschritten miteinander. Ergänze dann die Ergebnisse durch Sachinformationen. Nenne die Widersprüche und Unklarheiten, die du bei der Textarbeit festgestellt hast und nicht beseitigen konntest. Prüfe, ob sie für die Wertung der Ergebnisse von Bedeutung sind.

Eine Textquelle analysieren (Bd. 3)

Textquelle
- Welche Quellenart liegt vor?
- Wie lautet die Datierung?
- Gibt es eine Überschrift (ein Thema)?
- Wie lässt sie sich gliedern?
- Was ist aus der Quelle zu erfahren?
- Wie lautet die Kernaussage?
- Lassen sich Schlüsselbegriffe finden?
- Werden die Aussagen begründet?
- Sind die Aussagen schlüssig/widersprüchlich?
- Ist die Quelle glaubwürdig?
- Für wen, in welcher Absicht wurde der Text verfasst?

Autor
- Wer hat den Text verfasst?
- In welchem Verhältnis steht er zum Ereignis?
- Was konnte er wissen (nicht wissen)?
- Lässt sich ein bestimmter Standpunkt des Autors feststellen?

Geschichtlicher Hintergrund
- In welche geschichtliche Situation lässt sich die Quelle einordnen?
- Ist ein Vergleich mit anderen Quellen und Darstellungen möglich?
- Welche weiteren Informationen sind zum besseren Verständnis notwendig?

Adressat
- An wen ist der Text gerichtet (Privatperson, Machthaber, Amt, Öffentlichkeit, Nachwelt)?
- In welchem Verhältnis steht der Adressat zum Autor?
- Könnte die Art des Adressaten Einfluss auf den Inhalt des Textes haben?

Gegenwärtige Situation
- Auf welche Frage(n) suchen wir eine Antwort?
- Welches Wissen bringen wir in die Analyse und Beurteilung ein?
- Beeinflussen Faktoren unserer Zeit unser Urteil?

Mit fremdsprachigen Quellen umgehen (S. 110)

1. Schritt: Textquelle übersetzen und Ergebnisse vergleichen
- Welche Hilfe wird benötigt?

2. Schritt: Textquelle analysieren
- Welche Quellenart liegt vor?
- Wie lautet die Datierung?
- Gibt es eine Überschrift (ein Thema)?
- Wie lässt sich der Text gliedern?
- Was ist aus der Quelle zu erfahren?
- Wie lautet die Kernaussage?
- Sind die Aussagen schlüssig/widersprüchlich?
- Ist die Quelle glaubwürdig?
- In welcher Absicht wurde der Text verfasst?

3. Schritt: Informationen über den Autor/Urheber erarbeiten
- Wer hat den Text verfasst?
- In welchem Verhältnis steht er zum Ereignis?

– Was konnte er (nicht) wissen?

4. Schritt: Informationen über den Adressaten erarbeiten

– An wen ist der Text gerichtet (Privatperson, Öffentlichkeit)?

– Könnte der Adressat Einfluss auf den Inhalt des Textes haben?

5. Schritt: Quelle in den geschichtlichen Kontext einordnen und Übersetzung überprüfen

– In welche geschichtliche Situation lässt sich die Quelle einordnen?

– Ist ein Vergleich mit anderen Quellen und Darstellungen möglich?

– Welche weiteren Informationen sind nötig?

– Ist die Übersetzung stimmig mit der historischen Einordnung?

6. Schritt: Bezug zwischen Textquelle und Gegenwart herstellen

– Auf welche Frage(n) suchen wir eine Antwort?

– Welches Wissen bringen wir in die Analyse und Beurteilung ein?

Schriftliche Quellen analysieren und bewerten (S. 78 f.)

Bei der Analyse von Textquellen sind folgende Arbeitsschritte hilfreich (Zusammenarbeit mit dem Fach Deutsch):

1. **Schritt:** Wortwahl untersuchen
2. **Schritt:** Erklärung der rhetorischen Figuren und der Syntax
3. **Schritt:** Bewertung der Konnotationen (emotional; sachlich)
4. **Schritt:** Ermittlung der Kompositionsschemata (Abwertung, Aufwertung, Beschwichtigung)
5. **Schritt:** Ermittlung des Kontextes (Verfasser, Adressat)
6. **Schritt:** Erläuterung der Aussageabsicht
7. **Schritt:** In einem Vergleich sind Gemeinsamkeiten und Unterschiede der Texte festzustellen und in ihrer Bedeutung zu erklären.

Politische Dichtung deuten und vergleichen (Bd. 3)

1. Schritt: Den Text in einen historischen Kontext einordnen

– Welche biographischen Hinweise zum Dichter könnten wichtig sein?

– In welcher gesellschaftlichen Stellung befand sich der Autor?

– Wodurch ist die Entstehungszeit gekennzeichnet? (Frage nach wichtigen politischen Ereignissen!)

2. Schritt: Konkrete historische Bezugspunkte des Textes klären

– In welche Sinneinheiten kann man den Text gliedern?

– Werden allgemeine Probleme oder Einzelheiten angesprochen?

– Welche historischen Hintergründe oder Einzelheiten müssen zum Verständnis geklärt werden

3. Schritt: Politische Zielrichtungen und Absichten klären

– Gegen wen richten sich die einzelnen Aussagen?

– Mit welchen (sprachlichen) Mitteln wird der Gegner attackiert?

– Welche Wirkung soll von dem Text ausgehen? Welche Adressaten sind angesprochen?

4. Schritt: Versuch einer kritischen Textbewertung

– Handelt es sich um einen typischen Text der Zeit bzw. des Autors?

– Sind die kritischen Vorwürfe berechtigt?

– Weist der Text über die Problematik der Zeit hinaus?

Sachtexte exzerpieren (Bd. 3)

1. Schritt: Überblick gewinnen

– Bibliographische Angaben des Textes (Buches) festhalten: Autor/Herausgeber, Titel, Erscheinungsort, Erscheinungsjahr, ggf. Auflage, Fundort (Bibliothek und Signatur). Angaben auch auf Kopien notieren!

– In einem ersten Leseschritt klären, ob der Text geeignet ist.

– Das Thema des Textes (Absatzes) feststellen.

2. Schritt: Textstellen markieren

– Beim zweiten Lesen Textstellen markieren:

– Zentrale Begriffe

– Gedanken und Ideen

– Zusammenhänge

– Widersprüche

– Sprachliche Auffälligkeiten, z. B. Schlagwörter, Metaphern, Ironie

– Verweise auf andere Texte (Textstellen)

3. Schritt: Exzerpieren

– Markierte Textstellen und Notizen am Textrand notieren:

a) als wörtliches Zitat (auf Rechtschreibung, Zeichensetzung und wörtlich genaue Übernahme achten, da später das Original oft nicht mehr zur Verfügung steht),

b) als sinngemäßer Auszug (Paraphrase), bei dem der Inhalt (Gedanke) in knapper Form festgehalten wird.

Publizistische Texte analysieren (S. 156 f.)

1. Schritt: Den Text analysieren

Lies zunächst den Text und kläre unbekannte Begriffe. Erarbeite dann den Text mithilfe des Modells zur Analyse von Textquellen. Beachte, dass sich nicht alle Fragen des Modells anwenden bzw. beantworten lassen.

2. Schritt: Die Textaussage beurteilen

Prüfe anhand der folgenden Fragen, welche Erkenntnisse sich aus dem Text gewinnen lassen:

– Welchen Standort lässt die Argumentation des Autors erkennen? Vertritt er eine bestimmte politische oder gesellschaftliche Position? Wenn ja, woran lässt sich diese festmachen (Textbelege)?

– Versucht der Autor, die Meinung der Leser zu beeinflussen? Wenn ja, wie? Ist die Beeinflussung auffällig oder versteckt?

– Spiegelt die Textaussage die Meinung vieler oder nur weniger Leser? Wie und wo kann dies überprüft werden?

Symbole deuten (Bd. 2)

1. Schritt: Einzelne Elemente beschreiben

– Was ist dargestellt (Personen, Gegenstände)? Wie sind sie dargestellt?

– Wie lässt sich die Situation beschreiben?

2. Schritt: Zusätzliche Informationen heranziehen

– Welche Hinweise gibt die Bildunterschrift?

– Evtl. Symbollexikon heranziehen.

3. Schritt: Symbolische Bedeutung der Bildelemente klären

– Welche Gegenstände und Handlungen lassen sich symbolisch deuten? Was sollen sie bedeuten?

4. Schritt: Eine Gesamtdeutung formulieren

– Welche Gesamtaussage lässt sich formulieren? Gibt es mehrere Deutungen?

Texte aus Jugendbüchern erarbeiten (Bd. 2)

1. Schritt: Den Text inhaltlich erschließen

– Wovon handelt der Text?
– Wer sind die Hauptpersonen? Vertreten sie bestimmte Berufs- oder Bevölkerungsgruppen oder gesellschaftlich wichtige Ämter?
– Handeln die Personen selbstständig oder führen sie Anweisungen aus?
– Wird das Geschehen aus Sicht der Hauptpersonen dargestellt oder kommen andere Sichtweisen dazu?

2. Schritt: Den historischen Hintergrund prüfen

– Wird die Handlung mit geschichtlichen Daten, Plätzen, Personen oder Ereignissen verbunden?
– Wird die Handlung in größere geschichtliche Zusammenhänge oder Entwicklungen eingebunden?

3. Schritt: Die Darstellungsweise kritisch hinterfragen

– Wird deutlich, welche Vorgeschichte ein Ereignis hat, aus welchen Motiven eine Person handelt, welche Ziele sie verfolgt?
– Wie werden Lebensformen erklärt und gewertet, die in jener Zeit ungewöhnlich waren?
– Sind die Erklärungen für andere Lebensformen überzeugend, können sie (von dir) überprüft werden?

4. Schritt: Die Nähe zu eigenen Erfahrungen messen

– Lassen sich Verbindungen herstellen zwischen den geschilderten Ereignissen und Situationen, die du selbst erlebt hast?
– Kannst du dich in die Personen hineinversetzen und überlegen, wie du in der entsprechenden Situation handeln würdest?
– Fordert der Text dich auf, dein eigenes Denken und Handeln kritisch zu überprüfen?
– Gibt der Text Anlass, sich mit aktuellen Themen auseinanderzusetzen?

Entschlüsselung eines Kunstwerkes (Bd. 1)

1. Schritt: Künstlerische Auswertung

a) Was ist dargestellt? Aus welchem Material wurde das Kunstwerk geschaffen?
b) Wie wirkt das Dargestellte auf mich? Warum gefällt es mir (nicht)? Was wirkt fremd, was kommt mir bekannt vor?
c) Wie bildet der Künstler die Personen bzw. Gegenstände ab? Achte auf Einzelheiten des menschlichen Körpers und der abgebildeten Gegenstände.

2. Schritt: Historische Auswertung

d) Wann, wo und für welchen Zweck ist das Kunstwerk entstanden? Beachte die Bildlegende.
e) Welche Informationen vermittelt das Dargestellte über den Alltag der damaligen Zeit? Beachte z. B. die Kleidung, Frisur und Einrichtungsgegenstände.
f) In welcher Beziehung stehen die dargestellten Personen zueinander? Durch die Anordnung (z. B. Streitwagen oben und Hopliten unten) könnte eine Rangordnung zum Ausdruck gebracht werden.

Informationen auswerten und darstellen

Informationen präsentieren (Bd. 2)

1. Schritt: Thema, Ziel und Form des Vortrags klären

– Welches Ziel soll das Referat haben?
– Welche Informationen/Inhalte sollen dargestellt werden?
– Für wen wird präsentiert?
– Welche Medien können/sollen benutzt werden?
– Welche Zeitvorgabe muss beachtet werden?

2. Schritt: Informationen sammeln und ordnen

– Sammle Material zum Thema (Schul-/Sachbücher, Lexika, Internet).
– Wähle die Informationen aus, die die Vorgaben von Schritt 1 erfüllen.
– Ordne die Informationen so, dass die Zuhörer sie nachvollziehen und eigene Überlegungen anschließen können.
– Bilde Themenblöcke mit Behauptungen oder Fragen als Überschriften.

3. Schritt: Vortrag strukturieren

Jedes Referat, jede Präsentation hat eine Einleitung, einen Hauptteil und einen Schluss. Gliedere deine Präsentation.

4. Schritt: Aussagen und Zusammenhänge visualisieren

– Notiere die wichtigsten Aussagen deines Vortrags.
– Überlege, welches Medium sich anbietet, um die Aussagen den Zuhörern zu verdeutlichen (z. B. Wandtafel, Plakat, OHP-Folie, Beamer).
– Gestalte die Visualisierung so, dass der Inhalt schnell erfasst wird.

5. Schritt: Entwurf überprüfen und Präsentation vorbereiten

Bevor du dein Referat hältst, solltest du die Präsentation üben.
– Schreibe für den freien Vortrag Stichwörter auf Merkzettel. Notiere auch, an welchen Stellen du etwas visualisieren möchtest.
– Überprüfe, ob Thema und Ziel deutlich werden, d. h. die Vorgaben von Schritt 3 und 4 beachtet sind.
– Suche dir eine andere Person, die deine Präsentation vorher ansieht und dir

noch ein paar Tipps für die Durchführung gibt. Stoppe die Zeit.
– Plane genügend Zeit für Änderungen ein.
– Sorge dafür, dass alle Materialien und Geräte, die du für die Visualisierung brauchst, bereitstehen.

6. Schritt: Präsentation
– Prüfe, ob alle Medien und Materialien in der richtigen Ordnung sind.
– Trage deinen Vortrag möglichst ruhig vor und halte Blickkontakt mit den Zuhörern.
– Gib deinem Publikum nach dem Vortrag Zeit für Fragen oder für eine Diskussion.

Software zur Geschichte nutzen (Bd. 3)

1. Schritt: Art und Thema der CD-ROM feststellen
Was liegt vor? Zum Beispiel:
– Text- und Quellensammlungen, Geschichslexika, z. B. eine Weltgeschichte mit interaktiven Karten;
– Lernprogramme, Trainingsprogramme, z. B. mit Übungen, Zeichen- bzw. Malprogramm;
– Dokumentationen, z. B. über eine historische Person oder über die Stadt im Mittelalter, ohne eigene Aktivitätsmöglichkeiten;
– Computerspiele als Ereignis- oder Abenteuerspiele, z. B. über das Geheimnis einer Burg.

2. Schritt: Anforderungen an Programm und Technik klären
– Gibt es eine Anleitung für die Bedienung?
– Ist ein Inhalts- oder Themenverzeichnis vorhanden?
– Ist der Aufbau der CD-ROM verständlich dargestellt?
– Muss man Vorwissen für die Bedienung mitbringen?

3. Schritt: Inhaltliche und methodische Verwendung untersuchen
– Geht es um einen engeren oder weiteren Themenkreis aus der Geschichte?
– Geht es um eine Aufzählung und Darstellung von Ereignissen?
– Werden Zusammenhänge und übergreifende Fragen behandelt?
– Wird Geschichte „erfunden" oder nahe an den Quellen dargestellt?
– Ist eine Gewichtung und Wertung bei der Aufbereitung der Fakten erkennbar?
– Sind die Darstellungen sehr stark vereinfacht, sodass sie zu vorschnellen Bewertungen und Urteilen führen können?
– Werden Probleme und offene Fragen genannt?
– Erscheint die Darstellung als abgeschlossen und endgültig?
– Werden auch „Fragen an die Geschichte" gestellt?
– Gibt es Nachweise zur Literatur, zu Quellen, Abbildungen, Tonträgern?

4. Schritt: Leistung der Software beurteilen
Fragen, die bei der Beurteilung der Software zu Art und Programm, Inhalt und Methode helfen können:
– Sind Anleitung und Führung durch das Programm klar und verständlich?
– Wird zur weiteren Auseinandersetzung mit dem Thema angeregt?
– Wird Interesse für Geschichte geweckt?
– Werden selbstständiges Arbeiten und Denken gefordert?
– Werden bestimmte „Bilder" von Geschichte als gegeben vermittelt und nicht problematisiert?

Ein Verfassungsschema interpretieren (Bd. 3)

1. Schritt: Einzelne Elemente der Abbildung erfassen
– Welche (Fach-)Begriffe werden genannt (z. B. Wahlmänner)?
– Welche Symbole sind zu erschließen (z. B. Farben, Pfeile)?

2. Schritt: Den Aufbau untersuchen
– Wie ist das Schaubild zu lesen: von unten nach oben, von links nach rechts – oder umgekehrt?
– Gibt es einen inhaltlich logischen „Einstieg"? Verändert sich die Aussage des Schemas für den Betrachter, je nachdem, welchen Zugang und Weg er wählt?

3. Schritt: Den Inhalt erschließen
– Welche Informationen enthält das Verfassungsschema?
– Gibt es Hilfen, um diese Informationen zu verstehen?
– Wird deutlich, wie die einzelnen Elemente der Verfassung in Beziehung zueinander stehen? (z. B. Wer kann politisch (mit-)bestimmen und wie? Sind alle Elemente einander gleichgestellt oder gibt es z. B. ein „Oben" und „Unten" – mit welchen Konsequenzen?)
– Was bleibt unklar, sodass weitere Recherchen notwendig sind?

4. Schritt: Die Aussagekraft bewerten
– Lassen sich anhand des Schemas die Grundprinzipien der Verfassung formulieren?
– Ist es möglich, aus dem Schema „Stärken" und „Schwächen" der Verfassung zu erkennen?

5. Schritt: Den historischen Zusammenhang einbeziehen
– Da ein Verfassungsschema keine Quelle, sondern deren wissenschaftliche Interpretation ist, muss es anhand von weiteren Materialien bzw. Informationen überprüft werden.

Mit Graphiken und Schaubildern arbeiten I (Bd. 2)

1. Schritt: Formale Analyse
Im Unterricht wird – abgesehen von eigenen Archivarbeiten – meistens bereits bearbeitetes und gedrucktes Material verwendet. Deshalb kannst du die Analyse darauf beschränken, Vollständigkeit und erstes Verständnis der Daten zu überprüfen.

2. Schritt: Inhaltliche Analyse
Folgende Fragen kannst du an das Material stellen:
– Was ist Thema der Statistik?
– Wie ist sie aufgebaut?
– Was ist im Einzelnen dargestellt?
– Welche Aussagen lassen sich formulieren?
– Sind sie untereinander stimmig?
– Lässt sich eine Hauptaussage erschließen?
– Bleiben Fragen offen?

3. Schritt: Historischer Zusammenhang
Thema und Aussagen der Statistik solltest du in den geschichtlichen Zusammenhang einordnen.

– Gibt es einen Bezug zu anderen Informationen (Materialien)?
– Ergänzen oder widersprechen sie sich?
– Welche weiteren Informationen werden benötigt?

4. Schritt: Bewertung der Aussagekraft

Hier sollten die vorliegenden statistischen Daten insgesamt bewertet werden.
– Ist der Ausschnitt der Daten zu gering?
– Wird der Sachverhalt zu stark vereinfacht, verzerrt oder vielleicht verfälscht?

Statistiken auswerten und graphisch umsetzen II (Bd. 3)

1. Schritt: Formale Analyse

Zuerst muss nach der Echtheit des Zahlenmaterials und seiner korrekten „Überlieferung" gefragt werden. Im Unterricht wird – abgesehen von eigenen Archivarbeiten – meistens bereits „bearbeitetes" (ausgewähltes und gedrucktes) Material vorgelegt. Deshalb kann sich die Analyse darauf beschränken, Vollständigkeit und erstes Verständnis der Daten in der Darstellung zu überprüfen.

2. Schritt: Inhaltliche Analyse

– Was ist Thema der Statistik?
– Wie ist sie aufgebaut?
– Was ist im Einzelnen dargestellt?
– Welche Aussagen lassen sich formulieren?
– Sind sie untereinander stimmig? (Durch Rundungen können sich Differenzen ergeben.)
– Lässt sich eine „Hauptaussage" finden?
– Bleiben Fragen offen?

3. Schritt: Historischer Zusammenhang

Ausgehend vom Thema der Statistik erfolgt eine Einordnung in den geschichtlichen Zusammenhang.
– Gibt es einen Bezug zu anderen Informationen (Materialien)?
– Ergänzen oder widersprechen sie sich?
– Welche weiteren Informationen werden benötigt?

4. Schritt: Bewertung der Aussagekraft

– Ist der Ausschnitt der statistischen Daten zu gering?
– Wird der Sachverhalt zu stark vereinfacht, verzerrt oder vielleicht verfälscht?
– Ist die graphische Darstellung angemessen?

Textquellen analysieren

Geschichtlicher Hintergrund
- In welche geschichtliche Situation lässt sich die Quelle einordnen?
- Ist ein Vergleich mit anderen Quellen und Darstellungen möglich?
- Welche weiteren Informationen sind zum besseren Verständnis notwendig?

Autor
- Wer hat den Text verfasst?
- In welchem Verhältnis steht er zum Ereignis?
- Was konnte er wissen (nicht wissen)?
- Lässt sich ein bestimmter Standpunkt des Autors feststellen?

Textquelle
- Welche Quellenart liegt vor?
- Wie lautet die Datierung?
- Gibt es eine Überschrift (ein Thema)?
- Wie lässt sie sich gliedern?
- Was ist aus der Quelle zu erfahren?
- Wie lautet die Kernaussage?
- Lassen sich Schlüsselbegriffe finden?
- Werden die Aussagen begründet?
- Sind die Aussagen schlüssig/widersprüchlich?
- Ist die Quelle glaubwürdig?
- Für wen, in welcher Absicht wurde der Text verfasst?

Adressat
- An wen ist der Text gerichtet (Privatperson, Machthaber, Amt, Öffentlichkeit, Nachwelt)?
- In welchem Verhältnis steht der Adressat zum Autor?
- Könnte die Art des Adressaten Einfluss auf den Inhalt des Textes haben?

Gegenwärtige Situation
- Auf welche Frage(n) suchen wir eine Antwort?
- Welches Wissen bringen wir in die Analyse und Beurteilung ein?
- Beeinflussen Faktoren unserer Zeit unser Urteil?

Modell zur Analyse von Textquellen

Artikel 1

(1) Die Würde des Menschen ist unantastbar. Sie zu achten und zu schützen ist Verpflichtung aller staatlichen Gewalt.
(2) Das deutsche Volk bekennt sich darum zu unverletzlichen und unveräußerlichen Menschenrechten als Grundlage jeder menschlichen Gemeinschaft, des Friedens und der Gerechtigkeit in der Welt [...]

Artikel 2

(1) Jeder hat das Recht auf die freie Entfaltung seiner Persönlichkeit, soweit er nicht die Rechte anderer verletzt und gegen die verfassungsmäßige Ordnung oder das Sittengesetz verstößt.
(2) Jeder hat das Recht auf Leben und körperliche Unversehrtheit.
Die Freiheit der Person ist unverletzlich. In diese Rechte darf nur aufgrund eines Gesetzes eingegriffen werden.

Artikel 3

(1) Alle Menschen sind vor dem Gesetz gleich.
(2) Männer und Frauen sind gleichberechtigt. Der Staat fördert die tatsächliche Durchsetzung der Gleichberechtigung von Frauen und Männern und wirkt auf die Beseitigung bestehender Nachteile hin.
(3) Niemand darf wegen seines Geschlechts, seiner Abstammung, seiner Rasse, seiner Sprache, seiner Heimat und Herkunft, seines Glaubens, seiner religiösen oder politischen Anschauungen benachteiligt oder bevorzugt werden. Niemand darf wegen seiner Behinderung benachteiligt werden.

Artikel 4

(1) Die Freiheit des Glaubens, des Gewissens und die Freiheit des religiösen und weltanschaulichen Bekenntnisses sind unverletzlich.
(3) Niemand darf gegen sein Gewissen zum Kriegsdienst mit der Waffe gezwungen werden [...]

Artikel 5

(1) Jeder hat das Recht, seine Meinung in Wort, Schrift und Bild frei zu äußern und zu verbreiten und sich aus allgemein zugänglichen Quellen ungehindert zu unterrichten. Die Pressefreiheit und die Freiheit der Berichterstattung [...] werden gewährleistet. Eine Zensur findet nicht statt.

Artikel 8

(1) Alle Deutschen haben das Recht, sich ohne Anmeldung oder Erlaubnis friedlich und ohne Waffen zu versammeln.
(2) Für Versammlungen unter freiem Himmel kann dieses Recht durch Gesetz [...] beschränkt werden.

Artikel 9

(1) Alle Deutschen haben das Recht, Vereine und Gesellschaften zu bilden.
(2) Vereinigungen, deren Zweck oder deren Tätigkeit den Strafgesetzen zuwiderlaufen oder die sich gegen die verfassungsmäßige Ordnung oder gegen Gedanken der Völkerverständigung richten, sind verboten.

Artikel 10

(1) Das Briefgeheimnis sowie das Post- und Fernmeldegeheimnis sind unverletzlich.
(2) Beschränkungen dürfen nur aufgrund eines Gesetzes angeordnet werden.

Artikel 11

(1) Alle Deutschen genießen Freizügigkeit im ganzen Bundesgebiet.

Artikel 12

(1) Alle Deutschen haben das Recht, Beruf, Arbeitsplatz und Ausbildungsstätte frei zu wählen. Die Berufsausübung kann durch Gesetz [...] geregelt werden.
(2) Zwangsarbeit ist nur bei einer gerichtlich angeordneten Freiheitsentziehung zulässig.

Artikel 12a

(1) Männer können vom vollendeten achtzehnten Lebensjahr an zum Dienst in den Streitkräften, im Bundesgrenzschutz oder in einem Zivilschutzverband verpflichtet werden.
(2) Wer aus Gewissensgründen den Kriegsdienst mit der Waffe verweigert, kann zum Ersatzdienst verpflichtet werden.

Artikel 13

(1) Die Wohnung ist unverletzlich.
(2) Durchsuchungen dürfen nur durch den Richter, bei Gefahr im Verzuge auch durch die in den Gesetzen vorgesehenen anderen Organe angeordnet und nur in der dort beschriebenen Form durchgeführt werden [...]

Artikel 14

(1) Das Eigentum und das Erbrecht werden gewährleistet. Inhalt und Schranken werden durch die Gesetze bestimmt.
(2) Eigentum verpflichtet. Sein Gebrauch soll zugleich dem Wohl der Allgemeinheit dienen.
(3) Eine Enteignung ist nur zum Wohle der Allgemeinheit zulässig [...]

Artikel 15

Grund und Boden, Naturschätze und Produktionsmittel können zum Zweck der Vergesellschaftung durch ein Gesetz, das Art und Ausmaß der Entschädigung regelt, in Gemeineigentum [...] übergeführt werden [...]

Artikel 16

(1) Die deutsche Staatsangehörigkeit darf nicht entzogen werden [...]
(2) Kein Deutscher darf an das Ausland ausgeliefert werden.

Artikel 16 a

(1) Politisch Verfolgte genießen Asylrecht.

(2) Auf Absatz 1 kann sich nicht berufen, wer aus einem Mitgliedsstaat der Europäischen Gemeinschaften oder aus einem Drittstaat einreist, in dem die Anwendung des Abkommens über die Rechtsstellung der Flüchtlinge und der Konvention zum Schutze der Menschenrechte und Grundfreiheiten sichergestellt ist […]

Artikel 17

Jedermann hat das Recht, sich einzeln oder in Gemeinschaft mit anderen schriftlich mit Bitten oder Beschwerden an die zuständigen Stellen und an die Volksvertretung zu wenden.

Artikel 18

Wer die Freiheit der Meinungsäußerung, insbesondere die Pressefreiheit, die Lehrfreiheit, die Versammlungsfreiheit, die Vereinigungsfreiheit, das Brief-, Post- und Fernmeldegeheimnis, das Eigentum oder das Asylrecht zum Kampfe gegen die freiheitliche demokratische Grundordnung missbraucht, verwirkt diese Grundrechte. Die Verwirkung und ihr Ausmaß werden durch das Bundesverfassungsgericht ausgesprochen.

Artikel 19

[…] (2) In keinem Fall darf ein Grundrecht in seinem Wesensgehalt angetastet werden.

Artikel 20

(1) Die Bundesrepublik Deutschland ist ein demokratischer und sozialer Bundesstaat.

(2) Alle Staatsgewalt geht vom Volke aus. Sie wird vom Volk in Wahlen und Abstimmungen und durch besondere Organe der Gesetzgebung, der vollziehenden Gewalt und der Rechtsprechung ausgeübt […]

(4) Gegen jeden, der es unternimmt, diese Ordnung zu beseitigen, haben alle Deutschen das Recht zum Widerstand, wenn andere Abhilfe nicht möglich ist.

Artikel 21

(1) Die Parteien wirken bei der politischen Willensbildung des Volkes mit […]

Verfassung der Bundesrepublik Deutschland

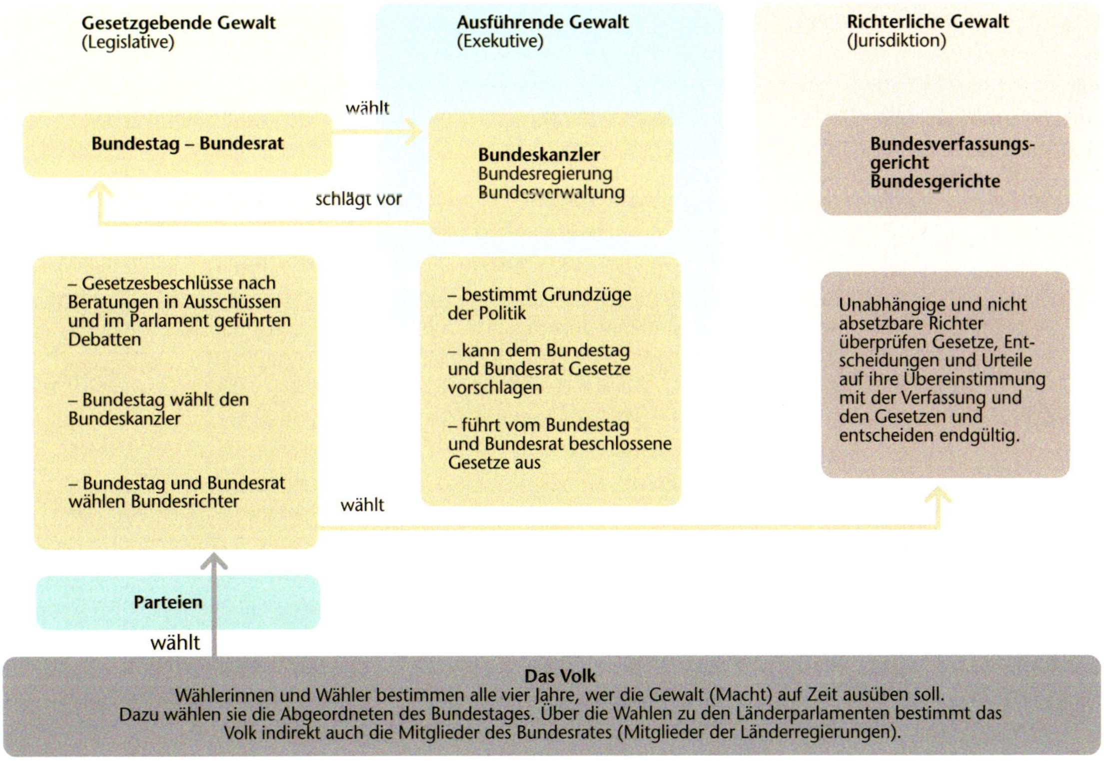

Im Lexikon werden Fremdwörter, historische Begriffe und Ereignisse erläutert, die in den Darstellungstexten dieses Buches vorkommen und mit einem * versehen sind. Die Begriffe, die auf den Themenseiten in den Grundwissenkästen erklärt sind, haben einen Verweis auf die jeweilige Seite.

Anarchisten, Anarchismus, griech., ohne Herrschaft. Anhänger der Idee, dass jede Herrschaft und staatliche Ordnung die persönliche Entfaltung des Einzelnen einengt und deshalb abgeschafft werden muss.

Antisemitismus siehe S. 49

Appeasement(politik), Bezeichnung für die britische Politik gegenüber Hitler-Deutschland vor dem Zweiten Weltkrieg.

Arier, eigentlich Angehöriger der indoeuropäischen Sprachfamilie; seit dem 19. Jahrhundert rassistische Bezeichnung für die sog. germanischen „Lichtmenschen" als überlegene Menschenrasse.

Atlantik-Charta, am 14. August 1941 von dem britischen Premierminister Churchill und dem amerikanischen Präsidenten Roosevelt beschlossene Erklärung der gemeinsamen Kriegs- und Nachkriegspolitik, die zu einem Grunddokument der UNO wurde. Gefordert wurden u. a. Verzicht auf Gebietsgewinn, Anerkennung des Selbstbestimmungsrechts der Völker bezüglich der Regierungsform, territorialer Veränderungen, der Gleichberechtigung im Welthandel, der Freiheit der Meere, des Verzichts auf Waffengewalt.

BDM (Bund Deutscher Mädchen), siehe HJ.

Besatzungszonen siehe S. 107

Blockbildung siehe S. 141

Bodenreform, Neuverteilung landwirtschaftlicher Flächen, entschädigungslose Enteignung des Großgrundbesitzes. Ihr folgte in den sozialistischen Staaten nach 1945 meist die Kollektivierung.

CDU (Christlich-Demokratische Union), Nachfolgerin christlich konservativer Parteien. Regionale Gründungen im Sommer 1945, erste „Reichstagung" im Dezember 1945, erster Zusammenschluss der Regionalverbände 1946 in der britischen Besatzungszone unter Adenauer, sonst noch verboten, Arbeitsgemeinschaft mit der CSU seit 1947, seit 1950 Bundespartei. Stellte als stärkste politische Kraft der Bundesrepublik die Regierungen Adenauer, Erhard, Kiesinger (1949–1969) und Kohl (1982–1998).

CSU (Christlich-Soziale Union), 1945 gegründete, konservative, christliche Partei in Bayern. Ihre Ziele decken sich weitgehend mit denen der CDU.

Demontage, Abbau von Industrie- oder Verkehrsanlagen durch Siegerstaaten in besiegten Ländern als Reparationsleistung, z. B. nach dem Ersten und Zweiten Weltkrieg in Deutschland.

Deportation, Zwangsverschleppung z. B. ausländischer Arbeitskräfte, auch politischer Gegner oder feindlicher Bevölkerungsgruppen, z. B. während des Nationalsozialismus.

Deutsche Frage siehe S. 125

Deutsch-französischer Freundschaftsvertag siehe S. 155

Deutsche Ostgebiete, die Teile des ehemaligen Deutschen Reiches jenseits der Oder-Neiße-Linie, die 1945 nach dem Potsdamer Abkommen bis zur endgültigen Festlegung der polnischen Westgrenze durch einen Friedensvertrag unter polnische bzw. russische Verwaltung gestellt wurden.

„Drittes Reich" siehe S. 47

Eindämmungspolitik, von George F. Kennan 1947 entworfenes außenpolitisches Konzept der USA mit dem Ziel, das Vordringen des Weltkommunismus mit wirtschaftlich-finanziellen oder militärischen Mitteln einzudämmen.

Einigung Europas siehe S. 155

„Eiserner Vorhang", auf Churchill zurückgehende Bezeichnung für die während des Kalten Krieges durch Europa verlaufende Grenze.

Entkolonialisierung siehe S. 163

Entnazifizierung siehe S. 113

Ermächtigungsgesetz, am 23. März 1933 von Hitler dem Reichstag vorgelegt, sollte der Regierung für die Dauer von vier Jahren unumschränkte Gesetzgebungsvollmacht geben, blieb bis 1945 gesetzliche Grundlage der NS-Diktatur in Deutschland.

Eugenik siehe S. 52

Euthanasie siehe S. 52

Flucht und Vetreibung siehe S. 100

Gaza-Streifen, Teil des ehemaligen Mandatsgebietes Palästina an der ägyptischen Grenze entlang der Mittelmeerküste. Seit 1948 umstritten, von palästinensischen Flüchtlingen überfüllt, seit 1967 von Israel besetzt. Seit 1993 Teilautonomie der Palästinenser im Gaza-Streifen und in Jericho (Gaza-Jericho-Abkommen).

Ghetto, ital., abgeschlossenes Judenquartier, im Mittelalter zuerst 1179 in Italien, dann auch in einigen deutschen Städten, in der Zeit der Aufklärung abgeschafft, von den Nationalsozialisten wieder eingeführt, v. a. in den polnischen Gebieten.

„Gleichschaltung" siehe S. 35

HJ (Hitlerjugend), Jugendorganisation der NSDAP, ab 1936 Staatsjugend (mit Jungvolk, Jungmädel und Bund Deutscher Mädchen).

Holocaust siehe systematische Vernichtung der Juden

Kalter Krieg siehe S. 143

Kollektivierung, Überführung der privaten Produktionsmittel, insbesondere des landwirtschaftlich genutzten Bodens, in genossenschaftlich bewirtschaftetes Gemeineigentum, z. B. in der DDR. Siehe auch LPG.

Kolchos, durch Kollektivierung Zusammenschluss mehrerer Höfe oder Gemeinden zu gemeinsamer landwirtschaftlicher Bewirtschaftung unter vom Staat bestimmten Bedingungen in Bezug auf Arbeitsleistung, Produktion, Verwaltung usw.

Konrad Adenauer (1876–1967) siehe S. 117

Konzentrations- und Vernichtungslager siehe S. 42

Kreisauer Kreis, eine Gruppe der Widerstandsbewegung im Dritten Reich, die nach dem Ort ihrer Zusammenkünfte auf dem Gut Kreisau (Schlesien) des Grafen von Moltke benannt wurde.

KZ (Konzentrationslager)

LDPD (Liberaldemokratische Partei Deutschlands), neben der SED, aber unter ihrer Führung stehende politische Blockpartei der DDR.

LPG (Landwirtschaftliche Produktionsgenossenschaft), seit 1952 in der DDR eingeleitete, seit 1960 erzwungene Zusammenfassung bäuerlicher Betriebe zu Großgenossenschaften.

Machtergreifung siehe S. 35

Marktwirtschaft, Wirtschaftsordnung mit freiem Wettbewerb, d. h. ohne staatliche Eingriffe, mit freier Wahl der Verbrauchsgüter, freier Preisbildung entsprechend Angebot und Nachfrage, mit unbehindertem Gewinnstreben. In der sozialen Marktwirtschaft wird der freie Wettbewerb durch den Staat überwacht, der den wirtschaftlichen Rahmen mitbestimmt und wirtschaftliche Störungen durch marktgerechte Mittel zu beheben sucht, indem er z. B. durch Kredite oder Krediteinschränkungen, Steuerbegünstigungen, Subventionen, Maßnahmen der Sozialpolitik (Umverteilung des Volkseinkommens) den Geldumlauf zu beschleunigen oder zu bremsen versucht.

Marshallplan, auf den US-Außenminister Marshall zurückgehendes amerikanisches Hilfsprogramm für Europa nach dem Zweiten Weltkrieg. Die Marshallplan-Hilfe war die Grundlage für die rasche wirtschaftliche Gesundung Westeuropas.

Menschenrechte, auch Grundrechte, die seit der amerikanischen Unabhängigkeitserklärung 1776 und der Französischen Revolution 1789 jedem Menschen verbürgten, angeborenen, unveräußerlichen Rechte, die die persönliche Freiheit des Einzelnen garantieren. Trotz der Menschenrechtserklärung der UNO 1948 sind diese Rechte bis heute nicht in allen Mitgliedsländern verwirklicht. Konvention der Menschenrechte des Europarats 1950. Als Grundrechte sind sie im Grundgesetz der Bundesrepublik Deutschland garantiert.

Münchner Abkommen siehe S. 69

Nahostkonflikt siehe S. 173

Nationalismus, übersteigertes, meist kämpferisches und mit Unduldsamkeit oder Überheblichkeit gegenüber anderen Völkern verbundenes Eintreten für das eigene Volk oder den eigenen Staat. Als Zeitalter des Nationalismus wird das 19. Jahrhundert wegen der Bildung zahlreicher Nationalstaaten bezeichnet.

Nationalsozialismus siehe S. 47

NATO siehe S. 145

Nord-Süd-Konflikt siehe S. 165

„Nürnberger Gesetze" siehe S. 49

Nürnberger Prozesse, Gerichtsverfahren, die 1945–1949 vor dem Internationalen Militärtribunal in Nürnberg zur Ahndung von nationalsozialistischen Kriegsverbrechen durchgeführt wurden.

Oder-Neiße-Grenze, von Stettin entlang der Oder und der Görlitzer Neiße bis zur böhmischen Grenze verlaufend, auf der Jalta-Konferenz beraten, 1945 in Potsdam bis zur endgültigen Regelung durch einen Friedensvertrag von den Westmächten als vorläufige Westgrenze Polens zugestanden. Sie wurde 1950 von der DDR als endgültige Staatsgrenze anerkannt. 1970 verpflichtete sich die Bundesrepublik Deutschland im-deutsch-polnischen Vertrag, sie als unantastbare Grenze zu achten. 1990 als Grenze zu Polen von Deutschland endgültig anerkannt.

Ost-West-Konflikt, Gegensatz der beiden Machtblöcke USA (mit NATO-Staaten) und Sowjetunion (mit Warschauer Pakt-Staaten) nach der Errichtung der von Russland beherrschten Volksdemokratien in Mittel- und Südosteuropa nach dem Zweiten Weltkrieg. Seit der Kubakrise wurde er durch die Politik der friedlichen Koexistenz gemildert.

Parlamentarischer Rat, 1948/49 verfassunggebende Versammlung zur Ausarbeitung des Bonner Grundgesetzes im Auftrag der westlichen Militärgouverneure. Die-65 Mitglieder wurden von den Landtagen der Bundesländer delegiert.

Planwirtschaft Im Gegensatz zur freien oder sozialen Marktwirtschaft eine gelenkte Staatswirtschaft, die alle Bereiche der Wirtschaft durch genaue Planung festlegt.

Pogrom, russ., Hetze, gewaltsame Ausschreitungen gegen Minderheitengruppen (Judenverfolgung).

Potsdamer Konferenz siehe S. 107

Revisionismus, das Bemühen, bestehende Zustände durch Verhandlungen zu ändern. In der Weimarer Republik z.-B. das Bestreben, die Regelungen des Versailler Vertrages für Deutschland abzumildern bzw. rückgängig zu machen.

RGW (Rat für gegenseitige Wirtschaftshilfe), Gegengründung der Sowjetunion gegen die OEEC. Seit 1950 war die DDR Mitglied. 1990 Selbstauflösung.

SED (Sozialistische Einheitspartei Deutschlands), führende Staatspartei der DDR, 1946 gegründet, nachdem die KPD der SBZ nicht die erwartete Zustimmung erreicht hatte. Mitglieder waren etwa 15-% der wahlberechtigten DDR-Bürger. 1990/91 umgewandelt in die PDS (siehe dort).

Sowchos, Sowjetwirtschaft: Staatsgut, nach der Kollektivierung eingerichteter Spezialbetrieb der Landwirtschaft.

Sozialdarwinismus, Übertragung der Lehren Darwins (1809–1892) – nur die stärksten und anpassungsfähigsten Rassen und Arten (Tiere und Pflanzen) setzen sich in der Natur durch – auf den Bereich des menschlichen Zusammenlebens in Gesellschaft und Staatengemeinschaft.

SS (Schutzstaffel), politische Kampftruppe zunächst innerhalb der SA zum persönlichen Schutz Hitlers, dann Verselbstständigung gegenüber der SA unter Himmler, schließlich Übernahme aller Sicherungsaufgaben des NS-Staates und Aufstellung eigener Truppenverbände (Waffen-SS).

Systematische Vernichtung der Juden (Holocaust/Shoa) siehe S. 75

Totaler Krieg, Vernichtungskrieg, der sich auch gegen die Zivilbevölkerung des Feindes richtet.

UNO siehe S. 177

VEB (Volkseigener, sozialisierter, in Gemeineigentum überführter Betrieb) in der SBZ bzw. DDR.

VEG (Volkseigenes, sozialisiertes, in Gemeineigentum überführtes Gut) in der SBZ bzw. DDR.

Volksgerichtshof, Sondergericht der Nationalsozialisten für die Verurteilung politischer Gegner.

Währungsreform siehe S. 107

Warschauer Pakt siehe S. 145

Weltbank, 1945 mit Sitz in Washington gegründet, Internationale Bank für Wiederaufbau und Entwicklung, heute mit etwa 100 Mitgliedsstaaten, finanziert vor allem Wirtschaftsprojekte der Entwicklungsländer.

Westintegration siehe S. 117

Westmächte, seit 1945 Bezeichnung für die von den USA geführte Staatengruppe in Europa und Nordamerika.

Widerstand siehe S. 83

Zionismus, internationale Bewegung im Judentum zur Wiederherstellung der-„jüdischen Nationalheimstätte" in Palästina. Die Zionistische Weltorganisation wurde 1897 von Theodor Herzl gegründet.

1929: Weltwirtschaftskrise siehe S. 29

1933: „Ermächtigungsgesetz" siehe S. 35

30.1.1933: Hitler wird Reichskanzler siehe S. 35

9./10.11.1938: Progromnacht siehe S. 49

1.9.1939: Beginn des Zweiten Weltkriegs siehe S. 70

20.7.1944: Attentat auf Hitler siehe S. 83

8./9.5.1945: Bedingungslose Kapitulation siehe S. 85

1946: Bayerische Verfassung siehe S. 109

23.5.1949: Grundgesetz siehe S. 117

1949: Gründung der beiden deutschen Staaten siehe S. 121

17.6.1953: Aufstand gegen das DDR-Regime siehe S. 125

1961: Mauerbau siehe S. 125

Die mit einem * versehenen Begriffe werden im Lexikon näher erklärt.

akg-images: Umschlagbild und U2 (© VG Bild-Kunst, Bonn 2007), 10/M7 (© VG Bild-Kunst, Bonn 2007), 22/M2, 44, 49, 50, 61, 69, 91 (© VG Bild-Kunst, Bonn 2007), 111/M4, 112, 113, 117, 123, 168/M1, M2, 188 o., 191, 195, 196, 197;
Archiv Neutraubling: 132/M1; Artothek/© VG Bild-Kunst, Bonn 2007: 151/M5;
Banca Toscana Firence: 3 o., 12;
Behrendt/CCC,www.c5.net: 176, 183;
Berlinische Galerie, Landesmuseum für Moderne Kunst, Photographie und Architektur: 10/M6;
Besitzer: Staatliche Galerie Moritzburg Halle, Landeskunstmuseum Sachsen-Anhalt, Foto: Klaus E. Götz, Halle/© VG Bild-Kunst, Bonn 2007: 9/M3;
Cliché Bibliothèque nationale de France, Paris: 198;
Bild, Axel-Springer Verlag: 125/M10;
Bildarchiv Preußischer Kulturbesitz: 5 o., 26/27, 45, 46/M7, 52/M2, M3, 59, 60, 62/M1, 77, 79/M10, 84/M1, 107, 115, 120, 130/M7, 154/M6, 185/M1 (Kunstbibliothek, SMB), 186/M1, M3, 189, 192, 200, 203, 204;
Bildstelle des Hochbauamtes der Stadt Nürnberg: 57/M2;
Bundesarchiv Koblenz: 58/M1, 73;
Bundesarchiv – Plak 3/28/83: 58/M2;
Caro/Bastian: 185/M2;
David King Collection, London: 19;
DHM, Berlin: 3 u. (© The Heartfield Community of Heirs/© VG Bild-Kunst, Bonn 2007), 4, 30/M1 (© The Heartfield Community of Heirs/© VG Bild-Kunst, Bonn 2007), 74/M1 (© VG Bild-Kunst, Bonn 2007), 103, 147/M5, M6;
dpa: 5 u., 92, 95, 108, 138/139, 152, 157, 173, 190, 207;
aus: Josef Eberle, Im Trüben fischen, Turmhaus Verlag, Stuttgart 1970: 140;
Eigentum der Bundesrepublik Deutschland: 58/M3;
Focus/John Reader/Science Photo Library: 188 u.;
Fürstenberg, Mahn- und Gedenkstätte Rosensbruch: 76/M7;
aus: Geschichte lernen, 18/1999: 187/M2;
Copyright Getty Images, Inc.: 98;
Grafiksammlung, Foto: Wolfgang Pulfer: 109/M2 l.;
Haitzinger/CCC,www.c5.net: 142;
aus: Heiß und Kalt, Elefanten Press: 128/M1;
Historisches Museum, Frankfurt am Main: 199;
F. Hofmeier: 87, 89/M5;
Hürlimann/CCC,www.c5.net: 130/M5;
Institut für Kunst und Kulturgeschichte Leipzig, Archivbestand Propagandageschichte: 131/M9;
Jürgens Ost- und Europa-Photo: 8/M2;
Katalog der Nationalen Mahn- und Gedenkstätte Buchenwald, 1990: 77/M9;
Keystone Pressedienst: 101, 102;
aus: B. Klingel, B. Schaber, S. Spengler, G. Tannert, Fremdarbeiter und Deutsche, Bad Libenzell 1984: 67 r.;
KNA-Bild: 80;
Aus: H. E. Köhler/W. E. Süskind, Wer hätte das von uns gedacht, Harald Zoldtverlag, Boppard 1960: 153;
Kulturamt der Stadt Singen/© VG Bild-Kunst, Bonn 2007: 11/M10;
Langewiesche-Brandt, Ebenhausen: 28, 62/M2;
Münchner Stadtmuseum: 41, 139 u.r., 146/M1, M2 (Plakatsammlung, Foto: Wolfgang Pulfer);
Museum für Gestaltung Zürich, Plakatsammlung: 13, 139 u.l.;
Nach der Faksimile-Edition des Faksimile Verlags Luzern/www.faksimile.ch: 194;
National Archives, College Park, MD/USA: 85;
Hilmar Pabel, Hennburg: 186/M2;
Pahl-Rugenstein, Köln: 14;
picture-alliance/akg-images: 51;
picture-alliance/dpa/dpa-Bildarchiv: 94/M6, 160;
picture-alliance/ZB/dpa-Report: 89/M4;
aus: Realismus. Zwischen Revolution und Reaktion 1919–1939: 21;
RIA „Nowosti“: 15;
Sammlung Alain Jaubert: 20;
SJ-Bild: 83/M8;
Stadtarchiv Augsburg: 36;
Stadtarchiv Hamburg: 66/M2;
Stadtarchiv München: 40, 55, 109/M2 r.;
Stadtarchiv Nürnberg: 48;
Wilhelm Stöckle, Filderstadt: 202;
SV-Bilderdienst: 18/M1, M2, 22/M1, 25/M2, 33, 46/M5, 74/M3, 81, 84/M2, 96/97, 118, 132/M2 (Hering H.), 136/M1, 137, 163, 166 (S.M.), 171, 172 (AP), 181, 206;
Axel Thünker, Haus der Geschichte, Bonn: 111/M5;
Tretjakow-Galerie, Moskau: 17;
UB München, W 2 Misc. 375#48, 49: 151/M4;
ullstein bild: 25/M1, 32, 54, 76/M5, 106, 119, 124, 126 (BPA), 136/M2, 158, 159, 167;
Urheberrecht: Elke Walford, Privatbesitz, Hamburg: 10/M9;
US-Army Center of Military History, Washington D.C.: 8/M1;
aus: Alfred Weidenmann, Jungzug 2, Fünfzig Jungen im Dienst, Stuttgart 1930: 63;
aus: Wir hatten noch gar nicht angefangen zu leben, Lagergemeinschaft und Gedenkstätte KZ Moringen e.V., Moringen/Liebenau 1997: 67 l.;
Wißner-Verlag Augsburg: 38; D. Zimmer, Auferstanden aus Ruinen (DVA), Stuttgart: 105

Nicht in allen Fällen war es uns möglich, die Rechteinhaber der Abbildungen ausfindig zu machen. Für eventuell entstandene Fehler oder Auslassungen bitten wir um Verständnis. Berechtigte Ansprüche werden selbstverständlich im Rahmen der üblichen Vereinbarungen abgegolten.

„Der Eiserne Steg“ von Max Beckmann, Öl auf Leinwand, 120,5 x 84,5 cm. Das 1922 entstandene Gemälde zeigt die Brücke vom Römerberg in Frankfurt am Main nach Sachsenhausen, links die Dreikönigskirche.

1 Beschreibe das Gemälde.
2 Sammle Informationen über den Maler Max Beckmann (Lexikon, Internet). Überlege, inwiefern sein Lebenslauf typisch für die erste Hälfte des 20. Jahrhunderts in Deutschland war.